高等院校经济管理类专业项目化（案例化）系列教材

税法原理与实务
——项目化实践教程

主　编　陈　颖

副主编　欧阳仁根　赵伯祥

北京理工大学出版社
BEIJING INSTITUTE OF TECHNOLOGY PRESS

内 容 简 介

本书为嘉兴学院税法课程项目化教学实践探索项目的配套教材，以我国现行税收制度为依据，以税制改革为背景，根据最新颁布实施的税收法律制度编写而成。全书共九个项目，包括税收与税法、税收征收管理法、增值税法、消费税法、关税法、企业所得税法、个人所得税法、财产与行为税法、资源与土地税法，对税收的基本理论和我国现行税制的主要内容进行了阐述，内容紧密结合税收法律制度的最新变化，同时对当前税制改革的热点问题进行了必要的介绍和分析。

本书适用于高等院校法学专业实践教学，是从事税法教学的教师备课的好材料，亦可用作财经类等其他专业的税法教学用书，同时还可供在职的财务人员、企业管理人员以及其他相关人员自学或参考使用。

图书在版编目（CIP）数据

税法原理与实务：项目化实践教程/陈颖主编 . —北京：北京理工大学出版社，2017.6（2017.7 重印）

ISBN 978-7-5682-4169-4

Ⅰ. ①税…　Ⅱ. ①陈…　Ⅲ. ①税法-中国-高等学校-教材

Ⅳ. ①D922.22

中国版本图书馆 CIP 数据核字（2017）第 134918 号

出版发行 / 北京理工大学出版社有限责任公司

社　　址 / 北京市海淀区中关村南大街 5 号

邮　　编 / 100081

电　　话 / (010)68914775(总编室)

　　　　　(010)82562903(教材售后服务热线)

　　　　　(010)68948351(其他图书服务热线)

网　　址 / http://www.bitpress.com.cn

经　　销 / 全国各地新华书店

印　　刷 / 北京泽宇印刷有限公司

开　　本 / 787 毫米×1092 毫米　1/16

印　　张 / 21　　　　　　　　　　　　责任编辑 / 王俊洁

字　　数 / 493 千字　　　　　　　　　　文案编辑 / 王俊洁

版　　次 / 2017 年 6 月第 1 版　2017 年 7 月第 2 次印刷　　责任校对 / 孟祥敬

定　　价 / 48.00 元　　　　　　　　　　责任印制 / 施胜娟

图书出现印装质量问题,请拨打售后服务热线,本社负责调换

　　税收是国家（政府）公共财政最主要的收入形式和来源。税收是我国财政收入的重要支柱，又是国家宏观调控的重要经济杠杆。在市场经济条件下，税收具有筹集国家财政收入、调控宏观经济运行和实现收入分配公平的重要作用。税法是国家法律制度的重要组成部分，是研究我国现行税法基础理论与税法实务的应用型学科。税法课程也成为高校法学教育中的一门颇受重视的课程。但目前法学专业适用的税法教材，仍存在两方面的问题：一是随着我国经济的不断发展，我国的税收法律制度也在不断地发展和完善。自 2007 年以来，我国进行了一系列重大的税制改革，税收法律制度发生了巨大变化，税法的变化和企业对税务工作的重视都对税法课程提出了新的要求，这给税法教学带来了一定的困难，教师很难为学生选择一本合适的教材；二是当前法学专业适用的税法教材体例上或者偏重于理论知识系统，或者为案例汇编，内容上或者偏重于纯粹法学学术理论，或者等同于财会专业税法教材，不符合法学专业税法课程的教学要求，不便于学生用知识和理论去解决实际问题，实操性较差。

　　本书以我国现行税收制度为依据，以税制改革为背景，根据最新颁布实施的税收法律制度编写而成。全书共九个项目，包括税收与税法、税收征收管理法、增值税法、消费税法、关税法、企业所得税法、个人所得税法、财产与行为税法、资源与土地税法。

　　在本书的编写过程中，力求体现以下特色：

　　（1）知识结构体系完整，内容紧密结合税收法律制度的最新变化。

　　本书在编写时吸收了税法研究的前沿成果、已出版优秀教材中的精华内容和现行税法的最新变化，及时将"营改增"试点改革、消费税税目调整、资源税改革、所得税扣除以及其他税种的变化等都提炼体现在本教材中，力争使教材内容最近、最新。本书依税法的基本原理、基本制度和具体制度的逻辑架构，重点突出了税法课程的应用性、技术性和实际操作性，力求体系清晰完整、文字表述简明扼要。

　　（2）强调实践操作性。

　　税法是一门实践性极强的课程，教学所要解决的是培养学生运用所学的知识解决基本的税收问题和自如地处理涉税法律实务的能力。编者在编写中适度简化提炼了理论性的叙述，为每个项目设计"基本问题与知识结构图"，概括出该项目的主要知识点及知识点之间的逻辑关系，大幅度增加操作性强的内容。在项目训练的内容和材料的选取上紧紧围绕培养学生实际动手能力的中心进行。

（3）编写体例有所创新。

本书根据"项目导向、任务驱动"的能力本位的教学改革需要进行编写，每个项目之前都设有"学习目标"，并勾画出"知识结构图"，使读者能够快速了解该项目的教学内容与要求；在每个项目中都对本项目的基本问题进行了全面简要的梳理，为学生提供系统、完整的理论知识结构，便于学生自主学习；每个项目都针对本项目的重点、难点和疑点问题安排了具体任务，每个任务包含"案例讨论"（案例或材料引入）"问题探究""相关法律指引"等部分，为教师的实践教学提供了一个较好的教学范例，教师既可以直接选取本教材的项目任务用于实践教学，也可以参照本教材的范例设计类似的项目，让学生操作，同时教材在相应任务环节适时加入"能力训练"内容，为学生自主学习提供了很好的指导，有利于学生进一步学习、理解和巩固。只要学生严格按照教材的指引完成项目，就能够掌握主要知识并获得完成相应涉税法律项目事务的能力。

本书适用于高等院校法学专业实践教学，是从事税法教学的教师备课的好材料，亦可用作财经类等其他专业的税法教学用书，同时还可供在职的财务人员、企业管理人员以及其他相关人员自学或参考使用。

本书为浙江省"十二五"普通本科高校新兴特色专业建设项目（法学），在编写过程中参考和借鉴了一些专家和同仁的著作资料，汲取了他们的研究成果，在此谨致以深深的敬意和谢意。由于编者水平有限，加上时间仓促，难免存在错误和不足，衷心希望学界前辈、专家学者、同仁和广大读者提出宝贵意见、批评指正。

编　者
2016 年 11 月

项目一

税收与税法

 学习目标

通过对税收与税法基本问题的学习，形成税收和税法知识的基本框架，掌握税收与税法的本质、税法的基本原则、税收要素、税收法律关系等问题，全面了解我国现行税制结构和税法体系，为以后各章的学习打下基础。

税收与税法知识结构图

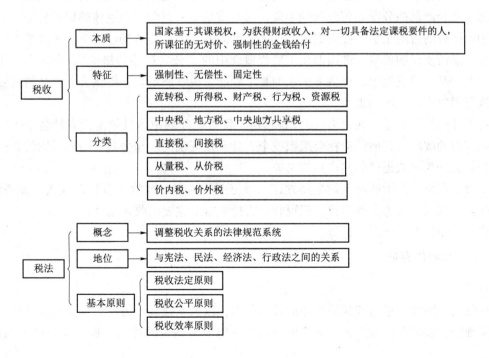

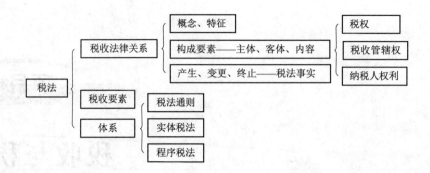

税收与税法基本问题

一、税收基本知识

（一）税收的概念与内涵

1. 税收的概念

税收是国家（或政府）凭借政治权力强制征纳而取得的收入。具体来说，税收是国家为实现其公共职能，凭借其政治权力，参与国民收入分配，依法强制地、无偿地取得财政收入的一种方式。

2. 税收的内涵

税收作为一种特定的分配形式，既是一个历史范畴，又是一个经济范畴。首先，税收是人类历史发展到一定历史阶段的产物，是伴随着私有制、阶级、国家的产生而产生的，其内容和性质也因社会生产力的发展、社会制度和国家性质的变更而变化；其次，税收是国家参与一部分社会产品的分配和再分配的手段，其实质是一种以国家为主体的特殊分配形式。

国家征税的目的是满足社会成员获得公共产品的需要。在市场经济下，税收是人们为享受公共产品所支付的价格，进而形成了税收概念中的"公共产品价格论"。向社会全体成员提供公共产品，就成为市场经济下国家的基本职能。税收满足政府提供公共产品的需要，也就是满足国家实现职能的需要。

国家征税凭借的是公共权力（政治权力）。税收征收的主体只能是代表社会全体成员行使公共权力的政府，其他任何社会组织或个人是无权征税的。与公共权力相对应的必然是政府管理社会和为民众提供公共产品的义务。

税收是国家筹集财政收入的主要方式。历史上的国家财政收入有官产收入、债务收入、专卖收入、利润收入等多种形式，但税收一直扮演着最主要的收入角色。

税收必须借助法律形式进行。

（二）税收的特征

1. 强制性

税收的强制性是指国家征税是凭借政治权力，以国家强制力为后盾，用法律、法规的形式来实现的。任何单位和个人，只要取得属于法定应该纳税的收入，拥有应该纳税的财产，或发生应该纳税的行为，都必须无条件地履行纳税义务，否则将会受到法律的制裁。

政府的征税活动，是以国家的法律、法令为依据实施的，但在市场经济下，强制只是税收的形式特征。由于政府必须依法课税，而税法是按照社会公众的根本意愿制定的，因而税收从根本上看又是自愿的。

2. 无偿性

税收的无偿性是指税款一经征收，便由纳税人向国家做单向的转移，即为国家所有，形成国家财政收入，归国家自主支配和使用。国家征税之后，既不向纳税人支付任何报酬，也不提供某种特殊权利或相应的服务。

税收的无偿性是相对的。对具体的纳税人来说，纳税后并未获得任何报酬，但在市场经济下，从财政活动的整体来看，即从全体纳税人的角度看，税收是对政府为全体纳税人提供公共物品和服务成本的补偿；由于政府必须向全社会提供相应的公共产品，税收作为公共产品的价格，因而又反映出有偿性的一面。

当然，就某一具体的纳税人来说，他所缴纳的税款与他从公共物品或劳务的消费中所得到的利益并不一定是对称的。

3. 固定性（法定性）

税收的固定性是指国家在征税之前，就以法律的形式，制定了税收制度，规定了各项税制要素，把每种税的征税对象、纳税人及征收数额或比例都事先规定下来，并按这些预定的标准进行征收。税法一旦公布施行，征纳双方就必须严格遵守。因此又可称为税收的法定性。

但是，对税收的固定性也不能绝对化，随着社会经济条件的变化，具体的征税标准是可以改变的。比如，国家可以修订税法，调高或调低税率等，但这只是变动征收标准，而不是取消征收标准。所以，这与税收的固定性并不矛盾。

以上三个特征是互相联系、缺一不可的，同时具备这三个特征的才叫税收。税收的强制性决定了征收的无偿性，而无偿性同纳税人的经济利益关系重大，因而要求征收的固定性。税收的特征是税收区别于其他财政收入形式，如上缴利润、国债收入、规费收入、罚没收入等的基本标志。

（三）税收的作用

1. 税收是财政收入的主要来源

组织财政收入是税收的基本职能。国家为实现其职能，维持国家机器的运转，需要大量的财政资金。国家可以采取多种方式、通过各种渠道来实现财政收入，其中最有效、最可靠的就是征税，税收固有的特性能够满足国家对财政收入在数量和时间方面的要求。税收具有的强制性、无偿性、固定性的特点，使其成为世界各国政府组织财政收入的基本形式。

2. 税收是调控经济运行的重要手段

经济决定税收，税收反作用于经济。这既反映了经济是税收的来源，也体现了税收对经济的调控作用。税收作为经济杠杆，通过增税与减免税等手段来影响社会成员的经济利益，引导企业、个人的经济行为，对资源配置和社会经济发展产生影响，从而达到调控宏观经济运行的目的。政府运用税收手段，既可以调节宏观经济总量，也可以调节经济结构。

3. 税收是调节收入分配的重要工具

从总体来说，税收作为国家参与国民收入分配最主要、最规范的形式，规范政府、企业和个人之间的分配关系。国家可以采取多种税收手段，通过加大对部分高收入群体、高消费行为的征税力度，对社会财富进行再分配，以缩小贫富差距，缓和贫富不均所带来的社会矛盾。如个人所得税实行超额累进税率，具有高收入者适用高税率、低收入者适用低税率或不纳税的特点，有助于调节个人收入分配，促进社会公平。消费税对特定的消费品征税，能达到调节收入分配和引导消费的目的。

再分配的方法很多，如最低薪金制度、农产品价格维持制度，但是通过税收的方法，即对富者征收较高的税款以满足各种社会保障给付，被认为是最恰当的，理由如下：

（1）与其他方法相比，具有较少的摩擦，对市场经济的干涉程度较小；

（2）依这种方法再分配的效果，不仅能够给特定职业者带来好处，而且能够给全体社会成员带来好处。

4. 税收还具有监督经济活动的作用

税收涉及社会生产、流通、分配、消费各个领域，能够综合反映国家经济运行的质量和效率。既可以通过税收收入的增减及税源的变化，及时掌握宏观经济的发展变化趋势，也可以在税收征管活动中了解微观经济状况，发现并纠正纳税人在生产经营及财务管理中存在的问题，从而促进国民经济持续、健康发展。

此外，由于税收管辖权是国家主权的组成部分，是国家权益的重要体现，所以在对外交往中，税收还具有维护国家权益的重要作用。

（四）税收的分类

税收分类是从一定的目的和要求出发，按照一定的标准，对各不同税种隶属税类所作的一种划分。

1. 按税收的形态为标准分类

1）实物税

这是指纳税人以各种实物充当税款缴纳的一类税。如农业税。

2）货币税

这是指纳税人以货币形式缴纳的一类税。现代社会几乎所有税种都是货币税。

2. 按税收的计算依据为标准分类

1）从量税

这是指依据课税对象的数量（重量、面积、体积、件数等），按固定税额计征的一类税。从量税实行定额税率，其税额随课税对象数量的变化而变化，具有计算简便的优点。但税负水平是固定的，所以不太合理。因此我国目前税制中只有资源税、车船使用税、土地使用税等少量税种采用从量税。

2）从价税

这是指以课税对象的价格为依据，按一定比例计征的一类税。从价税实行比例税率和累进税率，税收负担比较合理，如我国现行的增值税、营业税、关税和各种所得税等税种。

3. 按税收与价格的关系为标准分类

1）价内税

凡税款构成价格组成部分的，称为价内税。价内税是指税款在应税商品价格内，作为商品价格的一个组成部分的一类税。其特点是税随价转，税收收入随价格的变化而变化；税收与价格配合，可以直接调节生产，间接调节消费。

2）价外税

凡税款作为价格之外附加的，称为价外税。价外税是指税款不在商品价格之内，不作为商品价格的一个组成部分的一类税。其特点是价随税转，税负直接转嫁；税收配合价格，可以直接调节消费，间接调节生产。

与之相适应，价内税的计税依据为含税价格，价外税的计税依据为不含税价格。

一般认为，价外税比价内税更容易转嫁，价内税课征的侧重点是厂家或生产者，价外税课征的侧重点为消费者。我国现行税制中，只有增值税是价外税，其他税种都是价内税。

4. 按税收负担能否转嫁为标准分类

1）直接税

这是指纳税人本身承担税负，不发生税负转嫁关系的一类税，如所得税和财产税等。

2）间接税

这是指纳税人本身不是负税人，可将税负转嫁与他人的一类税，如流转税和资源税等。

5. 按课税对象是否具有依附性为标准分类

1）独立税

凡不需依附于其他税种而仅依自己的课税标准独立课证的税，为独立税，也称主税。多数税种均为独立税。

2）附加税

凡需附加于其他税种之上课征的税为附加税。如我国的城市建设维护税就是附加在增值税、消费税和营业税上的。

6. 按税种的隶属关系为标准分类

从理论上来说，任何税种都隶属于国家，也就是隶属于中央政府，但这并不意味着所有税种都应该由中央政府来征收和直接支配。根据财政管理体制的需要，同时为了调动地方的积极性，很多国家的中央政府划出一部分税种给地方，税种的管理和使用权也相应下放给地方，这种做法在理论上称为分税制。我国1994年税制改革时，采取了分税制，也将全部税种分为中央税、地方税、中央与地方共享税。

1）中央税

这是指由国家最高权力机关或经其授权的机关进行税收立法，且税收管理权和收入支配权归属于中央政府的一类税。中央税属于中央政府的财政收入，由国家税务局征收管理，如我国现行的消费税、关税、海关代征的进口环节增值税、车辆购置税等。

2）地方税

这是指由国家最高权力机关或经其授权的机关立法，但税收管理权和收入支配权归属于地方政府的一类税。地方税属于各级地方政府的财政收入，由地方税务局征收管理，如我国现行的城镇土地使用税、耕地占用税、土地增值税、房产税、车船税等。

3）中央与地方共享税

中央与地方共享税是指由国家最高权力机关或经其授权的机关立法，税收管理权属于中央政府，但税收收入支配由中央政府和地方政府按一定比例分成的一类税。属于中央政府和地方政府共同收入，目前主要由国家税务局征收管理，如我国现行的增值税、企业所得税、个人所得税、资源税、城市维护建设税、证券交易印花税等。这类税直接涉及中央与地方的共同利益。

当前，除个别小税种（如车船税、城镇土地使用税）地方有补充性的、有限的立法权外，基本上我国的税收立法权均属中央。

7. 按征税对象为标准分类

1）流转税

这是以商品或劳务的流转额为征税对象征收的一类税。流转税是我国税制结构中的主体税种，目前包括增值税、消费税、关税等税种。流转税法与商品生产、流通、消费有密切联系，对什么商品征税，税率多高，对商品经济活动都有直接的影响，易于发挥对经济的宏观调控作用。

2）所得税

亦称收益税，即以企业、个人和其他社会组织取得的各种所得额或收益额为征税对象征收的一类税。所得税是我国税制结构中的主体税种，目前包括企业所得税和个人所得税。所得税法可以直接调节纳税人收入，发挥其公平税负、调整分配关系的作用。

3）财产税

这是以纳税人所拥有或支配的各种财产价值（特定财产或资产）为征税对象征收的一类税。我国现行税制中的房产税、契税和车船税都属于财产税。

4）行为税

这是以纳税人的某些特定行为作为征税对象征收的一类税。我国现行税制中的城市建设维护税、车辆购置税、印花税等都属于行为税。行为税主要是为了达到特定目的，对特定对象和特定行为发挥调节作用。

5）资源税

这是以各种自然资源（及其级差收入）为征税对象征收的一类税，对在我国境内从事资源开发的单位和个人征收。如我国现行税制中的资源税。资源税主要是为保护和合理使用国家自然资源。

我国目前税制基本上是以流转税和所得税为双主体的税制结构。

二、税法基本知识

（一）税法的概念与特征

1. 税法的概念

税法是国家制定的用以调整国家与纳税人之间在征纳税方面的权利与义务关系的法律规

范的总称。是国家依法征税、纳税人依法纳税的行为准则，其目的是保障国家利益和纳税人的合法权益，维护正常的税收秩序，保证国家的财政收入。

2. 税法的特征

1）法律体系的系统性

（1）量的综合性。税法不是单一的法律，而是由实体法和程序法构成的综合法律体系，内容涉及课税的基本原则、征纳双方的权利义务、税收管理规则、法律责任、解决税务争议的法律规范等，包括立法、行政执法、司法各个方面。

（2）质的规范性。税收的固定性直接决定了税法结构的规范性，一般国家都实行一税一法，即按照单个税种立法，作为征税时具体操作的法律依据；同时各个税种虽然不同，但就基本的税收要素而言，每部税法都是一致的。

2）法律内容的技术性

税法中存在大量的技术性法律规范。为满足税法与相关法律制度的协调，保证税收征管的有效，在税法规范的设计中体现出较强的技术性。例如税率、税目、税收的计算公式、税收的起征点与免征额等；在实务中，税法法律内容上的技术性表现为税收征纳涉及大量的数学计算。

3）法律规范的义务性

义务性规范是相对授权性规范而言的，是指直接要求人们从事或不从事某种行为的法律规范，即直接规定人们某种义务的法规。其具有强制性，所规定的行为方式明确而肯定，不允许任何个人或机关随意改变或违反。

税收法律规范的义务性并不是对纳税人权利的否定。单从税法角度看，虽然税法规范是义务性规范，纳税人是以履行纳税义务为主的，但税法依然规定了大量的纳税人的权利，只不过我国当前税法本身所规定的纳税人权利大体上都是程序性①的。

尽管如此，如果仅从税法角度看，纳税人的权利义务还是不对等的。从整个财政角度看，纳税人对国家的财政支出享有很多监督的权利，但这些权利是由税法以外的其他授权性法律赋予的。税法调整的是财政收入中的税收关系，并不涉及财政支出，纳税人监督财政支出的权利，更多的是在调整财政支出关系的法律中，如《预算法》规定的。因此，纳税人权利与义务的统一只能从财政法的整体范围来考虑。

3. 税收与税法的关系

税法与税收密不可分，税法是税收的法律表现形式，税收是税法所确定的具体内容，两者既有联系又有区别。

（1）两者的联系：税收活动必须严格依照税法的有关规定进行，税法是税收的法律依据和法律保障。税收与税法相伴生、密不可分。在现代法治国家，税收与税法是一一对应的，即有税（收）必有（税）法，无法不成税。

（2）两者的区别：税收是经济学概念，税法是法学概念。税收是一种经济活动，属于经济基础范畴；而税法是一种法律制度，属于上层建筑。

①　如《税收征收管理法》规定了纳税人依法申请减税、免税、退税，依法申请行政复议、提起行政诉讼、请求国家赔偿等权利，控告和检举税务机关、税务人员的违法违纪行为等权利。

（二）税法的体系

从法律角度说，一个国家在一定时期内、一定体制下以法定形式规定的各种税收法律法规的总和，称为税法体系。但从税收工作的角度说，所谓税法体系，往往称为税收制度。即一个国家的税收制度是指在既定的管理体制下设置的税种以及与这些税种的征收、管理有关的，具有法律效力的各级成文法律、行政法规、部门规章等的总和。换句话说，税法体系就是通常所说的税收制度（简称税制）。

1. 按税法地位分类

按照具体税法在税法体系中地位的不同，可以将其分为税收基本法和税收单行法。

（1）税收基本法是指对税法中的共同性问题加以规范，对具体税法具有约束力，在税法体系中具有最高法律地位和最高法律效力，起着税收母法的作用。其基本内容一般包括：税收制度的性质、税务管理机构、税收立法与管理权限、纳税人的基本权利与义务、税收征收范围（税种）等。我国目前还没有制定统一的税收基本法。

（2）税收单行法是指就某一类纳税人、某一类征税对象或某一类税收问题单独制定的税收法律、法规或规章。其相对于税收基本法而言，税收基本法以外的税法都属于税收单行法，税收单行法受税收基本法的约束和指导。

2. 按税法内容分类

（1）税收实体法是规定税收法律关系主体的实体权利、义务的法律规范的总称。其主要内容包括纳税主体、征税客体、计税依据、税目、税率、减免税等税法要素。税收实体法直接影响到国家与纳税人之间权利义务的分配，是税法的核心部分，没有税收实体法，税法体系就不能成立。

（2）税收程序法是规定国家征税权行使程序和纳税人纳税义务履行程序的法律规范的总称。其内容主要包括税收确定程序、税收征收程序、税收检查程序和税务争议的解决程序。税收程序法规定了如何具体地实施税法，是税法体系的基本组成部分。

3. 按征税对象对税种的分类

我国税法理论中通常采用的是以征收对象为标准的分类方法。故我国现行税制中的税收法律法规可以分为五大类：流转税法、所得税法、财产税法、行为税法、资源税法。

（三）税法的基本原则

税法的基本原则是税收的立法、执法、司法等各个环节都必须遵循的基本原则，也是统驭所有税法规范的根本准则。

1. 税收法定原则

税收法定原则也称税收法定主义、税收法律主义，是指税法主体的权利义务必须由法律加以规定，税法的各类构成要素必须且只能由法律予以明确规定，征纳主体的权力（利）义务只以法律规定为依据，没有法律依据，任何主体不得征税或减免税收。税收法定原则是法治思想在税收领域中的集中体现，是税法最为重要的基本原则。

1）税种法定

任何税种的开征必须由法律予以规定，没有法律的明确规定，任何行政机关不能以税收的名义向公民进行任何征收。

2）税收要素法定

在税种法定的前提下，该税种的具体税收要素必须由法律明确规定。任何税种的征收，都必须符合法律规定的这些税收要素。

3）税收程序法定

税种法定和税收要素法定是税收法定原则对税收关系的实体性要求，而税收程序法定则是税收法定原则对税收活动的程序性要求，即税收关系中的实体权利义务所依据的程序要素必须经法律规定，并且征纳双方都必须遵守法定程序。

2. 税收公平原则

税收公平原则是近代法的基本原理即平等性原则在课税思想上的具体体现，与其他税法原则相比，税收公平原则渗入了更多的社会要求。税收公平包括横向公平（情况相同的相同对待）和纵向公平（情况不同的不同对待）。

税收负担必须根据纳税人的负担能力分配，负担能力相等，税负相同；负担能力不等，税负不同。负担能力大的应多纳税，负担能力小的应少纳税，没有负担能力的不纳税。

从纳税人所处的生产和经营环境看，由于客观环境优越而取得超额收入或极差收益者应多纳税，反之则少纳税。

从税负平衡看，不同地区、不同行业间及多种经济成分之间的实际税负必须尽可能公平。

3. 税收效率原则

国家征税必须以最小的费用获取最大的税收收入，并利用税收的经济调控作用最大限度地促进资源的有效配置和经济的有效运行。

1）税收的行政效率

即征税过程本身的效率，要求税收在征收和缴纳过程中耗费的成本最小。税收的行政效率，可以用税收成本率，即税收的行政成本占税收收入的比率来反映，有效率就是指以最小的税收成本获取最大的税收收入。

2）税收的经济效率

即征税应当有利于促进经济效率的提高，或者对经济效率的不利影响最小。税收的经济效率是税收效率原则的更高层次。经济决定税收，税收又反作用于经济。税收分配必然对经济的运行和资源的配置产生影响，这是必然的客观规律。如果这种影响仅限于征税本身所产生的负担，就属于正常，符合经济效率原则；如果除此以外又产生了其他影响，主要是额外负担和额外收益，则不符合经济效率原则。

（四）税法的制定与实施

税法的制定和实施就是通常所说的税收立法和税收执法。税法的制定是税法实施的前提，有法可依、有法必依、执法必严、违法必究，是税法制定与实施过程中必须遵循的基本原则。

1. 税法的制定

税法的制定即税收立法。税收立法有广义和狭义之分。狭义的税收立法仅指国家最高立法机关制定、认可、修改和废止税法的活动。而广义的税收立法，除了包括狭义的税收立法外，还包括行政机关基于权力机关或者税法的授权，制定、修改和废止税收行政法规、规章的活动，也包括地方人大和政府在其权限范围内制定、修改和废止地方性税收法规、规章的活动。

税收立法权是制定、修改、解释或废止税收法律、法规、规章及规范性文件的权力。我国税收立法权的划分如下：

（1）全国人民代表大会和全国人大常委会有权制定税收法律。凡是基本的、全局性的税收问题，都需要由全国人民代表大会及其常委会以税收法律的形式制定，并且在全国范围内实施。如《中华人民共和国企业所得税法》《中华人民共和国税收征收管理法》等。

（2）全国人大或人大常委会授权立法。授权立法是指全国人民代表大会及其常务委员会根据需要授权国务院制定某些具有法律效力的暂行规定或者条例。国务院经授权立法所制定的规定或条例等，具有法律的性质和地位，它的法律效力高于行政法规，在立法程序上还需报全国人大常委会备案。如增值税、营业税、消费税、资源税和土地增值税暂行条例。

（3）国务院有权制定税收行政法规。国务院除授权立法，还有权制定税收行政法规。如《税收征收管理法实施细则》和《房产税暂行条例》等条例、暂行条例、实施细则。

（4）地方人民代表大会及其常委会有权制定税收地方性法规。有权制定地方性法规的地方人大及其常委会包括省、自治区、直辖市的人民代表大会及其常务委员会，和较大的市的人大及其常委会、其他设区的市的人民代表大会及其常务委员会。较大的市，指省、自治区的人民政府所在地的市、经济特区所在地的市和经国务院批准的较大的市。地方可以依据本地实际情况，制定一些只适用于本地区的税收征管规范。地方性法规只在本辖区内有效。

（5）国务院税务主管部门有权制定税收部门规章。有权制定税收部门规章的主要是指财政部、国家税务总局和海关总署。如国家税务总局发布的增值税、消费税等的实施细则。

（6）地方政府根据法律、法规的授权，对于特定的税收要素的确定、调整等具有一定的权限，可制定地方税收规章。

（7）民族自治地方的人民代表大会有权依照当地民族的政治、经济和文化的特点，制定税收自治条例和单行条例。民族自治地方的税收自治条例和单行条例，其适用范围是该民族自治地方。

2．税法的实施

税法的实施，是指税法在社会生活中的具体运用和实现，包括税法的执行和税法的遵守两个方面。

税法实施遵循的原则，即税法适用原则。是指税务行政机关和司法机关运用税收法律规范解决具体问题所必须遵循的准则。其功能和目的主要在于明确各种税法的效力所及的范围和效力的强弱。在税法执法过程中，对其适用性或法律效力的判断，一般按以下原则掌握：

1）法律不溯及既往原则

这是指法律的效力不得溯及法律实施之前所发生的事项。税收新法实施后，之前人们的行为不适用新法，而只沿用旧法。

2）法律优位原则

这是指法律的效力高于行政立法效力，也称行政立法不得抵触法律原则。当效力低的税法与效力高的税法发生冲突时，效力低的税法是无效的。

3）新法优于旧法原则

这是指对于同一税收事项如果有不同规定的新旧两种法律，则新法的效力高于旧法的效力。

4）特别法优于普通法原则

这是指对于同一税收事项有一般法律规定和特别法律规定时，特别法律规定的效力高于一般法律规定。

5）实体从旧、程序从新原则

这是指对新旧两种法律中有关税收实体和税收程序的规定分别以纳税义务发生时和报缴税款时是否有效为标准来判断其效力。其含义为：实体税法不具备溯及力；而程序性税法在特定条件下具备一定溯及力。即对于一项新税法公布实施以前存在的事实和行为以及由此产生的纳税义务，原则上适用旧法，即遵循法律不溯及既往原则；对于在新税法公布实施之后发生的纳税义务在新税法公布实施以后进入税款征收程序的，原则上缴纳税款时适用新税收程序，即遵循新法优于旧法的原则。

6）程序优于实体原则

这是关于税收争讼法的原则，指在诉讼发生，审理税收案件时，税收程序法优于实体法。即纳税人通过税务行政复议或税务行政诉讼寻求法律保护的前提条件之一，是必须先履行税务行政机关确定的纳税义务，而不管这项纳税义务实际上是否完全发生。否则税务行政复议机关或司法机关对纳税人的申请或起诉不予受理。税收程序优于实体原则的目的在于维护税收的公益性及其税收征收的公平性，以保证税款及时、稳定和有效地取得。

（五）税法的构成要素

税法是由众多的单行税法所组成的，虽然各单行税法的调整对象不同，但从内容和结构上看，它们都有一些相对固定的共同要素，这些要素就是税法的构成要素。

1. 纳税主体

纳税主体，也就是纳税义务人，通常简称为纳税人。是指依照税法规定直接负有纳税义务的自然人、法人和其他组织。

纳税主体不同于税法主体。税法主体既包括纳税主体，也包括征税主体。

纳税人不同于扣缴义务人。法律、法规规定负有代扣代缴、代收代缴税款义务的单位和个人为扣缴义务人。扣缴义务人只是负有代扣税款并向国库缴纳的义务，其自身并没有缴纳这一税款的义务。如我国《个人所得税法》规定，以支付纳税人所得的单位和个人为扣缴义务人。

纳税人和负税人。既有联系又有区别。纳税人是直接向税务机关缴纳税款的单位和个人，负税人是实际负担税款的单位和个人。纳税人如果能通过一定途径把税款转嫁或转移出去，纳税人就不再是负税人。否则，纳税人同时也是负税人。

我国税法的"属人兼属地原则"：凡我国公民，在我国居住的外籍人员，以及在我国注册登记的法人或虽未在我国设立机构、场所，但有来源于我国收入的外国企业、公司、经济组织等，均适用我国税法。

2. 征税对象

征税对象，又称征税客体、课税对象。它是税法规定的征税针对的目的物，即对什么征税。征税对象反映了征税的基本范围和界限，是区别不同税种的主要标志。比如，所得税是以企业或个人的所得为征税对象，资源税是以土地、矿藏等各种资源为征税对象。

税目是对征税对象在质与量上的具体化，即各个税种所规定的具体征税项目，是税种细分的结果，反映了征税的广度，明确了具体的征税范围。大多数税种都规定了税目，但有些税种的征税对象简单、明确，没有另行规定税目的必要，如房产税等。

计税依据（税基），是计算应纳税额的依据，基本上可以分为两类：一是计税金额，这是采用从价计征方法时计算应纳税额的依据；二是计税数量，这是采用从量计征方法时计算应纳税额的依据。

税源，是指税款的最终来源。具体到每一税种，征税对象与税源可能不一致。

3. 税率

税率是应纳税额与征税对象之间的比例，是计算应纳税额的尺度，代表了征税的深度。税率是衡量税负高低的重要指标，是税法结构中的核心要素。

1）比例税率

这是指对于同一征税对象，不论其数额大小，都按同一比例计算其应纳税额的一种税率。我国的增值税、企业所得税等税种采用这种税率形式。具体形式包括：

（1）单一比例税率。即对同一税种下的所有征税对象都只适用同一个比例税率。如我国当前的车辆购置税实行 10% 的税率。

（2）差别比例税率。即根据课税对象或纳税人的不同性质规定不同征税比例的税率。如根据不同产品、不同部门、不同行业、不同地区和不同纳税人分别规定高低不同的税率。主要有产品差别比例税率，如我国现行的消费税；地区差别比例税率，如我国现行的城市维护建设税，等等。

（3）幅度比例税率。即对同一征税对象，税法只规定最高税率和最低税率，具体由各地方政府在该幅度内根据本地区的具体情况来确定本地区所适用的税率。如契税实行 3% ~ 5% 的幅度税率，各省、自治区、直辖市人民政府可以在该幅度内，按照本地区的实际情况决定所适用的税率。

2）定额税率

这是指按征税对象的一定计量单位直接规定固定税额，而不是规定征收比例的一种税率制度。也称固定税额、固定税率。一般适用于从量计征的税种，如我国现行资源税、城镇土地使用税、车船税、消费税（部分）。

3）累进税率

这是指税率随着征税对象的数额增大而逐级提高的一种税率。累计税率因计算方法和依据不同，又可分为全额累进税率、超额累进税率、超率累进税率等。其中，全额累进税率[①]因其违背公平原则，一般已不采用。

---

① 全额累进税率是以课税对象的全部数额为基础计征税款的累进税率，在课税对象数额提高一个级距时，对课税对象全额都按提高一级的税率征税。

（1）超额累进税率是根据数额的大小，将征税对象划分为几个等级，不同等级适用不同的税率，递增征税，数额越大，税率越高，是分别以征税对象数额超过前级的部分为基础计算应纳税款的累进税率。我国目前采用这种税率的是个人所得税：一是工资、薪金所得，实行七级超额累进税率；二是个体工商户的生产、经营所得和对企事业单位承包经营、承租经营所得，实行五级超额累进税率。

（2）超率累进税率与超额累进税率的原理相同，只是税率累进的依据不是征税对象的数额，而是征税对象的某种比率。如土地增值税的税率就是超率累进税率，其累进的依据是增值额与扣除项目金额的比率。目前我国采用此种税率的是土地增值税，实行四级超率累进税率。

4）特殊税率

（1）零税率。也称"税率为零"，是指对某种征税对象或某个特定环节上的征税对象，以零表示的税率。零税率既不是不征税，也不是免税，而是征税后实际负担的税额为零。我国现行增值税对出口货物规定为零税率。

（2）加成征收。加成征收是指对课税对象在依据税率计算应纳税额的基础上，对税额再加征一定成数的税款。实质是税率的延伸，是税率的补充形式，是税法规定的对纳税人或课税对象加重征税的措施。实行加成征收的目的在于配合党和国家的方针政策，调节纳税人某些过高的收入，或限制某些不利于社会经济发展的经营活动。如《个人所得税法实施条例》规定，对于个人一次取得劳动报酬，其应纳税所得额超过2万元的实施加成征收；应纳税所得额超过2万元至5万元的部分，依照税法规定计算应纳税额后再按照应纳税额加征五成；超过5万元的部分，加征十成。

4. 纳税环节

纳税环节是指税法规定的在商品流转过程中应当缴纳税款的环节。根据不同税种的具体情况，应该从有利于税款征收、控制税源等原则出发，来确定纳税环节。例如，流转税在生产和流通环节纳税，所得税在收入的分配环节纳税。按照纳税环节的多少，可将税收课征制度划分为两类：一次课征制和多次课征制。

（1）一次课征制是指同一税种在商品流转的全过程中只选择某一环节课征的制度，是纳税环节的一种具体形式。如我国现行的资源税只选择在生产销售环节一次性缴纳，以后的流通环节不再纳税。

（2）多次课征制是指同一税种在商品流转全过程中选择两个或两个以上环节课征的制度。如我国现行的增值税在货物生产、批发和零售等多个环节征税。

5. 纳税期限

纳税期限是指纳税义务发生后，纳税人缴纳税款的期限。纳税期限是由纳税义务计算期、纳税申报期和税款缴纳期三种期限按先后次序组成的。

（1）纳税义务计算期说明纳税人应该多长时间计缴一次税款，反映了计税的频率，具体在广义上又可以分为按期计算和按次计算。

（2）纳税申报期是指税法规定的，在纳税计算期满后纳税人进行申报，以确定具体税额的期限。

（3）税款缴纳期则是税法规定的，纳税人在纳税申报确定其应纳税款后，应该将税款缴纳的期限。法定缴纳期限被作为纳税义务消灭时效的起算日，其翌日则作为滞纳金计算期间的起算日。很多税种的纳税申报期与税款缴纳期是重合的，并且笼统地规定为申报缴纳期。

纳税期限与纳税义务的发生时间是不同的。前者是一定的期间，而后者则是一个时间点；并且只有在纳税义务发生后，才会有纳税期限的问题。

6. 税收减免

税收减免是对特定的纳税人减轻或免除其税负的一种特殊优惠措施。目的在于国家能够充分运用税收对某些企业或产业予以扶持照顾。

（1）减免税。减税是从应征税款中减征部分税款；免税是免征全部税款。

（2）起征点和免税额。起征点是指税法规定对征税对象开始征税的数额界限，征税对象数额未达到起征点的不征税；达到或超过起征点的，则以征税对象的全部数额（包括起征点以下的部分）征税。免征额是指税法规定按一定标准从征税对象中预先扣除，并免于征税的数额。征税对象数额未达到免征额标准的，不征税；达到或超过免征额标准的，只对超过免征额的部分征税。无论是起征点还是免征额，都是国家对纳税人的一种照顾，但区别在于被照顾对象有所不同，起征点照顾的是低收入者，免征额是对所有纳税人的照顾。

7. 法律责任

法律责任是指纳税人、扣缴义务人或其他税收当事人的漏税、欠税、偷税、抗税或未履行税务登记、纳税申报等违法行为所应承担的否定性法律后果。

 税收与税法实践项目

子项目一 税收与税收法律关系

任务一 税收的本质与特征

【案例讨论】

关于税收的征收依据，又称课税依据，是税收理论中的一个重要问题，形成了一系列重要的学说，主要有以下几种：

1. 公需说

也称公共福利说，流行于17世纪，其代表人物是法国的博丹（Bodin J.）和德国的克洛克（Klock）。该学说认为，国家的职能是满足公共需要，增进公共福利，为此需要通过征税来取得用以实现国家职能的费用。

2. 交换说

也称利益说、代价说等，发端于18世纪初，始由卢梭（J. J. Rousseau）力倡，后为法国重农学派所接受，并经亚当·斯密（Adam Smith）发展成英国古典学派的主张。该学说以社会契约论和自由主义的国家观为基础，认为国家和个人是各自独立平等的实体，国民因国家的活动而得到利益，理应向国家纳税以作为报偿，因而税收体现的是国家与国民之间的一种交换关系。

3. 保险说

也称保险费说，是交换说的变形，两者实际上属同一个理论体系。该学说认为国家保护了人民财产和社会公共秩序，人民因此就应向国家支付报酬；国家与国民之间的关系如同保险公司与投保者的关系，税收便是国民向国家缴纳的保险费。

4. 义务说

也称牺牲说，起源于19世纪英国的税收牺牲说，后由德国的瓦格纳（Adolf Wagner）对其加以完善。该学说以黑格尔的国家有机体说为基础，认为个人生活必须依赖于国家的生存，为了维持国家生存而纳税，是每个公民当然的义务。纳税不是对接受国家利益的一种返还，而完全是无偿的、牺牲性的支付。

5. 新利益说

也称税收价格论，与利益说或交换说不同，它认为国家可以分解为构成国家的个人，国家满足公共需要就是满足每个人共同的私人欲望，因此，个人纳税就像为满足私人欲望而购物时所支付的价款。

6. 经济调节说

也称市场失灵说，是资本主义发展到垄断阶段以后出现的凯恩斯理论的重要观点。该学说认为，由于存在市场机制不能进行资源的有效配置和公平分配社会财富的情况，因而需要社会经济政策予以调节和矫正。而税收正是完善市场机制、调节国民经济运行和社会分配的重要手段，这便是国家征税的依据。

【问题探究】

你赞同哪一种征税依据的学说？其理由依据何在？

【能力训练】

李某是个体工商户，经营日用百货，生意红火，利润颇丰。可当税务机关向其征税时，李某以其收入是自己辛勤劳动经营的成果，不愿将自己的辛苦钱无偿交给别人，于是拒绝缴纳税款。

【问题及要求】

（1）什么是税收？

（2）李某是否应当缴纳税款？

任务二 纳税人的权利与义务

【案例讨论】

国家税务总局2009年11月6日发布了《关于纳税人权利与义务的公告》，就纳税人在纳税过程中的权利与义务进行了详细解读。其主要内容如下：

为便于您全面了解纳税过程中所享有的权利和应尽的义务，帮助您及时、准确地完成纳税事宜，促进您与我们在税收征纳过程中的合作（"您"指纳税人或扣缴义务人，"我们"指税务机关或税务人员。下同），根据《中华人民共和国税收征收管理法》及其实施细则和相关税收法律、行政法规的规定，现就您的权利和义务告知如下：

您在履行纳税义务过程中，依法享有下列权利：一、知情权；二、保密权；三、税收监督权；四、纳税申报方式选择权；五、申请延期申报权；六、申请延期缴纳税款权；七、申请退还多缴税款权；八、依法享受税收优惠权；九、委托税务代理权；十、陈述与申辩权；十一、对未出示税务检查证和税务检查通知书的拒绝检查权；十二、税收法律救济权；十三、依法要求听证的权利；十四、索取有关税收凭证的权利。

依照宪法、税收法律和行政法规的规定，您在纳税过程中负有以下义务：一、依法进行税务登记的义务；二、依法设置账簿、保管账簿和有关资料以及依法开具、使用、取得和保管发票的义务；三、财务会计制度和会计核算软件备案的义务；四、按照规定安装、使用税控装置的义务；五、按时、如实申报的义务；六、按时缴纳税款的义务；七、代扣、代收税款的义务；八、接受依法检查的义务；九、及时提供信息的义务；十、报告其他涉税信息的义务。

【问题探究】

你认为我国纳税人的权利和义务有哪些？如何提高纳税人意识？怎样保护纳税人权利？

子项目二 税法基本原则与具体运用

任务一 税收法定原则的含义与内容

【案例讨论】

上海重庆开始对个人住房征收房产税试点①

2010 年 5 月 12 日，一则"上海近日将出台楼市调控细则并征收房产税"的消息占据各大媒体的显著位置。关于房产税开征，坊间流传有多种版本，如上海开征房产保有税，重庆获批房产特别消费税。此外，物业税空转也一直是媒体关注的焦点。"这几个名称其实说的是一个事情，在概念上没有准确不准确之分，我认为表述比较合理的是房地产税；但是在具体操作上面，用别的说法也没有关系，比如叫房产保有税也不是不行。"财政部财科所所长贾康向记者分析说。

2010 年 5 月 11 日，国家税务总局一位官员在一个公开场合表示，"前段时间大家所说的住房保有税、房产消费税都是错误的，并没有这两个税种。根据现有的法律，房产税与物业税有可能启用。""不太可能是物业税，有可能是房产税。"这位官员说。

国家税务总局新闻处处长牛新文 5 月 17 日表示："按照现行的规定，税收立法权在中央，也就是说中央来定，地方去执行，地方政府没有权力出台新税种。"针对有媒体报道称，"根据现有的房产税暂行条例，房产税征收对象是经营性物业，上海的方案将把多套住宅解释为经营行为。"牛新文批驳称："解释权也不归地方，对现有税种征收范围的重新解释，是中央的权力。"

据新华网北京 2011 年 1 月 27 日电，国务院常务会议同意在部分城市进行对个人住房征收房产税改革试点，具体征收办法由试点省（自治区、直辖市）人民政府从实际出发制定。

---

① 案例材料来源：

a. 新房产税开征在即，国税总局称地方无权出台——大众房产网 http://house.dzwww.com/news/chinabuilding/201005/t20100520_5540319.htm

b. 国务院同意部分城市进行对个人住房征收房产税改革试点——新华网 http://news.xinhuanet.com/2011-01/27/c_121032896.htm

c. 沪渝房产税方案公布：上海抑投资 重庆打豪宅——搜狐财经 http://business.sohu.com/20110128/n279129335.shtml

2011 年 1 月，上海和重庆两市开始对个人住房征收房产税的试点，"重庆版"房产税偏重对高档房、别墅的征收，对存量、增量独栋别墅均征房产税；"上海版"房产税方案则针对新增一般房地产，而且按照人均面积做起征点考虑。

上 海 版

2011 年 1 月 27 日上海市人民政府印发《上海市开展对部分个人住房征收房产税试点的暂行办法》。其主要内容为：

一、试点范围

试点范围为本市行政区域。

二、征收对象

征收对象是指本暂行办法施行之日起本市居民家庭在本市新购且属于该居民家庭第二套及以上的住房（包括新购的二手存量住房和新建商品住房）和非本市居民家庭在本市新购的住房。

除上述征收对象以外的其他个人住房，按国家制定的有关个人住房房产税规定执行。

新购住房的购房时间，以购房合同网上备案的日期为准。居民家庭住房套数根据居民家庭（包括夫妻双方及其未成年子女）在本市拥有的住房情况确定。

三、纳税人

纳税人为应税住房产权所有人。产权所有人为未成年人的，由其法定监护人代为纳税。

四、计税依据

计税依据为参照应税住房的房地产市场价格确定的评估值，评估值按规定周期进行重估。试点初期，暂以应税住房的市场交易价格作为计税依据。房产税暂按应税住房市场交易价格的 70% 计算缴纳。

五、适用税率

适用税率暂定为 0.6%。应税住房每平方米市场交易价格低于本市上年度新建商品住房平均销售价格 2 倍（含 2 倍）的，税率暂减为 0.4%。

六、税收减免

（一）本市居民家庭在本市新购且属于该居民家庭第二套及以上住房的，合并计算的家庭全部住房面积（指住房建筑面积，下同）人均不超过 60 平方米（即免税住房面积，含 60 平方米）的，其新购的住房暂免征收房产税；人均超过 60 平方米的，对属新购住房超出部分的面积，按本暂行办法规定计算征收房产税。

合并计算的家庭全部住房面积为居民家庭新购住房面积和其他住房面积的总和。

本市居民家庭中有无住房的成年子女共同居住的，经核定可计入该居民家庭计算免税住房面积；对有其他特殊情形的居民家庭，免税住房面积计算办法另行制定。

（二）本市居民家庭在新购一套住房后的一年内出售该居民家庭原有唯一住房的，其新购住房已按本暂行办法规定计算征收的房产税，可予退还。

（三）本市居民家庭中的子女成年后，因婚姻等需要而首次新购住房，且该住房属于成年子女家庭唯一住房的，暂免征收房产税。

（四）符合国家和本市有关规定引进的高层次人才、重点产业紧缺急需人才，持有本市居住证并在本市工作生活的，其在本市新购住房，且该住房属于家庭唯一住房的，暂免征收房产税。

（五）持有本市居住证满3年并在本市工作生活的购房人，其在本市新购住房，且该住房属于家庭唯一住房的，暂免征收房产税；持有本市居住证但不满3年的购房人，其上述住房先按本暂行办法规定计算征收房产税，待持有本市居住证满3年并在本市工作生活的，其上述住房已征收的房产税，可予退还。

（六）其他需要减税或免税的住房，由市政府决定。

重 庆 版

2011年1月27日重庆市市长黄奇帆宣布市长令，作为国家首批个人住房房产税改革试点城市，重庆定于1月28日正式启动改革试点工作。其主要内容为：

一、试点区域

试点区域为渝中区、江北区、沙坪坝区、九龙坡区、大渡口区、南岸区、北碚区、渝北区、巴南区（以下简称主城九区）。

二、征收对象

（一）试点采取分步实施的方式。首批纳入征收对象的住房为：

1. 个人拥有的独栋商品住宅。

2. 个人新购的高档住房。高档住房是指建筑面积交易单价达到上两年主城九区新建商品住房成交建筑面积均价2倍（含2倍）以上的住房。

3. 在重庆市同时无户籍、无企业、无工作的个人新购的第二套（含第二套）以上的普通住房。

（二）未列入征税范围的个人高档住房、多套普通住房，将适时纳入征税范围。

三、纳税人

纳税人为应税住房产权所有人。产权人为未成年人的，由其法定监护人纳税。产权出典的，由承典人纳税。产权所有人、监护人、承典人不在房产所在地的，或者产权未确定及租典纠纷未解决的，由代管人或使用人纳税。应税住房产权共有的，共有人应主动约定纳税人，未约定的，由税务机关指定纳税人。

四、计税依据

应税住房的计税价值为房产交易价。条件成熟时，以房产评估值作为计税依据。独栋商品住宅和高档住房一经纳入应税范围，如无新的规定，无论是否出现产权变动，均属纳税对象，其计税交易价和适用的税率均不再变动。属于本办法规定的应税住房用于出租的，按本办法的规定征收房产税，不再按租金收入征收房产税。

五、税率

（一）独栋商品住宅和高档住房建筑面积交易单价在上两年主城九区新建商品住房成交建筑面积均价3倍以下的住房，税率为0.5%；3倍（含3倍）至4倍的，税率为1%；4倍（含4倍）以上的税率为1.2%。

（二）在重庆市同时无户籍、无企业、无工作的个人新购第二套（含第二套）以上的普通住房，税率为0.5%。

六、应纳税额的计算

（一）个人住房房产税应纳税额的计算。

$$应纳税额 = 应税建筑面积 \times 建筑面积交易单价 \times 税率$$

应税建筑面积是指纳税人应税住房的建筑面积扣除免税面积后的面积。

（二）免税面积的计算。

扣除免税面积以家庭为单位，一个家庭只能对一套应税住房扣除免税面积。

纳税人在本办法施行前拥有的独栋商品住宅，免税面积为180平方米；新购的独栋商品住宅、高档住房，免税面积为100平方米。纳税人家庭拥有多套新购应税住房的，按时间顺序对先购的应税住房计算扣除免税面积。

在重庆市同时无户籍、无企业、无工作的个人的应税住房均不扣除免税面积。

此后，有关房产税试点的传言不断涌现，包括杭州等多个城市"趟枪"。据媒体报道，早在2013年，目标扩围城市对于房产税扩围的培训、技术准备等已基本完成，但至今为止尚未有明确的扩围动作。

【问题探究】

税收法定原则的基本含义和具体内容为何？地方政府有权开征新税吗？

【相关法律指引】

《中华人民共和国宪法》

第五十六条　中华人民共和国公民有依照法律纳税的义务。

《中华人民共和国立法法》

第七条　全国人民代表大会和全国人民代表大会常务委员会行使国家立法权。

全国人民代表大会制定和修改刑事、民事、国家机构的和其他的基本法律。

全国人民代表大会常务委员会制定和修改除应当由全国人民代表大会制定的法律以外的其他法律；在全国人民代表大会闭会期间，对全国人民代表大会制定的法律进行部分补充和修改，但是不得同该法律的基本原则相抵触。

第八条　下列事项只能制定法律：

（一）国家主权的事项；

（二）各级人民代表大会、人民政府、人民法院和人民检察院的产生、组织和职权；

（三）民族区域自治制度、特别行政区制度、基层群众自治制度；

（四）犯罪和刑罚；

（五）对公民政治权利的剥夺、限制人身自由的强制措施和处罚；

（六）税种的设立、税率的确定和税收征收管理等税收基本制度；

（七）对非国有财产的征收、征用；

（八）民事基本制度；

（九）基本经济制度以及财政、海关、金融和外贸的基本制度；

（十）诉讼和仲裁制度；

（十一）必须由全国人民代表大会及其常务委员会制定法律的其他事项。

第九条　本法第八条规定的事项尚未制定法律的，全国人民代表大会及其常务委员会有权作出决定，授权国务院可以根据实际需要，对其中的部分事项先制定行政法规，但是有关犯罪和刑罚、对公民政治权利的剥夺和限制人身自由的强制措施和处罚、司法制度等事项除外。

第十条　授权决定应当明确授权的目的、事项、范围、期限以及被授权机关实施授权决定应当遵循的原则等。

授权的期限不得超过五年，但是授权决定另有规定的除外。

被授权机关应当在授权期限届满的六个月以前，向授权机关报告授权决定实施的情况，并提出是否需要制定有关法律的意见；需要继续授权的，可以提出相关意见，由全国人民代表大会及其常务委员会决定。

第十一条　授权立法事项，经过实践检验，制定法律的条件成熟时，由全国人民代表大会及其常务委员会及时制定法律。法律制定后，相应立法事项的授权终止。

第十二条　被授权机关应当严格按照授权决定行使被授予的权力。

被授权机关不得将被授予的权力转授给其他机关。

第十三条　全国人民代表大会及其常务委员会可以根据改革发展的需要，决定就行政管理等领域的特定事项授权在一定期限内在部分地方暂时调整或者暂时停止适用法律的部分规定。

《中华人民共和国税收征收管理法》

第三条　税收的开征、停征以及减税、免税、退税、补税，依照法律的规定执行；法律授权国务院规定的，依照国务院制定的行政法规的规定执行。

任何机关、单位和个人不得违反法律、行政法规的规定，擅自作出税收开征、停征以及减税、免税、退税、补税和其他同税收法律、行政法规相抵触的决定。

《中华人民共和国房产税暂行条例》

第二条　房产税由产权所有人缴纳。产权属于全民所有的，由经营管理的单位缴纳。产权出典的，由承典人缴纳。产权所有人、承典人不在房产所在地的，或者产权未确定及租典纠纷未解决的，由房产代管人或者使用人缴纳。

前款列举的产权所有人、经营管理单位、承典人、房产代管人或者使用人，统称为纳税义务人（以下简称纳税人）。

第三条　房产税依照房产原值一次减除 10%～30% 后的余值计算缴纳。具体减除幅度，由省、自治区、直辖市人民政府规定。

没有房产原值作为依据的，由房产所在地税务机关参考同类房产核定。

房产出租的，以房产租金收入为房产税的计税依据。

第四条　房产税的税率，依照房产余值计算缴纳的，税率为 1.2%；依照房产租金收入计算缴纳的，税率为 12%。

第五条　下列房产免纳房产税：

（一）国家机关、人民团体、军队自用的房产；

（二）由国家财政部门拨付事业经费的单位自用的房产；

（三）宗教寺庙、公园、名胜古迹自用的房产；

（四）个人所有非营业用的房产；

（五）经财政部批准免税的其他房产。

【能力训练】

材料1：

2009 年，某市一家公路建设工程公司承接了该市境内某段公路的路基建设施工工程。

在施工期间，该公司从当地收购了 20 万立方米的河沙作为路基建设材料。据此，市地税局依照省地税局有关文件规定，核定该公司应缴纳资源税 396472.53 元，并且责令其限期缴纳。

该公司接到市地税局下达的税务处理决定后，认为《中华人民共和国资源税暂行条例》及其实施细则所列举的应税产品中不含河沙，因此他们不是资源税的纳税人，不应缴纳资源税。在足额缴纳 396472.53 元税款后，该公司向市地税局的上级主管机关提出了税务行政复议申请。

市地税局的上级主管机关作出了维持市地税局原税务处理决定的复议决定。该公司不服，在合理期限内向市人民法院提起了行政诉讼，要求法院撤销市地税局作出的原税务处理决定，退还其已经缴纳的资源税税款 396472.53 元。

市人民法院经审理后，认定市地税局适用税收法律错误，依法作出了撤销市地税局原税务处理决定的判决。

【问题及要求】

（1）什么是"税收法定主义原则"？

（2）依据省地税局文件征税是否符合"税收法定主义原则"？

材料 2：累进税率的原理与运用

（1）某公司经理 2012 年 9 月的应税工资收入扣除规定费用后应纳税所得额为 10 万元。

（2）某房地产公司 2012 年 8 月取得应税收入 400 万元，允许扣除的成本费用为 100 万元。

【问题及要求】

（1）请用两种方法计算纳税人本月应缴纳的个人所得税税额。另外，用两种方法推算出每一级的速算扣除数。

（2）请用两种方法计算纳税人本月应缴纳的土地增值税税额。另外，用两种方法推算出每一级的速算扣除系数。

【相关法律指引】

《中华人民共和国个人所得税法》

第三条　个人所得税的税率：

一、工资、薪金所得，适用超额累进税率，税率为百分之三至百分之四十五（税率表如表 1-1 所示）。

表 1-1　个人所得税税率表一（工资、薪金所得适用）

级数	全月应纳税所得额	税率/%
1	不超过 1500 元的	3
2	超过 1500 元至 4500 元的部分	10
3	超过 4500 元至 9000 元的部分	20
4	超过 9000 元至 35000 元的部分	25

续表

级数	全月应纳税所得额	税率/%
5	超过35000元至55000元的部分	30
6	超过55000元至80000元的部分	35
7	超过80000元的部分	45

（注：本表所称全月应纳税所得额是指依照本法第六条的规定，以每月收入额减除费用3500元以及附加减除费用后的余额。）

《中华人民共和国土地增值税暂行条例》

第三条　土地增值税按照纳税人转让房地产所取得的增值额和本条例第七条规定的税率计算征收。

第四条　纳税人转让房地产所取得的收入减除本条例第六条规定扣除项目金额后的余额，为增值额。

第七条　土地增值税实行四级超率累进税率：

增值额未超过扣除项目金额50%的部分，税率为30%。

增值额超过扣除项目金额50%、未超过扣除项目金额100%的部分，税率为40%。

增值额超过扣除项目金额100%、未超过扣除项目金额200%的部分，税率为50%。

增值额超过扣除项目金额200%的部分，税率为60%。

任务二　税法基本原则的具体运用

【案例讨论】

多缴的印花税能不能退？

某房地产开发公司2010年3月注册登记成立，公司启用记载资金的营业账簿时，按实收资本和资本公积金合计数1000万元缴纳印花税5000元，并取得了税务机关开具的完税凭证。公司于2011年2月8日又向地税部门申报缴纳了应税项目为实收资本和资本公积的印花税5000元。

某县地税局稽查局在检查其2011年度的纳税情况时，发现该公司2011年度实收资本和资本公积金没有新增加金额。经稽查人员的税收政策辅导，公司财务人员对印花税政策有了较为全面的掌握和了解，公司发现多缴了印花税，要求税务部门退还多缴的印花税，并强调公司多缴印花税是误以为记载资金的营业账簿按年缴纳印花税，也因对印花税税收政策把握不准而按照转让土地使用权的合同金额缴纳了印花税。

针对印花税能否办理退税，稽查人员有两种不同意见。

第一种意见是印花税不能退。理由为印花税是对单位和个人书立、领受的应税凭证征收的一种税，具有凭证税性质，实质上是对经济行为的课税，也是一种行为税。印花税的纳税环节应当是在书立或领受时贴花。具体是指在合同签订时、账簿启用时和证照领受时贴花，印花税由纳税人自行完成纳税义务，纳税人通过自行计算、购买并粘贴印花税票的方法完成纳税义务，并在印花税票和凭证骑缝处自行盖戳注销或划销，与其他税种的纳税方法有较大区别。依照《中华人民共和国印花税暂行条例施行细则》第24条的规定，凡多贴印花税票者，不得申请退税或抵用，因此不能给予退税处理。

第二种意见认为，该公司记载资金的账簿已经缴纳的 5000 元印花税应当办理退税。理由是按照税法"法律优位原则"和"程序法优于实体法原则"，《中华人民共和国税收征收管理法》是经全国人大常委会通过的税收程序法，其位次高于国务院公布的《中华人民共和国印花税暂行条例》。《税收征收管理法》第 51 条规定，纳税人超过应纳税额的税款，税务机关发现后应当立即退还，纳税人自结算缴纳税款之日起三年内发现的，可以向税务机关要求退还多缴的税款并加算银行同期存款利息，税务机关及时查实后应当立即退还；涉及从国库中退库的，依照法律、行政法规有关国库管理的规定退还。据此，公司发现其记载资金营业账簿多缴的 5000 元印花税应当办理退税。

【问题探究】

"法律优位原则"和"程序法优于实体法原则"能否在本案中适用？你认为本案在法律适用方面应当采用什么原则？本案应当如何处理？

【相关法律指引】

《中华人民共和国立法法》

第八十七条　宪法具有最高的法律效力，一切法律、行政法规、地方性法规、自治条例和单行条例、规章都不得同宪法相抵触。

第八十八条　法律的效力高于行政法规、地方性法规、规章。行政法规的效力高于地方性法规、规章。

第八十九条　地方性法规的效力高于本级和下级地方政府规章。省、自治区的人民政府制定的规章的效力高于本行政区域内的设区的市、自治州的人民政府制定的规章。

第九十条　自治条例和单行条例依法对法律、行政法规、地方性法规作变通规定的，在本自治地方适用自治条例和单行条例的规定。

经济特区法规根据授权对法律、行政法规、地方性法规作变通规定的，在本经济特区适用经济特区法规的规定。

第九十一条　部门规章之间、部门规章与地方政府规章之间具有同等效力，在各自的权限范围内施行。

第九十二条　同一机关制定的法律、行政法规、地方性法规、自治条例和单行条例、规章，特别规定与一般规定不一致的，适用特别规定；新的规定与旧的规定不一致的，适用新的规定。

第九十三条　法律、行政法规、地方性法规、自治条例和单行条例、规章不溯及既往，但为了更好地保护公民、法人和其他组织的权利和利益而作的特别规定除外。

第九十四条　法律之间对同一事项的新的一般规定与旧的特别规定不一致，不能确定如何适用时，由全国人民代表大会常务委员会裁决。

行政法规之间对同一事项的新的一般规定与旧的特别规定不一致，不能确定如何适用时，由国务院裁决。

第九十五条　地方性法规、规章之间不一致时，由有关机关依照下列规定的权限作出裁决：

（一）同一机关制定的新的一般规定与旧的特别规定不一致时，由制定机关裁决；

（二）地方性法规与部门规章之间对同一事项的规定不一致，不能确定如何适用时，由国务院提出意见，国务院认为应当适用地方性法规的，应当决定在该地方适用地方性法规的规定；认为应当适用部门规章的，应当提请全国人民代表大会常务委员会裁决；

（三）部门规章之间、部门规章与地方政府规章之间对同一事项的规定不一致时，由国务院裁决。

根据授权制定的法规与法律规定不一致，不能确定如何适用时，由全国人民代表大会常务委员会裁决。

《中华人民共和国税收征收管理法实施细则》

第一百一十二条　耕地占用税、契税、农业税、牧业税的征收管理，按照国务院的有关规定执行。

项目二

税收征收管理法

 学习目标

  税收征收管理是税务机关对纳税人依法征税和进行税务监督管理的总称,《税收征收管理法》及其实施细则和各种实体税法中的征收管理条款构成我国税收征管法律制度。税收征管法的主要内容有税务管理、税款征收、税务检查、违反征管法应承担的税收行政责任和税收刑事责任。通过对税收征管法律制度的学习,熟悉和掌握税务登记、纳税申报等工作程序和税收征纳的技能等具体税收征管法律实务。

 税收征收管理法知识结构图

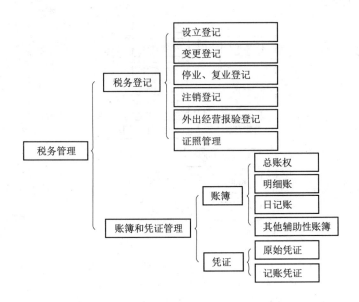

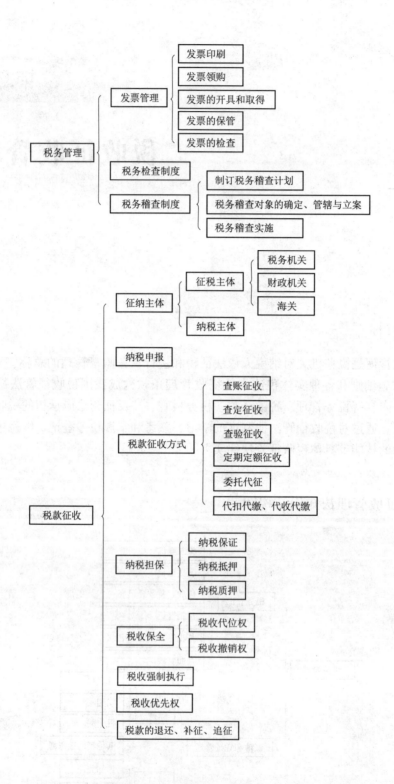

税收征收管理法基本问题

一、税收征收管理法概述

（一）税收征收管理法的概念

从广义上说，税收征收管理法是指调整税收征收与管理过程中所发生的社会关系的法律规范的总称。包括税收征收管理法和税收征收管理的有关法律、法规和规章。税收征收管理法属于税收程序法，是以规定税收实体法中所确定的权利义务的履行程序为主要内容的法律规范，是税法的有机组成部分。税收征收管理法不仅是纳税人全面履行纳税义务必须遵守的法律准则，也是税务机关履行征税职责的法律依据。

从狭义上说，我国的税收征收管理法是指《中华人民共和国税收征收管理法》（以下简称《税收征收管埋法》），该法于 1992 年 9 月 4 日第七届全国人大常务委员会第 27 次会议通过，先后经过 1995 年 2 月 28 日第八届全国人大常务委员会第 12 次会议、2001 年 4 月 28 日第九届全国人大常务委员会第 21 次会议、2013 年 6 月 29 日第十二届全国人大常委会第 3 次会议修改。

（二）《税收征收管理法》的适用范围

我国《税收征收管理法》第 2 条规定："凡依法由税务机关征收的各种税收的征收管理，均适用本法。"

税务机关负责征收各种工商税收。这里税务机关依法征收的"各种税收"是指，全国人大及其常委会和国务院制定并开征的、由税务机关负责征收的税种，包括增值税、消费税、企业所得税、个人所得税、资源税、城镇土地使用税、城市维护建设税、土地增值税、房产税、车船税、印花税、车辆购置税等。

耕地占用税、契税、农业税、牧业税征收管理的具体办法，由国务院另行制定。

海关负责征收的关税及海关代征税收（进口环节的增值税、消费税）的征收管理，依照法律、行政法规的有关规定执行。

我国同外国缔结的有关税收的条约、协定同该法有不同规定的，依照有关条约、协定的规定办理。

另外，目前还有一部分费由税务机关征收，如教育费附加。这些费不适用《税收征收管理法》，不能采取《税收征收管理法》规定的措施，其具体管理办法由各种费的条例和规章规定。

二、税务管理

税务管理是税收征收管理机关为了贯彻执行国家的税收法律制度，加强税收工作，协调征税关系而开展的一项有目的的活动。是税收征收管理的基础环节，包括税务登记管理、账簿凭证管理和纳税申报管理三大内容。

（一）税务登记法律制度

为了加强户籍管理，严格税源监控，我国对纳税人实行税务登记。税务登记制度是税务机关对纳税人的生产、经营活动进行登记并据此对纳税人实施税务管理的一种法定制度。税务登记又称纳税登记，是税务机关对纳税实施税收管理的首要环节和基础工作，是征纳双方法律关系成立的依据和证明，也是纳税人必须依法履行的义务。

根据《税收征收管理法》及其《实施细则》，以及国家税务总局 2003 年 12 月 17 日公布并于 2014 年 12 月 27 日修改的《税务登记管理办法》，我国税务登记制度大体包括以下内容：

1. 开业税务登记

这是指从事生产、经营的纳税人，经国家工商行政管理部门批准设立后到税务机关办理的税务登记。

1）办理登记的纳税人

领取营业执照从事生产、经营的纳税人。包括企业，企业在外地设立的分支机构和从事生产、经营的场所，个体工商户和从事生产、经营的事业单位。

其他纳税人。主要是指不从事生产、经营，但依照法律法规的规定负有纳税义务的单位和个人（除国家机关、个人和无固定生产、经营场所的流动性农村小商贩外）。

2）办理登记的时间和地点

从事生产、经营的纳税人应当自领取营业执照之日起 30 日内，向生产、经营地或者纳税义务发生地的主管税务机关申报办理税务登记，如实填写税务登记表，并按照税务机关的要求提供有关证件、资料。

其他纳税人，应当按规定自纳税义务发生之日起 30 日内，持有关证件向所在地的主管税务机关申报办理税务登记。

3）登记的内容和程序

程序：税务登记申请→填写税务登记表→税务登记表的受理、审核（税务机关应当自收到申报之日起 30 日内审核并发给税务登记证件）。

2. 变更税务登记

从事生产、经营的纳税人，税务登记内容发生变化的，应当向原税务登记机关申报办理变更税务登记。

纳税人已在工商行政管理机关办理变更登记的，应当自工商行政管理机关变更登记之日起 30 日内，向原税务登记机关如实提供有关证件、资料，申报办理变更税务登记；纳税人按照规定不需要在工商行政管理机关办理变更登记，或者其变更登记的内容与工商登记内容无关的，应当自税务登记内容实际发生变化之日起 30 日内，或者自有关机关批准或者宣布变更之日起 30 日内，持有关证件到原税务登记机关申报办理变更税务登记。

3. 注销税务登记

这是指纳税人需终止履行纳税义务时向税务机关申报办理的税务登记手续。需要办理注销税务登记的情形为：纳税人因经营期限届满而自动解散；企业因改组、分立、合并等原因而被撤销；企业因资不抵债而破产；纳税人因住所、经营地点迁移而涉及改变原主管税务登记机关的；纳税人被工商行政管理机关吊销营业执照；纳税人依法终止履行纳税义务的其他情形。

纳税人发生解散、破产、撤销以及其他情形，依法终止纳税义务的，应当在向工商行政管理机关或者其他机关办理注销登记前，持有关证件和资料向原税务登记机关申报办理注销税务登记；

按规定不需要在工商行政管理机关或者其他机关办理注册登记的，应当自有关机关批准或者宣告终止之日起 15 日内，持有关证件和资料向原税务登记机关申报办理注销税务登记。

纳税人被工商行政管理机关吊销营业执照或者被其他机关予以撤销登记的，应当自营业执照被吊销或者被撤销登记之日起 15 日内，向原税务登记机关申报办理注销税务登记。

纳税人因住所、经营地点变动，涉及改变税务登记机关的，应当在向工商行政管理机关或者其他机关申请办理变更、注销登记前，或者住所、经营地点变动前，持有关证件和资料，向原税务登记机关申报办理注销税务登记，并自注销税务登记之日起 30 日内向迁达地税务机关申报办理税务登记。

境外企业在中国境内承包建筑、安装、装配、勘探工程和提供劳务的，应当在项目完工、离开中国前 15 日内，持有关证件和资料，向原税务登记机关申报办理注销税务登记。

纳税人办理注销税务登记前，应当向税务机关结清应纳税款、多退（免）税款、滞纳金和罚款，缴销发票、税务登记证件和其他税务证件。

4. 停业、复业登记

1）停业登记

实行定期定额征收方式的个体工商户需要停业的，应当在停业前向税务机关申报办理停业登记，说明停业理由、停业期限、停业前的纳税情况和发票的领、用、存情况，并结清应纳税款、滞纳金、罚款。纳税人的停业期限不得超过一年。

纳税人在停业期间发生纳税义务的，应当按照税收法律、行政法规的规定申报缴纳税款。

2）复业登记

纳税人应当于恢复生产经营之前，向税务机关申报办理复业登记，如实填写《停、复业报告书》，领回并启用税务登记证件、发票领购簿及其停业前领购的发票，纳入正常管理。

纳税人停业期满不能及时恢复生产经营的，应当在停业期满前向税务机关提出延长停业登记申请。

纳税人停业期满未按期复业又不申请延长停业的，税务机关应当视为已恢复营业，实施正常的税收征收管理。

5. 外出经营报验登记

这是指纳税人到外县（市）临时从事生产经营活动的，向主管税务机关申请开具《外出经营活动税收管理证明》，并到经营地税务机关办理报验的税务登记手续。

6. 税务登记证的使用与管理

除按照规定不需要发给税务登记证件的外，纳税人办理下列事项时，必须持税务登记证件。

（1）开立银行账户；

(2) 申请减税、免税、退税；

(3) 申请办理延期申报、延期缴纳税款；

(4) 领购发票；

(5) 申请开具外出经营活动税收管理证明；

(6) 办理停业、歇业；

(7) 其他有关税务事项。

税务机关对税务登记证件实行定期验证和换证制度。纳税人应当在规定的期限内持有关证件到主管税务机关办理验证或者换证手续。

纳税人应当将税务登记证件正本在其生产、经营场所或者办公场所公开悬挂，接受税务机关检查。

纳税人遗失税务登记证件的，应当在 15 日内书面报告主管税务机关，并登报声明作废。同时，凭报刊上刊登的遗失声明向主管税务机关申请补办税务登记证件。

（二）账簿、凭证管理法律制度

账簿是纳税人、扣缴义务人连续地记录其各种经济业务的账册或簿籍。凭证是纳税人用来记录经济业务，明确经济责任，并据以登记账簿的书面证明。账簿、凭证管理是继税务登记之后税收征管的又一重要环节，在税收征管中占有十分重要的地位。

1. 账簿的设置

从事生产、经营的纳税人应当自领取营业执照或者发生纳税义务之日起 15 日内，按照国家有关规定设置账簿。生产、经营规模小又确无建账能力的纳税人，可以聘请经批准从事会计代理记账业务的专业机构或者经税务机关认可的财会人员代为建账和办理账务；聘请上述机构或者人员有实际困难的，经县以上税务机关批准，可以按照税务机关的规定，建立收支凭证粘贴簿、进货销货登记簿或者使用税控装置。

扣缴义务人应当自税收法律、行政法规规定的扣缴义务发生之日起 10 日内，按照所代扣、代收的税种，分别设置代扣代缴、代收代缴税款账簿。

2. 财务会计制度及其处理办法的管理

从事生产、经营的纳税人的财务、会计制度或者财务、会计处理办法和会计核算软件，应当报送税务机关备案。

纳税人、扣缴义务人的财务、会计制度或者财务、会计处理办法与国务院或者国务院财政、税务主管部门有关税收的规定抵触的，依照国务院或者国务院财政、税务主管部门有关税收的规定计算应纳税款、代扣代缴和代收代缴税款。

3. 账簿、凭证的保管

从事生产、经营的纳税人、扣缴义务人必须按照国务院财政、税务主管部门规定的保管期限保管账簿、记账凭证、完税凭证及其他有关资料。账簿、记账凭证、报表、完税凭证、发票、出口凭证以及其他有关涉税资料应当合法、真实、完整。账簿、记账凭证、完税凭证及其他有关资料不得伪造、变造或者擅自损毁。

账簿、记账凭证、报表、完税凭证、发票、出口凭证以及其他有关涉税资料应当保存 10 年；但是，法律、行政法规另有规定的除外。

（三）纳税申报法律制度

纳税申报是指纳税人和扣缴义务人按照税法规定的期限和内容，向税务机关提交有关纳税事项书面报告的法律行为，是纳税人履行纳税义务、界定纳税人法律责任的主要依据，是税务机关税收管理信息的主要来源和税务管理的重要制度。

1. 纳税申报的范围

纳税申报的主体为纳税人和扣缴义务人。注意：纳税人在纳税期内没有应纳税款的，也应当按照规定办理纳税申报。纳税人享受减税、免税待遇的，在减税、免税期间应当按照规定办理纳税申报。

2. 纳税申报的内容

纳税申报的内容，主要在各税种的纳税申报表和代扣代缴、代收代缴税款报告表中体现，还有的是随纳税申报表附报的财务报表和有关纳税资料中体现。

纳税人、扣缴义务人的纳税申报或者代扣代缴、代收代缴税款报告表的主要内容包括：税种、税目，应纳税项目或者应代扣代缴、代收代缴税款项目，计税依据，扣除项目及标准，适用税率或者单位税额，应退税项目及税额、应减免税项目及税额，应纳税额或者应代扣代缴、代收代缴税额，税款所属期限、延期缴纳税款、欠税、滞纳金等。

3. 纳税申报的方式

纳税人、扣缴义务人可以直接到税务机关办理纳税申报或者报送代扣代缴、代收代缴税款报告表，也可以按照规定采取邮寄、数据电文或者其他方式办理上述申报、报送事项。

实行定期定额缴纳税款的纳税人，可以实行简易申报、简并征期等申报纳税方式。

4. 延期申报管理

延期申报是指纳税人、扣缴义务人不能按照税法规定的期限办理纳税申报或扣缴税款报告。

纳税人、扣缴义务人按照规定的期限办理纳税申报或者报送代扣代缴、代收代缴税款报告表确有困难，需要延期的，应当在规定的期限内向税务机关提出书面延期申请，经税务机关核准，在核准的期限内办理。

纳税人、扣缴义务人因不可抗力，不能按期办理纳税申报或者报送代扣代缴、代收代缴税款报告表的，可以延期办理；但是，应当在不可抗力情形消除后立即向税务机关报告。税务机关应当查明事实，予以核准。

经核准延期办理前款规定的申报、报送事项的，应当在纳税期内按照上期实际缴纳的税额或者税务机关核定的税额预缴税款，并在核准的延期内办理税款结算。

三、税款征收

税款征收是整个税收征管的核心环节。《税收征收管理法》对税款征收的规定可以分为基本制度、保障制度和特殊制度三类。基本制度对征税主体、期限和税额做出了规定，保障制度规定了税收保全、税收强制、滞纳金等带有强制性的法律制度，特殊制度是规定税款征收的特殊情况如减免税、税款退还和税款追征的法律制度。

（一）税款征收的基本制度

1. 征收主体

税务机关是《税收征收管理法》规定的税款征收的主体。《税收征收管理法》第 29 条规定："除税务机关、税务人员以及经税务机关依照法律、行政法规委托的单位和人员外，任何单位和个人不得进行税款征收活动。"第 41 条规定："采取税收保全措施、强制执行措施的权力，不得由法定的税务机关以外的单位和个人行使。"

同时，税务机关还可以依法采取委托征收的方式，但税收保全和强制执行不得委托。委托征收是指税务机关根据国家有关规定委托有关单位和人员代征少数零星分散和异地缴纳的税收的征收方式。《税收征收管理法实施细则》第 44 条规定："税务机关根据有利于税收控管和方便纳税的原则，可以按照国家有关规定委托有关单位和人员代征零星分散和异地缴纳的税收，并发给委托代征证书。受托单位和人员按照代征证书的要求，以税务机关的名义依法征收税款，纳税人不得拒绝；纳税人拒绝的，受托代征单位和人员应当及时报告税务机关。"

2. 税额确定

税额确定的方式有两种：纳税人申报确定和税务机关主动确定。纳税人申报确定应纳税额并不意味着由纳税人完全自主地确定税额，在这种方式下，税务机关享有更正权。实践中，纳税人往往会错误地根据会计制度而不是税法来进行申报，而会计制度与税法存在一定的差异，因此税务机关会根据税法对纳税人的申报进行更正。

当然，税务机关在纳税人申报方式上的更正权与其主动确定税额是不同的，后者特指与申报方式并列的一些特殊情况，主要包括税务机关的核定权和调整权，而这两种权力在我国的立法背景下都有其特定的含义。

1）税额核定制度

（1）纳税人（包括单位纳税人和个人纳税人）有下列情形之一的，税务机关有权核定其应纳税额：

① 依照法律、行政法规的规定可以不设置账簿的；

② 依照法律、行政法规的规定应当设置账簿但未设置的；

③ 擅自销毁账簿或者拒不提供纳税资料的；

④ 虽设置账簿，但账目混乱或者成本资料、收入凭证、费用凭证残缺不全，难以查账的；

⑤ 发生纳税义务，未按照规定的期限办理纳税申报，经税务机关责令限期申报，逾期仍不申报的；

⑥ 纳税人申报的计税依据明显偏低，又无正当理由的。

（2）目前税务机关核定税额的方法主要有以下四种：

① 参照当地同类行业或者类似行业中经营规模和收入水平相近的纳税人的税负水平核定；

② 按照营业收入或者成本加合理的费用和利润的方法核定；

③ 按照耗用的原材料、燃料、动力等推算或者测算核定；

④ 按照其他合理方法核定。

采用以上一种方法不足以正确核定应纳税额时，可以同时采用两种以上的方法核定。纳税人对税务机关采取规定的方法核定的应纳税额有异议的，应当提供相关证据，经税务机关认定后，调整应纳税额。

2）税收调整制度

这里的税收调整制度主要指的是关联企业的税收调整制度。所谓关联企业，一般来说，是指经济上有利益关系，法律上相互独立的企业联合体。

《税收征收管理法实施细则》将关联企业界定为有下列关系之一的公司、企业、其他经济组织：

（1）在资金、经营、购销等方面，存在直接或者间接的拥有或者控制关系；

（2）直接或者间接地同为第三者所拥有或者控制；

（3）在利益上具有相关联的其他关系。

《关联企业间业务往来税务管理实施办法》将外商投资企业或外国企业（以下简称为企业）与另一公司、企业和其他经济组织（以下简称为另一企业）之间的关联关系具体指明为有下列之一关系的：

（1）相互间直接或间接持有其中一方的股份总和达到25%或以上的；

（2）直接或间接同为第三者拥有或控制股份达到25%或以上的；

（3）企业与另一企业之间借贷资金占企业自有资金50%或以上，或企业借贷资金总额的10%是由另一企业担保的；

（4）企业的董事或经理等高级管理人员一半以上或有一名常务董事是由另一企业所委派的；

（5）企业的生产经营活动必须由另一企业提供的特许权利（包括工业产权、专有技术等）才能正常进行的；

（6）企业生产经营购进的原材料、零配件等（包括价格及交易条件等）是由另一企业所控制或供应的；

（7）企业生产的产品或商品的销售（包括价格及交易条件等）是由另一企业所控制的；

（8）对企业生产经营、交易具有实际控制的其他利益上相关联的关系，包括家属、亲属关系等。

在市场经济条件下，企业之间的关联是常态，其本身并无不当，但如果利用这些关联关系从事可能减少税收的行为，税务机关就有权调整，即关联企业的税收调整制度针对的不是企业间的关联关系或关联状态，而是特定的关联行为。《税收征收管理法》第36条规定："企业或者外国企业在中国境内设立的从事生产、经营的机构、场所与其关联企业之间的业务往来，应当按照独立企业之间的业务往来收取或者支付价款、费用；不按照独立企业之间的业务往来收取或者支付价款、费用，而减少其应纳税的收入或者所得额的，税务机关有权进行合理调整。"

纳税人与其关联企业之间的业务往来有下列情形之一的，税务机关可以调整其应纳税额：

（1）购销业务未按照独立企业之间的业务往来作价；

（2）融通资金所支付或者收取的利息超过或者低于没有关联关系的企业之间所能同意的数额，或者利率超过或者低于同类业务的正常利率；

（3）提供劳务，未按照独立企业之间业务往来收取或者支付劳务费用；

（4）转让财产、提供财产使用权等业务往来，未按照独立企业之间业务往来作价或者收取、支付费用；

（5）未按照独立企业之间业务往来作价的其他情形。

纳税人有上述所列情形之一的，税务机关可以按照下列方法调整计税收入额或者所得额：

（1）按照独立企业之间进行的相同或者类似业务活动的价格；

（2）按照再销售给无关联关系的第三者的价格所应取得的收入和利润水平；

（3）按照成本加合理的费用和利润；

（4）按照其他合理的方法。

税务机关的纳税调整必须遵守法律规定的期限。纳税人与其关联企业未按照独立企业之间的业务往来支付价款、费用的，税务机关自该业务往来发生的纳税年度起3年内进行调整；有特殊情况的，可以自该业务往来发生的纳税年度起10年内进行调整。

我国《税收征收管理法》及其实施细则专门规定了针对关联企业的税款确定方式，《企业所得税法》则更为全面系统地规定了包括关联企业的转让定价规则、受控外国公司规则、资本弱化规则和一般反避税规则等一系列的特别纳税调整方式。

3. 纳税期限制度

纳税期限是由纳税义务计算期、纳税申报期和税款缴纳期三种期限按先后次序组成的。很多税种的纳税申报期与税款缴纳期是重合的，并且笼统地规定为申报纳税期。各税种具体的申报纳税期是由该税种和立法具体规定的，《税收征收管理法》没有做统一规定。只是统一规定了延期申报与延期缴纳制度。

纳税人因有特殊困难，不能按期缴纳税款的，经省、自治区、直辖市国家税务局、地方税务局批准，可以延期缴纳税款，但是最长不得超过三个月。"特殊困难"主要有两类：一是因不可抗力，导致纳税人发生较大损失，正常生产经营活动受到较大影响的；二是当期货币资金在扣除应付职工工资、社会保险费后，不足以缴纳税款的。"当期货币资金"是指纳税人申请延期缴纳税款之日的资金余额，其中不含国家法律法规明确规定企业不可动用的资金；"应付职工工资"是指当期计提数。

（二）税款征收的保障制度

1. 税收保全制度

税收保全，是指税务机关对可能由于纳税人的行为或者某种客观原因，致使以后税款的征收不能保证或难以保证的案件，采取限制纳税人处理或转移商品、货物或其他财产的法律制度。它是为了维护正常的税收秩序，预防纳税人逃避纳税义务的一种前置措施。

1）税收保全的前提和条件

（1）实施税收保全措施的对象是从事生产经营的纳税人。对扣缴义务人、纳税担保人及非生产经营性的纳税人，如国家机关、事业单位、社会团体等，不得实施税收保全。

（2）纳税人应当有逃避纳税义务的行为。

（3）必须是在规定的纳税期之前和责令限期缴纳应纳税款的期限内。如果纳税期和责令限期缴纳应纳税款的期限届满，纳税人没有缴纳应纳税款的，税务机关可以按规定直接采取强制执行措施。

（4）纳税人在税务机关责令限期缴纳应纳税款期限内或者税务检查时，有明显的逃避纳税义务的行为，且不能提供纳税担保。

2）税收保全的措施

书面通知纳税人开户银行或者其他金融机构冻结纳税人的金额相当于应纳税款的存款；扣押、查封纳税人的价值相当于应纳税款的商品、货物或者其他财产。（其他财产包括纳税人的房地产、现金、有价证券等不动产和动产）

注意：个人及其所扶养家属维持生活必需的住房和用品，不在税收保全措施的范围之内。机动车辆、金银饰品、古玩字画、豪华住宅或者一处以外的住房不属于"个人及其所扶养家属维持生活必需的住房和用品"；税务机关对单价5000元以下的其他生活用品，不采取税收保全措施和强制执行措施。"个人所扶养家属"是指与纳税人共同居住生活的配偶、直系亲属以及无生活来源并由纳税人扶养的其他亲属。

3）税收保全措施的法定程序

责令纳税人限期缴纳应纳税款（即提前缴纳）。

责成纳税人提供纳税担保。在限期内发现纳税人有明显的转移、隐匿其应纳税的商品、货物以及其他财产或者应纳税的收入的迹象的，税务机关可以责成纳税人提供纳税担保。

冻结纳税人的存款。即纳税人不能提供纳税担保的，经县以上税务局（分局）局长批准，书面通知纳税人开户银行或者其他金融机构冻结纳税人的金额相当于应纳税款的存款。

扣押、查封纳税人的商品、货物或者其他财产。纳税人在开户银行或者其他金融机构中没有存款，或者税务机关无法掌握其存款情况的，税务机关可以扣押、查封纳税人的价值相当于应纳税款的商品、货物或其他财产。

4）税收保全的终止

纳税人在规定的限期内缴纳税款的，税务机关必须立即解除税收保全措施。

限期期满仍未缴纳税款的，经县以上税务局（分局）局长批准，终止保全措施，转入强制执行措施。税务机关可以书面通知纳税人开户银行或者其他金融机构从其冻结的存款中扣缴税款，或者依法拍卖或者变卖所扣押、查封的商品、货物或者其他财产，以拍卖或者变卖所得抵缴税款。

2. 税收强制执行制度

税收强制执行是指当事人不履行法律、法规规定的义务，有关国家机关（税务机关）采用法定的强制手段，强迫当事人履行义务的法律制度。采取强制执行措施的权力，不得由法定的税务机关以外的单位和个人行使。税务机关采取强制执行措施必须依照法定权限和法定程序。

1）适用范围

未按照规定的期限缴纳或者解缴税款，经责令限期缴纳，逾期仍未缴纳的从事生产、经营的纳税人、扣缴义务人；

未按照规定的期限缴纳所担保的税款，经责令限期缴纳，逾期仍未缴纳的纳税担保人。

2）具体措施

书面通知其开户银行或者其他金融机构从其存款中扣缴税款；扣押、查封、依法拍卖或者变卖其价值相当于应纳税款的商品、货物或者其他财产，以拍卖或者变卖所得抵缴税款。个人及其所扶养家属维持生活必需的住房和用品，不在强制执行措施的范围之内。

税务机关依法确定应扣押、查封的商品、货物或者其他财产的价值时，还应当包括滞纳金和拍卖、变卖所发生的费用。

对价值超过应纳税额且不可分割的商品、货物或者其他财产，税务机关在纳税人、扣缴义务人或者纳税担保人无其他可供强制执行的财产的情况下，可以整体扣押、查封、拍卖。

拍卖或者变卖所得抵缴税款、滞纳金、罚款以及拍卖、变卖等费用后，剩余部分应当在3日内退还被执行人。

需注意的是，根据《税收征收管理法》第43条的规定，税务机关滥用职权违法采取税收保全措施、强制执行措施，或者采取税收保全措施、强制执行措施不当，使纳税人、扣缴义务人或者纳税担保人的合法权益遭受损失的，应当依法承担赔偿责任。

3．加收滞纳金制度

纳税人未按照规定期限缴纳税款的，扣缴义务人未按照规定期限解缴税款的，税务机关除责令限期缴纳外，从滞纳税款之日起，按日加收滞纳税款万分之五的滞纳金。

加收滞纳金的起止时间为：法律法规规定或税务机关依照法律法规规定的确定的税款缴纳期限届满次日起至纳税人、扣缴义务人实际缴纳或解缴税款之日止。

4．税收优先权制度

当税收债权和其他债权同时存在时，税收征收原则上应优先于其他债权。许多国家和地区的税法都规定了税收优先权。一般来说，税收优先权是指相对于私法上债权的优先，而在税收债权相互间并不存在优先权。税收优先权的一般原则为：税收债权优先于无担保的私债权，但劣后于有担保的私债权。

《税收征收管理法》规定的税收优先权制度，是指税务机关征收税款，税收优先于无担保债权，法律另有规定的除外；纳税人欠缴的税款发生在纳税人以其财产设定抵押、质押或者纳税人的财产被留置之前的，税收应当先于抵押权、质权、留置权执行。纳税人欠缴税款，同时又被行政机关决定处以罚款、没收违法所得的，税收优先于罚款、没收违法所得。

5．税收代位权制度与税收撤销权制度

税收债权人的代位权，是指当税收债务人怠于行使其对第三人所享有的权利而危及税收债权时，税收债权人为保全自己的债权，可以自己的名义代位行使税收债务人对第三人所享有的权利。税收债权人的撤销权，是指税收债权人对于税收债务人所为的危害税收债权的行为，可请求法院予以撤销的权利。

欠缴税款的纳税人因怠于行使到期债权，或者放弃到期债权，或者无偿转让财产，或者以明显不合理的低价转让财产而受让人知道该情形，对国家税收造成损害的，税务机关可以依照《合同法》第73条、第74条的规定行使代位权、撤销权。

税务机关依法行使代位权、撤销权的，不免除欠缴税款的纳税人尚未履行的纳税义务和应承担的法律责任。

（三）税款征收的特别制度

1. 税收减免制度

减免税必须有法律法规的明确规定，地方各级人民政府、各级人民政府主管部门、单位和个人违反法律、行政法规规定，擅自作出的减税、免税决定无效，税务机关不得执行，并向上级税务机关报告。

减免税分为备案类减免税和报批类减免税。

备案类减免税是指取消审批手续的减免税项目和不需税务机关审批的减免税项目，纳税人享受备案类减免税，应提请备案，经税务机关登记备案后，自登记备案之日起执行，纳税人未按规定备案的一律不得减免税。

报批类减免税是指应由税务机关审批的减免税项目，纳税人享受报批类减免税，应提交相应资料，提出申请，经有批准权限的税务机关审批确认后执行，未按规定申请或虽申请但未经有权税务机关审批确认的不得享受减免税。

法律、行政法规规定或者经法定的审批机关批准减税、免税的纳税人，应当持有关文件到主管税务机关办理减税、免税手续。减税、免税期满，应当自期满次日起恢复纳税。

2. 欠税清缴制度

欠税是指纳税人未按照规定期限缴纳税款，扣缴义务人未按照规定期限解缴税款的行为。《税收征收管理法》制定了多种措施，建立了欠税清缴制度，防止税款流失。

1）欠税公告制度

税务机关应当对纳税人欠缴税款的情况定期予以公告。县级以上各级税务机关应当将纳税人的欠税情况，在办税场所或者广播、电视、报纸、期刊、网络等新闻媒体上定期公告。对纳税人欠缴税款的情况实行定期公告的办法，由国家税务总局制定。

2）清税离境制度

欠缴税款的纳税人或者他的法定代表人需要出境的，应当在出境前向税务机关结清应纳税款、滞纳金或者提供担保。未结清税款、滞纳金，又不提供担保的，税务机关可以通知出境管理机关阻止其出境。阻止出境的具体办法，由国家税务总局会同公安部制定。

3）合并、分立时的税款缴纳制度

纳税人有合并、分立情形的，应当向税务机关报告，并依法缴清税款。纳税人合并时未缴清税款的，应当由合并后的纳税人继续履行未履行的纳税义务；纳税人分立时未缴清税款的，分立后的纳税人对未履行的纳税义务应当承担连带责任。

4）财产处分报告制度

欠缴税款数额较大的纳税人在处分其不动产或者大额资产之前，应当向税务机关报告。欠缴税款数额较大，是指欠缴税款5万元以上。

3. 退税法律制度

退税，是指在发生超纳、误纳的情况下，征税机关依职权或应纳税人的要求，将超纳、误纳的税款退还给纳税人的制度。《税收征收管理法》规定的退税制度是，纳税人超过应纳税额缴纳的税款，税务机关发现后应当立即退还；纳税人自结算缴纳税款之日起三年内发现的，可以向税务机关要求退还多缴的税款并加算银行同期存款利息，税务机关及时查实后应当立即退还；涉及从国库中退库的，依照法律、行政法规有关国库管理的规定退还。

"立即"是指：税务机关发现纳税人多缴税款的，应当自发现之日起 10 日内办理退还手续；纳税人发现多缴税款，要求退还的，税务机关应当自接到纳税人退还申请之日起 30 日内查实并办理退还手续。

当纳税人既有应退税款又有欠缴税款的，税务机关可以将应退税款和利息先抵扣欠缴税款；抵扣后有余额的，退还纳税人。

4. 税款补缴和追征制度

1）税款的补缴

因税务机关的责任（即税务机关适用税收法律、行政法规不当或者执法行为违法），致使纳税人、扣缴义务人未缴或者少缴税款的，税务机关在三年内可以要求纳税人、扣缴义务人补缴税款，但是不得加收滞纳金。

2）税款的追征

因纳税人、扣缴义务人计算错误等失误（指非主观故意的计算公式运用错误以及明显的笔误），未缴或者少缴税款的，税务机关在三年内可以追征税款、滞纳金；有特殊情况的，追征期可以延长到五年。特殊情况，是指纳税人或者扣缴义务人因计算错误等失误，未缴或者少缴、未扣或者少扣、未收或者少收税款，累计数额在 10 万元以上的。

对偷税、抗税、骗税的，税务机关追征其未缴或者少缴的税款、滞纳金或者所骗取的税款，不受上述规定期限的限制。

补缴和追征税款、滞纳金的期限，自纳税人、扣缴义务人应缴未缴或者少缴税款之日起计算。

四、税务检查法律制度

税务检查是税务机关根据税收法律法规的规定对纳税人、扣缴义务人履行纳税义务和扣缴义务的情况进行审查监督的活动。我国《税收征收管理法》及其《实施细则》对税务检查作了比较详细的规定，国家税务总局于 2009 年 12 月发布《税务稽查工作规程》，自 2010 年 1 月 1 日起施行。

（一）税务机关在税务检查中的权力

根据《税收征收管理法》及其《实施细则》的规定，税务机关在税务检查中具有如下权力：

1. 查账权

税务机关有权检查纳税人的账簿、记账凭证、报表和有关资料，检查扣缴义务人代扣代缴、代收代缴税款账簿、记账凭证和有关资料。

2. 场地、经营情况检查权

税务机关有权到纳税人的生产、经营场所和货物存放地检查纳税人应纳税的商品、货物或者其他财产，检查扣缴义务人与代扣代缴、代收代缴税款有关的经营情况。

3. 责成提供资料权

税务机关有权责成纳税人、扣缴义务人提供与纳税或者代扣代缴、代收代缴税款有关的文件、证明材料和有关资料。

4. 询问权

税务机关有权询问纳税人、扣缴义务人与纳税或者代扣代缴、代收代缴税款有关的问题和情况。

5. 单证检查权

税务机关有权到车站、码头、机场、邮政企业及其分支机构检查纳税人托运、邮寄应纳税商品、货物或者其他财产的有关单据、凭证和有关资料。

6. 存款账户、储蓄存款查询权

经县以上税务局（分局）局长批准，凭全国统一格式的检查存款账户许可证明，税务机关有权查询从事生产、经营的纳税人、扣缴义务人在银行或者其他金融机构的存款账户。税务机关在调查税收违法案件时，经设区的市、自治州以上税务局（分局）局长批准，可以查询案件涉嫌人员的储蓄存款。税务机关查询所获得的资料，不得用于税收以外的用途。

7. 取证权

税务机关调查税务违法案件时，对与案件有关的情况和资料，可以记录、录音、录像、照相和复制。

8. 采取税收保全措施和税收强制执行措施权

税务机关对从事生产、经营的纳税人以前纳税期的纳税情况依法进行税务检查时，发现纳税人有逃避纳税义务行为，并有明显的转移、隐匿其应纳税的商品、货物以及其他财产或者应纳税的收入的迹象的，可以按照法定的批准权限，采取税收保全措施或者强制执行措施。

（二）税务机关在税务检查中的义务

税务机关进行税务检查时必须依法进行，应该履行法定的义务。税务机关在税务检查中的义务主要有以下几种：

1. 示证检查义务

税务机关派出的人员进行税务检查时，应当出示税务检查证和税务检查通知书，未出示税务检查证和税务检查通知书的，被检查人有权拒绝检查。税务机关对集贸市场及集中经营业户进行检查时，可以使用统一的税务检查通知书。税务检查证和税务检查通知书的式样、使用和管理的具体办法，由国家税务总局制定。

2. 资料退还义务

税务机关在必要时，经县以上税务局（分局）局长批准，可以调取纳税人、扣缴义务人以前会计年度的账簿、记账凭证、报表和其他有关资料检查，但税务机关必须向纳税人、扣缴义务人开付清单，并在3个月内完整退还；有特殊情况的，经设区的市、自治州以上税务局局长批准，可以调取纳税人、扣缴义务人当年的账簿、记账凭证、报表和其他有关资料检查，但税务机关必须在 30 日内退还。

3. 保守秘密义务

税务机关工作人员进行税务检查时，有义务为被检查人保守秘密。税务机关行使存款查询职权时，应当指定专人负责，凭全国统一格式的检查存款账户许可证明进行，并有责任为被检查人保守秘密。

4. 回避义务

税务人员在进行税务检查时，与纳税人、扣缴义务人或者其法定代表人、直接责任人有下列关系之一的，应当回避：夫妻关系、直系血亲关系、三代以内旁系血亲关系、近姻亲关系、可能影响公正执法的其他利害关系。

5. 采取税收保全措施时的义务

税务机关采取税收保全措施的期限一般不得超过 6 个月；重大案件需要延长的，应当报国家税务总局批准。

（三）被检查人在税务检查中的权利和义务

被检查人在税务检查中的主要权利是拒绝非法检查权，即对未出示税务检查证和税务检查通知书的税务人员，被检查人有权拒绝检查。

被检查人在税务检查中的义务主要有以下几项：

1. 接受检查的义务

纳税人、扣缴义务人必须接受税务机关依法进行的税务检查。

2. 如实反映情况的义务

纳税人、扣缴义务人对税务机关依法询问的相关问题和情况，应该如实反映，不得拒绝、隐瞒。

3. 提供有关资料的义务

纳税人、扣缴义务人应当按照税务机关的要求提供相关的资料。

（四）有关单位和个人在税务检查中的权利和义务

有关单位和个人在税务检查中的主要权利是拒绝非法检查权，即对未出示税务检查证和税务检查通知书的税务人员，有权拒绝检查。

为了保证税务检查的顺利进行，有关单位和个人在税务检查中还须承担一些义务。税务机关依法进行税务检查时，有权向有关单位和个人调查纳税人、扣缴义务人和其他当事人与纳税或者代扣代缴、代收代缴税款有关的情况，有关单位和个人有义务向税务机关如实提供有关资料及证明材料。

五、税收征管法律责任

（一）纳税人的法律责任

1. 违反税务管理规定的行为及其法律责任

纳税人未按照规定的期限申报办理税务登记、变更或者注销登记；未按照规定设置、保管账簿或者保管记账凭证和有关资料；未按照规定将财务、会计制度或者财务、会计处理办法和会计核算软件报送税务机关备查；未按照规定将其全部银行账号向税务机关报告；未按照规定安装、使用税控装置，或者损毁或者擅自改动税控装置等，只要具备上述行为之一的，由税务机关责令限期改正，可以处 2000 元以下的罚款；情节严重的，处 2000 元以上10000 元以下的罚款。

纳税人不办理税务登记的，由税务机关责令限期改正；逾期不改正的，经税务机关提请，由工商行政管理机关吊销其营业执照。

纳税人未按照规定使用税务登记证件，或者转借、涂改、损毁、买卖、伪造税务登记证件的，处 2000 元以上 10000 元以下的罚款；情节严重的，处 10000 元以上 50000 元以下的罚款。

纳税人未按照规定办理税务登记证件验证或者换证手续的，由税务机关责令限期改正，可以处 2000 元以下的罚款；情节严重的，处 2000 元以上 10000 元以下的罚款。

纳税人未按照规定的期限办理纳税申报和报送纳税资料的，或者扣缴义务人未按照规定的期限向税务机关报送代扣代缴、代收代缴税款报告表和有关资料的，由税务机关责令限期改正，可以处 2000 元以下的罚款；情节严重的，可以处 2000 元以上 10000 元以下的罚款。

2. 逃税行为及其法律责任

逃税行为又称逃避追缴欠税，是指纳税人欠缴应纳税款，采取转移或者隐匿财产的手段，妨碍税务机关追缴欠缴的税款的行为。

逃税行为的成立要件如下：

（1）纳税人欠缴应纳税款；

（2）纳税人实施了转移或者隐匿财产的行为；

（3）妨碍了税务机关追缴纳税人欠缴的税款。

纳税人实施一般逃税行为，由税务机关追缴欠缴的税款、滞纳金，并处欠缴税款50% 以上 5 倍以下的罚款；构成犯罪的，依法追究刑事责任。

3. 骗税行为及其法律责任

骗税又称骗取出口退税，是指以假报出口或者其他欺骗手段，骗取国家出口退税款的行为。

纳税人实施骗税行为的，由税务机关追缴其骗取的退税款，并处骗取税款 1 倍以上 5 倍以下的罚款；构成犯罪的，依法追究刑事责任。对骗取国家出口退税款的，税务机关可以在规定期间内停止为其办理出口退税。

4. 抗税行为及其法律责任

抗税，是指以暴力、威胁方法拒不缴纳税款的行为。

对于抗税行为，除由税务机关追缴其拒缴的税款、滞纳金外，还应依法追究刑事责任。对情节轻微，未构成犯罪的一般抗税行为，由税务机关追缴其拒缴的税款、滞纳金，并处拒缴税款 1 倍以上 5 倍以下的罚款。

5. 欠税行为及其法律责任

欠税，是指纳税人在纳税期限届满后，仍未缴或者少缴应纳税款的行为。

纳税人在规定期限内不缴或者少缴应纳税款的，由税务机关责令其限期缴纳。在限期内缴纳税款的，不给予处罚，但应加收滞纳金。逾期仍未缴纳的，税务机关除可以依照法律规定采取强制执行措施追缴其不缴或者少缴的税款外，还可以处不缴或者少缴的税款 50% 以上 5 倍以下的罚款。

6. 纳税人的其他法律责任

纳税人编造虚假计税依据的，由税务机关责令限期改正，并处 5 万元以下的罚款。

纳税人不进行纳税申报，不缴或者少缴应纳税款的，由税务机关追缴其不缴或者少缴的税款、滞纳金，并处不缴或者少缴的税款 50% 以上 5 倍以下的罚款。

纳税人逃避、拒绝或者以其他方式阻挠税务机关检查的，由税务机关责令改正，可以处 1 万元以下的罚款；情节严重的，处 1 万元以上 5 万元以下的罚款。所谓"逃避、拒绝或者以其他方式阻挠税务机关检查"，是指下列情形之一：纳税人提供虚假资料，不如实反映情况，或者拒绝提供有关资料；拒绝或者阻止税务机关记录、录音、录像、照相和复制与案件有关的情况和资料；在检查期间，纳税人、扣缴义务人转移、隐匿、销毁有关资料；有不依法接受税务检查的其他情形。

从事生产、经营的纳税人（包括扣缴义务人）实施税收违法行为，拒不接受税务机关处理的，税务机关可以收缴其发票或者停止向其发售发票。

（二）扣缴义务人的法律责任

（1）扣缴义务人未按照规定设置、保管代扣代缴、代收代缴税款账簿或者保管代扣代缴、代收代缴税款记账凭证及有关资料的，由税务机关责令限期改正，可以处 2000 元以下的罚款；情节严重的，处 2000 元以上 5000 元以下的罚款。

（2）扣缴义务人未按照规定的期限向税务机关报送代扣代缴、代收代缴税款报告表和有关资料的，由税务机关责令限期改正，可以处 2000 元以下的罚款；情节严重的，可以处 2000 元以上 1 万元以下的罚款。

（3）扣缴义务人在规定期限内不缴或者少缴应解缴的税款，经税务机关责令限期缴纳，逾期仍未缴纳的，税务机关除追缴其不缴或者少缴的税款外，可以处不缴或者少缴的税款 50% 以上 5 倍以下的罚款。

（4）扣缴义务人编造虚假计税依据的，由税务机关责令限期改正，并处 5 万元以下的罚款。

（5）扣缴义务人实施欠税行为的，其应承担的行政责任与前述纳税人实施欠税行为应承担的行政责任相同。

（6）扣缴义务人应扣未扣、应收而不收税款的，由税务机关向纳税人追缴税款，对扣缴义务人处应扣未扣、应收未收税款 50% 以上 3 倍以下的罚款。

（7）扣缴义务人实施违反税务检查行为的，其应承担的行政责任与前述纳税人实施违反税务检查行为应承担的行政责任相同。

（三）其他主体的法律责任

（1）纳税人、扣缴义务人的开户银行或者其他金融机构拒绝接受税务机关依法检查纳税人、扣缴义务人存款账户，或者拒绝执行税务机关作出的冻结存款或者扣缴税款的决定，或者在接到税务机关的书面通知后帮助纳税人、扣缴义务人转移存款，造成税款流失的，由税务机关处 10 万元以上 50 万元以下的罚款，对直接负责的主管人员和其他直接责任人员处 1000 元以上 1 万元以下的罚款。

（2）未经税务机关依法委托征收税款的，责令退还收取的财物，依法给予行政处分或者行政处罚；致使他人合法权益受到损失的，依法承担赔偿责任；构成犯罪的，依法追究刑事责任。

（3）非法印制、转借、倒卖、变造或者伪造完税凭证的，由税务机关责令改正，处 2000 元以上 1 万元以下的罚款；情节严重的，处 1 万元以上 5 万元以下的罚款；构成犯罪的，依法追究刑事责任。

（4）银行和其他金融机构未依照税收征管法的规定在从事生产、经营的纳税人的账户中登录税务登记证件号码，或者未按规定在税务登记证件中登录从事生产、经营的纳税人的账户账号的，由税务机关责令其限期改正，处 2000 元以上 2 万元以下的罚款；情节严重的，处 2 万元以上 5 万元以下的罚款。

（5）为纳税人、扣缴义务人非法提供银行账户、发票、证明或者其他方便，导致未缴、少缴税款或者骗取国家出口退税款的，税务机关除没收其违法所得外，可以处未缴、少缴或者骗取的税款 1 倍以下的罚款。

（6）税务机关依法到车站、码头、机场、邮政企业及其分支机构检查纳税人有关情况时，有关单位拒绝的，由税务机关责令改正，可以处 1 万元以下的罚款；情节严重的，处 1 万元以上 5 万元以下的罚款。

 税收征收管理法实践项目

子项目一 税 务 管 理

任务一 税务登记

【案例讨论】

2006 年 3 月，某市国税局稽查局在集贸市场专项检查中发现，下岗职工陈某开办了一个农机产品经销点，经营范围主要是农机产品，2005 年 11 月，他仅办理了工商营业执照，没有办理税务登记便开始挂牌营业。对此，市国税局稽查局认为，该纳税人不符合享受国家免征增值税的条件，于是作出了行政处理决定，对陈某下达了《核定应纳税款通知书》，责令其补交自开业以来应纳的增值税 1300 元，并处罚款 700 元。陈某对此不服，认为农机产品是农业生产资料，可以享受国家免税照顾，所以他没有办理税务登记，更没有去税务机关申报纳税。当地主管国税分局也认为，农机产品是农业生产资料，在商品流通环节一概不纳增值税，所以也一直没有过问此事。陈某于 2006 年 7 月 8 日按规定缴清了全部税款、滞纳金和罚款，随后向市国税局申请复议，要求市国税局撤销稽查局作出的补缴税款、滞纳金以及行政处罚的处理决定。

复议决定：市国税局经过审查，认为稽查局作出的具体行政行为认定事实清楚、证据确凿、适用法律法规正确、程序合法、内容适当，于是做出了税务行政复议决定，对陈某下达了《税务行政复议决定书》，维持市国税局稽查局作出的税务处理决定。

【问题探究】

什么是税务登记？税务登记范围如何？未办理税务登记，是否有资格享受税收优惠？

【相关法律指引】

《中华人民共和国税收征收管理法》

第十五条 企业，企业在外地设立的分支机构和从事生产、经营的场所，个体工商户和从事生产、经营的事业单位（以下统称从事生产、经营的纳税人）自领取营业执照之日起三十日内，持有关证件，向税务机关申报办理税务登记。税务机关应当于收到申报的当日办理登记并发给税务登记证件。

工商行政管理机关应当将办理登记注册、核发营业执照的情况，定期向税务机关通报。

本条第一款规定以外的纳税人办理税务登记和扣缴义务人办理扣缴税款登记的范围和办法，由国务院规定。

第十六条 从事生产、经营的纳税人，税务登记内容发生变化的，自工商行政管理机关办理变更登记之日起三十日内或者在向工商行政管理机关申请办理注销登记之前，持有关证件向税务机关申报办理变更或者注销税务登记。

第三十七条 对未按照规定办理税务登记的从事生产、经营的纳税人以及临时从事经营的纳税人，由税务机关核定其应纳税额，责令缴纳；不缴纳的，税务机关可以扣押其价值相当于应纳税款的商品、货物。扣押后缴纳应纳税款的，税务机关必须立即解除扣押，并归还所扣押的商品、货物；扣押后仍不缴纳应纳税款的，经县以上税务局（分局）局长批准，依法拍卖或者变卖所扣押的商品、货物，以拍卖或者变卖所得抵缴税款。

《中华人民共和国税收征收管理法实施细则》

第十二条 从事生产、经营的纳税人应当自领取营业执照之日起 30 日内，向生产、经营地或者纳税义务发生地的主管税务机关申报办理税务登记，如实填写税务登记表，并按照税务机关的要求提供有关证件、资料。

前款规定以外的纳税人，除国家机关和个人外，应当自纳税义务发生之日起 30 日内，持有关证件向所在地的主管税务机关申报办理税务登记。

个人所得税的纳税人办理税务登记的办法由国务院另行规定。

税务登记证件的式样，由国家税务总局制定。

第十八条 除按照规定不需要发给税务登记证件的外，纳税人办理下列事项时，必须持税务登记证件：

（一）开立银行账户；

（二）申请减税、免税、退税；

（三）申请办理延期申报、延期缴纳税款；

（四）领购发票；

（五）申请开具外出经营活动税收管理证明；

（六）办理停业、歇业；

（七）其他有关税务事项。

【能力训练】

A 市某个体户在某市场经营建筑材料，由于该市场拆迁，2009 年 1 月 1 日起该个体户搬到自己的住宅继续经营。根据群众举报，A 市税务分局于 2009 年 4 月 9 日对该个体户的经营场所（住宅）进行检查，发现该个体户未办理税务变更登记，自搬迁后一直未进行纳税申报，经查实，该个体户于 2009 年 1 月 1 日至 2009 年 3 月 31 日取得应税销售收入合计 12 万元。其中，2009 年 1 月 1 日至 2009 年 2 月 28 日取得应税销售收入 7.5 万元，2009 年 3 月 1 日至 31 日取得应税销售收入 4.5 万元。该分局决定对该个体户进行处罚。

【问题及要求】

（1）该个体户变更经营地点是否应办理税务登记？

（2）税务机关可对其采取哪些处罚措施？

（3）税务所能否对该个体户的经营场所（住宅）进行检查？

任务二　纳税申报

【案例讨论】

个人所得税自行申报是义务也是权利①

谈个税自行申报，必须弄清两个概念——什么是纳税申报、什么是自行纳税申报。

纳税申报是纳税人在发生纳税义务后按照税法规定的期限和内容向主管税务部门提交有关纳税书面报告的法律行为，即纳税人向税务机关提交纳税申报表、财务会计报表以及相关纳税资料的法定申报义务。在实行扣缴征税制度的国家，扣缴义务人也负有向税务机关报送有关代扣代缴、代收代缴税款的书面报告的义务。在现代税收征管模式下，纳税申报是确定纳税人的应纳税额，采集纳税人信息并对纳税人实施税务审计的重要前提和基础。各国法律一般都要求纳税人（至少是公司纳税人）向税务机关报送纳税申报表，全面、准确、真实地报告其所得、财产、支出、可扣除费用、减免税权利等事项。自行纳税申报在国外称为自我评估（self-assessment），其含义是纳税人自行计算应纳税款、自行提交纳税申报表，并自行缴纳税款的纳税方式。二者的关系是纳税申报包含个税自行纳税申报，自行纳税申报是纳税申报的一种方式。

与纳税申报制度相连的有两种税额确定方式。

一种是行政核定（administrative assess-ment）。这是一种传统的税额确定方式，即纳税人虽然负有申报义务，但并不要求自行计算其应纳税款，而是由税务机关根据纳税人提交的纳税申报表评估其应纳税额，发出税额评估单（tax assessments），纳税人再据以纳税。这种制度下，纳税人仅承担信息提交准确、真实、全面的义务，不承担税款计算错误的不利处罚。当然，如果因为纳税人提交的信息错误或者有所隐瞒，导致税务机关核定税额错误或者不足，纳税人要承担一定的处罚。

另一种方式则是自行申报。在这种制度下，纳税人不仅需要提交纳税申报表，而且在申报表中要求依据法律、法规的规定，自行确定税基、计算当期应纳税款。税务机关原则上根据纳税人计算的应纳税额核发税额评估单，只有在纳税人计算错误或者申报不实时，才要求

---

① 案例材料来源：节选自《中国税务报》记者寇红对刘剑文教授的采访。

纳税人更正申报或者予以重新评估。这一制度不仅要求纳税人承担申报不实或者未申报的法律责任，而且对于计算税款错误也要视情况承担一定处罚。

我国个人所得税的征收方式分为代扣代缴和自行申报两种。从法律效果上看，代扣代缴除了主体为扣缴义务人之外，与征税部门核定征收无本质区别。真实纳税人面对核定征收与代扣代缴，都仅仅是在实体上承受了税款，一方面在程序上被剥夺了主动申报的权利，进而难以享受纳税人权利，与宪政的主权在民原理相悖；另一方面也淡化了纳税人的纳税意识和法律责任。而自行申报制度很好地解决了这一问题。在自行申报制度下，纳税人可以在法律规定的范围内自主决定申报纳税的内容、时间、地点、方式，程序上能够获得较大的便利。更重要的是，纳税主体所应享有的权利和尊严得以明确地彰显。代扣代缴和核定征收制度导致的后果之一是，无论纳税人是否自行申报，其行为均不发生法律效力，只能被动地等待征税部门的行政命令。而自行申报制度还纳税人以权利，使他们由被动变主动，自己确定课税对象、税基、税额和有无税收，同时增强了纳税人的纳税意识和法律责任。

【问题探究】

目前很多人对个税自行纳税申报有一种误解，即只把它看成是纳税人的一项义务。其实，它既是纳税人的一项义务，也是纳税人的一项权利。如何理解个人所得税自行申报既是义务也是权利？

【能力训练】

周某拥有住房两处和临街铺面三个。2009 年周某将其位于市中心的住房和三间铺面全部出租，年终一次性取得租金收入 15 万元。周某取得租金后，并未向当地税务机关办理纳税申报。税务机关得知此事后，于 2010 年 1 月 6 日通知周某于 3 日内到税务机关办理纳税申报。周某直至 2010 年 1 月 30 日仍未办理纳税申报，被税务机关追缴应缴的税款，并处以 1500 元的罚款。

【问题及要求】

（1）周某是否应办理纳税申报？

（2）税务机关对周某处以 1500 元的罚款是否合法有据？

任务三　账簿、凭证管理

【案例讨论】

某市一私立学校是当地教委批准成立，专门从事学历教育的学校，自 2008 年开始招生，设有小学、初中教育部，在校学生约 5000 人。2010 年 5 月，该市税务机关对全市事业单位进行专项税收检查。发现该学校一直使用收款收据收取学费，税务机关依法下达了《税务行政处罚告知书》，告知对其使用收款收据的行为将处以 10000 元的罚款。并依法举行了听证会，做出了如下处理决定：对该校使用收款收据收取学费的行为，依《中华人民共和国发票管理办法》第 36 条第 2 项、第 3 项规定，认定为未按照规定取得和未按照规定开具发票的行为，分别处以 5000 元罚款，合计 10000 元。

该学校不服税务机关的处理决定，依法向上一级税务机关提起行政复议。上一级税务机关经审查认定：该学校使用收款收据收取学费违反了发票管理的规定。但是使用收款收据收取学费是一个完整的违法行为，被申请人将同一行为按照表现形式分割为两种违法行为是不妥的。于是复议机关维持了原处理机关依照未按规定取得发票、罚款 5000 元的处理决定；撤销了未按照规定开具发票、罚款 5000 元的处理决定。这样既维护了纳税人的合法权益，又确保了税务机关执法的正确性。

【问题探究】

私立学校收取学费应当要开具收据还是发票？

【相关法律指引】

《中华人民共和国财政票据管理办法》

第三条　本办法所称财政票据，是指由财政部门监（印）制、发放、管理，国家机关、事业单位、具有公共管理或者公共服务职能的社会团体及其他组织（以下简称"行政事业单位"）依法收取政府非税收入或者从事非营利性活动收取财物时，向公民、法人和其他组织开具的凭证。

财政票据是财务收支和会计核算的原始凭证，是财政、审计等部门进行监督检查的重要依据。

第六条　财政票据的种类和适用范围如下：

（一）非税收入类票据。

1. 非税收入通用票据，是指行政事业单位依法收取政府非税收入时开具的通用凭证。

2. 非税收入专用票据，是指特定的行政事业单位依法收取特定的政府非税收入时开具的专用凭证。主要包括行政事业性收费票据、政府性基金票据、国有资源（资产）收入票据、罚没票据等。

3. 非税收入一般缴款书，是指实施政府非税收入收缴管理制度改革的行政事业单位收缴政府非税收入时开具的通用凭证。

（二）结算类票据。

资金往来结算票据，是指行政事业单位在发生暂收、代收和单位内部资金往来结算时开具的凭证。

（三）其他财政票据。

1. 公益事业捐赠票据，是指国家机关、公益性事业单位、公益性社会团体和其他公益性组织依法接受公益性捐赠时开具的凭证。

2. 医疗收费票据，是指非营利医疗卫生机构从事医疗服务取得医疗收入时开具的凭证。

3. 社会团体会费票据，是指依法成立的社会团体向会员收取会费时开具的凭证。

4. 其他应当由财政部门管理的票据。

《中华人民共和国发票管理办法》

第三十五条　违反本办法的规定，有下列情形之一的，由税务机关责令改正，可以处 1 万元以下的罚款；有违法所得的，予以没收：

（一）应当开具而未开具发票，或者未按照规定的时限、顺序、栏目，全部联次一次性开具发票，或者未加盖发票专用章的；

（二）使用税控装置开具发票，未按期向主管税务机关报送开具发票的数据的；

（三）使用非税控电子器具开具发票，未将非税控电子器具使用的软件程序说明资料报主管税务机关备案，或者未按照规定保存、报送开具发票的数据的；

（四）拆本使用发票的；

（五）扩大发票使用范围的；

（六）以其他凭证代替发票使用的；

（七）跨规定区域开具发票的；

（八）未按照规定缴销发票的；

（九）未按照规定存放和保管发票的。

注：原 1993 年《中华人民共和国发票管理办法》第三十六条。

违反发票管理法规的行为包括：

（一）未按照规定印制发票或者生产发票防伪专用品的；

（二）未按照规定领购发票的；

（三）未按照规定开具发票的；

（四）未按照规定取得发票的；

（五）未按照规定保管发票的；

（六）未按照规定接受税务机关检查的。

对有前款所列行为之一的单位和个人，由税务机关责令限制改正，没收非法所得，可以并处 1 万元以下的罚款。有前款所列两种或者两种以上行为的，可以分别处罚。

【能力训练】

某个体户经营餐饮业，已按会计制度要求建立账簿，税务部门对其实行查账征收管理办法征收税款。

2014 年 9 月市地税稽查局对该纳税户进行了突击税务稽查，在稽查中发现该企业有 5 份白条入账。该个体户称这 5 份白条是在向一家超市采购食品时，由超市开给他的。稽查人员确认该个体户未按规定取得发票，以白条抵账，决定对其进行查处。稽查局对其下达了《税务行政处罚决定书》后，纳税人却以该种销售发票由国税机关负责印制、管理为由，认为地税机关无权对自己的行为给予行政处罚，并将地税稽查局起诉到人民法院。

【问题及要求】

（1）使用白条入账是否属于违法行为？

（2）国税机关与地税机关分别具有哪些征管和处罚的范围？如何确认本案的执法主体？

【相关法律指引】

《中华人民共和国税收征收管理法》

第二十一条 税务机关是发票的主管机关，负责发票印制、领购、开具、取得、保管、缴销的管理和监督。

单位、个人在购销商品、提供或者接受经营服务以及从事其他经营活动中，应当按照规定开具、使用、取得发票。

发票的管理办法由国务院规定。

《中华人民共和国发票管理办法》

第十九条 销售商品、提供服务以及从事其他经营活动的单位和个人，对外发生经营业务收取款项，收款方应当向付款方开具发票；特殊情况下，由付款方向收款方开具发票。

第二十条 所有单位和从事生产、经营活动的个人在购买商品、接受服务以及从事其他经营活动支付款项，应当向收款方取得发票。取得发票时，不得要求变更品名和金额。

第二十一条 不符合规定的发票，不得作为财务报销凭证，任何单位和个人有权拒收。

子项目二 税 款 征 收

任务一 税款征收制度

案例1：征税期限

【案例讨论】

某通信公司于2014年6月至2014年12月将该公司闲置的一栋写字楼出租给某贸易公司，每月租金10000元。该公司在计算房产税时，对这笔租金收入适用了1.2%的税率计算缴纳税款。2016年1月，税务局在年终税务检查中，发现该公司因适用税率错误而少缴房产税6480元，其原因在于该公司将写字楼出租后，没有向税务机关申报纳税鉴定，以致错用税率。据此，税务局作出决定：责令某通信公司补缴税款6480元，并处以罚款1600元。

【问题探究】

（1）我国税法规定了两类征税期限，即补征期和追征期。试分析《税收征收管理法》规定的补征和追征的法定期限及其适用条件。

（2）比较我国《税收征收管理法》和关税法中关于补征和追征的规定有何不同？

（3）本案应当如何处理？

【相关法律指引】

《中华人民共和国税收征收管理法》

第五十二条 因税务机关的责任，致使纳税人、扣缴义务人未缴或者少缴税款的，税务机关在三年内可以要求纳税人、扣缴义务人补缴税款，但是不得加收滞纳金。

因纳税人、扣缴义务人计算错误等失误，未缴或者少缴税款的，税务机关在三年内可以追征税款、滞纳金；有特殊情况的，追征期可以延长到五年。

对偷税、抗税、骗税的，税务机关追征其未缴或者少缴的税款、滞纳金或者所骗取的税款，不受前款规定期限的限制。

《中华人民共和国税收征收管理法实施细则》

第八十条《税收征管法》第五十二条所称税务机关的责任，是指税务机关适用税收法律、行政法规不当或者执法行为违法。

第八十一条《税收征管法》第五十二条所称纳税人、扣缴义务人计算错误等失误，是指非主观故意的计算公式运用错误以及明显的笔误。

第八十二条《税收征管法》第五十二条所称特殊情况，是指纳税人或者扣缴义务人因计算错误等失误，未缴或者少缴、未扣或者少扣、未收或者少收税款，累计数额在10万元以上的。

【能力训练】

训练1：

某企业财务人员2011年7月采取虚假的纳税申报手段少缴营业税5万元。2014年12

月，税务人员在检查中发现了这一问题，要求追征这笔税款。该企业财务人员认为时间已过3年，超过了税务机关的追征期，不应在缴纳这笔税款。

【问题及要求】

税务机关是否可以追征这笔税款？为什么？

训练2：

2015年5月12日，某厂张会计在翻阅5月账簿时，发现多缴税款15000元，于是该厂向税务机关提出基于退还税款并加算银行同期存款利息的请求。

【问题及要求】

税务机关是否应当给予退还？如果可以退还税款，应如何计算利息？

案例2：税收保全

【案例讨论】

2015年7月4日，某县国家税务局A税务所了解到辖区内经销新鲜水果的个体工商户B打算在月末收摊回外地老家，并存在逃避缴纳7月税款1200元的可能。B系定期定额征收业户，依法应于每月10日前缴纳上月税款。7月5日，A税务所向B下达了限7月31日前交纳7月税款1200元的通知。7月27日，A税务所发现B正联系货车准备将货物运走，于是，当天以该税务所的名义，由所长签发向B下达了扣押文书，由本所税务人员李某带两名协税人员，将B价值约1200元的新鲜水果扣押存放在某仓库里。7月31日11时，B到A税务所交纳了7月税款1200元，并要求A税务所返还所扣押的水果，因存放水果的仓库保管员未在，未能当时返还。8月2日15时，A税务所将扣押的水果返还给B。B收到水果后，发现部分水果已经腐烂，损失水果价值约500元。B向A税务所提出赔偿请求，A税务所以扣押时未开箱查验为由不予受理。

【问题探究】

（1）什么是税收保全措施？

（2）A税务所的执法行为是否合法？

（3）B的损失依照法律应当如何处理？

【相关法律指引】

《中华人民共和国税收征收管理法》

第三十八条 税务机关有根据认为从事生产、经营的纳税人有逃避纳税义务行为的，可以在规定的纳税期之前，责令限期缴纳应纳税款；在限期内发现纳税人有明显的转移、隐匿其应纳税的商品、货物以及其他财产或者应纳税的收入的迹象的，税务机关可以责成纳税人提供纳税担保。如果纳税人不能提供纳税担保，经县以上税务局（分局）局长批准，税务机关可以采取下列税收保全措施：

（一）书面通知纳税人开户银行或者其他金融机构冻结纳税人的金额相当于应纳税款的存款；

（二）扣押、查封纳税人的价值相当于应纳税款的商品、货物或者其他财产。

纳税人在前款规定的限期内缴纳税款的，税务机关必须立即解除税收保全措施；限期期满仍未缴纳税款的，经县以上税务局（分局）局长批准，税务机关可以书面通知纳税人开户银行或者其他金融机构从其冻结的存款中扣缴税款，或者依法拍卖或者变卖所扣押、查封的商品、货物或者其他财产，以拍卖或者变卖所得抵缴税款。

个人及其所扶养家属维持生活必需的住房和用品，不在税收保全措施的范围之内。

第四十三条　税务机关滥用职权违法采取税收保全措施、强制执行措施，或者采取税收保全措施、强制执行措施不当，使纳税人、扣缴义务人或者纳税担保人的合法权益遭受损失的，应当依法承担赔偿责任。

《中华人民共和国税收征收管理法实施细则》

第五十八条　税务机关依照《税收征管法》第三十七条的规定，扣押纳税人商品、货物的，纳税人应当自扣押之日起15日内缴纳税款。

对扣押的鲜活、易腐烂变质或者易失效的商品、货物，税务机关根据被扣押物品的保质期，可以缩短前款规定的扣押期限。

第六十三条　税务机关执行扣押、查封商品、货物或者其他财产时，应当由两名以上税务人员执行，并通知被执行人。被执行人是自然人的，应当通知被执行人本人或者其成年家属到场；被执行人是法人或者其他组织的，应当通知其法定代表人或者主要负责人到场；拒不到场的，不影响执行。

案例3：税收优先权

【案例讨论】

2003年8月16日，因为某市物资经贸公司欠缴增值税69万多元，并在规定的期限内未缴纳所欠税款，该市小岗分局将其"凌志400型"轿车予以查封，未到车辆管理部门办理查封手续。2003年11月2日，小岗分局委托该市经济技术开发区商信拍卖行对轿车进行拍卖。2003年11月30日拍卖成交，买受人为该市散装水泥办公室，拍卖成交价为19万元人民币。小岗分局扣除拍卖佣金后，余款17万多元，于2003年12月20日上缴国库，用以抵缴税款。

但已被拍卖的物资公司的"凌志400型"轿车，又被该市河口区人民法院执行庭在处理物资公司和另外一家私营公司的经济纠纷时，查封扣押了。而且在散装水泥办公室递交了执行异议申请后，河口区人民法院仍然在2004年3月16日，下达了执行异议裁定书，认定小岗分局未到车辆管理部门办理查封手续，因此查封行为不合法，强行将散装水泥办公室已合法购置，但尚未办理过户手续的凌志轿车，抵偿给物资公司的另一债权人。

2004年6月25日，买受人市散装水泥办公室，将商信拍卖行、市国税局小岗分局作为共同被告，向该市经济技术开发区人民法院提起诉讼。

【问题探究】

（1）本案中，税务机关的查封行为是否合法？

（2）本案中，税务机关的税收债权是否优先于物资公司其他债权人的债权？

（3）本案中，法院的行为是否合法？

【相关法律指引】

《中华人民共和国税收征收管理法》

第四十五条　税务机关征收税款，税收优先于无担保债权，法律另有规定的除外；纳税人欠缴的税款发生在纳税人以其财产设定抵押、质押或者纳税人的财产被留置之前的，税收应当先于抵押权、质权、留置权执行。

纳税人欠缴税款，同时又被行政机关决定处以罚款、没收违法所得的，税收优先于罚款、没收违法所得。

税务机关应当对纳税人欠缴税款的情况定期予以公告。

案例 4：税收代位权

【案例讨论】

2009 年 2 月，某市轮胎厂与该市某汽车制造厂签订了一份订购轮胎的合同，合同约定轮胎厂于 2009 年 6 月底前为汽车制造厂按指定样品提供标准轮胎 2000 个，每个轮胎价格为 800 元，汽车制造厂应在验收合格后的 2 个月内将购货款 160 万元一次性全部付清。到 6 月底时，轮胎厂如期将 2000 个按样品加工的轮胎送到汽车制造厂中心仓库，汽车制造厂在验收过程中发现轮胎存在质量瑕疵，因此拒绝向轮胎厂支付货款。

2009 年 12 月 7 日，因轮胎厂欠缴 2009 年上半年的增值税和消费税合计 102 万元，该市国税局第一分局在责令该轮胎厂限期缴纳税款未果的情况下，欲对其成品仓库内的轮胎产品实施查封措施。轮胎厂厂长主动向国税局的工作人员交代了汽车制造厂拖欠其 160 万元货款的情况，国税局遂于 2009 年 12 月 12 日来到汽车制造厂，明确表示，因轮胎厂欠缴税款，而汽车制造厂又拖欠轮胎厂的货款，根据《税收征收管理法》的规定，税务部门有权向汽车制造厂行使代位权，责令汽车制造厂于 3 日内代市轮胎厂缴清欠缴的税款 102 万元，否则将对其采取税收强制执行措施。3 日后，第一国税分局强行从汽车制造厂扣押了价值相当于 102 万元的产品。

【问题探究】

(1) 什么是税收代位权？

(2) 税务机关行使代位权应符合哪些条件？

(3) 第一国税分局在行使代位权时有哪些违法之处？

【相关法律指引】

《中华人民共和国税收征收管理法》

第四十条 从事生产、经营的纳税人、扣缴义务人未按照规定的期限缴纳或者解缴税款，纳税担保人未按照规定的期限缴纳所担保的税款，由税务机关责令限期缴纳，逾期仍未缴纳的，经县以上税务局（分局）局长批准，税务机关可以采取下列强制执行措施：

(一) 书面通知其开户银行或者其他金融机构从其存款中扣缴税款；

(二) 扣押、查封、依法拍卖或者变卖其价值相当于应纳税款的商品、货物或者其他财产，以拍卖或者变卖所得抵缴税款。

税务机关采取强制执行措施时，对前款所列纳税人、扣缴义务人、纳税担保人未缴纳的滞纳金同时强制执行。

个人及其所扶养家属维持生活必需的住房和用品，不在强制执行措施的范围之内。

第五十条 欠缴税款的纳税人因怠于行使到期债权，或者放弃到期债权，或者无偿转让财产，或者以明显不合理的低价转让财产而受让人知道该情形，对国家税收造成损害的，税务机关可以依照《合同法》第七十三条、第七十四条的规定行使代位权、撤销权。

税务机关依照前款规定行使代位权、撤销权的，不免除欠缴税款的纳税人尚未履行的纳税义务和应承担的法律责任。

《中华人民共和国合同法》

第七十三条 因债务人怠于行使其到期债权，对债权人造成损害的，债权人可以向人民法院请求以自己的名义代位行使债务人的债权，但该债权专属于债务人自身的除外。

代位权的行使范围以债权人的债权为限。债权人行使代位权的必要费用，由债务人负担。

任务二 税务检查

【案例讨论】

2013 年 9 月，B 市国税局综合业务科 2 名工作人员在发票检查过程中，发现 A 电器厂已开具的发票存根联缺失，并且有未按规定开具发票的行为，即售出价值 10000 元的货物，却开具货值 11000 元的发票，以便购货方采购人员报销时牟利。A 电器厂进行纳税申报时按 11000 元申报并缴税。2 名工作人员随即向科长汇报，经科长同意，制作《税务行政处罚决定书》，并加盖综合业务科印章，对 A 电器厂违反发票管理规定的行为，依照《中华人民共和国税收征收管理法》第三十七条，处以 1800 元罚款，限 10 日内到指定银行缴清。《税务行政处罚决定书》附《税务文书送达回证》送达 A 电器厂，A 电器厂法定代表人签收，并在规定期限内缴纳了罚款。

【问题探究】

（1）我国《税收征收管理法》及其《实施细则》对税收检查权是如何规定的？纳税人在税务检查中有哪些权利应得到保障？

（2）本案中，综合业务科的税收执法行为是否合法？

（3）本案中税务行政处罚的作出有哪些程序上和实体上的问题？

任务三 税收违法行为处理

【案例讨论】

2009 年 2 月 28 日第十一届全国人民代表大会常务委员会第七次会议通过《中华人民共和国刑法修正案（七）》后，逃避缴纳税款罪取代了原来的偷税罪。

新旧法条对比如下：

原条文：

纳税人采取伪造、变造、隐匿、擅自销毁账簿、记账凭证，在账簿上多列支出或者不列、少列收入，经税务机关通知申报而拒不申报或者进行虚假的纳税申报的手段，不缴或者少缴应纳税款，偷税数额占应纳税额的百分之十以上不满百分之三十并且偷税数额在一万元以上不满十万元的，或者因偷税被税务机关给予二次行政处罚又偷税的，处三年以下有期徒刑或者拘役，并处偷税数额一倍以上五倍以下罚金；偷税数额占应纳税额的百分之三十以上并且偷税数额在十万元以上的，处三年以上七年以下有期徒刑，并处偷税数额一倍以上五倍以下罚金。

扣缴义务人采取前款所列手段，不缴或者少缴已扣、已收税款，数额占应缴税额的百分之十以上并且数额在一万元以上的，依照前款的规定处罚。

对多次犯有前两款行为，未经处理的，按照累计数额计算。

新条文：

《刑法修正案（七）》第三条将《刑法》第二百零一条有关"偷税罪"的规定作了修改。修改为：

逃避缴纳税款罪将处三年以下有期徒刑或者拘役，并处罚金；数额巨大并且占应纳税额百分之三十以上的，处三年以上七年以下有期徒刑，并处罚金。

扣缴义务人采取前款所列手段，不缴或者少缴已扣、已收税款，数额较大的，依照前款的规定处罚。

对多次实施前两款行为，未经处理的，按照累计数额计算。

有第一款行为，经税务机关依法下达追缴通知后，补缴应纳税款，缴纳滞纳金，已受行政处罚的，不予追究刑事责任；但是，五年内因逃避缴纳税款受过刑事处罚或者被税务机关给予二次以上行政处罚的除外。

修改要点：

该规定将原规定的一些具体表述如"采取伪造、变造、隐匿、擅自销毁账簿、记账凭证，在账簿上多列支出或者不列、少列收入，经税务机关通知申报而拒不申报或者进行虚假的纳税申报的手段"，进行归纳综合表述为"采取欺骗、隐瞒手段进行虚假纳税申报或者不申报"，不仅文字更加简洁，而且表达也更为清晰和科学；将原规定中"偷税数额占应纳税额的百分之十以上不满百分之三十并且偷税数额在一万元以上不满十万元的，或者因偷税被税务机关给予二次行政处罚又偷税的""偷税数额占应纳税额的百分之三十以上并且偷税数额在十万元以上的"等内容，修改为"逃避缴纳税款数额较大并且占应纳税额百分之十以上的""数额巨大并且占应纳税额百分之三十以上的"，以"数额较大"和"数额巨大"替代原规定中的具体金额，使得该规定可以适应我国经济的高速发展，适时调整犯罪金额，并保持法律的稳定性。

该规定第二款的修改内容同样将原规定中的具体金额"数额占应缴税额的百分之十以上并且数额在一万元以上的"修改为"数额较大的"，使得该款规定在适用中更加灵活。

该规定比原规定增加了一款规定，即第四款规定。该款规定对于经税务机关处理之后及时补缴税款并交纳了滞纳金，受到行政处罚的，"不予追究刑事责任"。这给违反法律规定有偷税行为的人员提供了一次改过自新的机会，既体现了刑法宽严相济的精神，也有利于保持相关企业的稳定。

【问题探究】

（1）从偷税罪到逃避缴纳税款罪，其积极意义如何？

（2）《刑法修正案（七）》之逃避缴纳税款罪与我国《税收征收管理法》规定应如何衔接适用？

【相关法律指引】

《中华人民共和国税收征收管理法》

第六十三条　纳税人伪造、变造、隐匿、擅自销毁账簿、记账凭证，或者在账簿上多列支出或者不列、少列收入，或者经税务机关通知申报而拒不申报或者进行虚假的纳税申报，不缴或者少缴应纳税款的，是偷税。对纳税人偷税的，由税务机关追缴其不缴或者少缴的税款、滞纳金，并处不缴或者少缴的税款百分之五十以上五倍以下的罚款；构成犯罪的，依法追究刑事责任。

扣缴义务人采取前款所列手段，不缴或者少缴已扣、已收税款，由税务机关追缴其不缴或者少缴的税款、滞纳金，并处不缴或者少缴的税款百分之五十以上五倍以下的罚款；构成犯罪的，依法追究刑事责任。

中华人民共和国税收征收管理法修订草案（征求意见稿）

第九十七条　纳税人采取欺骗、隐瞒手段进行虚假纳税申报或者不申报，逃避缴纳税款的，由税务机关追缴其不缴或者少缴的税款，并处不缴或者少缴的税款百分之五十以上三倍以下的罚款；涉嫌犯罪的，移送司法机关依法处理。

扣缴义务人采取前款所列手段，不缴或者少缴已扣、已收税款，由税务机关追缴其不缴或者少缴的税款，并处不缴或者少缴的税款百分之五十以上三倍以下的罚款；涉嫌犯罪的，移送司法机关依法处理。

第一款　所称采取欺骗、隐瞒手段是指下列情形：

（一）伪造、变造、转移、藏匿、毁灭账簿凭证或者其他相关资料；

（二）编造虚假计税依据，虚列支出或者转移、隐匿收入；

（三）骗取税收优惠资格；

（四）法律、行政法规规定的其他情形。

项目三

增值税法

 学习目标

通过学习，学生掌握增值税的征税范围、增值税纳税主体、增值税税率，熟悉增值税专用发票管理制度，理解增值税销项税额和进项税额的构成，掌握增值税应纳税额的计算，掌握增值税出口退免税政策和出口退税额的计算，熟悉增值税纳税期限、纳税地点。

 增值税法知识结构图

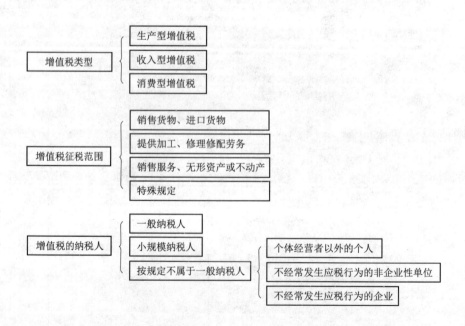

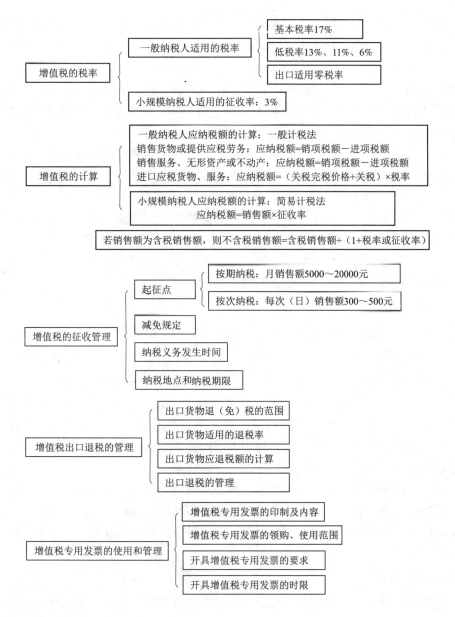

增值税法基本问题

增值税法是指国家制定的用以调整增值税税收与缴纳之间权利及义务的法律规范。现行增值税法的基本规范是 1993 年 12 月 13 日中华人民共和国国务院令第 134 号发布、2008 年 11 月 5 日国务院第 34 次常务会议修订通过的《中华人民共和国增值税暂行条例》，该条例自 2009 年 1 月 1 日起施行。

一、增值税概述

（一）增值税的概念

增值税（Value-added tax，VAT）是以商品在流转过程中产生的增值额为计税依据而征收的一种税。在我国，增值税是指对在中华人民共和国境内销售货物或者提供加工、修理修配劳务以及进口货物的单位和个人，就其实现的增值额为征税对象，并实行税款抵扣制的一种流转税。

所谓增值额，是指生产者或经营者在一定期间从事工业制造、商业经营和提供劳务的过程中，新创造的那部分价值。它是纳税人在一定时期内，所取得的商品销售（或劳务）收入额大于购进商品（或取得劳务）所支付金额的差额。

增值税的计税原理为：增值税是对商品生产和流通中各环节的新增价值或商品附加值进行征税，然而由于新增价值或商品附加值在商品流通过程中是一个难以准确计算的数据，所以在征收增值税的实际操作中采用间接计算法，即从事货物销售以及提供应税劳务的纳税人，要根据货物或应税劳务的销售额，按照规定的税率计算税款，然后从中扣除上一道环节已纳增值税税款，其余额即为纳税人应缴纳的增值税税款。税款随着货物的销售逐环节转移，最终消费者是全部税款的承担者，但政府并不直接向消费者征税，而是在各个生产经营环节分段征税，由各个环节取得增值额的纳税人缴纳税款。

（二）增值税的类型

实施增值税的国家，按照允许抵扣项目范围的大小，一般把增值税分为三种类型。

1. 生产型增值税

生产型增值税，纳税人的销售收入中可以扣除外购的生产资料（用于生产、经营的原材料、燃料、动力等物质资料）的价值，以其余额作为法定增值额，但不允许从销售额中扣除所购入的固定资产及折旧，征税对象（法定增值额）等于工资、租金、利息、利润和折旧之和，其内容就整个社会来说大体相当于国民生产总值。因此，应税的征税对象相对最大，税基最大，对生产影响最深，对经济的干扰程度最大。

因为生产型增值税不允许在计算增值税时扣除外购固定资产的价值，对这部分价值存在重复征税的问题，所以它是一种不彻底的增值税，不利于鼓励投资。但正因为如此，它可以抑制企业的固定资产投资，保证国家的财政收入。目前，只有巴基斯坦、多米尼加、海地等少数发展中国家采用。

2. 收入型增值税

收入型增值税除允许从销售额中扣除外购物资的价值外，还允许扣除外购用于生产经营的固定资产的折旧额，这个法定增值额就整个社会来说，相当于国民收入，所以称为收入型增值税。其税基相对较大，对生产影响较大，对经济的干扰程度居中。

理论上，收入型增值税是一种标准的增值税，不存在重复征税问题，但由于外购固定资产价值是以计提折旧的方式分期转入产品价值的，转入部分并没有逐笔对应的外购凭证，故给凭发票扣税的计算方法带来困难，从而影响了这种方法的广泛运用。

3. 消费性增值税

消费型增值税允许将外购物质资料的价值和用于生产经营的固定资料的价值在购置当期全部一次扣除，即纳税企业用于生产的全部外购生产资料都不在课税之列。作为课税基数的法定增值额，相当于纳税人当期的全部销售额扣除外购的全部生产资料价款后的余额，从全社会来看，只相当于消费资料部分，所以称为消费型增值税。其增值额最小，税基最小，对生产的干扰程度最小。

消费型增值税不仅不会导致重复征税问题，而且大大增加了固定资产购进当期的扣除额，减少了纳税人的增值税负担，也相应减少了国家的财政收入。但从税收征管的角度，这种方法最适合凭发票扣税的计算方法，凭固定资产的外购发票就可以一次将其已纳税款全部扣除，既便于操作，也便于管理。此外，消费型增值税还具有鼓励投资、加速设备更新的优点。

依据亚当·斯密的观点，政府在经济调节中充当"守夜人"的角色。由于消费型增值税税基最小，对经济的干预最小，因而最能体现增值税的优点——税收中性原则，它避免了对资本型货物的重叠课税，更具有公平性。西方发达国家大多实行消费型增值税，我国从2009年1月1日起，全面由生产型增值税转为消费型增值税。

（三）增值税的特点

1. 税不重征

税不重征，是增值税最本质的特点，即增值税是只对增值额征收的一种税，也就是按照货物和劳务销售收入额中新创造而未征过税的那部分销售额征税，对销售额中属于转移过来的、以前环节已征过税的那部分销售额不再征税。

此外，增值税税率档次少，一些国家只采取一档税率，即使采取二档或三档税率的，其绝大部分货物一般也都是按一个统一的基本税率征税。这不仅使得绝大部分货物的税负是一样的，而且同一货物在经历的所有生产和流通的各环节的整体税负也是一样的。这种情况使增值税对生产经营活动以及消费行为基本不发生影响，从而使增值税具有了中性税收的特征。

2. 普遍课征、道道征收

增值税从征税领域看，涉及货物的生产、批发、零售各环节及劳务的有关领域；从生产经营的横向关系看，无论工业、商业或者提供应税劳务，只要有增值收入，就要纳税；从生产经营的纵向关系看，每一货物无论经过多少生产经营环节，都要按各道环节上发生的增值额逐次征收，具有普遍征税的特点。

增值税就各个生产环节道道征税，是一种多环节连续性课征的税种。征收范围延伸到生产、流通的各个领域，体现普遍征收的原则。一种商品从生产到最后进入消费，每经过一道环节就征一道税，因此从生产经营全过程来看，具有道道征税的特点。

3. 税负由最终消费者承担

增值税是间接税，各环节的经营者作为纳税人只是把从买方收取的税款转缴给政府，经营者本身实际上并没有承担增值税税款。随着商品的流转，经营者在出售货物的同时，也出售了该货物所承担的增值税税款，直到货物卖给最终消费者时，货物在以前环节已纳的税款连同本环节的税款也一同转给了最终消费者。可见，增值税税负具有逐环节向前推移的特点，税收负担随应税商品的流转而向购买者转嫁，最后由该商品的最终消费者负担。

4. 价外计税

在计税时，作为计税依据的销售额中不包含增值税税额，这样有利于形成均衡的生产价格，并有利于税负转嫁的实现。这是增值税与传统的以全部流转额为计税依据的其他流转税的一个重要区别。

（四）营改增试点改革

营业税改征增值税（以下简称营改增）是指以前缴纳营业税的应税项目改成缴纳增值税。增值税只对产品或者服务的增值部分纳税，减少了重复纳税的环节，是党中央、国务院，根据经济社会发展新形势，从深化改革的总体部署出发做出的重要决策，目的是加快财税体制改革、进一步减轻企业赋税，调动各方积极性，促进服务业尤其是科技等高端服务业的发展，促进产业和消费升级、培育新动能、深化供给侧结构性改革。

营改增在全国的推开，大致经历了以下三个阶段。

第一阶段：部分行业，部分地区。2011 年 10 月 26 日，温家宝总理主持召开国务院常务会议，决定开展深化增值税制度改革试点工作。经国务院批准，2011 年 11 月 16 日，财政部、国家税务总局联合下发了《营业税改征增值税试点方案》，明确从 2012 年 1 月 1 日起，在上海交通运输业和部分现代服务业开展营业税改征增值税试点工作。2012 年 7 月 25 日，温家宝总理主持召开国务院常务会议，决定扩大营业税改征增值税试点范围。自 2012 年 8 月 1 日起，营业税改征增值税试点范围由上海市分 4 批次扩大至北京、江苏、安徽、福建、广东、天津、浙江、湖北 8 省市。

第二阶段：部分行业，全国范围。2013 年 8 月 1 日，交通运输业和部分现代服务业营改增试点在全国范围内推开。同时，广播影视作品的制作、播映、发行等，也开始纳入试点。2013 年 12 月 12 日，财政部和国家税务总局印发了《关于将铁路运输和邮政业纳入营业税改征增值税试点的通知》，明确从 2014 年 1 月 1 日起，将铁路运输和邮政服务业纳入营业税改征增值税试点，至此交通运输业已全部纳入营改增范围。2014 年 4 月 30 日，财政部和国家税务总局印发了《关于将电信业纳入营业税改征增值税试点的通知》，明确从 2014 年 6 月 1 日起，将电信业纳入营改增试点范围。

第三阶段：所有行业，全国范围。2016 年 3 月 5 日，李克强总理在政府工作报告中明确提出 2016 年全面实施营改增。2016 年 3 月 18 日，李克强主持召开国务院常务会议，部署全面推开营改增试点，进一步减轻企业税负，将建筑业、房地产业、金融业、生活服务业全部纳入营改增试点范围。2016 年 3 月 24 日，财政部、国家税务总局公布了《营业税改征增值税试点实施办法》（以下简称《方法》）《营业税改征增值税试点有关事项的规定》《营业税改征增值税试点过渡政策的规定》和《跨境应税行为适用增值税零税率和免税政策的规定》。2016 年 4 月 30 日，国务院发布了《全面推开营改增试点后调整中央与地方增值税收入划分过渡方案》，中央分享增值税的 50%，地方按税收缴纳地分享增值税的 50%，过渡期暂定 2 年至 3 年。自 2016 年 5 月 1 日起，营业税改征增值税试点全面推开，并将所有企业新增不动产所含增值税纳入抵扣范围，确保所有行业税负只减不增。至此，营业税退出历史舞台，增值税制度将更加规范。这是自 1994 年分税制改革以来，财税体制的又一次深刻变革。

二、增值税的征税范围

（一）征税范围的一般规定

根据我国《增值税暂行条例》和营改增的规定，凡在中华人民共和国境内销售货物或者提供加工、修理修配劳务以及进口货物、提供应税服务的，都属于增值税的征税范围。

"境内"是指销售货物的起运地或者所在地在境内，或者提供的应税劳务发生在境内。

1. 销售货物

货物，是指有形动产，包括电力、热力、气体在内。销售货物，是指有偿转让货物的所有权。"有偿"，不仅指从购买方取得货币，还包括取得货物或者其他经济利益。

2. 提供加工、修理修配劳务

加工，是指受托加工货物，即委托方提供原料及主要材料，受托方按照委托方的要求，制造货物并收取加工费的业务；修理修配，是指受托对损伤和丧失功能的货物进行修复，使其恢复原状和功能的业务，如修理汽车、电器等。

这里的"提供加工、修理修配劳务"，都是指有偿提供加工、修理修配劳务。单位或者个体工商户聘用的员工为本单位或者雇主提供加工、修理修配劳务，不包括在内。

3. 进口货物

进口货物，是指申报进入我国海关境内的货物。包括国外产制和我国已出口而转销国内的货物、国外捐赠的货物，以及进口者自行采购的货物、用于贸易行为的货物、自用或用于其他方面的货物。

4. 营改增的征税范围

（1）营改增的征税范围，是指销售服务、无形资产或者不动产。

① 销售服务，是指提供交通运输服务、邮政服务、电信服务、建筑服务、金融服务、现代服务、生活服务。

② 销售无形资产，是指转让无形资产所有权或者使用权的业务活动。无形资产，是指不具实物形态，但能带来经济利益的资产，包括技术、商标、著作权、商誉、自然资源使用权和其他权益性无形资产。技术，包括专利技术和非专利技术。自然资源使用权，包括土地使用权、海域使用权、探矿权、采矿权、取水权和其他自然资源使用权。其他权益性无形资产，包括基础设施资产经营权、公共事业特许权、配额、经营权（包括特许经营权、连锁经营权、其他经营权）、经销权、分销权、代理权、会员权、席位权、网络游戏虚拟道具、域名、名称权、肖像权、冠名权、转会费等。

③ 销售不动产，是指转让不动产所有权的业务活动。不动产，是指不能移动或者移动后会引起性质、形状改变的财产，包括建筑物、构筑物等。建筑物，包括住宅、商业营业用房、办公楼等可供居住、工作或者进行其他活动的建造物。构筑物，包括道路、桥梁、隧道、水坝等建造物。转让建筑物有限产权或者永久使用权的，转让在建的建筑物或者构筑物所有权的，以及在转让建筑物或者构筑物时一并转让其所占土地的使用权的，按照销售不动产缴纳增值税。

（2）销售服务、无形资产或者不动产，是指有偿提供服务、有偿转让无形资产或者不动产，但属于下列非经营活动的情形除外：

① 行政单位收取的同时满足规定条件的政府性基金或者行政事业性收费。

② 单位或者个体工商户聘用的员工为本单位或者雇主提供取得工资的服务。

③ 单位或者个体工商户为聘用的员工提供服务。

④ 财政部和国家税务总局规定的其他情形。

有偿，是指取得货币、货物或者其他经济利益。

（3）在境内销售服务、无形资产或者不动产，是指服务（租赁不动产除外）或者无形资产（自然资源使用权除外）的销售方或者购买方在境内；所销售或者租赁的不动产在境内；所销售自然资源使用权的自然资源在境内；财政部和国家税务总局规定的其他情形。

下列情形不属于在境内销售服务或者无形资产：境外单位或者个人向境内单位或者个人销售完全在境外发生的服务；境外单位或者个人向境内单位或者个人销售完全在境外使用的无形资产；境外单位或者个人向境内单位或者个人出租完全在境外使用的有形动产；财政部和国家税务总局规定的其他情形。

（二）征税范围的特殊规定

1. 视同销售行为

1）视同销售货物行为

即货物在本环节没有直接发生有偿转移，但也要按正常销售征税的行为。单位或者个体工商户的下列行为，视同销售货物：

（1）将货物交付其他单位或者个人代销；

（2）销售代销货物；

（3）设有两个以上机构并实行统一核算的纳税人，将货物从一个机构移送其他机构用于销售，但相关机构设在同一县（市）的除外；

（4）将自产或者委托加工的货物用于非增值税应税项目；

（5）将自产、委托加工的货物用于集体福利或者个人消费；

（6）将自产、委托加工或者购进的货物作为投资，提供给其他单位或者个体工商户；

（7）将自产、委托加工或者购进的货物分配给股东或者投资者；

（8）将自产、委托加工或者购进的货物无偿赠送其他单位或者个人。

2）视同销售服务、无形资产或者不动产行为

下列情形视同销售服务、无形资产或者不动产：

（1）单位或者个体工商户向其他单位或者个人无偿提供服务，但用于公益事业或者以社会公众为对象的除外。

（2）单位或者个人向其他单位或者个人无偿转让无形资产或者不动产，但用于公益事业或者以社会公众为对象的除外。

（3）财政部和国家税务总局规定的其他情形。

2. 混合销售行为

1）《增值税暂行条例实施细则》（以下简称《细则》）的规定

一项销售行为如果既涉及货物又涉及非增值税应税劳务，为混合销售行为。非增值税应税劳务，是指属于应缴营业税的税目征收范围的劳务。

其特点为：应税货物与非应税劳务间有着密不可分的从属关系，即提供非应税劳务是直接为销售应税货物而作出的。

在考虑一项混合销售行为应当适用的政策时，首要考虑其是否为销售自产货物并提供建筑业劳务。

（1）如果是的话→应当分别核算货物的销售额和非增值税应税劳务的营业额，根据其销售货物的销售额计算缴纳增值税，其非增值税应税劳务的营业额缴纳营业税；未分别核算的，主管国税机关核定其货物销售额，主管地税机关核定其应税劳务的营业额。

（2）如果不是的话→视为普通的混合销售行为，普通的混合销售行为主要看纳税人的经营性质，如果是从事货物的生产、批发或者零售的企业、企业性单位和个体工商户以及以从事货物的生产、批发或者零售为主并兼营应税劳务的企业、企业性单位和个体工商户的混合销售行为，视为销售货物，应当缴纳增值税，不缴纳营业税；其他单位和个人的混合销售行为，视为提供非增值税应税劳务，缴纳营业税。

2)《营业税改征增值税试点实施办法》的规定

一项销售行为如果既涉及服务又涉及货物，为混合销售。从事货物的生产、批发或者零售的单位和个体工商户的混合销售行为，按照销售货物缴纳增值税；其他单位和个体工商户的混合销售行为，按照销售服务缴纳增值税。

所谓从事货物的生产、批发或者零售的单位和个体工商户，包括以从事货物的生产、批发或者零售为主，并兼营销售服务的单位和个体工商户在内。

3. 兼营行为

1)《增值税暂行条例实施细则》的规定

《细则》所称的兼营非增值税应税劳务的行为，是指增值税纳税人在生产经营过程中，既存在属于增值税征税范围的销售货物或提供应税劳务的同时，又存在不属于增值税征税范围的提供非应税劳务（即营业税规定的各项劳务）的行为，且二者之间并无直接的从属关系，简称兼营行为。

兼营非增值税应税劳务行为的处理政策为：纳税人兼营非增值税应税项目的，应分别核算货物或者应税劳务的销售额（征收增值税）和非增值税应税项目的营业额（征收营业税）；未分别核算（或者不能准确核算货物或应税劳务和非增值税应税劳务销售额）的，由主管税务机关核定货物或者应税劳务的销售额。

2)《营业税改征增值税试点实施办法》的规定

《办法》所称的兼营指不同的销售行为涉及不同的增值税应税项目。

兼营行为的处理政策为：纳税人兼营销售货物、劳务、服务、无形资产或者不动产，适用不同税率或者征收率的，应当分别核算适用不同税率或者征收率的销售额；未分别核算的，从高适用税率。纳税人兼营免税、减税项目的，应当分别核算免税、减税项目的销售额；未分别核算的，不得免税、减税。

三、增值税纳税义务人

（一）增值税纳税义务人的一般规定

增值税的纳税人是指在中华人民共和国境内销售或者进口货物，销售服务、无形资产或者不动产的单位和个人。单位，是指企业、行政单位、事业单位、军事单位、社会团体及其他单位。个人，是指个体工商户和其他个人。

单位以承包、承租、挂靠方式经营的，承包人、承租人、挂靠人以发包人、出租人、被挂靠人名义对外经营并由发包人承担相关法律责任的，以该发包人为纳税人。否则，以承包人为纳税人。

中华人民共和国境外单位或者个人在境内发生应税行为，在境内未设有经营机构的，以购买方为增值税扣缴义务人。财政部和国家税务总局另有规定的除外。

（二）一般纳税人与小规模纳税人的认定标准及管理

《增值税暂行条例》将纳税人按其经营规模大小及会计核算健全与否划分为一般纳税人与小规模纳税人。应税行为的年应征增值税销售额（以下称应税销售额）超过财政部和国家税务总局规定标准的纳税人为一般纳税人，未超过规定标准的纳税人为小规模纳税人。

1. 小规模纳税人认定的标准

小规模纳税人是指年应税销售额在规定标准以下，并且会计核算不健全，不能按规定报送有关税务资料的增值税纳税人。年应税销售额，是指纳税人在连续不超过 12 个月的经营期内累计应征增值税销售额，包括免税销售额。所称会计核算不健全，是指不能正确核算增值税的销项税额、进项税额和应纳税额。小规模纳税人的认定标准如下：

（1）从事货物生产或者提供应税劳务的纳税人，以及以从事货物生产或者提供应税劳务为主，并兼营货物批发或者零售的纳税人，年应税销售额在 50 万元以下（含 50 万）的。"以从事货物生产或者提供应税劳务为主"，是指纳税人的年货物生产或者提供应税劳务的销售额占年应税销售额的比重在 50% 以上。

（2）上述规定以外的纳税人，年应税销售额在 80 万元以下（含 80 万）的。

（3）年应税销售额超过小规模纳税人标准的其他个人（是指除个体经营者以外的其他个人，即自然人），按小规模纳税人纳税。

（4）非企业性单位、不经常发生应税行为的企业可选择按小规模纳税人纳税。不经常提供应税服务的非企业性单位、企业和个体工商户可选择按照小规模纳税人纳税。年应税销售额超过规定标准但不经常发生应税行为的单位和个体工商户可选择按照小规模纳税人纳税。

"非企业性单位"，是指行政单位、事业单位、军事单位、社会团体和其他单位。"不经常发生应税行为的企业"，是指非增值税纳税人；不经常发生应税行为是指其偶然发生增值税应税行为。

（5）应税服务的年应征增值税销售额未超过 500 万元的。

2. 一般纳税人认定的标准

一般纳税人是指年应征增值税销售额超过财政部、国家税务总局规定的小规模纳税人标准的企业和企业性单位。

1）一般纳税人的认定标准

（1）从事货物生产或者提供应税劳务的纳税人，以及以从事货物生产或者提供应税劳务为主，并兼营货物批发或者零售的纳税人，年应税销售额在 50 万元以上的。

（2）从事货物批发或零售的纳税人，年应税销售额在 80 万元以上的。

（3）应税服务的年应征增值税销售额超过 500 万元的。

（4）年应税销售额未超过规定标准的纳税人，会计核算健全，能够提供准确税务资料的，可以向主管税务机关办理一般纳税人资格登记，成为一般纳税人。会计核算健全，是指能够按照国家统一的会计制度规定设置账簿，根据合法、有效凭证核算。

以下纳税人不办理一般纳税人资格认定：个体工商户以外的其他个人；选择按照小规模纳税人纳税的非企业性单位和不经常发生应税行为的企业。

2）一般纳税人的认定办法

对提出申请并且同时符合下列条件的纳税人，主管税务机关应当为其办理一般纳税人资格认定：有固定的生产经营场所；能够按照国家统一的会计制度规定设置账簿，根据合法、有效凭证核算，能够提供准确税务资料。

纳税人应当向其机构所在地主管税务机关申请一般纳税人资格认定。一般纳税人资格认定的权限，在县（市、区）国家税务局或者同级别的税务分局。具体登记办法由国家税务总局制定。

除国家税务总局另有规定外，纳税人一经认定为一般纳税人后，不得转为小规模纳税人。

其年应税销售额已超过小规模纳税人标准，未申请办理一般纳税人认定手续的，应按销售额依照增值税税率计算应纳税额，不得抵扣进项税额，也不得使用增值税专用发票。

四、增值税的税率与征收率

《增值税暂行条例》《营业税改征增值税试点实施办法》规定了基本税率、低税率和零税率三档适用税率，以及按简易办法计税的征收率。

（一）适用税率

1. 基本税率：17%

纳税人销售或者进口货物，除另有规定外，税率为 17%；纳税人提供加工、修理修配劳务，税率为 17%；提供有形动产租赁服务，税率为 17%。

2. 低税率：13%、11%、6%

（1）一般纳税人销售或者进口下列货物，税率为 13%：

① 粮食、食用植物油；

② 自来水、暖气、冷气、热水、煤气、石油液化气、天然气、沼气、居民用煤炭制品；

③ 图书、报纸、杂志；

④ 饲料、化肥、农药、农机、农膜；

⑤ 食用盐；

⑥ 经营者销售农产品，音像制品，电子出版物，二甲醚。

农产品，是指种植业、养殖业、林业、牧业、水产业生产的各种植物、动物的初级产品。音像制品，是指正式出版的录有内容的录音带、录像带、唱片、激光唱盘和激光视盘。电子出版物载体形态和格式主要包括只读光盘、一次写入式光盘、可擦写光盘、软磁盘、硬磁盘、集成电路卡和各种存储芯片。二甲醚，是指化学分子式为 CH_3OCH_3，常温常压下为具有轻微醚香味、易燃、无毒、无腐蚀性的气体。

⑦ 国务院规定的其他货物。

（2）提供交通运输、邮政、基础电信、建筑、不动产租赁服务，销售不动产，转让土地使用权，税率为11%。

（3）发生下列应税行为，税率为6%：提供金融保险服务，提供现代服务业服务（租赁服务除外），增值电信服务，销售无形资产（土地使用权除外）。

3. 零税率

纳税人出口货物，税率为零；但是，国务院另有规定的除外。

"营改增"应税服务的零税率政策：在中华人民共和国境内（以下称境内）的单位和个人销售的下列服务和无形资产，适用增值税零税率：

（1）国际运输服务。

国际运输服务，是指在境内载运旅客或者货物出境，在境外载运旅客或者货物入境，在境外载运旅客或者货物。

（2）航天运输服务。

（3）向境外单位提供的完全在境外消费的下列服务：研发服务、合同能源管理服务、设计服务、广播影视节目（作品）的制作和发行服务、软件服务、电路设计及测试服务、信息系统服务、业务流程管理服务、离岸服务外包业务、转让技术。

"完全在境外消费"，是指服务的实际接受方在境外，且与境内的货物和不动产无关；无形资产完全在境外使用，且与境内的货物和不动产无关；财政部和国家税务总局规定的其他情形。

（4）财政部和国家税务总局规定的其他服务。

（二）征收率

1. 小规模纳税人适用的征收率

小规模纳税人增值税征收率为3%。征收率的调整，由国务院决定。

2. 简易办法计税的征收率

1）一般纳税人销售自产的下列货物，可选择按照简易办法依照3%征收率计算缴纳增值税

县级及县级以下小型水力发电单位生产的电力；建筑用和生产建筑材料所用的砂、土、石料；以自己采掘的砂、土、石料或其他矿物连续生产的砖、瓦、石灰（不含黏土实心砖、瓦）；用微生物、微生物代谢产物、动物毒素、人或动物的血液或组织制成的生物制品；自来水；商品混凝土（仅限于以水泥为原料生产的水泥混凝土）。

一般纳税人选择简易办法计算缴纳增值税后，36个月内不得变更。

2）一般纳税人销售货物属于下列情形之一的，暂按简易办法依照3%征收率计算缴纳增值税

寄售商店代销寄售物品（包括居民个人寄售的物品在内）；典当业销售死当物品；经国务院或国务院授权机关批准的免税商店零售的免税品。

3）纳税人销售旧货，按照简易办法依照3%征收率减按2%征收增值税

所称旧货，是指进入二次流通的具有部分使用价值的货物（含旧汽车、旧摩托车和旧游艇），但不包括自己使用过的物品。

4）纳税人销售自己使用过的物品

一般纳税人销售自己使用过的按规定属于不得抵扣且未抵扣进项税额的固定资产，以及按照"营改增"规定认定的一般纳税人，销售自己使用过的本地区试点实施之日以前购进或自制的固定资产，按照简易办法依照3%征收率减按2%征收增值税。

小规模纳税人（除其他个人外）销售自己使用过的固定资产，减按2%征收率征收增值税。"已使用过的固定资产"，是指纳税人根据财务会计制度已经计提折旧的固定资产。

3.《营业税改征增值税试点有关事项的规定》的有关政策

1）一般纳税人发生下列应税行为可以选择适用简易计税方法计税

公共交通运输服务；经认定的动漫企业为开发动漫产品提供的服务以及在境内转让动漫版权；电影放映服务、仓储服务、装卸搬运服务、收派服务和文化体育服务；以纳入营改增试点之日前取得的有形动产为标的物提供的经营租赁服务；在纳入营改增试点之日前签订的尚未执行完毕的有形动产租赁合同。

2）建筑服务

一般纳税人提供下列建筑服务，可以选择适用简易计税方法计税：以清包工方式提供的建筑服务；为甲供工程提供的建筑服务；为建筑工程老项目提供的建筑服务。

3）销售不动产

一般纳税人销售下列不动产，可以选择适用简易计税方法计税：销售其2016年4月30日前取得（不含自建）的不动产（按5%征收率差额计税）；销售其2016年4月30日前自建的不动产（适用5%征收率）。

房地产开发企业中的一般纳税人，销售自行开发的房地产老项目，可以选择适用简易计税方法按照5%的征收率计税。房地产开发企业中的小规模纳税人，销售自行开发的房地产项目，按照5%的征收率计税。

小规模纳税人销售其取得（不含自建）的不动产（不含个体工商户销售购买的住房和其他个人销售不动产），适用销售额扣除政策按照5%的征收率计算应纳税额。小规模纳税人销售其自建的不动产，应以取得的全部价款和价外费用为销售额，按照5%的征收率计算应纳税额。其他个人销售其取得（不含自建）的不动产（不含其购买的住房），按照差额适用5%的征收率计算应纳税额。

4）不动产经营租赁服务

一般纳税人提供下列不动产经营租赁服务，可以选择适用简易计税方法计税：出租其2016年4月30日前取得的不动产（适用5%征收率）；公路经营企业收取试点前开工的高速公路的车辆通行费（减按3%征收率）。

小规模纳税人出租其取得的不动产（不含个人出租住房），适用5%的征收率。

其他个人出租其取得的不动产（不含住房），适用5%的征收率。

个人出租住房，应按照5%的征收率减按1.5%计算应纳税额。

五、增值税应纳税额的计算

增值税的计税方法，包括一般计税方法和简易计税方法。

一般纳税人发生应税行为适用一般计税方法计税。一般纳税人发生财政部和国家税务总局规定的特定应税行为，可以选择适用简易计税方法计税，但一经选择，36 个月内不得变更。

小规模纳税人发生应税行为适用简易计税方法计税。

（一）一般纳税人应纳税额的计算

一般计税方法的应纳税额，是指当期销项税额抵扣当期进项税额后的余额。

应纳税额计算公式：

$$应纳税额＝当期销项税额－当期进项税额$$

当期销项税额小于当期进项税额不足抵扣时，其不足部分可以结转下期继续抵扣。

1. 销项税额的计算

销项税额是指纳税人发生应税行为按照销售额和增值税税率计算并收取的增值税额。即：

$$销项税额＝（不含税）销售额×适用税率$$

增值税是价外税，公式中的"销售额"应为不含增值税的销售额。纳税人采用销售额和销项税额合并定价方法的，应将其含税销售额换算成不含税销售额。换算公式为：

$$不含税销售额＝含税销售额÷（1＋适用税率）$$

1）销售额的一般规定

销售额为纳税人发生应税行为向购买方收取的全部价款和价外费用，但是不包括收取的销项税额。即：

$$销售额＝价款＋价外收入（价外收入一律视为含税收入）$$

价外费用，包括价外向购买方收取的手续费、补贴、基金、集资费、返还利润、奖励费、违约金、滞纳金、延期付款利息、赔偿金、代收款项、代垫款项、包装费、包装物租金、储备费、优质费、运输装卸费以及其他各种性质的价外收费。但下列项目不包括在内：

（1）受托加工应征消费税的消费品所代收代缴的消费税；

（2）承运部门的运输费用发票开具给购买方且纳税人将该项发票转交给购买方的代垫运输费用；

（3）同时符合以下条件代为收取的政府性基金或者行政事业性收费：

① 国务院或者财政部批准设立的政府性基金，由国务院或者省级人民政府及其财政、价格主管部门批准设立的行政事业性收费；

② 收取时开具省级以上财政部门印制的财政票据；

③ 所收款项全额上缴财政。

（4）销售货物的同时代办保险等并向购买方收取的保险费，以及向购买方收取的代购买方缴纳的车辆购置税、车辆牌照费。

凡随同销售货物或提供应税劳务向购买方收取的价外费用，无论其会计如何核算，均应并入销售额计算应纳税额。

2) 销售额的特殊规定

(1) 折扣方式销售。

纳税人以折扣方式发生应税行为分为两种情形:

① 商业折扣,又称价格折扣,是指销售方为鼓励购买者多买而给予的价格折让,即购买越多,价格折扣越多。商业折扣一般都从销售价格中直接折算,即购买方所付的价款和销售方所收的货款,都是按打折以后的实际售价来计算的。对商业折扣,应作如下处理:销售额和折扣额在同一张发票上分别注明的,可按冲减折扣额后的销售额征收增值税;未在同一张发票上分别注明的,以价款为销售额,不得扣减折扣额。

② 现金折扣(销售折扣),是指销售方为鼓励买方在一定期限内早日付款,而给予的一种折让优惠。它实际上是一种融资性质的理财费用,不得从销售额中扣除。

(2) 以旧换新方式销售。

所谓以旧换新销售,是指纳税人在销售过程中,折价收回同类旧货物,并以折价款部分冲减货物价款的一种销售方式。

纳税人采取以旧换新方式销售货物,应按新货物的同期销售价格确定销售额(不得扣减旧货的收购价格)。

但税法规定,对金银首饰以旧换新业务,可以按照销售方实际收取的不含增值税的全部价款征收增值税。

(3) 还本方式销售。

所谓还本销售,是指销货方将货物出售之后,按约定的时间,一次或分次将购货款部分或全部退还给购货方,退还的货款即为还本支出。纳税人采取还本方式销售货物的,其销售额是同期货物的销售价格,不得从销售额中减除还本支出。

(4) 以物易物方式销售。

以物易物是一种较为特殊的购销活动,是指购销双方不是以货币结算,而是以同等价款的货物相互结算,实现货物购销的一种方式。以物易物双方都应作购销处理,以各自发出的货物核算销售额并计算销项税额,以各自收到的货物按规定核算购货额并计算进项税额。

应注意的是,在以物易物活动中,应分别开具合法的票据,如收到的货物不能取得相应的增值税专用发票或其他合法票据的,不能抵扣进项税额。

(5) 出租出借包装物条件下的销售额(包装物押金的处理)。

纳税人销售货物时,为促使购货方及早退回包装物以便周转使用,会在收取销售货款的同时另外收取包装物押金。包装物押金本质上是价外费用,但可能会伴随包装物的收回而退还给购货方,因此,对包装物押金做特别规定:

① 一年以内(未逾期)且未过企业规定期限,单独记账核算者,不做销售处理(不并入销售额征税);

② 一年以内但过企业规定期限(逾期),单独记账核算者,做销售处理;

③ 一年以上,一般做销售处理(特殊放宽期限的要经税务机关批准)。

④ 酒类包装物押金,收到就做销售处理(黄酒、啤酒除外)。

逾期就做销售处理,指包装物押金按包装货物的适用税率计算纳税,同时押金属于含税收入，应先换算为不含税销售额再并入销售额征税。"逾期"是以1年为期限。另外，不同于包装物押金，包装物租金属于价外费用，在收取时就并入销售额征税。

3）核定销售额的基本方法

纳税人发生应税行为价格明显偏低或者偏高且不具有合理商业目的的，或者有视同销售行为而无销售额者，由主管税务机关按下列顺序确定销售额：

（1）按纳税人最近时期销售同类货物、服务、无形资产或者不动产的平均价格确定；

（2）按其他纳税人最近时期销售同类货物、服务、无形资产或者不动产的平均价格确定；

（3）按照组成计税价格确定。

组成计税价格的公式为：

$$组成计税价格 = 成本 \times （1+成本利润率）$$

属于应征消费税的货物，其组成计税价格中应加计消费税额。其计算公式为：

$$组成计税价格 = 成本 \times （1+成本利润率） + 消费税税额$$

或：

$$组成计税价格 = 成本 \times （1+成本利润率） \div （1-消费税税率）$$

公式中的成本，是指销售自产货物的为实际生产成本，销售外购货物的为实际采购成本。公式中的成本利润率由国家税务总局确定；但属于应从价定率征税消费税的货物，其"成本利润率"为《消费税若干具体问题的规定》中规定的成本利润率。

不具有合理商业目的，是指以谋取税收利益为主要目的，通过人为安排，减少、免除、推迟缴纳增值税税款，或者增加退还增值税税款。

4）销售额货币单位的确定

销售额以人民币结算。纳税人按人民币以外的货币结算销售额的，应折合成人民币计算。

2. 进项税额的计算

进项税额，是指纳税人购进货物、加工修理修配劳务、服务、无形资产或者不动产，支付或者负担的增值税额。进项税额与销项税额是一个相对应的概念，在开具增值税专用发票的情况下，销售方收取的销项税额就是购买方支付的进项税额。

一般纳税人以当期收取的销项税额扣减当期支付的进项税额，其余额为实际应缴纳的增值税税额，这个扣减过程称为进项税额抵扣。只有符合要求的进项税额才可以从销项税额中抵扣。

1）准予从销项税额中抵扣的进项税额

（1）从销售方取得的增值税专用发票（含税控机动车销售统一发票，下同）上注明的增值税额。——以票抵扣（先认证，后抵扣）。

（2）从海关取得的海关进口增值税专用缴款书上注明的增值税额。——以票抵扣（先比对，后抵扣）。

（3）购进农产品的计算扣税：没有取得法定扣税凭证，但符合税法抵扣政策，准予计算抵扣的进项税额。

购进农产品，除取得增值税专用发票或者海关进口增值税专用缴款书外，按照农产品收

购发票或者销售发票上注明的农产品买价和 13%的扣除率计算进项税额。准予抵扣的进项
税额计算公式：

$$进项税额＝买价×扣除率$$

买价，包括纳税人购进农产品在农产品收购发票或者销售发票上注明的价款和按规定缴
纳的烟叶税。

（4）从境外单位或者个人购进服务、无形资产或者不动产，自税务机关或者扣缴义务
人取得的解缴税款的完税凭证上注明的增值税额。

有下列情形之一者，应当按照销售额和增值税税率计算应纳税额，不得抵扣进项税额，
也不得使用增值税专用发票：一般纳税人会计核算不健全，或者不能够提供准确税务资料
的；应当办理一般纳税人资格登记而未办理的。

2）不得从销项税额中抵扣的进项税额

（1）扣税凭证不合格。

纳税人取得的增值税扣税凭证不符合法律、行政法规或者国家税务总局有关规定的，其
进项税额不得从销项税额中抵扣。

增值税扣税凭证，是指增值税专用发票、海关进口增值税专用缴款书、农产品收购发
票、农产品销售发票和完税凭证。

纳税人凭完税凭证抵扣进项税额的，应当具备书面合同、付款证明和境外单位的对账单
或者发票。资料不全的，其进项税额不得从销项税额中抵扣。

（2）用于简易计税方法计税项目、免征增值税项目、集体福利或者个人消费的购进货
物、加工修理修配劳务、服务、无形资产和不动产。

个人消费包括纳税人的交际应酬消费。

（3）非正常损失的在产品、产成品所耗用的购进货物（不包括固定资产）、加工修理修
配劳务和交通运输服务。

非正常损失，是指因管理不善造成货物被盗、丢失、霉烂变质，以及因违反法律法规造
成货物或者不动产被依法没收、销毁、拆除的情形。

固定资产，是指使用期限超过 12 个月的机器、机械、运输工具以及其他与生产经营有
关的设备、工具、器具等有形动产。

（4）非正常损失的不动产，以及该不动产所耗用的购进货物、设计服务和建筑服务。

（5）非正常损失的不动产在建工程所耗用的购进货物、设计服务和建筑服务。

（6）购进的旅客运输服务、贷款服务、餐饮服务、居民日常服务和娱乐服务。

（7）财政部和国家税务总局规定的其他情形。

3）进项税额转出

上述购进资产或接受服务，如果事后改变用途的（如用于集体福利、个人消费或发生
非正常损失时），不得抵扣进项税额。如果在购进时已抵扣了进项税额，则需要在改变用途
当期作进项税额转出处理。

已抵扣进项税额的购进货物（不含固定资产）、劳务、服务，发生规定的进项税额不得
抵扣情形（简易计税方法计税项目、免征增值税项目除外）的，应当将该进项税额从当期
进项税额中扣减；无法确定该进项税额的，按照当期实际成本计算应扣减的进项税额。

已抵扣进项税额的固定资产、无形资产或者不动产，发生规定的进项税额不得抵扣情形的，按照下列公式计算不得抵扣的进项税额：

$$不得抵扣的进项税额=固定资产、无形资产或者不动产净值×适用税率$$

纳税人适用一般计税方法计税的，因销售折让、中止或者退回而退还给购买方的增值税额，应当从当期的销项税额中扣减；因销售折让、中止或者退回而收回的增值税额，应当从当期的进项税额中扣减。

4）进项税额不足抵扣的处理

如果一般纳税人当期支付的增值税额大于当期收到的增值税额，即当期进项税额大于当期销项税额，出现进项税额不足抵扣的情况，则当期进项税额不足抵扣部分可以结转下期继续抵扣，称之为上月留抵。

3．应纳税额的计算

一般纳税人发生应税行为，应纳税额为当期销项税额抵扣当期进项税额后的余额。

应纳税额计算公式：

$$应纳税额=当期销项税额-当期进项税额$$

一般纳税人增值税计算采用当期购进扣税法，对于"当期"计算销售税额的时间即增值税纳税义务发生时间，税法限定为：纳税人发生应税行为并收讫销售款项或者取得索取销售款项凭据的当天；先开具发票的，为开具发票的当天。

收讫销售款项，是指纳税人销售服务、无形资产、不动产过程中或者完成后收到款项。取得索取销售款项凭据的当天，是指书面合同确定的付款日期；未签订书面合同或者书面合同未确定付款日期的，为服务、无形资产转让完成的当天或者不动产权属变更的当天。

收讫销售款项或者取得索取销售款项凭据的当天，按销售结算方式的不同，具体为：

（1）采取直接收款方式销售货物，不论货物是否发出，均为收到销售款或者取得索取销售款凭据的当天；

（2）采取托收承付和委托银行收款方式销售货物，为发出货物并办妥托收手续的当天；

（3）采取赊销和分期收款方式销售货物，为书面合同约定的收款日期的当天，无书面合同的或者书面合同没有约定收款日期的，为货物发出的当天；

（4）采取预收货款方式销售货物，为货物发出的当天，但生产销售生产工期超过12个月的大型机械设备、船舶、飞机等货物，为收到预收款或者书面合同约定的收款日期的当天；

（5）委托其他纳税人代销货物，为收到代销单位的代销清单或者收到全部或者部分货款的当天。未收到代销清单及货款的，为发出代销货物满180天的当天；

（6）销售应税劳务，为提供劳务同时收讫销售款或者取得索取销售款的凭据的当天；

（7）纳税人发生视同销售货物行为，为货物移送的当天；

（8）纳税人提供建筑服务、租赁服务采取预收款方式的，其纳税义务发生时间为收到预收款的当天；

（9）纳税人从事金融商品转让的，为金融商品所有权转移的当天；

（10）纳税人发生视同应税行为的，其纳税义务发生时间为服务、无形资产转让完成的当天或者不动产权属变更的当天。

【例题】

某生产企业为增值税一般纳税人，适用税率为17%，2016年10月发生以下经济业务：

① 销售A产品给某大商场，开具增值税专用发票，取得不含税销售额60万元；

② 本月销售B产品，开具普通发票，取得含税收入40万元，收取包装物押金5万元；

③ 购进月饼，取得增值税专用发票上注明增值税0.4万元，将其全部用于集体福利；

④ 将本月新产品用于捐赠，不含税成本价为5万元，该新产品无同类产品市场售价；

⑤ 从某增值税小规模纳税人处购进原材料，取得普通发票，支付运输企业（增值税一般纳税人）不含税运输费1.6万元，取得增值税专用发票。

要求：计算该企业当月应缴纳的增值税税额。

【解析】

① 销售A产品的销项税额：$60×17\%=10.2$（万元）。

② 销售B产品的销项税额：$40÷（1+17\%）×17\%=5.81$（万元）。

③ 外购货物用于集体福利，不属于增值税视同销售货物行为，相应的货物进项税额不得抵扣。

④ 将自产产品用于捐赠，视同销售，其销项税额：$5×（1+10\%）×17\%=0.94$（万元）。

⑤ 从增值税小规模纳税人处购进原材料，由于取得的是普通发票，故不得抵扣原材料的进项税额，但是支付的运费取得了增值税专用发票，可以凭票抵扣进项税额，为$1.6×11\%=0.176$（万元）。

该企业当月应缴纳的增值税税额$=10.2+5.81+0.94-0.176=16.774$（万元）。

（二）简易计税方法应纳税额的计算

简易计税方法的应纳税额，是指按照销售额和增值税征收率计算的增值税额，不得抵扣进项税额。应纳税额计算公式为：

$$应纳税额=（不含税）销售额×征收率$$

销售额不包括其应纳税额。纳税人销售货物或者应税劳务采用销售额和应纳税额合并定价方法的，按下列公式计算销售额：

$$销售额=含税销售额÷（1+征收率）$$

此时，

$$应纳税额=含税销售额÷（1+征收率）×征收率$$

纳税人适用简易计税方法计税的，因销售折让、中止或者退回而退还给购买方的销售额，应当从当期销售额中扣减。扣减当期销售额后仍有余额造成多缴的税款，可以从以后的应纳税额中扣减。

（三）进口货物应纳税额的计算

一般纳税人或小规模纳税人进口货物按进口货物的组成计税价格和规定的税率计算应纳税额。

1. 进口货物的征税范围

凡申报进入我国海关的货物，均应按规定缴纳进口环节的增值税。不论其是国外产制还是我国已出口而转销国内的货物，是进口者自行采购还是国外捐赠的货物，是进口者自用还是作为贸易或其他用途等，均应按照规定缴纳进口环节的增值税。

2. 进口货物应纳增值税额的计算

不管是一般纳税人还是小规模纳税人进口货物，均按照组成计税价格和适用税率（与增值税一般纳税人在国内销售同类货物的税率相同）计算应纳税额，不得抵扣任何税额。即在计算进口环节的应纳增值税税额时，不得抵扣发生在我国境外的各种税金。

$$应纳税额=组成计税价格×税率$$

其中，

$$组成计税价格=关税完税价格+关税+（消费税）$$
$$=关税完税价格×（1+关税率）+消费税$$
$$=关税完税价格×（1+关税率）÷（1-消费税税率）$$

进口货物增值税的组成计税价格中包括已纳关税税额，如进口货物属于应征消费税的消费品，则其组成计税价格中还应包括进口环节已缴纳的消费税，否则公式中的消费税或消费税率为零。

六、增值税的征收管理

（一）增值税的起征点

个人发生应税行为的销售额未达到增值税起征点的，免征增值税；达到起征点的，全额计算缴纳增值税。

增值税起征点的适用范围限于个人，不适用于登记为一般纳税人的个体工商户。

增值税起征点的幅度规定如下：

按期纳税的，为月销售额 5000~20000 元（含本数）。

按次纳税的，为每次（日）销售额 300~500 元（含本数）。

起征点的调整由财政部和国家税务总局规定。省、自治区、直辖市财政厅（局）和国家税务局应当在规定的幅度内，根据实际情况确定本地区适用的起征点，并报财政部和国家税务总局备案。

（二）增值税的减（免）税

1.《增值税暂行条例》第 15 条规定的免税项目

（1）农业生产者销售的自产农产品。

农业，是指种植业、养殖业、林业、牧业、水产业。农业生产者，包括从事农业生产的单位和个人。农产品，是指初级农产品，具体范围由财政部、国家税务总局确定。

（2）避孕药品和用具；

（3）古旧图书；（指向社会收购的古书和旧书）

（4）直接用于科学研究、科学试验和教学的进口仪器、设备；

（5）外国政府、国际组织无偿援助的进口物资和设备；

（6）由残疾人的组织直接进口供残疾人专用的物品；

（7）销售的自己使用过的物品。（"自己使用过的物品"是指其他个人自己使用过的物品）

除前款规定外，增值税的免税、减税项目由国务院规定。任何地区、部门均不得规定免税、减税项目。

纳税人兼营免税、减税项目的，未分别核算免税、减税项目销售额的，不得免税、减税。

纳税人发生应税行为适用免税、减税规定的，可以放弃免税、减税，依照本办法的规定缴纳增值税。放弃免税、减税后，36个月内不得再申请免税、减税。

纳税人发生应税行为同时适用免税和零税率规定的，纳税人可以选择适用免税或者零税率。

2. 营改增试点期间试点纳税人不征收增值税项目

（1）根据国家指令无偿提供的铁路运输服务、航空运输服务，属于《试点实施办法》第十四条规定的用于公益事业的服务。

（2）存款利息。

（3）被保险人获得的保险赔付。

（4）房地产主管部门或者其指定机构、公积金管理中心、开发企业以及物业管理单位代收的住宅专项维修资金。

（5）在资产重组过程中，通过合并、分立、出售、置换等方式，将全部或者部分实物资产以及与其相关联的债权、负债和劳动力一并转让给其他单位和个人，其中涉及的不动产、土地使用权转让行为。

3. 营改增试点过渡期间的减免税政策

下列项目免征增值税：

（1）托儿所、幼儿园提供的保育和教育服务。

（2）养老机构提供的养老服务。

（3）残疾人福利机构提供的育养服务。

（4）婚姻介绍服务。

（5）殡葬服务。

（6）残疾人员本人为社会提供的服务。

（7）医疗机构提供的医疗服务。

（8）从事学历教育的学校提供的教育服务。

（9）学生勤工俭学提供的服务。

（10）农业机耕、排灌、病虫害防治、植物保护、农牧保险以及相关技术培训业务，家禽、牲畜、水生动物的配种和疾病防治。

（11）纪念馆、博物馆、文化馆、文物保护单位管理机构、美术馆、展览馆、书画院、图书馆在自己的场所提供文化体育服务取得的第一道门票收入。

（12）寺院、宫观、清真寺和教堂举办文化、宗教活动的门票收入。

（13）行政单位之外的其他单位收取的符合规定条件的政府性基金和行政事业性收费。

（14）个人转让著作权。

（15）个人销售自建自用住房。

（16）2018年12月31日前，公共租赁住房经营管理单位出租公共租赁住房。

（17）台湾地区航运公司、航空公司从事海峡两岸海上直航、空中直航业务在大陆取得的运输收入。

（18）纳税人提供的直接或者间接国际货物运输代理服务。

（19）以下利息收入：（2016年12月31日前）金融机构农户小额贷款；国家助学贷款；国债、地方政府债；人民银行对金融机构的贷款；住房公积金管理中心用住房公积金在指定的委托银行发放的个人住房贷款；外汇管理部门在从事国家外汇储备经营过程中，委托金融机构发放的外汇贷款；统借统还业务中，企业集团或企业集团中的核心企业以及集团所属财务公司按规定利率水平，向企业集团或者集团内下属单位收取的利息。

（20）被撤销金融机构以货物、不动产、无形资产、有价证券、票据等财产清偿债务。

（21）保险公司开办的一年期以上人身保险产品取得的保费收入。

（22）指定的金融商品转让收入（含个人从事金融商品转让业务）。

（23）金融同业往来利息收入。

（24）同时符合规定条件的担保机构从事中小企业信用担保或者再担保业务取得的收入（不含信用评级、咨询、培训等收入）3年内免征增值税。

（25）国家商品储备管理单位及其直属企业承担商品储备任务，从中央或者地方财政取得的利息补贴收入和价差补贴收入。

（26）纳税人提供技术转让、技术开发和与之相关的技术咨询、技术服务。

（27）同时符合规定条件的合同能源管理服务。

（28）2017年12月31日前，科普单位的门票收入，以及县级及以上党政部门和科协开展科普活动的门票收入。

（29）政府举办的从事学历教育的高等、中等和初等学校（不含下属单位），举办进修班、培训班取得的全部归该学校所有的收入。

（30）政府举办的职业学校设立的主要为在校学生提供实习场所、并由学校出资自办、由学校负责经营管理、经营收入归学校所有的企业，从事"现代服务"（不含融资租赁服务、广告服务和其他现代服务）、"生活服务"（不含文化体育服务、其他生活服务和桑拿、氧吧）业务活动取得的收入。

（31）家政服务企业由员工制家政服务员提供家政服务取得的收入。

（32）福利彩票、体育彩票的发行收入。

（33）军队空余房产租赁收入。

（34）为了配合国家住房制度改革，企业、行政事业单位按房改成本价、标准价出售住房取得的收入。

（35）将土地使用权转让给农业生产者用于农业生产。

（36）涉及家庭财产分割的个人无偿转让不动产、土地使用权。

家庭财产分割，包括离婚财产分割；无偿赠与配偶、父母、子女、祖父母、外祖父母、孙子女、外孙子女、兄弟姐妹；无偿赠与对其承担直接抚养或者赡养义务的抚养人或者赡养人；房屋产权所有人死亡，法定继承人、遗嘱继承人或者受遗赠人依法取得房屋产权。

（37）土地所有者出让土地使用权和土地使用者将土地使用权归还给土地所有者。

（38）县级以上地方人民政府或自然资源行政主管部门出让、转让或收回自然资源使用权（不含土地使用权）。

（39）随军家属就业。

（40）军队转业干部就业。

营改增试点期间，个人销售住房的减免税政策：

个人将购买不足2年的住房对外销售的，按照5%的征收率全额缴纳增值税；个人将购买2年以上（含2年）的住房对外销售的，免征增值税。上述政策适用于北京市、上海市、广州市和深圳市之外的地区。

个人将购买不足2年的住房对外销售的，按照5%的征收率全额缴纳增值税；个人将购买2年以上（含2年）的非普通住房对外销售的，以销售收入减去购买住房价款后的差额按照5%的征收率缴纳增值税；个人将购买2年以上（含2年）的普通住房对外销售的，免征增值税。上述政策仅适用于北京市、上海市、广州市和深圳市。

（三）增值税的纳税义务发生时间与纳税期限

1. 增值税的纳税义务发生时间

纳税人销售货物、提供应税劳务和应税服务，为收讫销售款项或者取得索取销售凭据的当天；先开具发票的，为开具发票的当天。

进口货物，为报关进口的当天。

增值税扣缴义务发生时间为纳税人增值税纳税义务发生的当天。

2. 增值税纳税期限的规定

增值税的纳税期限分别为1日、3日、5日、10日、15日、1个月或者1个季度。纳税人的具体纳税期限，由主管税务机关根据纳税人应纳税额的大小分别核定；不能按照固定期限纳税的，可以按次纳税。

以1个季度为纳税期限的规定适用于小规模纳税人、银行、财务公司、信托投资公司、信用社，以及财政部和国家税务总局规定的其他纳税人。

纳税人以1个月或者1个季度为1个纳税期的，自期满之日起15日内申报纳税；以1日、3日、5日、10日或者15日为1个纳税期的，自期满之日起5日内预缴税款，于次月1日起15日内申报纳税并结清上月应纳税款。

纳税人进口货物，应当自海关填发海关进口增值税专用缴款书之日起15日内缴纳税款。

扣缴义务人解缴税款的期限，依照上述规定执行。

（四）增值税的纳税地点

（1）固定业户应当向其机构所在地或者居住地主管税务机关申报纳税。

总机构和分支机构不在同一县（市）的，应当分别向各自所在地的主管税务机关申报纳税；经财政部和国家税务总局或者其授权的财政和税务机关批准，可以由总机构汇总向总机构所在地的主管税务机关申报纳税。

（2）非固定业户应当向应税行为发生地主管税务机关申报纳税；未申报纳税的，由其机构所在地或者居住地主管税务机关补征税款。

（3）其他个人提供建筑服务，销售或者租赁不动产，转让自然资源使用权，应向建筑服务发生地、不动产所在地、自然资源所在地主管税务机关申报纳税。

（4）进口货物，应当向报关地海关申报纳税。

（5）扣缴义务人应当向其机构所在地或者居住地主管税务机关申报缴纳扣缴的税款。

（五）营业税改征增值税的征收机关

营业税改征的增值税，由国家税务局负责征收。

纳税人销售取得的不动产和其他个人出租不动产的增值税，国家税务局暂委托地方税务局代为征收。

七、增值税出口退税的管理

（一）增值税出口退（免）税政策

出口退（免）税是世界各国普遍做法，目的在于鼓励各国出口货物公平竞争的一种税收措施。我国的出口退（免）税是指在国际贸易业务中，对我国报关出口的货物退还或免征其在国内各生产环节和流转环节按税法规定缴纳的增值税和消费税，即对增值税出口货物劳务实行零税率，对消费税出口货物免税。

我国增值税出口退（免）税的基本政策有以下三种：

1. 适用增值税退（免）政策的出口货物劳务——出口免税并退税

出口免税是指对货物劳务在出口销售环节不征增值税、消费税，即把货物劳务出口环节与出口前的销售环节视为同一个环节征税；出口退税是指对货物劳务在出口前实际承担的税收负担，按规定的退税率计算后予以退还。

对下列出口货物劳务，实行免征和退还增值税政策：

（1）出口企业、出口货物。

出口企业，是指依法办理工商登记、税务登记、对外贸易经营者备案登记，自营或委托出口货物的单位或个体工商户，以及依法办理工商登记、税务登记但未办理对外贸易经营者备案登记，委托出口货物的生产企业。

出口货物，是指向海关报关后实际离境并销售给境外单位或个人的货物，分为自营出口货物和委托出口货物两类。

生产企业，是指具有生产能力（包括加工修理修配能力）的单位或个体工商户。

（2）出口企业或其他单位视同出口货物。

具体是指出口企业对外援助、对外承包、境外投资的出口货物；出口企业经海关报关进入国家批准的特殊区域并销售给特殊区域内单位或境外单位、个人的货物；免税品经营企业销售的货物（国家规定不允许经营和限制出口的货物、卷烟和超出免税品经营企业规定经营范围的货物除外）；出口企业或其他单位销售给用于国际金融组织或外国政府贷款国际招标建设项目的中标机电产品；生产企业向海上石油天然气开采企业销售的自产的海洋工程结构物；出口企业或其他单位销售给国际运输企业用于国际运输工具上的货物；出口企业或其他单位销售给特殊区域内生产企业生产耗用且不向海关报关而输入特殊区域的水（包括蒸汽）、电力、燃气（简称输入特殊区域的水电气）。

（3）出口企业对外提供加工修理修配劳务。

这是指对进境复出口货物或从事国际运输的运输工具进行的加工修理修配。

（4）《关于全面推开营业税改征增值税试点的通知》（财税〔2016〕36号文）附件四规

定的适用零税率的服务及无形资产，共四类 15 种。[1]

2. 适用增值税免税政策的出口货物劳务——出口免税不退税

出口免税的含义与前相同。出口不退税是指适用这个政策的出口货物劳务因在前一道生产、销售环节或进口环节是免税的，因此，出口时该货物劳务的价格中本身就不含税，也无须退税。

适用增值税免税政策的出口货物劳务，是指以下几种：

1）出口企业或其他单位出口规定的货物

具体为小规模纳税人出口的货物；避孕药品和用具，古旧图书；软件产品；含黄金、铂金成分的货物，钻石及其饰品；国家计划内出口的卷烟；已使用过的设备；非出口企业委托出口的货物；非列名生产企业出口的非视同自产货物；农业生产者自产农产品；油画、花生果仁、黑大豆等财政部和国家税务总局规定的出口免税的货物；外贸企业取得普通发票、废旧物资收购凭证、农产品收购发票、政府非税收入票据的货物；来料加工复出口的货物；特殊区域内的企业出口的特殊区域内的货物；以人民币现金作为结算方式的边境地区出口企业从所在省（自治区）的边境口岸出口到接壤国家的一般贸易和边境小额贸易出口货物；以旅游购物贸易方式报关出口的货物。

2）出口企业或其他单位视同出口的货物劳务

具体为国家批准设立的免税店销售的免税货物［包括进口免税货物和已实现退（免）税的货物］；特殊区域内的企业为境外的单位或个人提供加工修理修配劳务；同一特殊区域、不同特殊区域内的企业之间销售特殊区域内的货物。

3）出口企业或其他单位未按规定申报或未补齐增值税退（免）税凭证的出口货物劳务

具体指未在国家税务总局规定的期限内申报增值税退（免）税的出口货物劳务；未在规定期限内申报开具《代理出口货物证明》的出口货物劳务；已申报增值税退（免）税，却未在国家税务总局规定的期限内向税务机关补齐增值税退（免）税凭证的出口货物劳务。

4）《关于全面推开营业税改征增值税试点的通知》（财税〔2016〕36 号文）附件四规定的免征增值税的服务及无形资产：6 类 20 种（财政部和国家税务总局规定适用增值税零税率的除外）

具体包括以下 6 类：

（1）工程项目在境外的建筑服务，工程项目在境外的工程监理服务，工程、矿产资源在境外的工程勘察勘探服务，会议展览地点在境外的会议展览服务，存储地点在境外的仓储服务，标的物在境外使用的有形动产租赁服务，在境外提供的广播影视节目（作品）的播映服务，在境外提供的文化体育服务、教育医疗服务、旅游服务。

（2）出口货物提供的邮政服务、收派服务、保险服务。

（3）向境外单位提供的完全在境外消费的服务和无形资产。包括电信服务、知识产权服务、物流辅助服务（仓储服务、收派服务除外）、鉴证咨询服务、专业技术服务、商务辅助服务、广告投放地在境外的广告服务、无形资产。

（4）以无运输工具承运方式提供的国际运输服务。

---

[1] 见前述"四、增值税的税率与征收率（一）税率 3、零税率"部分。

（5）为境外单位之间的货币资金融通及其他金融业务提供的直接收费金融服务，且该服务与境内的货物、无形资产和不动产无关。

（6）财政部和国家税务总局规定的其他服务。

3. 适用增值税征税政策的出口货物劳务——出口不免税也不退税

出口不免税是指对某些货物劳务的出口环节视同内销环节，照常征税。出口不退税是指这些货物出口不退还出口前其所负担的税款。

下列出口货物劳务，不适用增值税退（免）税和免税政策，按规定征收增值税：

（1）出口企业出口或视同出口财政部和国家税务总局根据国务院决定明确的取消出口退（免）税的货物（不包括来料加工复出口货物、中标机电产品、列名原材料、输入特殊区域的水电气、海洋工程结构物）。

（2）出口企业或其他单位销售给特殊区域内的生活消费用品和交通运输工具。

（3）出口企业或其他单位因骗取出口退税被税务机关停止办理增值税退（免）税期间出口的货物。

（4）出口企业或其他单位提供虚假备案单证的货物。

（5）出口企业或其他单位增值税退（免）税凭证有伪造或内容不实的货物。

（6）出口企业或其他单位未在国家税务总局规定期限内申报免税核销以及经主管税务机关审核不予免税核销的出口卷烟。

（7）出口企业或其他单位具有以下情形之一的出口货物劳务：

① 将空白的出口货物报关单、出口收汇核销单等退（免）税凭证交由除签有委托合同的货代公司、报关行，或由境外进口方指定的货代公司（提供合同约定或者其他相关证明）以外的其他单位或个人使用的；

② 以自营名义出口，其出口业务实质上是由本企业及其投资的企业以外的单位或个人借该出口企业名义操作完成的；

③ 以自营名义出口，其出口的同一批货物既签订购货合同，又签订代理出口合同（或协议）的；

④ 出口货物在海关验放后，自己或委托货代承运人对该笔货物的海运提单或其他运输单据等上的品名、规格等进行修改，造成出口货物报关单与海运提单或其他运输单据有关内容不符的；

⑤ 以自营名义出口，但不承担出口货物的质量、收款或退税风险之一的，即出口货物发生质量问题不承担购买方的索赔责任（合同中有约定质量责任承担者除外）；不承担未按期收款导致不能核销的责任（合同中有约定收款责任承担者除外）；不承担因申报出口退（免）税的资料、单证等出现问题造成不退税责任的；

⑥ 未实质参与出口经营活动、接受并从事由中间人介绍的其他出口业务，但仍以自营名义出口的。

（二）出口货物的退税率

出口货物的退税率，是出口货物的实际退税额与退税计税依据的比例。

1. 退税率的一般规定

除财政部和国家税务总局根据国务院决定而明确的增值税出口退税率（以下称退税率）

外，出口货物的退税率为其适用税率。

适用不同退税率的货物劳务，应分开报关、核算并申报退（免）税，未分开报关、核算或划分不清的，从低适用退税率。

2. 退税率的特殊规定

（1）外贸企业购进按简易办法征税的出口货物、从小规模纳税人购进的出口货物，其退税率分别为简易办法实际执行的征收率、小规模纳税人征收率。上述出口货物取得增值税专用发票的，退税率按照增值税专用发票上的税率和出口货物退税率孰低的原则确定。

（2）出口企业委托加工修理修配货物，其加工修理修配费用的退税率，为出口货物的退税率。

（三）出口货物退税额的计算

1. 免、抵、退税的计算方法——生产企业出口货物劳务增值税免抵退税适用

实行免、抵、退税办法的免税，是指对生产企业出口的自产货物，免征本企业生产销售环节增值税；抵税，是指生产企业出口自产货物所耗用的原材料、零部件、燃料、动力等所含应予退还的进项税额，抵顶内销货物的应纳税额；退税，是指生产企业出口的自产货物在当月内应抵顶的进项税额大于应纳税额时，对未抵顶完的部分予以退税。

具体的计算方法与计算公式：

1）免税

即出口货物外销不计算销项税额。

2）当期应纳税额的计算

（1）剔税：从当期全部进项税额中剔除不得免征和抵扣的税额。

当期不得免征和抵扣税额=当期出口货物离岸价×外汇人民币折合率×

（出口货物适用税率−出口货物退税率）−当期不得免征和抵扣税额抵减额

当期不得免征和抵扣税额抵减额=当期免税购进原材料价格×（出口货物适用税率−

出口货物退税率）

免税购进原材料包括从国内购进免税原材料和进料加工免税进口料件，其中进料加工免税进口料件的价格为组成计税价格。

进料加工免税进口料件的组成计税价格=货物到岸价+海关实征关税和消费税

注意：如果当期没有免税购进原材料价格，前述公式中的"当期不得免征和抵扣税额抵减额"和下面公式中"免抵退税额抵减额"就不用计算了。

（2）抵税：计算当期应纳增值税额（用内销货物销项税与全部进项税额相抵，同时剔除不得免征和抵扣的税额，得出应纳税额）。

当期应纳税额=当期内销货物的销项税额−（当期进项税额−当期不得免征和抵扣税额）−

上期末留抵税额

注意：如果计算出来的当期应纳税额≥0，说明该出口货物当期不存在出口退税（该数额就是当期应缴纳的增值税数额）；如果计算出来的当期应纳税额<0，则按照以下步骤继续计算实际应向税务机关申请退税的数额。

3）算尺度：计算出口货物免抵退税额

当期免抵退税额＝当期出口货物离岸价×外汇人民币折合率×出口货物退税率－
当期免抵退税额抵减额

其中：

出口货物离岸价（FOB）以出口发票计算的离岸价为准，出口发票不能如实反映实际离岸价的，企业必须按照实际离岸价向主管国税机关进行申报，同时主管税务机关有权依照有关法律法规予以核定。

免抵退税额抵减额＝免税购进原材料价格×出口货物退税率

4）计算实际的出口退税额

将应纳税额（当期期末留抵税额）与应退税额相比较，退两者之中较小的。即比较确定应退税额，进而确定免抵税额。

（1）如当期期末留抵税额≤当期免抵退税额，则：

当期应退税额＝当期期末留抵税额

当期免抵税额＝当期免抵退税额－当期应退税额

（2）如当期期末留抵税额＞当期免抵退税额，则：

当期应退税额＝当期免抵退税额

当期免抵税额＝0

当期期末留抵税额根据当期《增值税纳税申报表》中"期末留抵税额"确定。

2．外贸企业出口退税的计算方法

（1）外贸企业出口委托加工修理修配货物以外的货物：

增值税应退税额＝增值税退（免）税计税依据×出口货物退税率

（2）外贸企业出口委托加工修理修配货物：

出口委托加工修理修配货物的增值税应退税额＝委托加工修理修配的增值税退（免）
税计税依据×出口货物退税率

八、增值税专用发票管理

我国增值税实行凭国家印发的增值税专用发票注明的税款进行抵扣的制度。增值税专用发票不仅是纳税人经济活动中的重要商业凭证，而且是销货方计算销项税额和购货方计算进项税额以进行税款抵扣的重要凭证，对增值税的计算和管理起着决定性的作用。因此对纳税人正确使用专用发票加强监督，对增值税专用发票管理起着决定性作用。

（一）专用发票的含义

专用发票，是增值税一般纳税人销售货物或者提供应税劳务开具的发票，是购买方支付增值税额并可按照增值税有关规定据以抵扣增值税进项税额的凭证。

专用发票由基本联次或者基本联次附加其他联次构成，基本联次为三联：发票联、抵扣联和记账联。发票联，作为购买方核算采购成本和增值税进项税额的记账凭证；抵扣联，作为购买方报送主管税务机关认证和留存备查的凭证；记账联，作为销售方核算销售收入和增值税销项税额的记账凭证。其他联次用途，由一般纳税人自行确定。

（二）专用发票的开票限额

专用发票实行最高开票限额管理。最高开票限额，是指单份专用发票开具的销售额合计数不得达到的上限额度。

最高开票限额由一般纳税人申请，税务机关依法审批。最高开票限额为 10 万元及以下的，由区县级税务机关审批；最高开票限额为 100 万元的，由地市级税务机关审批；最高开票限额为 1000 万元及以上的，由省级税务机关审批。防伪税控系统的具体发行工作由区县级税务机关负责。

（三）专用发票领购使用范围

一般纳税人凭《发票领购簿》、IC 卡和经办人身份证明领购专用发票。

一般纳税人有下列情形之一的，不得领购开具专用发票：

（1）会计核算不健全，不能向税务机关准确提供增值税销项税额、进项税额、应纳税额数据及其他有关增值税税务资料的。上列其他有关增值税税务资料的内容，由省、自治区、直辖市和计划单列市国家税务局确定。

（2）有《税收征管法》规定的税收违法行为，拒不接受税务机关处理的。

（3）有下列行为之一，经税务机关责令限期改正而仍未改正的：

① 虚开增值税专用发票；

② 私自印制专用发票；

③ 向税务机关以外的单位和个人买取专用发票；

④ 借用他人专用发票；

⑤ 未按规定开具专用发票；

⑥ 未按规定保管专用发票和专用设备；

"未按规定保管专用发票和专用设备"，是指未设专人保管专用发票和专用设备；未按税务机关要求存放专用发票和专用设备；未将认证相符的专用发票抵扣联、认证结果通知书和认证结果清单装订成册；未经税务机关查验，擅自销毁专用发票基本联次。

⑦ 未按规定申请办理防伪税控系统变更发行；

⑧ 未按规定接受税务机关检查。

有上列情形的，如已领购专用发票，主管税务机关应暂扣其结存的专用发票和 IC 卡。

（四）专用发票的开具范围

一般纳税人发生应税行为，应当向索取增值税专用发票的购买方开具增值税专用发票，并在增值税专用发票上分别注明销售额和销项税额。

商业企业一般纳税人零售的烟、酒、食品、服装、鞋帽（不包括劳保专用部分）、化妆品等消费品不得开具专用发票。向消费者个人销售服务、无形资产或者不动产，不得开具增值税专用发票。

销售免税货物、适用免征增值税规定的应税行为，不得开具专用发票，法律、法规及国家税务总局另有规定的除外。

增值税小规模纳税人需要开具专用发票的，可向主管税务机关申请代开。

（五）增值税专用发票的认证管理

1. 认证的含义

用于抵扣增值税进项税额的专用发票应经税务机关认证相符（国家税务总局另有规定

的除外）。认证相符的专用发票应作为购买方的记账凭证，不得退还销售方。认证，是税务机关通过防伪税控系统对专用发票所列数据的识别、确认。认证相符，是指纳税人识别号无误，专用发票所列密文解译后与明文一致。

2. 专用发票与不得抵扣进项税额的规定

（1）经认证，有下列情形之一的，不得作为增值税进项税额的抵扣凭证，税务机关退还原件，购买方可要求销售方重新开具专用发票：

① 无法认证，是指专用发票所列密文或者明文不能辨认，无法产生认证结果。

② 纳税人识别号认证不符，是指专用发票所列购买方纳税人识别号有误。

③ 专用发票代码、号码认证不符，是指专用发票所列密文解译后与明文的代码或者号码不一致。

（2）经认证，有下列情形之一的，暂不得作为增值税进项税额的抵扣凭证，税务机关扣留原件，查明原因，分别情况进行处理：

① 重复认证，是指已经认证相符的同一张专用发票再次认证。

② 密文有误，是指专用发票所列密文无法解译。

③ 认证不符，是指纳税人识别号有误，或者专用发票所列密文解译后与明文不一致；不含上述②③所列情形。

④ 列为失控专用发票，是指认证时的专用发票已被登记为失控专用发票。

（3）专用发票抵扣联无法认证的，可使用专用发票发票联到主管税务机关认证。专用发票发票联复印件留存备查。

 增值税法实践项目

子项目一　营业税改征增值税

任务一　营改增试点
【案例讨论】

营改增试点全面推开①

近日，《求是》刊登李克强文章《关于深化经济体制改革的若干问题》。李克强在文章中指出，今后要继续推进税制改革，重点是扩大营改增。这项财税领域的改革之所以如此得到关注和重视，主要源于营改增对新时期改革与发展全局的重大意义。

我国现行增值税与营业税二元并存的格局是 1994 年税制改革时建立的。这种按不同产业设不同税制的做法，与针对不同所有制经济设立不同税制的做法有异曲同工之巧合，其产

---

① 主要案例材料来源：

a. 新华网 "专家点评营业税改征增值税试点方案相关问题" http://news.xinhuanet.com/fortune/2011-11/17/c_1111757.

b. 中国政府网 "营改增：举一役而利全局" http://www.gov.cn/xinwen/2014-05/22/content_2684367.htm.

c. 光明网 "营业税改增值税" http://house.gmw.cn/newspaper/2016-03/22/content_111415490.htm.

d. 中国经济网 "营业税改征增值税试点全面推开　营改增税制转换平稳开局" http://www.ce.cn/xwzx/gnsz/gdxw/201605/03/t20160503_11119368.shtml.

生的扭曲性和效率损失是不言而喻的。特别是随着工业服务化、服务业主体化日渐成为实体经济发展的新形态，增值税与营业税二元并存导致的问题日益凸显。适应改革与发展的需要，以增值税全面取代营业税势在必行。

当前，我国正处于全面深化改革的关键时期。财税体制改革是经济体制改革乃至各领域改革的重头戏，营改增则是财税体制改革的突破口。这一仗打好了，不仅有利于完善税制，加快财税体制改革进程；而且有利于优化产业结构、推动经济升级、扩大社会就业、促进民生改善，对经济社会全局都会产生深远影响。它呼应了"稳增长、调结构、促改革"的政策主基调，施于一域而利于全局，下一阶段要集中精力认真抓紧抓好。

营业税改征增值税（以下简称营改增）是指以前缴纳营业税的应税项目改成缴纳增值税，增值税只对产品或者服务的增值部分纳税，减少了重复纳税的环节，是党中央、国务院根据经济社会发展的新形势，从深化改革的总体部署出发做出的重要决策，目的是加快财税体制改革、进一步减轻企业赋税、调动各方积极性、促进服务业尤其是科技等高端服务业的发展，促进产业和消费升级、培育新动能、深化供给侧结构性改革。

营业税和增值税，是我国两大主体税种。营改增在全国的推开，大致经历了以下三个阶段。2011年，经国务院批准，财政部、国家税务总局联合下发营业税改增值税试点方案。自2012年1月1日起，在上海交通运输业和部分现代服务业开展营业税改征增值税试点。自2012年8月1日起至年底，国务院将扩大营改增试点至8省市；2013年8月1日，营改增范围已推广到全国试行，将广播影视服务业纳入试点范围。自2014年1月1日起，将铁路运输和邮政服务业纳入营业税改征增值税试点，至此交通运输业已全部纳入营改增范围；2016年3月18日召开的国务院常务会议决定，自2016年5月1日起，中国将全面推开营改增试点，将建筑业、房地产业、金融业、生活服务业全部纳入营改增试点，至此，营业税退出历史舞台，增值税制度将更加规范。这是自1994年分税制改革以来，财税体制的又一次深刻变革。

媒体评价：

2015年6月底，全国纳入营改增试点的纳税人共计509万户。据不完全数据统计，从2012年试点到2015年年底，营改增已经累计减税5000多亿元，后续产业链减税效果持续体现。（《人民日报海外版》2016年1月27日）

营改增是一个减税措施，但对财政收入会造成冲击。增值税和营业税加总，占我国全部税收收入的40%以上。营改增之后，将呈现"一税独大"的局面。地方税已无主体税种，现行中央与地方的分税格局难以为继，整体税制结构对单一税种严重依赖，其中的风险不容忽视。（《每日经济新闻》2016年1月26日）

社会评价：

全面实施营改增，是深化财税体制改革、推进经济结构调整和产业转型的"重头戏"。营改增不只是简单的税制转换，它有利于消除重复征税，减轻企业负担，促进工业转型、服务业发展和商业模式创新，是一项"牵一发而动全身"的改革。（中华人民共和国国务院总理李克强）

营业税是比较便于征收的税种，但存在重复征税现象，只要有流转环节，就要征税，流转环节越多，重复征税现象越严重，增值税替代营业税，允许抵扣，将消除重复征税的弊端，有利于减轻企业税负。（财政部财科所副所长刘尚希）

从整体上来讲，此次改革有利于降低企业税负，但因为每个企业的经营状况、盈利能力不同，并不是每个企业在每个时期税负都会下降。如果推广到其他行业，不排除还要新增税率档次。此外，由于营业税改征增值税之后，地方政府面临税源减少的现实，需要全方位改革财政体制。（社会科学院研究院财贸所副主任杨志勇）

此次对于如何衔接确实是想得很细，比较周到，因为要做好衔接，保证过渡平稳是关键，推广至全国，需要从地方试点积累经验。（清华大学经济管理学院副院长白重恩）

营业税改增值税从整体上来看，能够降低企业负担。（社科院财贸所税收室主任张斌）

从制度层面讲，由于试点仅在部分地区的部分行业开展，试点企业外购的货物和劳务中还有部分不能进行抵扣，所以试点初期个别企业可能会因抵扣不完全，造成企业税收负担短期内会有所增加；从企业层面讲，因为企业成本结构、发展时期、经营策略不同等原因，在改革初期，个别企业税收负担也可能会有一定增加。上海市相应制定了过渡性的财政扶持政策，专门设立了专项资金，对税收负担增加的企业给予财政扶持。（财政部税政司副司长郑建新）

税种改革是和整个财税体制改革关联在一起的，在营改增全面推开的同时，也有必要推进中央与地方事权和支出责任划分改革。（上海财经大学公共政策与治理研究院院长胡怡建）

全面实施营改增，一方面实现了增值税对货物和服务的全覆盖，基本消除了重复征税，打通了增值税抵扣链条，促进了社会分工协作，有力地支持了服务业发展和制造业转型升级；另一方面将不动产纳入抵扣范围，比较完整地实现了规范的消费型增值税制度，有利于扩大企业投资，增强企业经营活力。有利于完善和延伸二、三产业增值税抵扣链条，促进二、三产业融合发展。此外，营改增有利于增加就业岗位，有利于建立货物和劳务领域的增值税出口退税制度，全面改善我国的出口税收环境。

【问题探究】

（1）为什么说营改增是我国财税体制改革的突破口？为什么说全面实施营改增能基本消除重复征税？

（2）什么是消费型增值税？全面实施营改增后，我国现行增值税制度有什么变化？

任务二 营改增有关问题

【案例讨论】

营改增是"改"不是"增"①

"人民日报经济社会"微信公号4月26日消息，"我注意到近期有些酒店调价，价格调整本来是酒店的经营行为，但把涨价扣在营改增头上，是一点道理都没有的。"昨天（4月25日），针对一些国际酒店借营改增涨价的现象，财政部部长楼继伟对"人民日报经济社会"微信公号记者表示。

近日，凯悦、洲际、万豪、希尔顿等国际酒店集团，纷纷以营改增为名进行"五一涨

① 案例材料来源：
a. 中华网"楼继伟回应酒店借营改增涨价：一点道理都没有"http://news.china.com/domestic/945/20160426/22525635_all.html#page_2.
b. 人民网"营改增是'改'不是'增'"http://finance.people.com.cn/n1/2016/0808/c1004-28618945.html.
c. 新浪新闻"营改增试点将于5月1日全面推开"http://news.sina.com.cn/c/2016-03-19/doc-ifxqnsty4634846.shtml.

价"，引起社会广泛关注。

如果消费者预订了"五一"之后的酒店房间，就会发现一些国际酒店在收取的房费中，除了房价、服务费之外，又收取了一道"预估政府税款和费用"。这一费用占总房价的6.9%，加上15%的服务费，酒店房间的附加费达到21.9%。

一些酒店声称，之所以向消费者加收这道费用，是因为营改增。同时，在一些国际酒店的官网首页，也醒目地打出了这样一行字："从2016年5月1日起，增值税（VAT）将在中国实施，房费及其他酒店服务费均将征收增值税。"这似乎也在暗示，5月1日起酒店将征收增值税，酒店涨价在情理之中。

"实际上，酒店加收这笔'预估政府税款和费用'根本站不住脚。"中国社会科学院财经战略研究院税收研究室主任张斌认为，酒店以所谓营改增名义要求消费者多缴纳6%的费用，其潜台词是营改增将导致企业税负成本上涨6%，这是完全不符合事实的误导行为。

因为，在5月1日营改增之前，酒店业是按5%的税率缴营业税的，这部分税负含在了15%的服务费中。营改增后，营业税取消，改征增值税，酒店先要把原来的含在服务费中的营业税费用减掉，才能再向消费者加收增值税费用。"不能只写5月1日起酒店将征收增值税，还应该告知消费者，5月1日起将取消征收营业税，这样信息才是客观完整的。"张斌指出。

"全面推开营业税改征增值税，是由征收营业税改为征收增值税，而不是在原征收营业税的基础上再征收一道增值税。"财政部税政司负责人对"人民日报经济社会"微信公号记者解释说，在营改增之前，酒店业纳税人无论其经营规模大小，都应以其取得的全部收入按照5%的税率计算缴纳营业税。改征增值税后，酒店业的纳税人将分为两类，按不同的方式缴税。

第一类是年销售额在500万元以下的酒店，将其归为增值税小规模纳税人。按政策规定，这部分纳税人适用简易计税方法依照3%的征收率计算缴纳增值税（即销售额×3%），与原先5%的营业税税率相比，其税收负担直接下降约40%。

第二类是年销售额在500万元以上的酒店，将其归为增值税一般纳税人。这部分纳税人适用6%的增值税税率，增值税是价外征收，而营业税是价内征收，因此，6%的增值税税率按营业税口径返算，相当于5.66%的营业税税负水平。

"也就是说，营改增后酒店业增值税一般纳税人，即使没有任何进项税可以抵扣，税负最多也只比营业税制度下增加0.66个百分点。"财政部税政司负责人表示，改革后，酒店的材料采购、设备采购、服务采购、不动产购置和租赁、办公支出等都可以获得进项抵扣，总体上看，纳税人的税收负担一般都有不同程度的下降。

"在营改增制度设计过程中，已充分考虑了酒店业特点，只要把政策不折不扣落实好，一般来说，酒店企业税负水平将会出现不同程度的下降。"税务总局货物和劳务税司负责人表示，由于酒店业业态多样，包括住宿、餐饮、理发、健身、休闲等多种服务，政策适用、税收征管比较复杂，财税部门将重点对其进行纳税培训和政策辅导，帮助企业尽快适应增值税制度。

根据财政部答记者问，建筑业和房地产业税率确定为11%，金融业和生活服务业则确定为6%，这意味着目前我国实行的17%、13%、11%、6%四档税率并未改变，这与此前业内人士的预计相差不大。但也可能有部分公众担心，营业税税率3%，增值税税率光看数字，翻了有两到三倍，这税负怎么会不增加呢？对此，社科院财经战略研究院税收研究室主任张斌做了科普。"增值税是按照增值额征收的，营业额是按照营业的毛营业额征收，以建筑业的营业税现行的税率是3%，但他是按照营业收入的全额征收，那么增值税的税率是11%，是按照建筑企业扣掉所有能够抵扣的进项税额之后增值税额征收的，所以11%的税率和3%的税率，是不能直接比较的。"

既然说到抵扣，哪些费用可以用来抵扣就成了关键，也是涉及行业财务人员翘首以盼的具体内容。例如，此次将不动产纳入抵扣范围，将为以往已经纳入营改增试点范围的所有行业带来税负的减轻，这些行业的税负下降在前期减负基础上，还将进一步下降。

张斌强调："除了原材料之外就是固定资产投资，但是我们原来的增值税只允许机器设备进行抵扣。一个企业购进的厂房，是不能抵扣的。这次，建筑业房地产纳入营改增之后，不动产纳入了抵扣范围。不动产的投资金额是比较大的，由此带来的税金缩减和税负的下降，也是非常明显的。而且需要特别注意的是，其他的试点行业也会有不动产的购置。这样一个抵扣的政策会使得所有的行业受益。"

在国际上，增值税因其具有"环环抵扣、增值征税"的税收优势，避免了营业税状态下重复征税的弊端，受到普遍欢迎，目前全球已有超过160个国家和地区开征增值税。营改增的这一"改"，不仅使我国的税收制度更合理、更先进，也有利于企业的分工细化和规范管理，将助力企业做大做强，实现长远发展。此次营改增全面推开的试点，涉及纳税人1100多万户，营业税占原营业税总收入的比例约80%，预计今年减税的金额将超过5000亿元，减税力度和受益规模都是空前的，今年《政府工作报告》就承诺，营改增将确保所有行业税负只减不增。

可见，无论从政策设计还是实施效果来看，营改增都是一项不折不扣的减税让利措施。税收是企业生产经营的重要成本，从长期来讲，减税政策将减轻酒店餐饮等行业的整体负担，最终降低产品和服务的成本，带动价格整体下降。因此，营改增只会为餐饮酒店业提供降价空间，而非涨价压力。

一项为行业减负的政策，为什么会让一些消费者感觉变了味儿？这就是精明商家的戏法：只强调营改增的"增"——开征了增值税，不强调营改增的"改"——取消了营业税。一边自己享受着减税红利，一边让消费者负担税收成本，商家的如意算盘打得啪啪响，却在损害消费者利益，也引发了一些公众对国家政策的误解。营改增是取消过去的营业税，改为税制更合理的增值税，绝非凭空增加一道税。要防止一些企业混淆视听、借机涨价，把减税的好政策变成欺诈消费者、自己捞一把的手段，影响这项改革的推进。

【问题探究】

(1) 增值税的征税原理是怎样的？什么是价外税？

(2) 营业税的征税原理是怎样的？什么是价内税？

(3) 增值税和营业税的关系如何？两个税种的历史变革和发展趋势如何？

【相关法律指引】

《中华人民共和国增值税暂行条例》

第四条　除本条例第十一条规定外，纳税人销售货物或者提供应税劳务（以下简称销售货物或者应税劳务），应纳税额为当期销项税额抵扣当期进项税额后的余额。应纳税额计算公式：

$$应纳税额＝当期销项税额－当期进项税额$$

当期销项税额小于当期进项税额不足抵扣时，其不足部分可以结转下期继续抵扣。

第十一条 小规模纳税人销售货物或者应税劳务，实行按照销售额和征收率计算应纳税额的简易办法，并不得抵扣进项税额。应纳税额计算公式：

$$应纳税额＝销售额×征收率$$

小规模纳税人的标准由国务院财政、税务主管部门规定。

《中华人民共和国营业税暂行条例》

第四条 纳税人提供应税劳务、转让无形资产或者销售不动产，按照营业额和规定的税率计算应纳税额。应纳税额计算公式：

$$应纳税额＝营业额×税率$$

营业额以人民币计算。纳税人以人民币以外的货币结算营业额的，应当折合成人民币计算。

第五条 纳税人的营业额为纳税人提供应税劳务、转让无形资产或者销售不动产收取的全部价款和价外费用。但是，下列情形除外……

【能力训练】

材料1：

目前在中关村市场中通行的发票大致有两种，即普通发票和增值税发票。普通发票已经在市场中使用了很长时间，一般为手写发票，税率也是固定的，通常市场中所说的"加3个（税）点""加4个点""加5个点"开出的发票都是这一类；产品带票、不带票的价格差距，也是由这类发票的税点产生的。增值税发票对于普通个人消费者而言则较为陌生，一般常识认为，这种发票一般是开给企业用户，可用于企业资金抵扣，所以个人用户接触得较少。

然而在近半年来，由"中关村3·15消费维权平台"处理的多起发生在中关村电子市场的投诉案例中，却频频出现了增值税发票。从而使得在处理消费投诉的过程中，多了一道难解的"税题"。今年4月，消费者周小姐购买笔记本电脑时遭遇价格欺诈，存在争议的差价高达近万元，其中一张增值税普通发票的税额就达2700多元；6月初，又有消费者投诉遭遇类似情况，一台售价6000多元的数码摄像机，就存在着2000多元差价，而这中间也包括一张税额近千元的增值税普通发票。大多数的消费者购买数码产品、笔记本电脑等时，开具发票的目的都是为了日后的售后服务，并不需要增值税发票。"先不论我们该不该多掏一部分钱来付税点，现在的事实是税点已经由过去的4%增加到了17%，要多交这么多钱才换来一张发票，我们值得吗？"有些消费者不明白，到底是因为税率调高了，还是商家们耍了新的花招，欺骗了大家。

增值税发票分为增值税普通发票和增值税专用发票两种，二者的税率都是17%。但区别在于，增值税普通发票是一般纳税人在与不能或不需要抵扣的企业发生的缴纳增值税的业务时，开具给对方的非增值税专用发票，它不具备资金抵扣的功能。简单地说，增值税普通发票是可以开给个人用户的。

从消费者提供的购买数码摄像机和笔记本的增值税普通发票来看，摄像机发票的金额栏中为5683.76元，税额为966.24元，价税合计为6650元；笔记本发票金额栏中为15940.17元，税额为2709.83元，价税合计为18650元。据两位消费者回忆说，6650元与18650元这两个数字就是与商家协议的成交价格，而税额则是由金额栏中的数字乘以税率17%得来的。也就是说，商户开增值税普通发票的实际方式与理论中的增值税税额计算方法有着很大的出入。

记者咨询税务部门，海淀区国税局征收管理科的说法是，只要商户没有另外向消费者索要税金，就不属违规。北京市国税局征管处的一位工作人员也是相同的说法：不管最终成交后，商户是亏了还是赚了，只要当时交易双方认可的价格是含税的，消费者交钱数目和发票金额一致，就不是违规操作。

由此来看，仅从两张增值税普通发票本身来看，商户似乎不存在任何不规范的做法，这也正与税务部门的解释吻合。按照商户们的说法，发票中的966.24元和2709.83元都是要作为税款上缴的，这已占了总交易金额的很重比例。但记者在采访中还得知了这样一种观点：其实所有的产品在进货时已经交过税了，因此市场成交的价位也应该是含税的。如果商户采用"开票加价"或者不开发票的做法，那就可以多赚一份应交的税钱。这样看来，商户们很可能就是利用了消费者对纳税知识的缺乏，重复计算了一次税款。难怪有商户曾说过："发票也是一个重要的营利点。"

（中关村周刊"初探中关村增值税票之谜"，2007.8.11）

材料2：

5月1日，营业税改征增值税试点全面实施，范围扩大到建筑业、房地产业、金融业、生活服务业四大行业。那么生活服务业的营改增将会给普通百姓衣食住行带来哪些变化？6月30日以后，所有餐饮、住宿等地税发票将全部改为国税增值税发票，那么，在公务出差、差旅费报销以及日常消费索要发票方面，市民应该注意些什么？日前，记者就一些普通百姓关心的问题采访了省国税局有关工作人员。

营改增前，市民去饭店吃饭结账索要发票，取得的发票是地税发票，营改增后，取得的发票是国税发票。除了抬头不同，最大的区别在于，原来的地税发票饭费金额部分是价税合一的，比如消费500元，开具发票是500元，而国税发票价税合计也是500元，但会分列出来，"金额"多少，"税额"多少，合计500元。

产生这种差别的原因是，原来这顿饭是按营业税征收，营业税是价内税，500元消费中，已经内含了税金部分。而营改增之后，增值税是价外税，虽然还是消费500元，但发票体现出来的是500＝金额＋税额。吃一顿饭，知道给国家纳了多少税，普通百姓也会蛮有成就感。

（网易新闻"营改增　百姓生活啥变化"，2016.5.19）

【问题及要求】

（1）材料1中商家的做法是否恰当？税务部门的解释是否准确？

（2）材料2中发票上记载的含税价与不含税价有什么不同？商业零售领域的定价方式是否有必要从目前的含税价格改为不含税价格？

<h2 align="center">子项目二　增值税税制要素</h2>

任务一　增值税纳税人

【案例讨论】

某商业批发企业，年应纳增值税销售额150万元，会计核算制度也比较健全，符合作为一般纳税人条件，适用17%增值税率，但该企业准予从销项税额中抵扣的进项税额较少，只占销项税额的 10%，即 2.55 万元（150×17%×10%），企业应纳增值税额为 22.95 万元（150×17%-2.55）。如果将该企业分设两个批发企业，各自作为独立核算单位，假设，一分为二后的两个单位年应税销售额分别为 70 万元和 80 万元，均符合小规模纳税人的条件，可适用 3% 征收率。那么，在这种情况下，两个单位只要分别缴纳增值税 2.1 万元（70×3%）和 2.4 万元（80×3%）。可见，划分为小核算单位后，作为小规模纳税人，可较一般纳税人减轻增值税税负 18.45 万元。

【问题探究】

（1）如何区分一般纳税人和小规模纳税人？

（2）如果不考虑其他因素的影响，企业选择哪种纳税人身份更有利于降低其应纳增值税税额？

【相关法律指引】

《中华人民共和国增值税暂行条例》

第四条　除本条例第十一条规定外，纳税人销售货物或者提供应税劳务（以下简称销售货物或者应税劳务），应纳税额为当期销项税额抵扣当期进项税额后的余额。应纳税额计算公式：

$$应纳税额＝当期销项税额－当期进项税额$$

当期销项税额小于当期进项税额不足抵扣时，其不足部分可以结转下期继续抵扣。

第十一条　小规模纳税人销售货物或者应税劳务，实行按照销售额和征收率计算应纳税额的简易办法，并不得抵扣进项税额。应纳税额计算公式：

$$应纳税额＝销售额×征收率$$

小规模纳税人的标准由国务院财政、税务主管部门规定。

第十二条　小规模纳税人增值税征收率为 3%。

征收率的调整，由国务院决定。

《中华人民共和国增值税暂行条例实施细则》

第二十八条　条例第十一条所称小规模纳税人的标准为：

（一）从事货物生产或者提供应税劳务的纳税人，以及以从事货物生产或者提供应税劳务为主，并兼营货物批发或者零售的纳税人，年应征增值税销售额（以下简称应税销售额）在 50 万元以下（含本数，下同）的；

（二）除本条第一款第（一）项规定以外的纳税人，年应税销售额在 80 万元以下的。

本条第一款所称以从事货物生产或者提供应税劳务为主，是指纳税人的年货物生产或者提供应税劳务的销售额占年应税销售额的比重在 50% 以上。

《营业税改征增值税试点实施办法》

第三条　纳税人分为一般纳税人和小规模纳税人。

应税行为的年应征增值税销售额（以下称应税销售额）超过财政部和国家税务总局规定标准的纳税人为一般纳税人，未超过规定标准的纳税人为小规模纳税人。

年应税销售额超过规定标准的其他个人不属于一般纳税人。年应税销售额超过规定标准但不经常发生应税行为的单位和个体工商户可选择按照小规模纳税人纳税。

第四条　年应税销售额未超过规定标准的纳税人，会计核算健全，能够提供准确税务资料的，可以向主管税务机关办理一般纳税人资格登记，成为一般纳税人。

会计核算健全，是指能够按照国家统一的会计制度规定设置账簿，根据合法、有效凭证核算。

第五条　符合一般纳税人条件的纳税人应当向主管税务机关办理一般纳税人资格登记。具体登记办法由国家税务总局制定。

除国家税务总局另有规定外，一经登记为一般纳税人后，不得转为小规模纳税人。

《营业税改征增值税试点有关事项的规定》

一、营改增试点期间，试点纳税人［指按照《营业税改征增值税试点实施办法》（以下称《试点实施办法》）缴纳增值税的纳税人］有关政策。

……

（五）一般纳税人资格登记。

《试点实施办法》第三条规定的年应税销售额标准为500万元（含本数）。财政部和国家税务总局可以对年应税销售额标准进行调整。

任务二　增值税征税范围

【案例讨论】

某纺织厂为增值税的一般纳税人。税务机关在对该企业2014年度的增值税纳税情况进行专项检查时，发现该厂10月的增值税额比其他月份明显偏低。经检查发现，10月原材料购进正常，原材料月末库存比月初库存还有所下降，因而排除了购进原材料增加而导致税款下降的可能。经过进一步检查，税务机关发现该厂经营下列行为取得的有关款项均未记入会计账簿：

（1）将1000米人造棉花布委托某商场代销；

（2）将一批纯毛面料无偿赠送给某服装厂加工服装；

（3）将自产的1500米丝绸发给职工作为集体福利；

（4）将一批布料以实物形式向S公司投资。

【问题探究】

（1）增值税的征收范围有哪些？

（2）该纺织厂上述行为是否属于增值税的征收范围？

【相关法律指引】

《中华人民共和国增值税暂行条例》

第一条　在中华人民共和国境内销售货物或者提供加工、修理修配劳务以及进口货物的单位和个人，为增值税的纳税人，应当依照本条例缴纳增值税。

《中华人民共和国增值税暂行条例实施细则》

第二条　条例第一条所称货物，是指有形动产，包括电力、热力、气体在内。

条例第一条所称加工，是指受托加工货物，即委托方提供原料及主要材料，受托方按照委托方的要求，制造货物并收取加工费的业务。

条例第一条所称修理修配，是指受托对损伤和丧失功能的货物进行修复，使其恢复原状和功能的业务。

第四条　单位或者个体工商户的下列行为，视同销售货物：

（一）将货物交付其他单位或者个人代销；

（二）销售代销货物；

（三）设有两个以上机构并实行统一核算的纳税人，将货物从一个机构移送其他机构用于销售，但相关机构设在同一县（市）的除外；

（四）将自产或者委托加工的货物用于非增值税应税项目；

（五）将自产、委托加工的货物用于集体福利或者个人消费；

（六）将自产、委托加工或者购进的货物作为投资，提供给其他单位或者个体工商户；

（七）将自产、委托加工或者购进的货物分配给股东或者投资者；

（八）将自产、委托加工或者购进的货物无偿赠送其他单位或者个人。

《营业税改征增值税试点实施办法》

第一条　在中华人民共和国境内（以下称境内）销售服务、无形资产或者不动产（以下称应税行为）的单位和个人，为增值税纳税人，应当按照本办法缴纳增值税，不缴纳营业税。

第十四条　下列情形视同销售服务、无形资产或者不动产：

（一）单位或者个体工商户向其他单位或者个人无偿提供服务，但用于公益事业或者以社会公众为对象的除外。

（二）单位或者个人向其他单位或者个人无偿转让无形资产或者不动产，但用于公益事业或者以社会公众为对象的除外。

（三）财政部和国家税务总局规定的其他情形。

【案例讨论】

A 金属材料有限公司（以下简称 A 公司）经营范围包括钢材销售、建筑用脚手架租赁，为增值税一般纳税人，适用一般计税方法计税。20××年6月销售 200 吨螺纹钢给 B 公司，不含税售价 2200 元/吨，货物由 A 公司车辆运输至 B 公司，运费 129.87 元/吨；出租脚手架给 C 建筑公司，收入 50000 元；公司店面出租收入 10000 元。

混合销售包括缴纳增值税或缴纳营业税的混合销售。混合销售与兼营行为都包括销售货物与提供非应税劳务两种行为，不同在于，混合销售强调同一项销售行为包括两者之间的混合，而兼营行为强调的是纳税人的经营活动中存在着两类不同性质的应税项目，不是在同一销售行为中发生。

假设前述案例业务发生在营改增之前，依照《增值税暂行条例》及其实施细则，A 公司销售螺纹钢并负责运输属于增值税混合销售行为，脚手架和店面出租属于兼营行为。增值税应税收入＝（2200+129.87÷1.17）×200＝462200（元），增值税销项税额＝462200×17%＝78574（元）；脚手架和店面出租营业税应税收入＝（50000+10000）＝60000（元），营业税＝60000×5%＝3000（元）。

混合销售和兼营行为是两个不同的概念，纳税人容易混淆并引发相应的涉税风险，全面营改增后，应重点关注政策变化，准确适用税收政策。

【问题探究】

2016 年 5 月 1 日起全面推开营改增试点。根据《营业税改征增值税试点实施办法》

（财税〔2016〕36 号附件 1）的规定，前述案件中 A 金属材料有限公司的经营行为应如何缴税？

【相关法律指引】

《中华人民共和国增值税暂行条例》

第三条　纳税人兼营不同税率的货物或者应税劳务，应当分别核算不同税率货物或者应税劳务的销售额；未分别核算销售额的，从高适用税率。

《中华人民共和国增值税暂行条例实施细则》

第五条　一项销售行为如果既涉及货物又涉及非增值税应税劳务，为混合销售行为。除本细则第六条的规定外，从事货物的生产、批发或者零售的企业、企业性单位和个体工商户的混合销售行为，视为销售货物，应当缴纳增值税；其他单位和个人的混合销售行为，视为销售非增值税应税劳务，不缴纳增值税。

本条第一款所称非增值税应税劳务，是指属于应缴营业税的交通运输业、建筑业、金融保险业、邮电通信业、文化体育业、娱乐业、服务业税目征收范围的劳务。

本条第一款所称从事货物的生产、批发或者零售的企业、企业性单位和个体工商户，包括以从事货物的生产、批发或者零售为主，并兼营非增值税应税劳务的单位和个体工商户在内。

第七条　纳税人兼营非增值税应税项目的，应分别核算货物或者应税劳务的销售额和非增值税应税项目的营业额；未分别核算的，由主管税务机关核定货物或者应税劳务的销售额。

《营业税改征增值税试点实施办法》

第三十九条　纳税人兼营销售货物、劳务、服务、无形资产或者不动产，适用不同税率或者征收率的，应当分别核算适用不同税率或者征收率的销售额；未分别核算的，从高适用税率。

子项目三　增值税应纳税额计算

任务一　销售额的确定

案例1：销售额构成

【案例讨论】

某机械设备有限公司于 2013 年 7 月研制出一种新型机械设备，投入市场后销售旺盛，经常供不应求。该设备厂为取得更多的经济利益，同时也为了缓和供求矛盾，对新型机械设备进行变相提价，除了要收取价款以外，再向购货方收取技术开发补贴费用。仅此一项费用，该厂在 2014 年 3 月就增加销售收入 100 万元，但是在申报纳税时，该厂仍然同以往一样按照销售价款缴纳增值税。因此，该厂的利润虽有较大的增长，但缴纳的增值税增长却很少。在一次税务大检查中，检查人员发现了这种情况，经过进一步审查，最终发现该厂未将价外费用合并到销售额中计税。根据税法规定，税务人员指出其错误，并责令其补交税款。

【问题探究】

（1）计算增值税应纳税额的销售额由哪些项目构成？

（2）什么是价外费用？哪些费用属于价外费用？

（3）该机械设备厂收取的技术开发补贴费用是否应当缴纳增值税？

【相关法律指引】

《中华人民共和国增值税暂行条例》

第六条 销售额为纳税人销售货物或者应税劳务向购买方收取的全部价款和价外费用，但是不包括收取的销项税额。

销售额以人民币计算。纳税人以人民币以外的货币结算销售额的，应当折合成人民币计算。

《中华人民共和国增值税暂行条例实施细则》

第十二条 条例第六条第一款所称价外费用，包括价外向购买方收取的手续费、补贴、基金、集资费、返还利润、奖励费、违约金、滞纳金、延期付款利息、赔偿金、代收款项、代垫款项、包装费、包装物租金、储备费、优质费、运输装卸费以及其他各种性质的价外收费。但下列项目不包括在内：

（一）受托加工应征消费税的消费品所代收代缴的消费税；

（二）同时符合以下条件的代垫运输费用：

1. 承运部门的运输费用发票开具给购买方的；

2. 纳税人将该项发票转交给购买方的。

（三）同时符合以下条件代为收取的政府性基金或者行政事业性收费：

1. 由国务院或者财政部批准设立的政府性基金，由国务院或者省级人民政府及其财政、价格主管部门批准设立的行政事业性收费；

2. 收取时开具省级以上财政部门印制的财政票据；

3. 所收款项全额上缴财政。

（四）销售货物的同时代办保险等而向购买方收取的保险费，以及向购买方收取的代购买方缴纳的车辆购置税、车辆牌照费。

《营业税改征增值税试点实施办法》

第三十七条 销售额，是指纳税人发生应税行为取得的全部价款和价外费用，财政部和国家税务总局另有规定的除外。

价外费用，是指价外收取的各种性质的收费，但不包括以下项目：

（一）代为收取并符合本办法第十条规定的政府性基金或者行政事业性收费。

（二）以委托方名义开具发票代委托方收取的款项。

第三十八条 销售额以人民币计算。

纳税人按照人民币以外的货币结算销售额的，应当折合成人民币计算，折合率可以选择销售额发生的当天或者当月1日的人民币汇率中间价。纳税人应当在事先确定采用何种折合率，确定后12个月内不得变更。

案例2：折扣销售

【案例讨论】

某企业（增值税一般纳税人）与客户签订的合同金额为100万元，合同中约定的付款期为60天。如果对方可以在30天内付款，将给予对方3%的销售折扣，即3万元。由于企业采取的是销售折扣方式，折扣额不能从销售额中扣除，企业应当按照100万元的销售额计算增值税的销项税额共 17 万元。

【问题探究】

(1) 什么是折扣销售？

(2) 纳税人采取折扣方式销售货物应如何确定销售额？

【相关法律指引】

《国家税务总局关于印发〈增值税若干具体问题的规定〉的通知》

(国税发〔1993〕154 号)

......

二、计税依据

......

(二) 纳税人采取折扣方式销售货物，如果销售额和折扣额在同一张发票上分别注明的，可按折扣后的销售额征收增值税；如果将折扣额另开发票，不论其在财务上如何处理，均不得从销售额中减除折扣额。

《营业税改征增值税试点实施办法》

第四十三条　纳税人发生应税行为，将价款和折扣额在同一张发票上分别注明的，以折扣后的价款为销售额；未在同一张发票上分别注明的，以价款为销售额，不得扣减折扣额。

案例 3：以物易物销售

【案例讨论】

某市钢材厂是增值税一般纳税人，2014 年 12 月，该市税务稽查人员对该厂 2014 年的纳税情况进行检查。在检查过程中，稽查人员发现 2014 年 3 月"工程物资"账户反映该厂从某水泥厂购进水泥一批，金额为 200000 元，然而在检查"银行存款""应付账款"账户时，均未发现有这笔交易的记录。稽查人员进一步查看对应的记账凭证及其所附的原始凭证，发现企业所做的会计分录为：

借：工程物资——水泥　　　　　　　　　　　　　　　　　200000

　　贷：库存商品——钢材　　　　　　　　　　　　　　　　　200000

原始凭证共有三份：第一份是该厂开出的销售钢材的普通发票记账联，第二份是水泥厂开出的出售水泥的普通发票，第三份是该厂基建仓库将水泥验收入库后开具的验收单，金额均为 250000 元（不含税）。显而易见，该厂用本厂生产的钢材换取了水泥厂生产的水泥，并且未计入销售收入。该批钢材成本价为 200000 元，市场价为 250000 元（不含税）。经查，该厂换入水泥是为了建造一栋写字楼，该工程现尚未完工。后来通过向水泥厂调查了解，也证明了这一事实。

【问题探究】

(1) 企业"以物易物"的行为，是否属于增值税征税范围？是否应缴纳增值税？

(2) 该企业就这笔"以物易物"的交易，应当如何缴纳增值税？

【相关法律指引】

《中华人民共和国增值税暂行条例实施细则》

第三条　条例第一条所称销售货物，是指有偿转让货物的所有权。

条例第一条所称提供加工、修理修配劳务（以下称应税劳务），是指有偿提供加工、修理修配劳务。单位或者个体工商户聘用的员工为本单位或者雇主提供加工、修理修配劳务，不包括在内。

本细则所称有偿，是指从购买方取得货币、货物或者其他经济利益。

第十四条 一般纳税人销售货物或者应税劳务，采用销售额和销项税额合并定价方法的，按下列公式计算销售额：

$$销售额＝含税销售额÷（1+税率）$$

《营业税改征增值税试点实施办法》

第十条 销售服务、无形资产或者不动产，是指有偿提供服务、有偿转让无形资产或者不动产，但属于下列非经营活动的情形除外：

……

第十一条 有偿，是指取得货币、货物或者其他经济利益。

案例4：以旧换新销售

【案例讨论】

某电视机生产厂家"国庆"期间开展促销活动，购买新款电视机时，旧款电视机折价500元，活动期间以旧换新出售电视机400台，每台零售价4800元。

【问题探究】

（1）企业以旧换新的行为，是否属于增值税征税范围？是否应缴纳增值税？

（2）该企业"以旧换新"的交易，应当如何缴纳增值税？

案例5：出租出借包装物条件下的销售

【案例讨论】

2015年3月，大地酒厂销售白酒和啤酒给春风副食品公司，其中白酒开具增值税专用发票，收取不含税价款50000元，另外收取包装物押金3000元；啤酒开具普通发票，收取的价税合计款23400元，另外收取包装物押金1500元。春风副食品公司按合同约定，与2015年12月将白酒、啤酒包装物全部退还给大地酒厂，并取回全部押金。

【问题探究】

（1）酒厂收取包装物押金的行为，是否属于增值税征税范围？是否应缴纳增值税？

（2）酒厂当月发生的业务，应当如何缴纳增值税？

【相关法律指引】

1. 根据《财政部 国家税务总局关于酒类产品包装物押金征税问题的通知》（财税字〔1995〕53号）规定："为了确保国家的财政收入，堵塞税收漏洞，经研究决定：自1995年6月1日起，对酒类产品生产企业销售酒类产品而收取的包装物押金，无论押金是否返还与会计上如何核算，均需并入酒类产品销售额中，依酒类产品的适用税率征收消费税。"

2. 根据《国家税务总局关于印发〈消费税问题解答〉》（国税函发〔1997〕306号）附件《消费税问题解答》问题2。

问：为了堵塞税收漏洞，财政部、国家税务总局下发了《关于酒类产品包装物押金征税问题的通知》（财税字〔1995〕53号）……这一法规是否包括啤酒和黄酒产品？

答：根据《中华人民共和国消费税暂行条例》的法规，对啤酒和黄酒实行从量定额的办法征收消费税，即按照应税数量和单位税额计算应纳税额。按照这一办法征税的消费品的计税依据为应税消费品的数量，而非应税消费品的销售额，征税的多少与应税消费品的数量成正比，而与应税消费品的销售金额无直接关系。因此，对酒类包装物押金征税的法规只适用于实行从价定率办法征收消费税的粮食白酒、薯类白酒和其他酒，而不适用于实行从量定额办法征收消费税的啤酒和黄酒产品。

3. 根据国家税务总局《关于取消包装物押金逾期期限审批后有关问题的通知》（国税函〔2004〕827号）：自2004年7月1日起，纳税人为销售货物、出租出借包装物而收取的押金，无论包装物周转使用期限长短，超过一年（含一年）以上仍不退还的，均并入销售额征税。

案例6：核定销售额

【案例讨论】

某洗衣机厂2014年4月销售某型号洗衣机3批：

第一批洗衣机销售增值税专用发票上注明的单价是每件0.3万元，数量是1000件；

第二批洗衣机销售增值税专用发票上注明的单价是每件0.32万元，数量是2000件；

第三批洗衣机销售增值税专用发票上注明的单价是每件0.08万元，数量是200件；

第三批的价格被税务机关认为是价格明显偏低，又没有正当理由。

【问题探究】

（1）当纳税人销售货物或应税劳务的价格明显偏低而无正当理由的，税务机关如何核定其售价和销售额？

（2）根据以上情况，计算该企业的销项税额应当是多少？

【相关法律指引】

《中华人民共和国增值税暂行条例》

第七条　纳税人销售货物或者应税劳务的价格明显偏低并无正当理由的，由主管税务机关核定其销售额。

《中华人民共和国增值税暂行条例实施细则》

第十六条　纳税人有条例第七条所称价格明显偏低并无正当理由或者有本细则第四条所列视同销售货物行为而无销售额者，按下列顺序确定销售额：

（一）按纳税人最近时期同类货物的平均销售价格确定；

（二）按其他纳税人最近时期同类货物的平均销售价格确定；

（三）按组成计税价格确定。组成计税价格的公式为：

$$组成计税价格＝成本×（1+成本利润率）$$

属于应征消费税的货物，其组成计税价格中应加计消费税额。

公式中的成本，是指销售自产货物的为实际生产成本，销售外购货物的为实际采购成本。公式中的成本利润率由国家税务总局确定。

任务二　增值税的计算方法

子任务1：一般纳税人应纳税额的计算（购进扣税法）

【计税理论】

增值税是以增值额作为课税对象征收的一种税，所以从定义来看，应纳增值税额等于增值额乘以适用税率。从理论上讲，为实现对增值额征税的目的，增值税的计税方法可以分为直接计税法和间接计税法。

直接计税法是按照规定直接计算出应税货物或劳务的增值额，然后以此为依据乘以适用税率，计算出应纳税额的一种计税方法。直接计税法又因计算法定增值额的方法不同分为"加法"和"减法"。

"加法"，又称税基列举法，是指将纳税人从事生产经营活动所创造的增值额各个项目，如工资薪金、租金、利息、利润和其他增值项目等累加起来，求出增值额，再直接乘以适用税率，即为应纳增值税额的方法。其计算公式为：

应纳税额＝（本期发生的工资与薪金＋利息＋租金＋利润＋其他增值项目）×增值税适用税率

"减法"，又称税基相减法、扣额法，是指将纳税人一定时期内的商品和劳务销售收入，减去非增值税项目金额，如外购原材料、燃料、动力等后的余额作为增值额，再乘以增值税税率，计算出应纳税额的方法。其计算公式为：

应纳税额＝（销售全额－非增值项目金额）×增值税适用税率

间接计税法也可以分为加法和减法。间接加法是将各增值项目分别乘以适用税率，再相加求得应纳增值税额。其计算公式为：

应纳税额＝工资×增值税税率＋利息×增值税税率＋租金×增值税税率＋利润×

增值税税率＋其他增值项目×增值税税率

间接减法，简称"扣除法"，通常又称为"抵扣法"，是指不直接计算增值额，而是以纳税人在一定时期内销售应税货物或劳务的销售额乘以适用税率，求出销售应税货物或劳务的整体税金（销项税额），然后扣除非增值项目，即纳税人购进货物或劳务已纳税额（进项税额）的方法，其余额即为纳税人应纳的增值税额。其计算公式为：

应纳税额＝应税销售额×增值税税率－非增值项目已纳税额

＝增值税销项税额－增值税进项税额

【案例讨论】

上海市某中型货运公司主要经营陆路运输、装卸和仓储业务。2011 年年底被上海市国家税务局认定为增值税一般纳税人，自 2012 年 1 月 1 日起流转税项由营业税改征增值税，其 2014 年 1 月发生如下经济业务：

（1）取得国内交通运输收入 500 万元。

（2）为经营货物运输业务外购汽油，取得专用发票，注明价款 10 万元，增值税 1.7万元。

（3）购入运输车辆，取得专用发票，注明价款 100 万元，增值税 17 万元。

（4）该月提供的应税服务均已开具发票，但仍有 100 万元收入未收讫。

该公司取得的专用发票均已经过认证并可在当期抵扣。

该企业本月应缴纳的增值税为：500×11%－（1.7+17）＝36.3（万元）。

【问题探究】

（1）结合以上增值税计税理论，分析讨论案例中企业的增值税税额的计算采用了哪种方法？具体是如何计算的？

（2）目前我国所采用的增值税计算方法是哪种方法？

【相关法律指引】

《中华人民共和国增值税暂行条例》

第四条 除本条例第十一条规定外，纳税人销售货物或者提供应税劳务（以下简称销售货物或者应税劳务），应纳税额为当期销项税额抵扣当期进项税额后的余额。应纳税额计算公式：

应纳税额＝当期销项税额－当期进项税额

当期销项税额小于当期进项税额不足抵扣时，其不足部分可以结转下期继续抵扣。

《营业税改征增值税试点实施办法》

第二十一条 一般计税方法的应纳税额，是指当期销项税额抵扣当期进项税额后的余额。应纳税额计算公式：

应纳税额＝当期销项税额－当期进项税额

当期销项税额小于当期进项税额不足抵扣时，其不足部分可以结转下期继续抵扣。

【能力训练】

春雨纺织厂为增值税一般纳税人，2014年4月经营情况如下：

（1）该纺织厂将其生产的一批棉织品作为"五一"劳动节礼物发给职工，按同规格棉织品的同期销售价格计算的销售额为20万元；

（2）销售绸缎2万匹，含税销售收入为234万元；

（3）向当地农业生产者收购蚕茧一批，作为生产的原材料，收购发票上注明的农产品买价共计10万元；

（4）向外地经销商销售真丝一批，由甲公司负责运输，真丝的销售额为30万元，收到甲公司开具的增值税专用发票上注明运费2万元，增值税0.22万元；

（5）该纺织厂从A生产企业（小规模纳税人）处购进纱线一批，价款为6万元，未取得专用发票；同时向B企业（小规模纳税人）销售棉布一批，销售额为40万元。

【问题及要求】

（1）该纺织厂当月哪些业务应计算销项税额？分别应当如何计算？

（2）该纺织厂当月哪些业务可以抵扣进项税额？分别应当如何计算？

（3）该纺织厂当月应纳的增值税税额为多少？

【相关法律指引】

《中华人民共和国增值税暂行条例》

第五条 纳税人销售货物或者应税劳务，按照销售额和本条例第二条规定的税率计算并向购买方收取的增值税额，为销项税额。销项税额计算公式：

销项税额＝销售额×税率

第八条 纳税人购进货物或者接受应税劳务（以下简称购进货物或者应税劳务）支付或者负担的增值税额，为进项税额。

下列进项税额准予从销项税额中抵扣：

（一）从销售方取得的增值税专用发票上注明的增值税额。

（二）从海关取得的海关进口增值税专用缴款书上注明的增值税额。

（三）购进农产品，除取得增值税专用发票或者海关进口增值税专用缴款书外，按照农产品收购发票或者销售发票上注明的农产品买价和13%的扣除率计算的进项税额。进项税额计算公式：

$$进项税额 = 买价 \times 扣除率$$

（四）购进或者销售货物以及在生产经营过程中支付运输费用的，按照运输费用结算单据上注明的运输费用金额和7%的扣除率计算进项税额。进项税额计算公式：

$$进项税额 = 运输费用金额 \times 扣除率$$

准予抵扣的项目和扣除率的调整，由国务院决定。

第九条　纳税人购进货物或者应税劳务，取得的增值税扣税凭证不符合法律、行政法规或者国务院税务主管部门有关规定的，其进项税额不得从销项税额中抵扣。

第十条　下列项目的进项税额不得从销项税额中抵扣：

（一）用于非增值税应税项目、免征增值税项目、集体福利或者个人消费的购进货物或者应税劳务；

（二）非正常损失的购进货物及相关的应税劳务；

（三）非正常损失的在产品、产成品所耗用的购进货物或者应税劳务；

（四）国务院财政、税务主管部门规定的纳税人自用消费品；

（五）本条第（一）项至第（四）项规定的货物的运输费用和销售免税货物的运输费用。

《中华人民共和国增值税暂行条例实施细则》

第十四条　一般纳税人销售货物或者应税劳务，采用销售额和销项税额合并定价方法的，按下列公式计算销售额：

$$销售额 = 含税销售额 \div （1 + 税率）$$

《营业税改征增值税试点实施办法》

第二十二条　销项税额，是指纳税人发生应税行为按照销售额和增值税税率计算并收取的增值税额。销项税额计算公式：

$$销项税额 = 销售额 \times 税率$$

第二十三条　一般计税方法的销售额不包括销项税额，纳税人采用销售额和销项税额合并定价方法的，按照下列公式计算销售额：

$$销售额 = 含税销售额 \div （1 + 税率）$$

第二十四条　进项税额，是指纳税人购进货物、加工修理修配劳务、服务、无形资产或者不动产，支付或者负担的增值税额。

第二十五条　下列进项税额准予从销项税额中抵扣：

（一）从销售方取得的增值税专用发票（含税控机动车销售统一发票，下同）上注明的增值税额。

（二）从海关取得的海关进口增值税专用缴款书上注明的增值税额。

（三）购进农产品，除取得增值税专用发票或者海关进口增值税专用缴款书外，按照农产品收购发票或者销售发票上注明的农产品买价和13%的扣除率计算进项税额。计算公式为：

$$进项税额 = 买价 \times 扣除率$$

买价，是指纳税人购进农产品在农产品收购发票或者销售发票上注明的价款和按照规定缴纳的烟叶税。

购进农产品,按照《农产品增值税进项税额核定扣除试点实施办法》抵扣进项税额的除外。

(四)从境外单位或者个人购进服务、无形资产或者不动产,自税务机关或者扣缴义务人取得的解缴税款的完税凭证上注明的增值税额。

第二十六条 纳税人取得的增值税扣税凭证不符合法律、行政法规或者国家税务总局有关规定的,其进项税额不得从销项税额中抵扣。

增值税扣税凭证,是指增值税专用发票、海关进口增值税专用缴款书、农产品收购发票、农产品销售发票和完税凭证。

纳税人凭完税凭证抵扣进项税额的,应当具备书面合同、付款证明和境外单位的对账单或者发票。资料不全的,其进项税额不得从销项税额中抵扣。

第二十七条 下列项目的进项税额不得从销项税额中抵扣:

(一)用于简易计税方法计税项目、免征增值税项目、集体福利或者个人消费的购进货物、加工修理修配劳务、服务、无形资产和不动产。其中涉及的固定资产、无形资产、不动产,仅指专用于上述项目的固定资产、无形资产(不包括其他权益性无形资产)、不动产。

纳税人的交际应酬消费属于个人消费。

(二)非正常损失的购进货物,以及相关的加工修理修配劳务和交通运输服务。

(三)非正常损失的在产品、产成品所耗用的购进货物(不包括固定资产)、加工修理修配劳务和交通运输服务。

(四)非正常损失的不动产,以及该不动产所耗用的购进货物、设计服务和建筑服务。

(五)非正常损失的不动产在建工程所耗用的购进货物、设计服务和建筑服务。

纳税人新建、改建、扩建、修缮、装饰不动产,均属于不动产在建工程。

(六)购进的旅客运输服务、贷款服务、餐饮服务、居民日常服务和娱乐服务。

(七)财政部和国家税务总局规定的其他情形。

本条第(四)项、第(五)项所称货物,是指构成不动产实体的材料和设备,包括建筑装饰材料和给排水、采暖、卫生、通风、照明、通信、煤气、消防、中央空调、电梯、电气、智能化楼宇设备及配套设施。

子任务2:简易计税方法应纳税额的计算

【案例讨论】

李先生创办了一家小饰品销售企业,该企业为小规模纳税人,2015年3月取得零售收入总额为154500元。

【问题探究】

(1)小规模纳税人如何计征增值税?

(2)本案中,该企业2015年3月应缴纳的增值税税额为多少?

【相关法律指引】

《中华人民共和国增值税暂行条例》

第十一条 小规模纳税人销售货物或者应税劳务,实行按照销售额和征收率计算应纳税额的简易办法,并不得抵扣进项税额。应纳税额计算公式:

应纳税额=销售额×征收率

小规模纳税人的标准由国务院财政　税务主管部门规定。

第十二条　小规模纳税人增值税征收率为3%。

征收率的调整，由国务院决定。

《中华人民共和国增值税暂行条例实施细则》

第三十条　小规模纳税人的销售额不包括其应纳税额。

小规模纳税人销售货物或者应税劳务采用销售额和应纳税额合并定价方法的，按下列公式计算销售额：

销售额=含税销售额÷（1+征收率）

子任务3：进口货物应纳税额的计算

【案例讨论】

鑫隆进出口公司2014年3月进口商品一批，海关核定的关税完税价格为500万元，当月在国内销售，取得不含税销售额1400万元。已知该商品的关税税率为10%，增值税税率为17%。

【问题探究】

（1）进口货物如何缴纳增值税？

（2）本案中鑫隆公司当月应缴纳的进口环节增值税如何计算？

（3）本案中鑫隆公司当月国内销售环节应缴纳的增值税为多少？

【相关法律指引】

《中华人民共和国增值税暂行条例》

第十四条　纳税人进口货物，按照组成计税价格和本条例第二条规定的税率计算应纳税额。组成计税价格和应纳税额计算公式：

组成计税价格=关税完税价格+关税+消费税

应纳税额=组成计税价格×税率

第二十四条　纳税人进口货物，应当自海关填发海关进口增值税专用缴款书之日起15日内缴纳税款。

子项目四　增值税征收管理

任务一　增值税纳税义务发生时间的确定

【案例讨论】

某物资公司为增值税一般纳税人，2014年5月发生以下经济业务：

（1）上月购进并入库的原材料一批，本月付款，取得的增值税专用发票上注明价款100万元，税金17万元；

（2）采用托收承付结算方式销售给A厂机床30台，共60万元（不含税），货已发出，托收手续已在银行办妥，货款尚未收到；

（3）采用分期付款结算方式销售给B厂机床100台，价款共200万元（不含税），货已发出，合同规定本月到期货款40万元，但实际上只收回了30万元；

（4）销售一批小型农用机械，开具的普通发票上注明销售额113万元，上月已收预收款 20 万元，本月发货并办妥银行托收手续，但货款未到；

（5）盘亏一批 2014 年 2 月购入的物资（已抵扣进项税额为 6.8 万元），盘亏金额为 1 万元；

（6）采用其他方式销售给 C 厂一些机床配件，价款 70 万元（不含税），货已发出，货款已收到。

【问题探究】

（1）如何确定案例中纳税人各项增值税纳税义务的发生时间？

（2）分析并计算该物资公司当月应纳增值税税额。

【相关法律指引】

《中华人民共和国增值税暂行条例》

第十九条 增值税纳税义务发生时间：

（一）销售货物或者应税劳务，为收讫销售款项或者取得索取销售款项凭据的当天；先开具发票的，为开具发票的当天。

（二）进口货物，为报关进口的当天。

增值税扣缴义务发生时间为纳税人增值税纳税义务发生的当天。

《中华人民共和国增值税暂行条例实施细则》

第三十八条 条例第十九条第一款第（一）项规定的收讫销售款项或者取得索取销售款项凭据的当天，按销售结算方式的不同，具体为：

（一）采取直接收款方式销售货物，不论货物是否发出，均为收到销售款或者取得索取销售款凭据的当天；

（二）采取托收承付和委托银行收款方式销售货物，为发出货物并办妥托收手续的当天；

（三）采取赊销和分期收款方式销售货物，为书面合同约定的收款日期的当天，无书面合同的或者书面合同没有约定收款日期的，为货物发出的当天；

（四）采取预收货款方式销售货物，为货物发出的当天，但生产销售生产工期超过 12 个月的大型机械设备、船舶、飞机等货物，为收到预收款或者书面合同约定的收款日期的当天；

（五）委托其他纳税人代销货物，为收到代销单位的代销清单或者收到全部或者部分货款的当天。未收到代销清单及货款的，为发出代销货物满 180 天的当天；

（六）销售应税劳务，为提供劳务同时收讫销售款或者取得索取销售款的凭据的当天；

（七）纳税人发生本细则第四条第（三）项至第（八）项所列视同销售货物行为，为货物移送的当天。

《营业税改征增值税试点实施办法》

第四十五条 增值税纳税义务、扣缴义务发生时间为：

（一）纳税人发生应税行为并收讫销售款项或者取得索取销售款项凭据的当天；先开具发票的，为开具发票的当天。

收讫销售款项，是指纳税人销售服务、无形资产、不动产过程中或者完成后收到款项。

取得索取销售款项凭据的当天，是指书面合同确定的付款日期；未签订书面合同或者书面合同未确定付款日期的，为服务、无形资产转让完成的当天或者不动产权属变更的当天。

（二）纳税人提供建筑服务、租赁服务采取预收款方式的，其纳税义务发生时间为收到预收款的当天。

（三）纳税人从事金融商品转让的，为金融商品所有权转移的当天。

（四）纳税人发生本办法第十四条规定情形的，其纳税义务发生时间为服务、无形资产转让完成的当天或者不动产权属变更的当天。

（五）增值税扣缴义务发生时间为纳税人增值税纳税义务发生的当天。

任务二　增值税起征点

【案例讨论】

某地规定增值税的起征点为月销售额5500元。该地某个体工商户张某为小规模纳税人，张某在2014年1月1日至31日已实现销售额5300元，当月张某又销售价值为220元的棉服一件，而张某却以190元（低于成本）的低价出售，该情况被当地的税务机关得知，责令其补交增值税款，由此发生争议。

【问题探究】

（1）什么是起征点？起征点与免征额有何不同？

（2）该个体经营者为何要将棉服低价销售？请通过数据计算说明。

【相关法律指引】

《中华人民共和国增值税暂行条例》

第十七条　纳税人销售额未达到国务院财政、税务主管部门规定的增值税起征点的，免征增值税；达到起征点的，依照本条例规定全额计算缴纳增值税。

《关于修改〈中华人民共和国增值税暂行条例实施细则〉

和〈中华人民共和国营业税暂行条例实施细则〉的决定》

财政部、国家税务总局令第65号

一、将《中华人民共和国增值税暂行条例实施细则》第三十七条第二款修改为：增值税起征点的幅度规定如下：

（一）销售货物的，为月销售额5000～20000元；

（二）销售应税劳务的，为月销售额5000～20000元；

（三）按次纳税的，为每次（日）销售额300～500元。

本决定自2011年11月1日起施行。

《营业税改征增值税试点实施办法》

第四十九条　个人发生应税行为的销售额未达到增值税起征点的，免征增值税；达到起征点的，全额计算缴纳增值税。

增值税起征点不适用于登记为一般纳税人的个体工商户。

第五十条　增值税起征点幅度如下：

（一）按期纳税的，为月销售额5000～20000元（含本数）。

（二）按次纳税的，为每次（日）销售额300～500元（含本数）。

起征点的调整由财政部和国家税务总局规定。省、自治区、直辖市财政厅（局）和国家税务局应当在规定的幅度内，根据实际情况确定本地区适用的起征点，并报财政部和国家税务总局备案。

任务三　增值税专用发票的使用管理

【案例讨论】

买卖合同中买方可以诉请卖方开具增值税发票吗①

原告某服饰有限公司起诉称：2014 年 10 月 8 日原、被告双方签订了购销合同一份。合同约定后，原告汇款人民币 100 万元给被告，被告收到原告货款后，共供货价值人民币 100 万元给原告，但被告至今未能开具增值税专用发票给原告，造成原无法做账，故起诉要求被告开具价税金额合计人民币 100 万元的增值税专用发票给原告并承担本案诉讼费用。

被告某纺织品有限公司辩称：

（1）双方之间没有约定增值税发票开具的时间和交付时间，也没有约定是否是含税价。

（2）开具发票是附随义务，应当在主合同履行完毕的情况下才有。双方之间没有履行完毕主合同，被告认为不应当开具发票。

（3）根据诚实信用原则，被告已经开具了增值税发票，为什么还没有交付给原告，是因为原告不需要后面的货物，为了维护被告的权益，被告希望原告按照合同履行。

原告为证明自己的诉讼主张，在本院指定的举证期限内向本院提交了以下证据材料：

（1）合同一份，用以证明原、被告双方约定的相关权利义务的事实；

（2）银行回单一份，用以证明原告支付货款的事实。

对于原告提供的证据，被告经质证认为，① 对证据（1）真实性没有异议，这批货物是在签订合同之前做好了的，原告应当按照合同约定的 90% 打给被告货款，但是原告没有打给被告。被告按照合同约定还有剩余 3000 多米布未发；② 对证据（2）没有异议。

被告未向法院提供证据。

根据原告的举证及双方陈述，法院认证认为：原告提供的证据（1）、证据（2）经被告质证认为无异议，本院依法确认其证明力。

法院经查明认定以下事实：2014 年 10 月 8 日，原告某服饰有限公司与被告某纺织品有限公司签订购销合同一份，约定由原告向被告购货价值 1121400 元，按实际数量结算金额；付款方式为 90% 款到发货，10% 余款发货后见发票复印件付清。后原告分别于 2014 年 10 月 9 日、10 月 21 日共计向被告汇款 100 万元。被告收到货款后向原告发货价值 100 万元。被告至今未向原告开具增值税专用发票，遂成讼。

【问题探究】

（1）什么是增值税专用发票？增值税专用发票的使用有哪些要求？

（2）本案中，被告是否负有开具增值税专用发票的义务？

（3）本案应当如何处理？

---

① 案例材料来源：http://mp.weixin.qq.com/s?__biz=MzI3MzIyOTQ0NQ==&mid=2247483737&idx=1&sn=0f3ec50a55ca756c10a64766974a9086&scene=1&srcid=0810LETcCHUCghYpE9JAq91T#rd.

【相关法律指引】

《中华人民共和国合同法》

第一百三十六条　出卖人应当按照约定或者交易习惯向买受人交付提取标的物单证以外的有关单证和资料。

《中华人民共和国增值税暂行条例》

第二十一条　纳税人销售货物或者应税劳务，应当向索取增值税专用发票的购买方开具增值税专用发票，并在增值税专用发票上分别注明销售额和销项税额。

属于下列情形之一的，不得开具增值税专用发票：

（一）向消费者个人销售货物或者应税劳务的；

（二）销售货物或者应税劳务适用免税规定的；

（三）小规模纳税人销售货物或者应税劳务的。

《增值税专用发票使用规定》

第二条　专用发票，是增值税一般纳税人（以下简称一般纳税人）销售货物或者提供应税劳务开具的发票，是购买方支付增值税额并可按照增值税有关规定据以抵扣增值税进项税额的凭证。

第十条　一般纳税人销售货物或者提供应税劳务，应向购买方开具专用发票。

商业企业一般纳税人零售的烟、酒、食品、服装、鞋帽（不包括劳保专用部分）、化妆品等消费品不得开具专用发票。

增值税小规模纳税人（以下简称小规模纳税人）需要开具专用发票的，可向主管税务机关申请代开。

销售免税货物不得开具专用发票，法律、法规及国家税务总局另有规定的除外。

项目四

消费税法

 学习目标

通过学习，学生掌握消费税的征税范围、消费税纳税主体、消费税税目税率，掌握消费税征收方法和应纳税额的计算，理解和把握消费税的税收优惠和出口退税，熟悉营业税纳税期限、纳税地点，明确消费税与增值税的关系。

 消费税法知识结构图

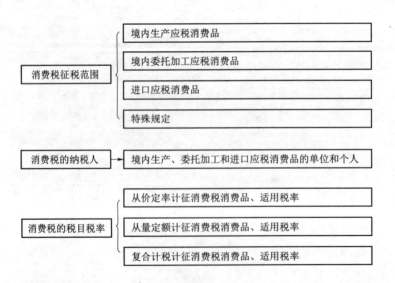

```
┌─ 消费税的一般计税法
│  从价定率计征：应纳税额＝应税消费品销售额×比例税率
│  从量定额计征：应纳税额＝应税消费品销售数量×定额税率
│  复合计税：应纳税额＝销售额×比例税率＋销售数量×定额税率
│
│  自产自用应税消费品：从价定率计征、从量定额计征、复合计税
│  组价1＝（成本＋利润）÷（1-比例税率）
│  组价2＝（成本＋利润＋自产自用数量×定额税率）÷（1-比例税率）
消费税的计算
│  委托加工应税消费品：从价定率计征、从量定额计征、复合计税
│  组价1＝（材料成本＋加工费）÷（1-比例税率）
│  组价2＝（材料成本＋加工费＋委托加工数量×定额税率）÷（1-比例税率）
│
│  进口应税消费品：从价定率计征、从量定额计征、复合计税
│  组价1＝（关税完税价格＋关税）÷（1-消费税比例税率）
└  组价2＝（关税完税价格＋关税＋进口数量×消费税定额税率）÷
      （1-消费税比例税率）

消费税的征收管理 ┬ 纳税义务（发生时间、纳税期限、纳税地点）
               └ 减免与退税的规定
```

❓ 消费税法基本问题

一、消费税概述

（一）消费税的概念

消费税，是指在中华人民共和国境内生产、委托加工和进口应税消费品的单位和个人，就其销售额或销售数量，在特定环节征收的一种流转税。

消费税是一种古老的税种，其雏形最早产生于古罗马帝国时期。当时，由于农业、手工业的发展，城市的兴起与商业的繁荣，于是相继开征了诸如盐税、酒税等产品税，这就是消费税的原形。我国对消费品的课税也由来已久，早在周朝征收的"山泽之赋"就具有消费税的性质，在西汉时对酒的课税体现了"寓禁于征"的政策，以后各朝代征收的酒税和茶税等均属消费税的范畴。消费税作为流转税的主体税种，不仅可以保证国家财政收入的稳定增长，而且可以调节产业结构和消费结构，限制某些奢侈品、高能耗品的生产，正确引导消费。同时，它也体现了一个国家的产业政策和消费政策。消费税发展至今，已成为世界各国普遍征收的税种，目前已被 120 多个国家或地区所征收，而且还有上升的趋势。特别是近年来，在为了可持续发展进行的税收法律制度改革的浪潮中，各国纷纷开征或调整消费税，以便建立一个既有利于环境和生态保护，又有利于经济发展的绿色税收法律制度。

我国早在 1951 年政务院就根据国家公布和实行的《全国税政实施要则》的规定，颁布了《特种消费行为税暂行条例》，开始征收特种消费行为税，后来由于种种原因，消费税被迫取消。现行课征的消费税则是 1994 年税制改革中新设立的一种税，1994 年《中华人民共和国消费暂行条例》正式开始实施。2006 年 3 月，财政部和国家税务总局制定了《关于调

整和完善消费税政策的通知》，对消费税进行调整和完善，扩大了消费税的征收范围。2008年调整乘用车消费税政策，并修改消费税条例，形成现行消费税体系。2009年实施成品油税费改革，调整烟产品消费税政策。除上述重大改革外，1994年至今，根据经济社会发展的需要以及国家产业政策的要求，对消费税的征税范围、税率结构和征收环节都在不断地进行完善和调整。

消费税是以特定的某些消费品为征税对象而征收的一种间接税。它选择部分消费品征税，因而属于特别消费税。

和增值税一样，其税负也可以转嫁。税务机关往往并不直接向消费者征收，而是向消费品制造商或销售商征收，但税额包含于消费品价格之中或作为消费品的价格附加，最终由消费者承担。

（二）消费税的特点

1. 征收范围具有选择性

国家可以根据宏观产业政策和消费政策的要求，有目的地、有重点地选择一些消费品征税消费税，以适当地限制某些特殊消费品的消费需求。我国现行税法规定的消费税征收项目有15个。

2. 征税环节具有单一性

消费税是在生产（进口）、流通或消费的某一环节一次性征收，而不是在消费品生产、流通或消费的每个环节多次征收，即通常所说的一次课征制，这与增值税所采取的道道征收方法即多环节征收有明显不同。(但卷烟、超豪华小汽车除外)

3. 征收方法具有多样性

为适应不同应税消费品的情况，消费税在征收方法上具有多样性：对一部分价格差异较大，且便于按价格核算的应税消费品，依消费品的价格实行从价计征；对一部分价格差异较小，品种、规格比较单一的大宗应税消费品，依消费品的数量实行从量计征；对一些特殊的消费品为达到"寓禁于征"和防止逃漏税的目的，实行从价和从量复合计征。

4. 税率差异大且平均税率水平较高

消费税属于国家运用税收杠杆对某些消费品或消费行为进行特殊调节的税种。这种特殊性表现在：一是不同的征税项目税负差异较大，对需要限制或控制消费的消费品规定较高的税率，体现特殊的调节目的；二是消费税往往同有关税种配合，实行加重或双重调节，通常采取增值税与消费税双重调节的办法，对某些需要特殊调节的消费品或消费行为在征收增值税的同时，再征收一道消费税，形成一种特殊的对消费品双层次调节的税收调节体系。

（三）消费税与增值税的关系

1. 消费税与增值税的区别

1）征税范围不同

增值税对货物（有形动产）普遍征收；消费税的征税对象仅限于征收增值税的货物中的15类特定消费品。

2）与价格的关系不同

增值税是价外税，计税价格中不含增值税额；消费税是价内税，计税价格中包含消费税税额。

3）纳税环节不同

增值税是在货物所有的流转环节道道征收；消费税除卷烟外只在单一环节征收。

4）计税方法不同

增值税计税方法是按照一般纳税人和小规模纳税人区别为抵扣方法和简易方法；消费税的计税方法是根据应税消费品划分为从价计税、从量计税和复合计税方法。

2. 消费税与增值税的联系

（1）都是对货物（商品）征税；

（2）征收消费税的商品一定也征增值税（注意缴纳增值税的货物并不都缴纳消费税），而且对于从价定率征收消费品的商品，征收消费税和增值税的计税依据是一致的。

二、消费税的纳税义务人与征税范围

（一）纳税义务人

凡在中华人民共和国境内生产、委托加工和进口应税消费品的单位和个人，以及国务院确定的销售应税消费品的其他单位和个人，为消费税的纳税人。单位，是指企业、行政单位、事业单位、军事单位、社会团体及其他单位。个人，是指个体工商户及其他个人。在中华人民共和国境内，是指生产、委托加工和进口属于应当缴纳消费税的消费品的起运地或者所在地在境内。具体是指：

（1）生产应税消费品的单位和个人。（由生产者在销售时缴纳）（自产自用的用于本企业连续生产应税消费品的不纳税；用于其他方面的，由自产自用人在移送使用时缴纳）

（2）委托加工应税消费品的单位和个人。（由受托方在委托方提货时代扣代缴）（如受托方为个体工商户，则由委托方在其所在地申报纳税）

（3）进口应税消费品的单位和个人。（由进口人或其代理人缴纳）（个人携带或邮寄入境的应税消费品的消费税连同关税一并计征，由携带入境者或收件人缴纳）

（4）从事金银首饰、铂金首饰、钻石及钻石饰品零售业务的单位和个人。

（5）自2009年5月1日起，从事卷烟批发业务的单位和个人。

（6）自2016年12月1日起，将超豪华小汽车销售给消费者的单位和个人。

（二）征税范围

现行消费税法规定，应当缴纳消费税的消费品（简称应税消费品）包括15类消费品，并通过列举税目的方式明确了应税消费品的具体项目，有的税目还进一步划分为若干子目。主要包括以下几个方面：

（1）特殊消费品（过度消费会造成危害的消费品），如烟、酒、鞭炮、烟火等；

（2）奢侈品、非生活必需品，如化妆品、贵重首饰、珠宝玉石等；

（3）高能耗及高档消费品，如摩托车、小汽车等；

（4）不可再生和替代的稀缺资源消费品，如汽油、柴油等油品；

（5）能给国家带来财政收入又不影响居民基本生活的消费品，如汽车轮胎①。

三、消费税税目与税率

（一）应税消费品的具体税目

1. 烟

凡是以烟叶为原料加工生产的产品，不论使用何种辅料，均属于本税目的征税范围。包括卷烟（甲类卷烟、乙类卷烟)②、雪茄烟和烟丝。

在卷烟批发环节征收的消费税，征收范围包括纳税人批发销售的所有牌号规格的卷烟；纳税人销售给纳税人以外的单位和个人的卷烟于销售时纳税。纳税人之间销售的卷烟不缴纳消费税。

2. 酒

酒类包括白酒、黄酒、啤酒和其他酒③。

征收范围：白酒包括用薯类和粮食为酒基生产的酒类；黄酒分为干黄酒、半干黄酒、半甜黄酒、甜黄酒四类，包括各种原料酿制的黄酒和酒度超过 12 度（含 12 度）的土甜酒；啤酒分为熟啤酒和生啤酒或鲜啤酒，包括各种包装和散装的啤酒；其他酒包括以黄酒为酒基生产的配制或泡制酒、糠麸白酒、其他原料白酒、土甜酒、复制酒、果木酒、汽酒、药酒、葡萄酒，等等。

对饮食业、商业、娱乐业举办的啤酒屋（啤酒坊）利用啤酒生产设备生产的啤酒，应当征收消费税。

3. 高档化妆品④

征收范围包括高档美容、修饰类化妆品、高档护肤类化妆品和成套化妆品。

高档美容、修饰类化妆品和高档护肤类化妆品是指生产（进口）环节销售（完税）价格（不含增值税）在 10 元/毫升（克）或 15 元/片（张）及以上的美容、修饰类化妆品和护肤类化妆品。

不包括：舞台、戏剧、影视演员化妆用的上妆油、卸妆油、油彩、发胶、头发漂白剂等。

4. 贵重首饰及珠宝玉石

征税范围包括：金银首饰、铂金首饰和钻石及钻石饰品，其他贵重首饰和珠宝玉石。

应税贵重首饰及珠宝玉石是指以金、银、珠宝玉石等高贵稀有物质以及其他金属、人造宝石等制作的各种纯金银及镶嵌饰物，以及经采掘、打磨、加工的各种珠宝玉石。

在零售环节征收消费税的包括金银首饰、铂金首饰和钻石及钻石饰品。

---

① 根据财税〔2014〕93 号"关于调整消费税政策的通知"，自 2014 年 12 月 1 日起，取消汽车轮胎税目。
② 包括进口卷烟、白包卷烟、手工卷烟和未经国务院批准纳入计划的企业及个人生产的卷烟。
③ 根据财税〔2014〕93 号"关于调整消费税政策的通知"，自 2014 年 12 月 1 日起，取消酒精消费税。
④ 根据财税〔2016〕103 号"关于调整化妆品消费税政策的通知"，自 2016 年 10 月 1 日起，"化妆品"税目更名为"高档化妆品"。

5. 鞭炮、焰火：体育上用的发令纸、鞭炮药引线除外的所有鞭炮、焰火

6. 成品油

包括汽油①、柴油、石脑油、溶剂油、航空煤油、润滑油、燃料油七个子目。

7. 摩托车②

8. 小汽车

征税范围包括：乘用车，中轻型商用客车，超豪华小汽车③。

电动车、沙滩车、雪地车、卡丁车、高尔夫车以及车身长度大于 7 米，并且座位在 10~23 座以下的商用客车除外。

超豪华小汽车是指每辆零售价格 130 万元（不含增值税）及以上的乘用车和中轻型商用客车，即乘用车和中轻型商用客车子税目中的超豪华小汽车。

9. 高尔夫球及球具

球杆、球包（袋）、杆头、杆身和握把。

10. 高档手表

这是指不含增值税销售价格每只在 1 万元（含）以上的各类手表。

11. 游艇

这是指艇身长度大于 8 米（含）小于 90 米（含），内置发动机，可以在水上移动，非牟利活动的各类机动艇。

12. 木制一次性筷子

这是指各种规格的木制一次性筷子。未经打磨、倒角的木制一次性筷子属于本税目征税范围。

13. 实木地板

这是指以木材为原料，包括实木地板、实木指接地板、实木复合地板；以及用于装饰墙壁、天棚的侧端面为榫、槽的实木装饰板和未经涂饰的素板。

14. 电池

根据财税〔2015〕16 号文，为促进节能环保，经国务院批准，自 2015 年 2 月 1 日起对电池征收消费税，在生产、委托加工和进口环节征收。

对无汞原电池、金属氢化物镍蓄电池（又称"氢镍蓄电池"或"镍氢蓄电池"）、锂原电池、锂离子蓄电池、太阳能电池、燃料电池和全钒液流电池免征消费税。

2015 年 12 月 31 日前对铅蓄电池缓征消费税；自 2016 年 1 月 1 日起，对铅蓄电池按 4%

---

① 根据财税〔2014〕93 号"关于调整消费税政策的通知"，自 2014 年 12 月 1 日起，取消车用含铅汽油消费税，汽油税目不再划分二级子目，统一按照无铅汽油税率征收消费税。

② 根据财税〔2014〕93 号"关于调整消费税政策的通知"，自 2014 年 12 月 1 日起，取消气缸容量 250 毫升（不含）以下的小排量摩托车消费税。

③ 根据财税〔2016〕129 号"关于对超豪华小汽车加征消费税有关事项的通知"，自 2016 年 12 月 1 日起，"小汽车"税目下增设"超豪华小汽车"子税目。

税率征收消费税。

15. 涂料

根据财税〔2015〕16 号文，为促进节能环保，经国务院批准，自 2015 年 2 月 1 日起对涂料征收消费税，在生产、委托加工和进口环节征收。

对施工状态下挥发性有机物（Volatile Organic Compounds，VOC）含量低于 420 克/升（含）的涂料免征消费税。

（二）应税消费品的具体税率

应税消费品适用的税率：比例税率：13 档（最高税率为 56%，最低税率为 1%）；定额税率：8 档（最高为 250 元，最低为 0.5 元）；复合税率（从量定额和从价定率相结合）。

课税消费品中实行比例税率的主要是雪茄烟、烟丝、高档化妆品、贵重首饰及珠宝玉石、鞭炮焰火、摩托车、小汽车、实木地板、木制一次性筷子、游艇、高尔夫球及球具、高档手表、电池涂料等。实行定额税率的是啤酒、黄酒和成品油。卷烟和白酒为从量定额和从价定率相结合的复合税率。

1. 烟

卷烟消费税税率实行从量定额和从价定率的复合税率。定额税率为每支 0.003 元。

比例税率为：每标准条（200 支）调拨价格在 70 元/条（含 70 元，不含增值税）以上的卷烟税率为 56%；每标准条调拨价格在 70 元/条（不含增值税）以下的卷烟税率为 36%；白包卷烟，手工卷烟，自产自用没有同牌号、规格调拨价格的卷烟，委托加工没有同牌号、规格调拨价格的卷烟，未经国务院批准纳入计划的企业和个人生产的卷烟，一律适用 56% 的比例税率。

进口卷烟定额税率为每标准条 0.6 元，比例税率按进口时确定的价格分别适用 56% 或 36% 的比例税率。

卷烟批发环节税率调整为复合税率。根据财税〔2015〕60 号文"关于调整卷烟消费税的通知"，自 2015 年 5 月 10 日起，将卷烟批发环节从价税税率由 5% 提高至 11%，并按 0.005 元/支加征从量税。纳税人兼营卷烟批发和零售业务的，应当分别核算批发和零售环节的销售额、销售数量；未分别核算批发和零售环节销售额、销售数量的，按照全部销售额、销售数量计征批发环节消费税。

雪茄烟税率为 36%；烟丝税率为 30%。

2. 酒

白酒实行从量定额和从价定率相结合的复合税率。定额税率为 0.5 元/斤。比例税率为 20%。

黄酒实行定额税率，单位税额为 240 元/吨。

每吨啤酒出厂价格（含包装物及包装物押金）在 3000 元（含 3000 元，不含增值税）以上的，单位税额 250 元/吨；每吨啤酒出厂价格在 3000 元（不含 3000 元，不含增值税）以下的，单位税额 220 元/吨。娱乐业、饮食业自制啤酒，单位税额 250 元/吨。

其他酒税率为 10%。

3. 高档化妆品

税率为15%。

4. 贵重首饰及珠宝玉石

税率为10%，其中金、银、铂金首饰和钻石及钻石饰品为5%。

5. 鞭炮、焰火

税率为15%。

6. 成品油

自2015年1月13日起，汽油、石脑油、溶剂油和润滑油的消费税单位税额为1.52元/升，柴油、航空煤油和燃料油的消费税单位税额为1.2元/升。

7. 摩托车

气缸容量在250毫升的税率为3%；气缸容量在250毫升以上的税率为10%。

8. 小汽车

1）乘用车

气缸容量（排气量，下同）在1.0升（含）以下的，税率为1%；

气缸容量在1.0以上1.5升（含）以下的，税率为3%；

气缸容量在1.5升以上至2.0升（含）的，税率为5%；

气缸容量在2.0升以上至2.5升（含）的，税率为9%；

气缸容量在2.5升以上至3.0升（含）的，税率为12%；

气缸容量在3.0升以上至4.0升（含）的，税率为25%；

气缸容量在4.0升以上的，税率为40%。

2）中轻型商用客车

税率为5%。

3）超豪华小汽车

对超豪华小汽车，在生产（进口）环节按现行税率征收消费税的基础上，在零售环节加征消费税，税率为10%。

9. 高尔夫球及球具

税率为10%。

10. 高档手表

税率为20%。

11. 游艇税率

税率为10%。

12. 木制一次性筷子

税率为5%。

13. 实木地板

税率为5%。

14. 电池

税率为4%。

15. 涂料

税率为4%。

（三）税率的特殊规定

纳税人兼营不同税率的应税消费品，应当分别核算不同税率应税消费品的销售额、销售数量，未分别核算销售额、销售数量的，从高适用税率。

将不同税率的应税消费品组成成套消费品销售的，或者将应税消费品与非应税消费品组成成套消费品销售的，从高适用税率（即使分别核算也从高税率）。

四、消费税应纳税额的计算

从价定率计征消费税应纳税额的计算：

$$应纳税额 = 销售额 \times 比例税率$$

从量定额计征消费税应纳税额的计算：

$$应纳税额 = 销售数量 \times 定额税率$$

复合计征消费税的应纳税额计算：

$$应纳税额 = 销售数量 \times 定额税率 + 销售额 \times 比例税率$$

（一）生产者自产自销应税消费品的应纳税额的计算

在计算自产自销应税消费品的应纳税额时，应首先区分最终销售的应税消费品是否是用已税消费品作为中间投入物生产的。如果纳税人自产自销没有使用已税消费品生产的应税消费品，可以直接套用上述公式；否则，应按"用已税消费品作为中间投入物生产的应税消费品"计税。

1. 从价定率计征消费税应纳税额的计算

1）计税销售额的基本规定

销售额为纳税人销售应税消费品向购买方收取的全部价款和价外费用。

应税消费品的销售额，不包括应向购货方收取的增值税税款。

如果纳税人应税消费品的销售额中未扣除增值税税款或者因不得开具增值税专用发票而发生价款和增值税税款合并收取的，在计算消费税时，应当换算为不含增值税税款的销售额。其换算公式为：

$$应税消费品的销售额 = 含增值税的销售额 \div (1 + 增值税税率或征收率)$$

价外费用，是指价外向购买方收取的手续费、补贴、基金、集资费、返还利润、奖励费、违约金、滞纳金、延期付款利息、赔偿金、代收款项、代垫款项、包装费、包装物租金、储备费、优质费、运输装卸费以及其他各种性质的价外收费。但下列项目不包括在内：

同时符合以下条件的代垫运输费用：承运部门的运输费用发票开具给购买方的；纳税人将该项发票转交给购买方的。

同时符合以下条件代为收取的政府性基金或者行政事业性收费：由国务院或者财政部批

准设立的政府性基金，由国务院或者省级人民政府及其财政、价格主管部门批准设立的行政事业性收费；收取时开具省级以上财政部门印制的财政票据；所收款项全额上缴财政。

2）计税销售额的特殊规定

（1）应税消费品包装物及押金的计税销售额。

应税消费品连同包装销售的，无论包装是否单独计价，也不论在会计上如何核算，均应并入应税消费品的销售额中征收消费税。

如果包装物不作价随同产品销售，而是收取押金（酒类除外），且单独核算又未过期的，此项押金则不应并入应税消费品的销售额中征税；但对因逾期未收回的包装物不再退还的和已收取一年以上的押金，应并入应税消费品的销售额，按照应税消费品的适用税率征收消费税。

对既作价随同应税消费品销售，又另外收取押金的包装物的押金，凡纳税人在规定的期限内不予退还的，均应并入应税消费品的销售额，按照应税消费品的适用税率征收消费税。

对酒类产品生产企业销售酒类产品（黄酒、啤酒除外）而收取的包装物押金，无论押金是否返还与会计上如何核算，均需并入酒类产品销售额中，依酒类产品的适用税率征收消费税。

（2）发生视同对外销售时计税销售额的确定。

自产的应税消费品用于换取生产资料和消费资料、投资入股和抵偿债务等方面，按纳税人同类应税消费品的最高销售价格计税。增值税仍然按同类产品的平均价为依据计算增值税。

纳税人通过自设非独立核算门市部销售的自产应税消费品，按照门市部对外销售额或销售数量征收消费税。

（3）纳税人将自产的应税消费品与外购或自产的非应税消费品组成套装销售的，以套装产品的销售额（不含增值税）为计税依据。

（4）白酒生产企业向商业销售单位收取的"品牌使用费"并入白酒的销售额中缴纳消费税。

（5）计税销售额的核定。

纳税人应税消费品的计税价格明显偏低并无正当理由的，由主管税务机关核定其计税价格。

应税消费品的计税价格的核定权限是：卷烟、白酒和小汽车的计税价格由国家税务总局核定，送财政部备案；其他应税消费品的计税价格由省、自治区和直辖市国家税务局核定；进口的应税消费品的计税价格由海关核定。

【例题】

某摩托车生产企业为增值税一般纳税人，6月将生产的某型号摩托车30辆，以每辆出厂价12000元（不含增值税）给自设非独立核算的门市部；门市部又以每辆16380元（含增值税）全部销售给消费者。计算摩托车生产企业6月应缴纳消费税税额（摩托车适用消费税税率10%）。

【解析】

应纳消费税税额=销售额×税率=16380÷（1+17%）×30×10%=42000（元）

2. 从量定额计征消费税应纳税额的计算

$$应纳税额=应税消费品数量×消费税单位税额$$

销售数量的确定：

（1）销售应税消费品的，为应税消费品的销售数量。

（2）自产自用应税消费品的，为应税消费品的移送使用数量。

（3）委托加工应税消费品的，为纳税人收回的应税消费品数量。

（4）进口的应税消费品，为海关核定的应税消费品进口征税数量。

3. 从量定额和从价定率相结合计征消费税的应纳税额计算（卷烟、粮食白酒和薯类白酒）

$$应纳税额 = 销售数量 \times 定额税率 + 销售额 \times 比例税率$$

4. 用已税消费品作为中间投入物生产的应税消费品

为避免重复征税，纳税人使用外购应税消费品或委托加工收回的应税消费品连续生产应税消费品销售的，可以将外购应税消费品或委托加工收回的应税消费品已缴纳的消费税给予扣除。

1）扣除范围

以下（外购或委托加工收回）情况可扣除：

（1）以外购或委托加工收回的已税烟丝生产的卷烟；

（2）以外购或委托加工收回的已税化妆品生产的化妆品；

（3）以外购或委托加工收回的已税珠宝玉石生产的贵重首饰及珠宝玉石；

（4）以外购或委托加工收回的已税鞭炮焰火生产的鞭炮焰火；

（5）以外购或委托加工收回的已税摩托车生产的摩托车；

（6）以外购或委托加工收回的已税杆头、杆身和握把为原料生产的高尔夫球杆；

（7）以外购或委托加工收回的已税木制一次性筷子为原料生产的木制一次性筷子；

（8）以外购或委托加工收回的已税实木地板为原料生产的实木地板；

（9）以外购或委托加工收回的已税汽油、柴油、石脑油、燃料油、润滑油为原料生产的应税成品油。

2）外购应税消费品已纳税款的计算

对于用外购已纳消费税的应税消费品连续生产出来的某些应税消费品，在计算征税时，应按当期生产领用数量扣除其已纳消费税。

当期准予扣除的外购应税消费品已纳税款 = 当期准予扣除的外购应税消费品买价 × 外购应税消费品比例税率

其中，

当期准予扣除的外购应税消费品买价 = 期初库存的外购应税消费品买价 + 当期购进的外购应税消费品买价 - 期末库存的外购应税消费品买价

3）委托加工收回的应税消费品已纳税款的计算

按当期生产领用数量从当期应纳消费税税额中扣除。其扣税规定与外购已税消费品连续生产应税消费品的扣税范围、扣税方法、扣税环节相同。

当期准予扣除的委托加工应税消费品已纳税款 = 期初库存的委托加工应税消费品已纳税款 + 当期收回的委托加工应税消费品已纳税款 - 期末库存的委托加工应税消费品已纳税款

（二）生产者自产自用应税消费品应纳税额的计算

自产自用应税消费品，是指纳税人生产应税消费品后，不是用于直接对外销售，而是用于自己连续生产应税消费品，或用于其他方面。

1. **自产应税消费品用于连续生产应税消费品：不纳税**

用于连续生产应税消费品，是指纳税人将自产自用的应税消费品作为直接材料生产最终应税消费品，自产自用应税消费品构成最终应税消费品的实体。

2. **自产应税消费品用于其他方面：于移送使用时纳税**

用于其他方面，是指纳税人将自产自用应税消费品用于生产非应税消费品；在建工程、管理部门、非生产机构；提供劳务；馈赠、赞助、集资、广告、样品、职工福利、奖励等方面。

3. **应纳税额的计算**

纳税人自产自用的应税消费品，按照纳税人生产的同类消费品的销售价格计算纳税；没有同类消费品销售价格的，按照组成计税价格计算纳税。

1）实行从价定率办法计算纳税的

（1）有同类消费品的销售价格的，按销售价格计算。

应纳税额＝计税价格（当月销售的同类消费品的销售价格）×适用税率

同类消费品的销售价格，是指纳税人或者代收代缴义务人当月销售的同类消费品的销售价格，如果当月同类消费品各期销售价格高低不同，应按销售数量加权平均计算。但销售的应税消费品有下列情况之一的，不得列入加权平均计算：销售价格明显偏低又无正当理由的；无销售价格的。

如当月无销售或当月未完结，应按同类消费品上月或最近月份的销售价格计算纳税。

（2）没有同类消费品的销售价格的，按组成计税价格计算。

组成计税价格＝（成本＋利润）÷（1-消费税比例税率）

或：

组成计税价格＝成本×（1+成本利润率）÷（1-消费税比例税率）

注意：组价公式中的"成本利润率"，是指国家税务总局规定的应税消费品全国平均成本利润率，如表4-1所示。

表4-1　应税消费品全国平均成本利润率

应税消费品	成本利润率/%	应税消费品	成本利润率/%
甲类卷烟	10	高档手表	20
乙类卷烟	5	摩托车	6
雪茄烟	5	高尔夫球及球具	10
烟丝	5	游艇	10
粮食白酒	10	木制一次性筷子	5
薯类白酒	5	实木地板	5
其他酒	5	乘用车	8
化妆品	5	中轻型商用客车	5
鞭炮、焰火	5	电池	4
贵重首饰及珠宝玉石	6	涂料	7

【例题】

丽春化妆品厂为增值税一般纳税人，2014 年 6 月将一批自产的化妆品用作职工福利，化妆品的成本 8000 元，该化妆品无同类产品市场销售价格，已知其成本利润率为 5%，消费税税率为 30%。计算该批化妆品应缴纳的消费税税额。

【解析】

组成计税价格 = 8000×（1+5%）÷（1-30%）= 12000（元）

应纳消费税税额 = 12000×30% = 3600（元）

2）实行从量定额办法计算纳税的

消费税从量征收与售价或组价无关；征收增值税需计算组价时，组价公式中的成本利润率按增值税法中规定的 10% 确定，组价中应含消费税税金（即从量征收的消费税额），计算公式为：

应纳税额 = 自产自用数量×定额税率

3）实行复合计税办法计算纳税的

有同类消费品的销售价格的，按销售价格计算；没有同类消费品的销售价格的，按组成计税价格计算。

组成计税价格 =（成本+利润+自产自用数量×定额税率）÷（1-比例税率）

成本，是指应税消费品的产品生产成本。利润，是指根据应税消费品的全国平均成本利润率计算的利润。

应纳税额 = 组成计税价格×比例税率+自产自用收回数量×定额税率

【例题】

安山酒厂将自产的薯类白酒 1000 斤用于广告样品，每斤白酒成本 10 元，无同类产品售价。计算安山酒厂应纳消费税税额。

【解析】

从量征收的消费税 = 1000×0.5 = 500（元）

从价征收的消费税组成的计税价格 = ［10×1000×（1+5%）+500］÷（1-20%）

= 13750（元）

从价征收的消费税 = 13750×20% = 2750（元）

应纳消费税 = 500+2750 = 3250（元）

（三）委托加工应税消费品应纳税额的计算

1. 委托加工应税消费品的确定

委托加工的应税消费品，其一是由委托方提供原料和主要材料；其二受托方只收取加工费和代垫部分辅助材料。两条件同时满足，受托方代收代缴消费税，且受托方只就其加工劳务缴纳增值税。

以下情况不属于委托加工应税消费品：

（1）由受托方提供原材料生产的应税消费品；

（2）受托方先将原材料卖给委托方，再接受加工的应税消费品；

（3）由受托方以委托方名义购进原材料生产的应税消费品。

2. 委托加工应税消费品代收代缴税款的规定

加工应税消费品的委托方是消费税的纳税人；应缴纳的消费税税款，由受托方在向委托方交货时代收代缴消费税（如果纳税人委托个体经营者加工应税消费品，一律于委托方收回后在委托方所在地缴纳消费税）。受托方在交货时已代收代缴消费税，委托方收回后直接出售的，不再征收消费税。

委托方将收回的应税消费品，以不高于受托方的计税价格出售的，为直接出售，不再缴纳消费税；委托方以高于受托方的计税价格出售的，不属于直接出售，需按照规定申报缴纳消费税，在计税时准予扣除受托方已代收代缴的消费税。

未按规定代收代缴，则要补交并两方都承担法律责任。补征税款的计税依据是：收回的应税消费品已直接销售的，按销售额计税；收回的应税消费品尚未销售或不能直接销售的，按组成计税价格计税。

3. 委托加工应税消费品的组成计税价格及应纳税额的计算

委托加工的应税消费品，按照受托方的同类消费品的销售价格计算纳税；没有同类消费品销售价格的，按照组成计税价格计算纳税。

1）实行从价定率征收的应税消费品

（1）受托方有同类消费品销售价格的：

应纳税额＝（受托方的）同类消费品销售单价×委托加工数量×比例税率

这里的"同类消费品销售价格"与自产自用应税消费品相关规定相同。

（2）受托方没有同类消费品销售价格的，按照组成计税价格计税：

组成计税价格＝（材料成本＋加工费）÷（1－比例税率）

应纳税额＝组成计税价格×比例税率

公式中，材料成本是指委托方所提供加工材料的实际成本。委托加工应税消费品的纳税人，必须在委托加工合同上如实注明（或者以其他方式提供）材料成本，凡未提供材料成本的，受托方主管税务机关有权核定其材料成本。加工费，是指受托方加工应税消费品向委托方所收取的全部费用（包括代垫辅助材料的实际成本）。

【例题】

三阳商场委托安山酒厂加工粮食白酒1吨，三阳商场提供原材料和主要材料，材料实际成本为10000元，安山酒厂收取加工费3000元，安山酒厂无同类产品售价。请计算安山酒厂代收代缴的消费税税额。

【解析】

从量征收的消费税＝1×2000×0.5＝1000（元）

从价征收的消费税组成的计税价格＝［10000＋3000＋1000］÷（1－20%）

＝17500（元）

从价征收的消费税＝17500×20%＝3500（元）

代收代缴的消费税＝1000＋3500＝4500（元）

2）实行从量定额征收的应税消费品

应纳税额＝委托加工收回的数量×定额税率

3）实行复合计税办法征收的应税消费品

（1）受托方有同类消费品销售价格的：

应纳税额＝委托加工收回的数量×定额税率＋同类消费品销售单价×委托加工数量×比例税率

（2）受托方没有同类消费品销售价格的：

应纳税额＝委托加工收回数量×定额税率＋组成计税价格×比例税率

组成计税价格＝（材料成本＋加工费＋委托加工数量×定额税率）÷（1－比例税率）

注意：消费者个人委托加工的金银首饰及珠宝玉石，可暂按加工费征收消费税。

（四）进口应税消费品应纳税额的计算

缴税时间：报关进口时，由海关代征。

申报人：进口人或者其代理人。

纳税时限：自海关填发税款缴纳证的次日起 7 日内缴纳。

课税对象：进口商品总值（到岸价格、关税和消费税）。

进口的应税消费品，按照组成价格计算纳税。

1．实行从价定率办法的应税消费品应纳税额的计算

应纳税额＝组成计税价格×比例税率

组成计税价格＝（关税完税价格＋关税）÷（1－消费税比例税率）

上述公式中的关税完税价格，是指海关核定的关税计税价格。

2．实行从量定额办法的应税消费品应纳税额的计算

应纳税额＝应税消费品进口数量×定额税率

3．实行复合计税办法的应税消费品应纳税额的计算

应纳税额＝组成计税价格×比例税率＋应税消费品进口数量×定额税率

组成计税价格＝（关税完税价格＋关税＋进口数量×消费税定额税率）÷（1－消费税比例税率）

五、出口应税消费品退（免）税

（一）出口应税消费品退（免）税政策

1．出口退税并免税——又免又退

适用于有出口经营权的外贸企业购进应税消费品直接出口以及外贸企业受其他外贸企业委托代理出口应税消费品。

2．出口免税但不退税——只免不退

适用于有出口经营权的生产性企业自营出口或委托外贸企业代理出口自产的应税消费品。

3．出口不免税也不退税

适用于除生产企业、外贸企业外的一般商贸企业。这类企业委托外贸企业代理出口应税消费品一律不退（免）税。

（二）出口退税率

消费税的退税率（额），就是该应税消费品消费税的征税率（额）。

当出口的货物是应税消费品时，其退还的增值税要按规定的退税率计算。

企业出口不同税率的应税消费品，须分别核算、申报，按各自适用税率计算退税额；否则，只能从低适用税率退税。

（三）出口应税消费品退税额的计算

1. 实行从价定率办法的应税消费品应退税额的计算，应按照外贸企业从工厂购进货物时征收消费税的价格计算应退消费税税额，其公式为：

$$应退消费税=出口货物工厂销售额（不含增值税）×比例税率$$

2. 实行从量定率办法的应税消费品应退税额的计算，应按照外贸企业购进货物和报关出口的数量计算应退消费税税额，其公式为：

$$应退消费税=出口数量×定额税率$$

六、消费税征收管理

（一）纳税义务发生的时间

（1）纳税人销售应税消费品的，按不同的销售结算方式分别为：

① 采取赊销和分期收款结算方式的，为书面合同约定的收款日期的当天，书面合同没有约定收款日期或者无书面合同的，为发出应税消费品的当天；

② 采取预收货款结算方式的，为发出应税消费品的当天；

③ 采取托收承付和委托银行收款方式的，为发出应税消费品并办妥托收手续的当天；

④ 采取其他结算方式的，为收讫销售款或者取得索取销售款凭据的当天。

（2）纳税人自产自用应税消费品的，为移送使用的当天。

（3）纳税人委托加工应税消费品的，为纳税人提货的当天。

（4）纳税人进口应税消费品的，为报关进口的当天。

（二）纳税期限

（1）消费税的纳税期限分别为1日、3日、5日、10日、15日、1个月或者1个季度。纳税人的具体纳税期限，由主管税务机关根据纳税人应纳税额的大小分别核定；不能按照固定期限纳税的，可以按次纳税。

（2）申报纳税期限：以1个月或者1个季度为1个纳税期的，自期满之日起15日内申报纳税；其他的自期满之日起5日内预缴税款，于次月1日起15日内申报纳税并结清上月应纳税款。

（3）纳税人进口货物，应当自海关填发海关进口增值税专用缴款书之日起15日内缴纳税款。

（三）纳税地点

（1）纳税人销售应税消费品或自产自用应税消费品，向机构所在地或者居住地的主管税务机关申报纳税。

纳税人的总机构与分支机构不在同一县（市）的，应当分别向各自机构所在地的主管税务机关申报纳税；经财政部、国家税务总局或者其授权的财政、税务机关批准，可以由总机构汇总向总机构所在地的主管税务机关申报纳税。

纳税人到外县（市）销售或者委托外县（市）代销自产应税消费品的，于应税消费品销售后，向机构所在地或者居住地主管税务机关申报纳税。

纳税人销售的应税消费品，如因质量等原因由购买者退回时，经机构所在地或者居住地主管税务机关审核批准后，可退还已缴纳的消费税税款。

（2）委托加工的除受托方为个人外，由受托方（受托方为个人的此处为委托方）向机构所在地或者居住地的主管税务机关解缴消费税税款。

（3）进口的应税消费品，由进口人或者其代理人向报关地海关申报纳税。

 消费税法实践项目

子项目一　消费税税制要素

任务一　消费税的性质

【案例讨论】

汽车消费税增加，销售商凭啥转嫁给准车主①

2008年8月，受国际油价持续走高的影响，国家税务总局和财政部联合下发通知，决定从9月1日起对乘用车的税率进行调整，气缸容量在4.0升以上的乘用车，税率由原先的20%上调至40%。然而很多在新政实施前购买大排量汽车的消费者在提车时却被销售商要求补交购车款，否则就不能将车提走。两消费者认为销售商此举有违合同法，有巧取豪夺之嫌。

1. 按合约去提车，被强加几十万税款

2008年6月，消费者赵先生和张先生与北京的一家汽车销售厂商签订了两辆保时捷卡宴型轿车的销售合同，且每人预付了20万元定金。11月，两人收到了提车通知函，随信而来的还有一份情况说明书。销售商称，由于国家汽车消费税税收政策调整，原车价格也应做相应调整。两辆车因为车型不同，各相应提高了30万~40万元不等的价款。

对于销售商因汽车消费税调整而增加的费用让自己承担，赵先生和张先生觉得很不公平，于是拿着那份附带条件的提车通知函找到汽车销售商。但销售商的态度非常明确，因为税率变化而增加的合同价款必须由买车人负担，不按新价付款就休想提车。

原来定好的价格怎么说变就变？经销商的市场风险怎么能让买车人承担？为了尽早将车领回来，赵先生和张先生委托律师向汽车经销商送达了律师函，告知经销商必须在2009年1月20日前按照原销售合同约定的价格和条件向他们交付保时捷卡宴车型，并向两名购车人支付因延期交车而产生的违约金。遭到经销商拒绝后，二人决定起诉经销商。

无独有偶，浙江一法院也审理了一起因国家汽车消费税调整而引发的诉讼。2008年6月3日，浙江的一家物资有限公司向金丰丰田销售服务有限公司订购了兰德酷路泽（俗称陆地巡洋舰）越野车一辆，该车售价为83.5万元，排量为4.7升，交货日期为2008年11月30日前，双方还特意签订了书面协议予以确认。

而就在交货时，因消费税的调整，销售商将车价由原来的83.5万元调升至105万元。

---

① 案例材料来源：福建消费网2009年2月6日 http://fj.ccn.com.cn/news2.asp? Unid=84080

2. 遭遇税政变动，经销商不愿担风险

物资公司无法接受该价格，一纸诉状告到法院。销售商在法庭上辩称，汽车消费税作为一种流转税，虽是在生产或销售环节就特定消费品征收的一种税，但最终承担者是消费特定商品的消费者。国家上调大排量汽车的消费税是一种国家行为，其旨在进一步调整消费结构。如果将该调整差价不合理地施加于汽车经销商，不仅有悖于消费税课税意图，也不符合国家调整高档汽车消费税的初衷。物资公司要求按原价交付车辆，则明显违反诚实原则，导致双方权利义务失衡，显失公平，因此坚持先调价后交车。

那么这笔提高的消费税到底该由谁承担呢？

消费税是在对货物普遍征收增值税的基础上，选择少数消费品再征收一道消费税，一般体现在生产端，目的在于调节产品结构，引导消费方向。消费税只在消费品的生产、委托加工和进口环节缴纳，在以后的批发、零售等环节，因为价款中已包含消费税，因此不用再缴纳消费税，税款最终由消费者承担。目前我国对小汽车按不同车种排气量大小设置的三档税率是针对厂家征收。

【问题探究】

（1）如何理解消费税的性质？其作为流转税、间接税、价内税的具体含义是什么？

（2）由于国家税收政策的调整导致消费税增加，从而引起的合同争议，应当如何解决？

任务二 消费税的征税范围

【案例讨论】

北京市某化工厂为增值税一般纳税人，其经营项目包括化妆品、护肤护发品、痱子粉、爽身粉和民用洗涤灵等日常用品。2011 年 2 月，该化工厂向一小规模纳税人销售化妆品 20 万元、痱子粉、爽身粉 5 万元，民用洗涤灵 10 万元，并开具普通发票，本月该厂各项进项税额为 3 万元，月末该厂财务人员申报应纳消费税为 8.55 万元，其计算方法如下：

$$20 \times 30\% + 5 \times 17\% + 10 \times 17\% = 8.55 （万元）$$

应纳增值税为：$(20+5+10) \div (1+17\%) \times 17\% - 3 = 2.1 （万元）$。

该项销售业务共应纳税 10.65 万元。本月该厂生产上述各产品成本为 25 万元，由此企业本月经营亏损 0.65 万元。

【问题探究】

（1）我国消费税的具体征税范围是如何规定的？消费税与增值税有何区别与联系？

（2）本案中，化工厂当月的各项业务哪些应缴纳消费税？是否应缴纳增值税？

（3）本案中，化工厂当月各项业务实际应纳税额为多少？

【相关法律指引】

《中华人民共和国消费税暂行条例》

第一条 在中华人民共和国境内生产、委托加工和进口本条例规定的消费品的单位和个人，以及国务院确定的销售本条例规定的消费品的其他单位和个人，为消费税的纳税人，应当依照本条例缴纳消费税。

第二条 消费税的税目、税率，依照本条例所附的《消费税税目税率表》执行。

消费税税目、税率的调整，由国务院决定。

第六条　销售额为纳税人销售应税消费品向购买方收取的全部价款和价外费用。

《中华人民共和国消费税暂行条例实施细则》

第三条　条例所附《消费税税目税率表》中所列应税消费品的具体征税范围，由财政部、国家税务总局确定。

第十二条　条例第六条所称销售额，不包括应向购货方收取的增值税税款。如果纳税人应税消费品的销售额中未扣除增值税税款或者因不得开具增值税专用发票而发生价款和增值税税款合并收取的，在计算消费税时，应当换算为不含增值税税款的销售额。其换算公式为：

应税消费品的销售额=含增值税的销售额÷（1+增值税税率或者征收率）

《中华人民共和国增值税暂行条例》

第一条　在中华人民共和国境内销售货物或者提供加工、修理修配劳务以及进口货物的单位和个人，为增值税的纳税人，应当依照本条例缴纳增值税。

《中华人民共和国增值税暂行条例实施细则》

第二条条例第一条所称货物，是指有形动产，包括电力、热力、气体在内。

……

第三条　条例第一条所称销售货物，是指有偿转让货物的所有权。

……

子项目二　消费税的计算

任务一　生产销售应税消费品如何缴税

案例1：从价定率计征

【案例讨论】

美丽化妆品公司为增值税一般纳税人。2016年12月10日向新地商厦销售高档化妆品一批，开具增值税专用发票，取得不含税增值税销售额50万元，增值税额8.5万元；12月10日向某零售商销售化妆品一批，开具的发票上注明的含增值税销售额为35.1万元。已知高档化妆品消费税税率为15%。

【问题探究】

本案中化妆品公司当月应缴纳的消费税税额如何计算？

【相关法律指引】

《中华人民共和国消费税暂行条例》

第五条　消费税实行从价定率、从量定额，或者从价定率和从量定额复合计税（以下简称复合计税）的办法计算应纳税额。应纳税额计算公式：

实行从价定率办法计算的应纳税额=销售额×比例税率

实行从量定额办法计算的应纳税额=销售数量×定额税率

实行复合计税办法计算的应纳税额=销售额×比例税率+销售数量×定额税率

纳税人销售的应税消费品，以人民币计算销售额。纳税人以人民币以外的货币结算销售额的，应当折合成人民币计算。

第六条　销售额为纳税人销售应税消费品向购买方收取的全部价款和价外费用。

第十三条　纳税人销售的应税消费品，以及自产自用的应税消费品，除国务院财政、税务主管部门另有规定外，应当向纳税人机构所在地或者居住地的主管税务机关申报纳税。

……

《中华人民共和国消费税暂行条例实施细则》

第十二条　条例第六条所称销售额，不包括应向购货方收取的增值税税款。如果纳税人应税消费品的销售额中未扣除增值税税款或者因不得开具增值税专用发票而发生价款和增值税税款合并收取的，在计算消费税时，应当换算为不含增值税税款的销售额。其换算公式为：

$$应税消费品的销售额＝含增值税的销售额÷（1＋增值税税率或者征收率）$$

第十四条　条例第六条所称价外费用，是指价外向购买方收取的手续费、补贴、基金、集资费、返还利润、奖励费、违约金、滞纳金、延期付款利息、赔偿金、代收款项、代垫款项、包装费、包装物租金、储备费、优质费、运输装卸费以及其他各种性质的价外收费。但下列项目不包括在内：

（一）同时符合以下条件的代垫运输费用：

1. 承运部门的运输费用发票开具给购买方的；

2. 纳税人将该项发票转交给购买方的。

（二）同时符合以下条件代为收取的政府性基金或者行政事业性收费：

1. 由国务院或者财政部批准设立的政府性基金，由国务院或者省级人民政府及其财政、价格主管部门批准设立的行政事业性收费；

2. 收取时开具省级以上财政部门印制的财政票据；

3. 所收款项全额上缴财政。

案例2：从量定额计征

【案例讨论】

云海啤酒厂2015年3月销售乙类啤酒50吨，每吨出厂价格2600元。另外收取包装物押金1.17万元。已知：乙类啤酒适用单位税额220元。

【问题探究】

本案中啤酒厂当月应缴纳的消费税税额如何计算？

【相关法律指引】

《中华人民共和国消费税暂行条例实施细则》

第九条　条例第五条第一款所称销售数量，是指应税消费品的数量。具体为：

（一）销售应税消费品的，为应税消费品的销售数量；

（二）自产自用应税消费品的，为应税消费品的移送使用数量；

（三）委托加工应税消费品的，为纳税人收回的应税消费品数量；

（四）进口应税消费品的，为海关核定的应税消费品进口征税数量。

案例3：复合计征

【案例讨论】

山阳酒业公司为增值税一般纳税人，2015年8月销售粮食白酒50吨，取得不含增值税的销售额150万元。已知白酒适用消费税比例税率20%，定额税率每500克0.5元。

【问题探究】

本案中山阳酒业公司当月应缴纳的消费税税额如何计算？

任务二　自产自用应税消费品如何缴税

【案例讨论】

嘉美化妆品有限责任公司是一家经营各种化妆品、护肤护发品的合资企业，2009 年 5 月，该公司共生产各类化妆品和护肤护发品价值 30 万元，但由于产品市场定位欠佳，预计该月仅能销售化妆品及护肤护发品共 15 万元。为了避免产品积压，该公司决定将部分剩余的化妆品馈赠给协作企业，并加大广告宣传的力度。发生如下业务：

（1）用化妆品和护肤护发品做成礼品盒馈赠给协作企业，价值 3 万元。

（2）企业赞助当地电视台举办的大型歌舞晚会用化妆品价值 5 万元。

（3）广告样品用化妆品和护肤护发品，未分别核算，总计价值 0.4 万元。

（4）将化妆品分配给本公司职工共计价值 2 万元。

（5）销售化妆品 10 万元，护肤护发品 6 万元。

月末进行纳税申报时，公司财务人员计算应纳税额如下：

$10 \times 30\% + 6 \times 17\% = 4.02$（万元）

但是经税务机关审核，实际应纳税额为：

$3 \times 30\% + 5 \times 30\% + 0.4 \times 30\% + 2 \times 30\% + 10 \times 30\% + 6 \times 17\% = 7.14$（万元）

公司对此不服，认为公司将产品馈赠、赞助，或作为广告样品时，并未销售取得收入，不应缴纳消费税，并提出行政复议，但上级税务机关审核后维持原判。

【问题探究】

（1）什么是视同销售行为？将本公司的产品馈赠、赞助给他人，或者将产品作为广告样品时，是否属于销售行为？是否应征消费税？

（2）本案中，该化妆品公司当月的业务实际应当缴纳税额为多少？

【相关法律指引】

《中华人民共和国消费税暂行条例》

第四条　纳税人生产的应税消费品，于纳税人销售时纳税。纳税人自产自用的应税消费品，用于连续生产应税消费品的，不纳税；用于其他方面的，于移送使用时纳税。

委托加工的应税消费品，除受托方为个人外，由受托方在向委托方交货时代收代缴税款。委托加工的应税消费品，委托方用于连续生产应税消费品的，所纳税款准予按规定抵扣。

进口的应税消费品，于报关进口时纳税。

第七条　纳税人自产自用的应税消费品，按照纳税人生产的同类消费品的销售价格计算纳税；没有同类消费品销售价格的，按照组成计税价格计算纳税。

实行从价定率办法计算纳税的组成计税价格计算公式：

$$组成计税价格 = （成本 + 利润）\div （1 - 比例税率）$$

实行复合计税办法计算纳税的组成计税价格计算公式：

$$组成计税价格 = （成本 + 利润 + 自产自用数量 \times 定额税率）\div （1 - 比例税率）$$

【能力训练】

某化妆品公司拖欠原材料生产企业货款23.4万元，后该化妆品公司与原材料生产企业协商，愿以该公司生产的化妆品实物抵偿这笔债务。经原材料生产企业同意，化妆品公司以价值20万元的化妆品及销项税额3.4万元共计23.4万元抵偿这笔债务，原材料生产企业以这批化妆品作为劳动节礼品发给了职工。化妆品公司缴纳了增值税，却没有申报缴纳消费税款。

【问题及要求】

（1）根据我国消费税法，哪些行为属于视同销售行为？

（2）本案中，某化妆品公司以自己生产的化妆品抵债的行为是否应当缴纳消费税？

任务三 委托加工应税消费品如何缴税

【案例讨论】

甲烟草公司是增值税一般纳税人，并持有烟草批发许可证，2013年5月购进一批已税烟丝680万元，而后将该批烟丝委托乙卷烟厂加工成甲类卷烟420箱，乙卷烟厂每箱收取加工费0.12万元。

本月甲烟草公司按照约定收回乙卷烟厂加工的卷烟130箱，甲公司将其中50箱销售给丙烟草零售专卖店，取得销售额210万元；其余80箱作为投资，与其他三个股东合资成立了丁烟草零售经销公司。

【问题探究】

（1）什么是委托加工的应税消费品？

（2）委托加工的应税消费品如何计税？委托加工应税消费品消费税如何缴纳？

（3）本案中，甲烟草公司如何缴纳消费税？乙卷烟厂如何代收代缴消费税？

【相关法律指引】

《中华人民共和国消费税暂行条例》

第四条……

委托加工的应税消费品，除受托方为个人外，由受托方在向委托方交货时代收代缴税款。委托加工的应税消费品，委托方用于连续生产应税消费品的，所纳税款准予按规定抵扣。

……

第八条 委托加工的应税消费品，按照受托方的同类消费品的销售价格计算纳税；没有同类消费品销售价格的，按照组成计税价格计算纳税。

实行从价定率办法计算纳税的组成计税价格计算公式：

组成计税价格＝（材料成本＋加工费）÷（1-比例税率）

实行复合计税办法计算纳税的组成计税价格计算公式：

组成计税价格＝（材料成本＋加工费＋委托加工数量×定额税率）÷（1-比例税率）

第十三条……

委托加工的应税消费品，除受托方为个人外，由受托方向机构所在地或者居住地的主管税务机关解缴消费税税款。

……

《中华人民共和国消费税暂行条例实施细则》

第十八条　条例第八条所称材料成本，是指委托方所提供加工材料的实际成本。

委托加工应税消费品的纳税人，必须在委托加工合同上如实注明（或者以其他方式提供）材料成本，凡未提供材料成本的，受托方主管税务机关有权核定其材料成本。

第十九条　条例第八条所称加工费，是指受托方加工应税消费品向委托方所收取的全部费用（包括代垫辅助材料的实际成本）。

第二十四条　……

委托个人加工的应税消费品，由委托方向其机构所在地或者居住地主管税务机关申报纳税。

财政部、国家税务总局《关于调整卷烟产品消费税政策的通知》财税〔2009〕84号

一、调整卷烟产品生产环节消费税政策

（一）调整卷烟生产环节消费税计税价格

新的卷烟生产环节消费税最低计税价格由国家税务总局核定并下达。

（二）调整卷烟生产环节（含进口）消费税的从价税税率。

1. 甲类卷烟，即每标准条（200支，下同）调拨价格在70元（不含增值税）以上（含70元）的卷烟，税率调整为56%。

2. 乙类卷烟，即每标准条调拨价格在70元（不含增值税）以下的卷烟，税率调整为36%。

卷烟的从量定额税率不变，即0.003/支。

（三）调整雪茄烟生产环节（含进口）消费税的从价税税率。

将雪茄烟生产环节的税率调整为36%。

二、在卷烟批发环节加征一道从价税

（一）纳税义务人：在中华人民共和国境内从事卷烟批发业务的单位和个人。

（二）征收范围：纳税人批发销售的所有牌号规格的卷烟。

（三）计税依据：纳税人批发卷烟的销售额（不含增值税）。

（四）纳税人应将卷烟销售额与其他商品销售额分开核算，未分开核算的，一并征收消费税。

（五）适用税率：5%。

（六）纳税人销售给纳税人以外的单位和个人的卷烟于销售时纳税。纳税人之间销售的卷烟不缴纳消费税。

（七）纳税义务发生时间：纳税人收讫销售款或者取得索取销售款凭据的当天。

（八）纳税地点：卷烟批发企业的机构所在地，总机构与分支机构不在同一地区的，由总机构申报纳税。

（九）卷烟消费税在生产和批发两个环节征收后，批发企业在计算纳税时不得扣除已含的生产环节的消费税税款。

本通知自2009年5月1日起执行。

【能力训练】

2014年4月，某市A企业委托该市B企业加工一批应税消费品，A企业为B企业提供

原材料，原材料成本为 5 万元，支付 B 企业加工费 4 万元，其中包括 B 企业代垫的辅助材料 4000 元。已知该应税消费品适用消费税税率为 10%。同时查知无同类消费品销售价格。

【问题及要求】

本案中 A 企业应税消费品消费税税款为多少？如何缴纳？

任务四 进口应税消费品如何缴税

【案例讨论】

丽莱化妆品公司 2013 年 11 月进口一批化妆品，海关审定的关税完税价格为 28 万元，关税税率为 40%。当月在国内全部销售，开具的增值税专用发票上注明的价款、增值税税款分别为 71 万元、12.07 万元。已知化妆品适用消费税税率为 30%。

【问题探究】

(1) 进口应税消费品的消费税如何计算缴纳？

(2) 本案中丽莱化妆品公司进口化妆品应如何缴纳消费税？

【相关法律指引】

《中华人民共和国消费税暂行条例》

第九条 进口的应税消费品，按照组成计税价格计算纳税。

实行从价定率办法计算纳税的组成计税价格计算公式：

组成计税价格 ＝ （关税完税价格＋关税）÷ （1－消费税比例税率）

实行复合计税办法计算纳税的组成计税价格计算公式：

组成计税价格 ＝ （关税完税价格＋关税＋进口数量×消费税定额税率）÷ （1－消费税比例税率）

第十二条 消费税由税务机关征收，进口的应税消费品的消费税由海关代征。

个人携带或者邮寄进境的应税消费品的消费税，连同关税一并计征。具体办法由国务院关税税则委员会会同有关部门制定。

第十三条第三款 进口的应税消费品，应当向报关地海关申报纳税。

《中华人民共和国消费税暂行条例实施细则》

第二十条 条例第九条所称关税完税价格，是指海关核定的关税计税价格。

第二十四条第四款 进口的应税消费品，由进口人或者其代理人向报关地海关申报纳税。

子项目三 消费税征收管理

【案例讨论】 消费税纳税义务发生时间的确定

玉竹酒厂 2013 年 5 月发生如下经济业务：

(1) 销售粮食白酒 10000 瓶，每瓶 500 克，每瓶不含税售价为 200 元，同时，销售黄酒 500 吨。

(2) 销售薯类白酒 5000 箱，每箱 300 元，每箱 10 瓶，每瓶 500 克。收取包装物押金 3000 元 （不含税），采取委托收款结算方式，货已发出，托收手续已办妥。

(3) 向丽都商场分期收款销售的其他酒的第三批收款期限已到，按照双方签订的合同规定，本期应收货款 40000 元，但是丽都商场由于资金周转困难尚未付款。

【问题探究】

（1）如何确定案例中纳税人各项消费税纳税义务的发生时间？

（2）分析并计算该酒厂当月应纳消费税税额。

【相关法律指引】

《中华人民共和国消费税暂行条例》

第四条　纳税人生产的应税消费品，于纳税人销售时纳税。纳税人自产自用的应税消费品，用于连续生产应税消费品的，不纳税；用于其他方面的，于移送使用时纳税。

委托加工的应税消费品，除受托方为个人外，由受托方在向委托方交货时代收代缴税款。委托加工的应税消费品，委托方用于连续生产应税消费品的，所纳税款准予按规定抵扣。

进口的应税消费品，于报关进口时纳税。

《中华人民共和国消费税暂行条例实施细则》

第八条　消费税纳税义务发生时间，根据条例第四条的规定，分列如下：

（一）纳税人销售应税消费品的，按不同的销售结算方式分别为：

1. 采取赊销和分期收款结算方式的，为书面合同约定的收款日期的当天，书面合同没有约定收款日期或者无书面合同的，为发出应税消费品的当天；

2. 采取预收货款结算方式的，为发出应税消费品的当天；

3. 采取托收承付和委托银行收款方式的，为发出应税消费品并办妥托收手续的当天；

4. 采取其他结算方式的，为收讫销售款或者取得索取销售款凭据的当天。

（二）纳税人自产自用应税消费品的，为移送使用的当天。

（三）纳税人委托加工应税消费品的，为纳税人提货的当天。

（四）纳税人进口应税消费品的，为报关进口的当天。

酒类产品消费税政策

《财政部　国家税务总局关于调整酒类产品消费税政策的通知》财税〔2001〕84号

一、调整粮食白酒、薯类白酒消费税税率。

粮食白酒、薯类白酒消费税税率由《中华人民共和国消费税暂行条例》规定的比例税率调整为定额税率和比例税率。

（一）定额税率：粮食白酒、薯类白酒每斤（500克）0.5元。

（二）比例税率：

1. 粮食白酒（含以果木或谷物为原料的蒸馏酒，下同）25%。

下列酒类产品比照粮食白酒适用25%比例税率：

以粮食和薯类、糠麸等多种原料混合生产的白酒

以粮食白酒为酒基的配置酒、泡制酒

以白酒或酒精为酒基，凡酒基所用原料无法确定的配置酒、泡制酒

2. 薯类白酒15%。

《财政部　国家税务总局关于调整和完善消费税政策的通知》财税〔2006〕33号

四、关于调整税目税率

......

（四）调整白酒税率。

粮食白酒、薯类白酒的比例税率统一为 20%。定额税率为 0.5 元/斤（500 克）或 0.5 元/500 毫升。从量定额税的计量单位按实际销售商品重量确定，如果实际销售商品是按体积标注计量单位的，应按 500 毫升为 1 斤换算，不得按酒度折算。

项目五

关税法

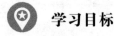

学习目标

通过学习，掌握关税的征税范围、关税纳税主体、关税税则规定，掌握关税征收方法和应纳税额的计算，理解和把握关税的税收优惠措施，熟悉和掌握关税征收制度，明确关税与增值税、消费税的计税方法。

关税法知识结构图

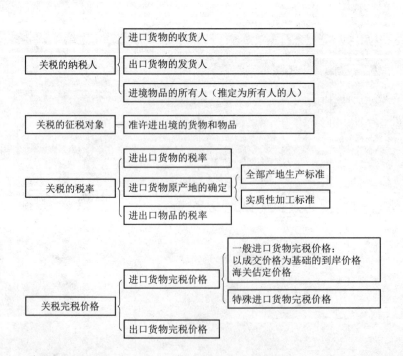

关税的计算

进出口货物应纳税额
从价计征应纳税额＝完税价格×关税税率
从量计征应纳税额＝货物数量×单位税额
复合计征应纳税额＝货物数量×单位税额+完税价格×关税税率
滑准关税应纳税额＝完税价格×滑准税率

进境物品进口税应纳税额

关税的征收管理

关税申报缴纳（纳税期限、纳税地点）

关税税款的退、补、追

关税法基本问题

一、关税概述

（一）关税的概念

关税是主权国家海关依法对进出境的货物和物品，就其进出口流转额征收的一种税。

所谓"境"，指关境，又称"海关境域"或"关税领域"，是一个主权国家行使关税权力全面实施统一海关法令的领土界域，而"国境"则是指一个主权国家行使行政权力的领土界域。通常情况下，一国关境与国境是一致的，包括国家全部的领土、领海、领空。因此，关税又常称为对进出国境的货物和物品征收的一种税。但当一个国家在国境内设立了自由港、自由贸易区时，这些区域就进出口关税而言处在关境之外，这时，该国家的关境小于国境；而若几个国家结成关税同盟，组成一个共同的关境，实施统一的关税法令和进出口税则，这些国家彼此之间货物进出国境不征收关税，又会使这些国家的关境大于国境。我国的香港和澳门地区回归后仍保持自由港地位，因此我国的关境小于国境。

关税是非常古老的一个税种。在西方，关税最早产生于古希腊时期。公元前 500 多年，地中海、爱琴海及黑海一带的经济发展十分迅速并成为当时欧洲的贸易中心。位于这一地区的部落联盟及其各领地的领主为了维护各自利益，纷纷增关设卡，对往来的外地商人征收入关关税。18 世纪以后，随着欧洲各国资本主义生产方式的形成，真正的国际贸易开始出现。关税成为宗主国对殖民地进行经济掠夺的工具。我国关税的历史比欧洲大陆更为久远。秦、汉时期的关税是我国最早有较详细文字记载的关税。唐玄宗时，曾在广州设置市舶使，这是我国海关设置的最早形式，也是对外国征收关税的开端。新中国成立以后，我国实行独立自主的关税政策，建立了中国统一的关税政策。改革开放以后，国家对关税法律制度进行了完善，于 1985 年和 1992 年重新制定了《海关进出口税则》。我国现行关税法律规范以 2000 年 7 月第九届全国人民代表大会修订颁布的《中华人民共和国海关法》、国务院 2003 年 11 月发布的《中华人民共和国进出口关税条例》，以及国务院关税税则委员会审定并报国务院批准，作为条例组成部分的《中华人民共和国海关进出口税则》和《中华人民共和国海关入境旅客行李物品和个人邮递物品征收进口税办法》为基本法规。

（二）关税的特点

1. 征税对象的特定性

关税的征税对象是进出国境或关境的货物和物品。关税不同于因商品交换或提供劳务取得收入而课征的流转税，也不同于因取得所得或拥有财产而课征的所得税或财产税，而是对特定货物和物品途经海关通道进出口征税。关税只对有形的货品征收，对无形的货品不征关税。

2. 征收环节的单一性

关税只是在进口或出口的单一环节征收，此后货品就可在整个关境内流通，不再另行征收关税。

关税的计税依据为关税的完税价格，通常为到岸价格或离岸价格，不能确定到岸价格或离岸价格时，则由海关估定。关税是价外税，其完税价格中不包括关税，在征收关税时是以实际成交价格为计税依据，关税不包括在内，但海关代为征收增值税、消费税时，其计税依据包括关税在内。

3. 具有涉外统一性，执行统一的对外经济政策

关税是一个国家的重要税种。国家征收关税不单纯是为了满足政府财政上的需要，更重要的是利用关税来贯彻执行统一的对外经济政策，实现国家的政治经济目的。许多国家通过制定和调整关税税率来调节进出口贸易。在出口方面，通过低税、免税和退税来鼓励商品出口；在进口方面，通过税率的高低、减免来调节商品的进口。在我国现阶段，关税被用来争取实现平等互利的对外贸易，保护并促进国内工农业生产发展，为社会主义市场经济服务。

4. 实行复式税则

同一进口货物设置优惠税率和普通税率的复式税则制。优惠税率是一般的、正常的税率，适用于同我国订有贸易互利条约或协定的国家；普通税率适用于同我国没有签订贸易条约或协定的国家。这种复式税则充分反映了关税具有维护国家主权、平等互利发展国际贸易和促进经济技术合作的特点。

5. 由海关管理机构代表国家征税

关税的征收管理一般独立于其他国内税收，不是由国内的税务机构如我国的国家税务局与地方税务局实施，也不是由财政部门负责征收，而是由专门负责进出口事务管理的海关总署及其所属机构具体管理和征收。征收关税是海关工作的一个重要组成部分。《中华人民共和国海关法》规定："中华人民共和国海关是国家的进出关境监督管理机关，海关依照本法和其他有关法律、法规，监督进出境的运输工具、货物、行李物品，征收关税和其他税费，查缉走私，并编制海关统计和其他海关业务。"监督管理、征收关税和查缉走私是当前我国海关的三项基本任务。

（三）关税的分类

1. 按征税目的划分

1）财政关税

也称收入关税，是指以增加财政收入为主要目的而征收的关税。在历史上，关税产生以

后的一段很长时期内，征收关税的目的主要是为了统治阶级的统治或宫廷享受。17世纪末，欧洲各国的关税收入约占财政收入的80%以上。以财政收入为主要目的的财政关税，其征税对象应该是进口数量大、消费量大、税负力强的商品，而且应该是本国非生活必需品或非生产必需品，以便既有稳定的税源，又不致影响国内生产和人民生活。目前，由于经济的发展，财政关税已很少使用。但一些发展中国家由于国内经济不发达，其他税源有限，关税在国家财政收入中仍占很大比重。

2）保护关税

这是指以保护本国经济发展为主要目的而征收的关税。保护关税一般把那些本国需要发展但尚不具备国际竞争力的产品列入征税范围，通过设置合理的关税税率使关税税额等于或略高于进口商品成本与本国同类商品成本之间的差额。保护关税政策始于重商主义。现代各国关税保护的重点则有所不同。发达国家所要保护的通常是国际上竞争性很强的商品，发展中国家则重在保护本国新兴产业的发展；而出口保护关税，各国均以限制未加工的紧缺原料出口为目的。随着世界经济一体化进程的推进和国际自由贸易的发展，保护关税受到的限制也越来越多。

2. 按征税对象划分

1）进口关税

这是指海关在外国货物和物品进口时所课征的关税（对国外转入本国的货物征收）。一般是在货物进入关境时征收，或在货物从海关保税仓库转出投入国内市场时征收。现今世界各国的关税，主要是征收进口税。征收进口税的目的在于保护本国市场和增加财政收入。进口税分为正税和附税。正税是按照税则中法定税率征收的进口税；附税是在征收进口正税的基础上额外加征的关税，以保护本国生产和增加财政收入，补充正税的不足，包括反倾销税、报复性关税等。

2）出口关税

这是指海关在本国货物和物品出口时所课征的关税。为了降低出口货物的成本，提高本国货物在国际市场上的竞争能力，世界各国一般少征或不征出口税。但为了限制本国某些产品或自然资源的输出，或为了保护本国生产、本国市场供应和增加财政收入以及某些特定的需要，有些国家也征收出口税。我国目前对少数货物还征收出口关税。

3）过境关税

又称转口税，这是指对境外启运、运经本国国境销往第三国的货物和物品征收的关税。过境关税最早产生并流行于欧洲各国，主要是为了增加国家财政收入而征收的。后由于各国的交通事业发展，竞争激烈，再征收过境税，不仅妨碍国际商品流通，而且减少港口、运输、商业、银行、保险、仓储等方面的收入，故自19世纪后半期起，各国相继废止征收。

3. 按征税标准划分

1）从价关税

这是指以货物的价格为征税标准而计算征收的税。经海关审定作为计征关税依据的价格称为完税价格，多数国家以到岸价格作为完税价格。从价关税（以下简称从价税）的优点是税负较为合理，关税收入随货物价格的升降而增减；其不足之处是完税价格必须严格审定，手续比较复杂。从价关税是关税的主要征收形式。

2）从量关税

即以货物的数量、重量、体积、容量等计量单位为征税标准，以每计量单位货物的应征税额为税率。从量关税（以下简称从量税）的特点是，每一种货物的单位应税额固定，不受该货物价格的影响。计税时以货物的计量单位乘以每单位应纳税金额即可得出该货物的关税税额。从量关税的优点是计算简便，通关手续快捷，并能起到抑制低廉商品或故意低瞒价格货物的进口。但是，由于应税额固定，物价涨落时，税额不能相应变化，因此，在物价上涨时，关税的调控作用相对减弱。

3）复合关税

这是指对同一种进口货物采用从价、从量两种标准课征的一种关税，即征收时两种税率合并计征。复合关税计征手续较为烦琐，但它既可发挥从量关税抑制低价进口货物的特点，又可发挥从价关税税负合理、稳定的特点，在物价波动时，可以减少对财政收入的影响。

4）选择关税

这是指在税则中对同一货物或物品规定从价和从量两种税率，在征税时可由海关选择其中一种计征。一般是选择税额较高的一种。选择的基本原则是，在物价上涨时，使用从价税；在物价下跌时，使用从量税。

5）滑准关税

这是指根据货物的不同价格适用不同税率的一种特殊的从价关税（以下简称滑准税）。它是一种关税税率随进口货物价格由高至低或由低至高设置计征关税的方法。通俗地讲，就是进口货物的价格越高，其进口关税税率越低；进口货物的价格越低，其进口关税税率越高。滑准税的特点是可保持实行滑准税商品的国内市场价格的相对稳定，而不受国际市场价格波动的影响。

4. 按征税性质划分

按征税性质划分，关税可以分为普通关税、优惠关税和加重关税三种，它们主要适用于进口关税。

1）普通关税

又称一般关税，这是对与本国没有签署贸易或经济互惠等友好协定的国家原产的货物征收的非优惠性关税。普通关税与优惠关税的税率差别很大。

2）优惠关税

这是指一国对特定的受惠国给予优惠待遇，使用比普通税率较低的优惠税率。优惠关税一般是互惠关税，但也有单项优惠关税。具体形式有互惠关税、特惠关税、普惠关税、最惠国待遇。

（1）互惠关税，是指两国间相互给予对方比其他国家优惠的税率的一种协定关税。其目的在于发展双方之间的贸易关税，促进双方国家工农业生产的发展。

（2）特惠关税，即特定优惠关税，是指对从特定国家与地区输入的进口商品，全部或部分给予低关税或免征关税待遇的一种优惠关税。特惠关税的优惠程度高于互惠关税。特惠关税实际上是殖民主义的产物，最早始于宗主国与殖民地附属国之间的贸易交往中，具有排他性。

（3）普惠制关税，又称普遍优惠制关税，是指经济发达国家对发展中国家出口货物普遍给予的一种关税优惠制度。普惠关税包含普通、非歧视和非互惠三项原则。普惠关税是广大发展中国家长期斗争的结果，它对打破发达国家的关税壁垒，扩大发展中国家货物进入发达国家市场，推动本国经济的发展有积极意义。但在实施中，普惠关税遇到发达国家为了自身的经济利益设置的种种障碍和限制。

（4）最惠国待遇，是指缔约国一方现在和将来给予任何第三国的一切特权、优惠和豁免，也同样给予对方的一种优惠待遇。它通常是国际贸易协定中的一项重要内容。最惠国待遇往往不是最优惠的关税待遇，它只是一种非歧视性的关税待遇，并不需给予特别的关税照顾或优待。

3）加重关税

也称歧视性关税，这是指对某些输出国、生产国的进口货物，因某种原因（如歧视、报复、保护和经济方面的需要等），使用比正常税率较高的税率所征收的关税。在歧视关税中，使用较多的是反倾销税、反补贴税和报复关税三种形式。

（1）反倾销关税，是指针对实行商品倾销的进口商品而征收的一种进口附加税。加征反倾销税，必须基于进口国的有关反倾销法律和法规，并经国内、国际有关部门认定其进口产品倾销行为属实而且对本国经济已构成损害，方可采用。

（2）反补贴关税，又称抵消关税，是指输入国对于直接或间接接受外国政府奖金、补贴或津贴的外国进口货物和物品，征收与补贴、津贴或奖励相等的反补贴关税，是一种进口附加税。反补贴税征收的目的是抵消进口商品因出口国政府的补贴在降低成本方面获得的好处，使其无法在进口国市场上低价竞销，以保护国内同类产品的生产。

（3）报复关税，是指为报复他国对本国出口商品的不公正、不平等待遇而对来自该国的进口货物加重征收的一种临时附加税。报复关税是各国间开展"贸易战"所采用的最主要手段。

（四）关税的作用

1. 维护国家主权和利益

关税是一国主权的象征，同时，关税也是协调国家间政治、经济、文化、外交等关系的重要工具和国家贸易谈判的重要砝码。一国采取什么样的关税政策直接关系到国与国之间的主权和经济利益。目前，关税已成为各国政府维护本国政治、经济权益，乃至进行国际经济斗争的一个重要武器。我国根据平等互利和对等原则，通过关税复式税则的运用等方式，争取国家间的关税互惠并反对他国对我国进行关税歧视，促进对外经济技术交往，扩大对外经济合作。

2. 保护和促进本国产业的发展

一个国家采取什么样的关税政策，是实行自由贸易，还是采用保护关税政策，是由该国的经济发展水平、产业结构状况、国际贸易收支状况以及参与国际经济竞争的能力等多种因素决定的。国际上许多发展经济学家认为，自由贸易政策不适合发展中国家的情况。相反，这些国家为了顺利地发展民族经济，实现工业化，必须实行保护关税政策。我国作为发展中国家，一直十分重视利用关税保护本国的"幼稚工业"，促进进口替代工业发展，关税在保护和促进本国工农业生产的发展方面发挥了重要作用。

3. 调节国民经济和对外贸易

关税是国家的重要经济杠杆，通过税率的高低和关税的减免，可以影响进出口规模，调节国民经济活动。如调节出口产品和出口产品生产企业的利润水平，有意识地引导各类产品的生产，调节进出口商品数量和结构，可促进国内市场商品的供需平衡，保护国内市场的物价稳定，等等。

4. 筹集国家财政收入

从世界大多数国家的情况来看，关税收入在整个财政收入中的比重不大，并呈下降趋势。但在一些发展中国家，尤其是那些国内工业不发达、工商税源有限、国民经济主要依赖于某种或某几种初级资源产品出口，以及国内许多消费品主要依赖进口的国家，征收进出口关税仍然是它们取得财政收入的重要渠道之一。多数发展中国家的关税占税收总收入的20%。根据财政部公布的数据，我国关税收入连续数年保持增长，2008年为6179.95亿元，占2008年全年税收总收入的3.26%。虽然加入世贸组织后由于关税减税政策的实施，关税收入在我国税收总收入中的比例并不高，但从绝对数额上看，关税收入在我国财政收入中仍占有非常重要的位置，仍然为我国的经济建设和社会发展筹集了大量资金。

二、关税的征税对象与纳税义务人

（一）关税的征税对象及征收范围

关税的征税对象是准许进出境的货物和物品。货物是指贸易性商品；物品是指入境旅客随身携带的行李物品、个人邮递物品、各种运输工具上的服务人员携带进口的自用物品、馈赠物品以及其他方式进境的个人物品。

关税的具体征税范围由进出口税则详细列示。进出口税则是一国政府根据国家关税政策和经济政策，通过一定的立法程序制定公布实施的应税进出口货物和物品的关税税率表。进出口税则以税率表为主体，通常还包括实施税则的法令、使用税则的有关说明和附录等。《中华人民共和国海关进出口税则》是我国海关凭以征收关税的法律依据，也是我国关税政策的具体体现。我国现行税则包括《中华人民共和国进出口关税条例》《税率适用说明》《中华人民共和国海关进口税则》《中华人民共和国海关出口税则》，以及《进口商品从量税、复合税、滑准税税目税率表》《进口商品关税配额税目税率表》《进口商品税则暂定税率表》《出口商品税则暂定税率表》《非全税目信息技术产品税率表》等附录。

税率表作为税则主体，包括税则商品分类目录和税率栏两大部分。税则商品分类目录是把种类繁多的商品加以综合，按照其不同特点分门别类简化成数量有限的商品类目，分别编号按序排列，称为税则号列并逐号列出该号中应列入的商品名称。商品分类的原则即归类规则，包括归类总规则和各类、章、目的具体注释。税率栏是按商品分类目录逐项定出的税率栏目。我国现行进口税则为四栏税率，出口税则为一栏税率。按税则商品分类目录体系划分，新中国成立以来，我国分别于1951年、1985年、1992年、2002年先后实施了四部进出口税则，进出口商品都采用同一税则目录分类。

（二）关税的纳税义务人

进口货物的收货人、出口货物的发货人、进出境物品的所有人，是关税的纳税义务人。

进出口货物的收、发货人是依法取得对外贸易经营权，并进口或者出口货物的法人或者其他社会团体。

进出境物品的所有人包括该物品的所有人和推定为所有人的人。一般情况下，对携带进境的物品，推定其携带人为所有人；对分离运输的行李，推定相应的进出境旅客为所有人。对以邮递方式进境的物品，推定其收件人为所有人；对以邮递或其他运输方式出境的物品，推定其寄件人或托运人为所有人。

三、关税税则

关税税则是一国海关据以对进出口商品计征关税的规章和对进、出口的应税与免税商品加以系统分类的一类表。里面有海关征收关税的规章条例及说明；也有海关的关税税率表。关税税率表的主要内容有：税则号例、商品分类目录和税率三部分。

1985年海关合作理事会（现名世界海关组织）主持制定了《商品名称及编码协调制度》，简称"协调制度"，又称"HS"（The Harmonized Commodity Description and Coding System 的简称），是指在原海关合作理事会商品分类目录和国际贸易标准分类目录的基础上，协调国际上多种商品分类目录而制定的一部多用途的国际贸易商品分类目录，是供海关、统计、进出口管理及与国际贸易有关各方共同使用的商品分类编码体系。《商品名称及编码协调制度》每四至六年修订一次。我国于1992年正式加入《协调制度公约》，现行的《中华人民共和国海关进出口税则》及《中华人民共和国海关统计商品目录》都是以协调制度为基础而制定的，2012年我国《海关进出口税则》税目总数为8194个，税则中商品分类繁细，反映了商品种类增多，同时也是为了便于实行关税差别和贸易歧视政策，它是一国关税政策的具体体现。关税税则不是一成不变的，它随着国家经济管理体制和经济政策的变化而相应调整。事实上，我国的关税税则几乎每年都有程度不同的变化和调整。

关税税则中的商品，一般根据进出口商品构成、关税政策和统计工作的需要而进行组合分类。各国税则中的商品分类方法不尽相同，有的按商品的加工程度划分，如原料、半制成品、制成品等；有的按商品的属性划分，如水产品、农产品、畜产品、纺织品、机械产品等；有的先按商品属性分成大类，再按加工程度分成小类。

关税税则分为单式税则和复式税则两种，大多数国家实行复式税则。

（一）进口关税税率

1. 税率设置与适用

在《海关进出口税则》列明的全部税目中，除规定免税的之外，都要征收进口关税。

在我国加入WTO之后，为履行我国在加入WTO关税减让谈判中承诺的有关义务，享有WTO成员应有的权利，自2002年1月1日起，我国进口税则设有最惠国税率、协定税率、特惠税率、普通税率、关税配额税率等税率。各种税率具体适用的国家或者地区名单，由国务院关税税则委员会决定。

（1）最惠国税率适用原产于与我国共同适用最惠国待遇条款的WTO成员国或地区的进

口货物，或原产于与我国签订有相互给予最惠国待遇条款的双边贸易协定的国家或地区进口的货物，以及原产于我国境内的进口货物。

（2）协定税率适用原产于我国参加的含有关税优惠条款的区域性贸易协定有关缔约方的进口货物。

（3）特惠税率适用原产于与我国签订有特殊优惠关税协定的国家或地区的进口货物。

（4）普通税率适用于原产于上述国家或地区以外的其他国家或地区的进口货物。按照普通税率征税的进口货物，经国务院关税税则委员会特别批准，可以适用最惠国税率。

（5）暂定税率与关税配额税率。

根据经济发展需要，国家对部分进口原材料、零部件、农药原药和中间体、乐器及生产设备实行暂定税率。暂定税率优先适用于优惠税率或最惠国税率，按普通税率征税的进口货物不适用暂定税率。同时，对部分进口农产品和化肥产品实行关税配额，即一定数量内的上述进口商品适用税率较低的配额内税率，超出该数量的进口商品适用税率较高的配额外税率。

（6）进境物品进口关税税率[①]。

我国目前对进境物品进口税率规定如表 5-1 所示。

表 5-1 进境物品进口税率表

税率	物品类别
15%	食品饮料，金银，电话机等信息技术产品，家具，视频摄录一体机、数字照相机、存储卡等信息技术产品，耳机及耳塞机、磁盘、磁带、半导体媒体以及其他影音类信息技术产品，计算机及其外围设备，书报、刊物及其他各类印刷品，教育用影视资料，玩具、游戏品、节日或其他娱乐用品
30%	纺织品及其制成品，皮革服装及配饰，箱包及鞋靴，表、钟及其配件、附件，钻石及钻石首饰，洗护用品，家用医疗、保健及美容器材，厨卫用具及小家电，空调及其配件、附件，电冰箱及其配件、附件，洗衣设备及其配件、附件，电视机及其配件、附件，摄影（像）设备及其配件、附件，影音设备及其配件、附件，文具用品，邮票、艺术品、收藏品，乐器，运动用品、钓鱼用品，自行车，其他不能归入上述类别的物品
60%	酒，烟，高档手表（完税价格在人民币 10000 元及以上的手表），贵重首饰及珠宝玉石，化妆品，高尔夫球及球具

2. 进口特别关税

进口特别关税包括报复性关税、反倾销税与反补贴税、保障性关税。征收特别关税的货物、适用国别、税率、期限和征收办法，由国务院关税税则委员会决定，海关总署负责实施。

（1）任何国家或者地区对其进口的原产于我国的货物征收歧视性关税或者给予其他歧

---

① 根据《国务院关税税则委员会关于调整进境物品进口税有关问题的通知》（税委会〔2016〕2 号），海关总署对 2012 年告公布的《进境物品归类表》及《进境物品完税价格表》的归类和税率进行相应调整，归类原则和完税价格确定原则不变，自 2016 年 4 月 8 日起执行。

视性待遇的，我国对原产于该国家或者地区的进口货物征收报复性关税。

（2）根据《中华人民共和国反倾销条例》和《中华人民共和国暂定税率反补贴条例》的规定，进口产品经初裁确定倾销或者补贴成立，并由此对国内产业造成损害的，可以采取临时反倾销或反补贴措施，实施期限为自决定公告规定实施之日起，不超过 4 个月。在特殊情形下，采取临时反补贴措施，可以延长至 9 个月。经终裁确定倾销或者补贴成立，并由此对国内产业造成损害的，可以征收反倾销税和反补贴税，征收期限一般不超过 5 年，但经复审确定终止征收反倾销税或反补贴税，有可能导致倾销或补贴以及损害的继续或再度发生的，征收期限可以适当延长。

（3）保障性关税。根据《中华人民共和国保障措施条例》规定，有明确证据表明进口产品数量增加，在不采取临时保障措施将对国内产业造成难以补救的损害的紧急情况下，可以作出初裁决定，并采取临时保障措施。临时保障措施采取提高关税的形式。终裁决定确定进口产品数量增加，并由此对国内产业造成损害的，可以采取保障措施。

3. 税率形式与计税方法

我国对进口商品基本上都实行从价税，即以进口货物的完税价格作为计税依据，以应征税额占货物完税价格的百分比作为税率。从 1997 年 7 月 1 日起，我国对部分产品实行从量税、复合税和滑准税。

4. 原产地的确定

确定进境货物原产国的主要原因之一是便于正确运用进口税则的各栏税率，对产自不同国家或地区的进口货物适用不同的关税税率。我国原产地规定基本上采用了"全部产地生产标准""实质性加工标准"两种国际上通用的原产地标准。

（1）全部产地生产标准。全部产地生产标准是指进口货物"完全在一个国家内生产或制造"，生产或制造国即为该货物的原产国。

（2）实质性加工标准。实质性加工标准是适用于确定有两个或两个以上国家参与生产的产品的原产国的标准。其基本含义是：经过几个国家加工、制造的进口货物，以最后一个对货物进行经济上可以视为实质性加工的国家作为有关货物的原产国。"实质性加工"是指产品加工后，在进出口税则中四位数税号一级的税则归类已经有了改变，或者加工增值部分所占新产品总值的比例已超过30%及以上。

（3）其他。对机器、仪器、器材或车辆所用零件、部件、配件、备件及工具，如与主件同时进口且数量合理的，其原产地按主件的原产地确定，分别进口的则按各自的原产地确定。

（二）出口关税税率

我国出口税则为一栏税率，即出口税率。国家仅对少数资源性产品及易于竞相杀价、盲目进口、需要规范出口秩序的半制成品征收出口关税。

现行税则对铬铁等213项出口商品征收出口关税，其中有50项暂定税率为零。

（三）税率的适用

根据我国《进出口关税条例》规定，进出口货物，应当依照税则规定的归类原则归入合适的税号，并按照适用的税率征税。由于我国关税税率需要按入世时承诺的《关税减让时间表》以及国内外经济形势发展的需要适时调整，因此《进出口关税条例》对关税税率适用的时间作了明确规定：

（1）进出口货物，应当按照纳税义务人申报进口或者出口之日实施的税率征税。

（2）进口货物到达之前，经海关核准先行申报的，应当按照装载此货物的运输工具申报进境之日实施的税率征税。

（3）进出口货物的补税和退税，适用该进出口货物原申报进口或者出口之日所实施的税率。

但下列情况除外：

① 按照特定减免税办法批准予以减免税的进口货物，后因情况改变经海关批准转让或出售或移作他用需予补税的，适用海关接受纳税人再次填写报关单申报办理纳税及有关手续之日实施的税率征税。

② 加工贸易进口料、件等属于保税性质的进口货物，如经批准转为内销，应按向海关申报转为内销之日实施的税率征税；如未经批准擅自转为内销的，则按海关查获日期所施行的税率征税。

③ 暂时进口货物转为正式进口需予补税时，应按其申报正式进口之日实施的税率征税。

④ 分期支付租金的租赁进口货物，分期付税时，适用海关接受纳税人再次填写报关单申报办理纳税及有关手续之日实施的税率征税。

⑤ 溢卸、误卸货物事后确定需征税时，应按其原运输工具申报进口日期所实施的税率征税；如原进口日期无法查明的，可按确定补税当天实施的税率征税。

⑥ 对由于税则归类的改变、完税价格的审定或其他工作差错而需补税的，应按原征税日期实施的税率征税。

⑦ 对经批准缓税进口的货物以后交税时，不论是分期或一次交清税款，都应按货物原进口之日实施的税率征税。

⑧ 查获的走私进口货物需补税时，应按查获日期实施的税率征税。

四、关税完税价格

目前，世界各国海关大多采用以课税对象的价格（或价值）为课税标准对进出境货物征收关税。我国对进出口货物征收关税，除从量征收的计税方法外，其余计税方式都涉及"完税价格"的确定。经海关审查的价格称为海关价格（Customs Value）。在将海关价格作为课税标准计征关税时，海关价格称为完税价格（Duty Paying Value，DPV）。我国纳税人进出口货物的完税价格由海关依据 2014 年 2 月 1 日起实施的《中华人民共和国海关审定进出口货物完税价格办法》（以下简称《完税价格办法》）审定。

（一）一般进口货物的完税价格

根据《完税价格办法》的规定，一般贸易进口货物的完税价格确定方法有两种：对能确定成交价格的进口货物，其完税价格由海关以成交价格为基础审定（审定价格）；对不能确定成交价格的进口货物，其完税价格由海关依法估定（估定价格）。

1. 以成交价格为基础的完税价格

进口货物的完税价格，由海关以该货物的成交价格为基础审查确定，并应当包括货物运抵中华人民共和国境内输入地点起卸前的运输及其相关费用、保险费。我国境内输入地为入境海关地，包括内陆河、江口岸，一般为第一口岸。货物的货价以成交价格为基础。进口货物的成交价格是指卖方向中华人民共和国境内销售该货物时，买方为进口该货物向卖方实付、应付的并按照规定调整后的价款总额，包括直接支付的价款和间接支付的价款。

1）成交价格的确认

进口货物的成交价格应当符合下列条件：

（1）对买方处置或者使用进口货物不予限制，但是国内法律、行政法规规定实施的限制、对货物转售地域的限制和对货物价格无实质性影响的限制除外。

（2）进口货物的价格不得受到使该货物成交价格无法确定的条件或者因素的影响。

（3）卖方不得直接或者间接获得因买方销售、处置或者使用进口货物而产生的任何收益，或者虽然有收益但是能够按照《完税价格办法》的规定作出调整。

（4）买卖双方之间没有特殊关系，或者虽然有特殊关系，但是按照《完税价格办法》的规定未对成交价格产生影响。

2）成交价格的调整

成交价格，是指买方为购进进口货物直接或间接支付的总额，即作为卖方销售进口货物的条件，由买方向卖方或为履行卖方义务向第三方已经支付或将要支付的全部款项。

以成交价格为基础审查确定进口货物的完税价格时，下列费用或价值若未包括在进口货物的实付或者应付价格中，应在完税价格核定时调整计入：

（1）由买方负担的下列费用：除购货佣金以外的佣金和经纪费；与该货物视为一体的容器费用；包装材料费用和包装劳务费用。

购货佣金是指买方为购买进口货物向自己的采购代理人支付的劳务费用。经纪费是指买方为购买进口货物向代表买卖双方利益的经纪人支付的劳务费用。

（2）与进口货物的生产和向中华人民共和国境内销售有关的，由买方以免费或者以低于成本的方式提供，并可以按适当比例分摊的下列货物或者服务的价值：进口货物包含的材料、部件、零件和类似货物；在生产进口货物过程中使用的工具、模具和类似货物；在生产进口货物过程中消耗的材料；在境外进行的为生产进口货物所需的工程设计、技术研发、工艺及制图等相关服务。

（3）买方需向卖方或者有关方直接或者间接支付的特许权使用费，但是符合下列情形之一的除外：特许权使用费与该货物无关；特许权使用费的支付不构成该货物向中华人民共和国境内销售的条件。

（4）卖方直接或者间接从买方对该货物进口后销售、处置或者使用所得中获得的收益。

进口货物的价款中单独列明的下列税收、费用（能与该货物的实付价格或应付价格区分），不计入该货物的完税价格：

①厂房、机械或者设备等货物进口后发生的建设、安装、装配、维修或者技术服务费用，但是保修费用除外。

②进口货物运抵中华人民共和国境内输入地点起卸后发生的运输及其相关费用、保险费。

③进口关税、进口环节海关代征税及其他国内税。

④ 为在境内复制进口货物而支付的费用。

⑤ 境内外技术培训及境外考察费用。

同时符合下列条件的利息费用不计入完税价格：利息费用是买方为购买进口货物而融资所产生的；有书面的融资协议的；利息费用单独列明的；纳税义务人可以证明有关利率不高于在融资当时当地此类交易通常应当具有的利率水平，且没有融资安排的相同或者类似进口货物的价格与进口货物的实付、应付价格非常接近的。

2. 由海关估定的完税价格

《完税价格办法》规定，进口货物的成交价格不符合成交价格条件，或者成交价格不能确定的，海关经了解有关情况，并与纳税义务人进行价格磋商后，依次以下列方法审查确定该货物的完税价格：相同货物成交价格估价方法；类似货物成交价格估价方法；倒扣价格估价方法；以计算价格估价方法及其他合理方法确定的价格为基础，估定完税价格。同时，纳税义务人向海关提供有关资料后，可以提出申请，颠倒倒扣价格方法和计算价格方法的适用次序。

（二）特殊进口货物的完税价格

1. 加工贸易进口料件及其制成品

加工贸易进口料件或者其制成品应当征税的，海关按照以下规定审查确定完税价格：

（1）进口时应当征税的进料加工进口料件，以该料件申报进口时的成交价格为基础审查确定完税价格。

（2）进料加工进口料件或者其制成品（包括残次品）内销时，海关以料件原进口成交价格为基础审查确定完税价格。料件原进口成交价格不能确定的，海关以接受内销申报的同时或者大约同时进口的与料件相同或者类似的货物的进口成交价格为基础审查确定完税价格。

（3）来料加工进口料件或者其制成品（包括残次品）内销时，海关以接受内销申报的同时或者大约同时进口的与料件相同或者类似的货物的进口成交价格为基础审查确定完税价格。

（4）加工企业内销加工过程中产生的边角料或者副产品，以海关审查确定的内销价格作为完税价格。

加工贸易内销货物的完税价格按照以上规定仍然不能确定的，由海关按照合理的方法审查确定。

2. 保税区出口加工区内的货物

保税区出口加工区内的加工企业申报内销加工贸易制成品时，海关以接受内销申报的同时或者大约同时进口的与制成品相同或者类似货物的进口成交价格为基础审查确定完税价格。

3. 复运进境的运往境外修理的货物

运往境外修理的机械器具、运输工具或者其他货物，出境时已向海关报明，并在海关规定的期限内复运进境的，应当以境外修理费和料件费为基础审查确定完税价格。

4. 复运进境的运往境外加工的货物

运往境外加工的货物，出境时已向海关报明，并在海关规定期限内复运进境的，应当以境外加工费和料件费以及该货物复运进境的运输及其相关费用、保险费为基础审查确定完税价格。

5. 暂时进境的货物

对于经海关批准的暂时进境的货物，应当按照一般进口货物估价办法的规定，估定完税价格。

6. 租赁方式进口货物

租赁方式进口的货物中，以租金方式对外支付的租赁货物，在租赁期间以海关审查确定的租金作为完税价格，利息应当予以计入；留购的租赁货物以海关审查确定的留购价格作为完税价格；承租人申请一次性缴纳税款的，经海关同意，按照一般进口货物估价方法的规定估定完税价格。

7. 留购的进口货样

对于境内留购的进口货样/展览品和广告陈列品，以海关审定的留购价格作为完税价格。

8. 予以补税的减免税货物

减税或免税进口的货物需补税时，应当以海关审定的该货物原进口时的价格，扣除折旧部分作为完税价格。其计算公式如下：

完税价格=海关审定的该货物原进口时的价格×［1-申请补税时实际已使用的时间（月）÷（监管年限×12）］

公式中，补税时实际进口的时间按月计算，不足1个月但是超过15日的，按照1个月计算，不超过15日的，不予计算。

9. 以其他方式进口的货物

以易货贸易、寄售、捐赠、赠送等其他方式进口的货物，应当按照一般进口货物估价办法的规定，估定完税价格。

（三）进口货物完税价格中运输及相关费用保险费的计算

进口货物的运费，应当按照实际支付的费用计算。如果进口货物的运费无法确定，海关应当按照该货物的实际运输成本或者该货物进口同期运输行业公布的运费率（额）计算运费。

进口货物的保险费，应当按照实际支付的费用计算。如果进口货物的保险费无法确定或者未实际发生，海关应当按照"货价加运费"两者总额的3‰计算保险费。其计算公式如下：

保险费=（货价+运费）×3‰

邮运进口的货物，应当以邮费作为运输及其相关费用、保险费。

以境外边境口岸价格条件成交的铁路或者公路运输进口货物，海关应当按照境外边境口岸价格的1%计算运输及其相关费用、保险费。

以运输工具作为进口货物，利用自身动力进境的（即自驾进口），海关在审查确定完税价格时，不再另行计入运费。

（四）出口货物的完税价格

1. 以成交价格为基础的完税价格

出口货物的完税价格由海关以该货物的成交价格为基础审查确定，并应当包括货物运至中华人民共和国境内输出地点装载前的运输及其相关费用、保险费。

出口货物的成交价格是指该货物出口销售时，卖方为出口该货物应当向买方直接收取和间接收取的价款总额。

但是，下列税收、费用不计入出口货物的完税价格：出口关税；在货物价款中单独列明的货物运至中华人民共和国境内输出地点装载后的运输及其相关费用、保险费。

2. 以海关估价为基础的完税价格

出口货物的成交价格不能确定的，海关经了解有关情况，并与纳税义务人进行价格磋商后，依次以下列价格审查确定该货物的完税价格：

（1）同时或者大约同时向同一国家或者地区出口的相同货物的成交价格。

（2）同时或者大约同时向同一国家或者地区出口的类似货物的成交价格。

（3）根据境内生产相同或者类似货物的成本、利润和一般费用（包括直接费用和间接费用）、境内发生的运输及其相关费用、保险费计算所得的价格。

（4）按照合理方法估定的价格。

五、关税应纳税额的计算

进口货物的成交价格，因有不同的成交条件而有不同的价格形式。常用的价格条款有FOB、CFR、CIF三种。

FOB是"船上交货"的价格术语的简称。这一价格术语是指卖方在合同规定的装运港把货物装到买方指定的船上，并负责把货物装到船上为止的一切费用和风险，又称"离岸价格"。

CFR是"成本加运费"的价格术语简称，又称"离岸加运费价格"。这一术语是指卖方负责将合同规定的货物装到买方指定运往目的港的船上，负责把货物装到船上为止的一切费用和风险，并支付运费。

CIF是"成本加运费、保险费"的价格术语简称，习惯上又称"到岸价格"。这一价格术语是指卖方负责将合同规定的货物装到买方指定运往目的港的船上，办理保险手续，并支付运费和保险费。

1. 从价应纳税额的计算

$$关税税额=应税进（出）口货物数量×单位完税价格×税率$$

【例题】

某公司进口一辆商务客车用于接待，支付货价20万元，境外运输费用和保险费无法确定，经海关查实，同期相同业务的运输费用占货价的5%，商务客车的关税税率为25%、消费税税率为5%，请计算进口环节应缴纳的各项税金。

【解析】

（1）进口商用客车关税＝（20+20×5%）×（1+3‰）×25%＝5.27（万元）

进口商用客车组价=［（20+20×5%）×（1+3‰）+5.27］÷（1-5%）=27.72（万元）

（2）进口商用客车的消费税=27.72×5%=1.39（万元）

（3）进口商用客车的增值税=27.72×17%=4.71（万元）

2. 从量税应纳税额的计算

关税税额=应税进（出）口货物数量×单位货物税额

3. 复合税应纳税额的计算

我国目前实行的复合税都是先计征从量税，再计征从价税。

关税税额=应税进（出）口货物数量×单位货物税额+

应税进（出）口货物数量×单位完税价格×税率

六、关税的税收优惠

关税减免是贯彻国家关税政策的一项重要措施。关税减免分为法定减免税、特定减免税和临时减免税。根据《海关法》规定，除法定减免税外的其他减免税均由国务院决定。减征关税在我国加入世界贸易组织之前以税则规定税率为基准，在我国加入世界贸易组织之后以最惠国税率或者普通税率为基准。

（一）法定减免税

法定减免税是税法中明确列出的减税或免税。符合税法规定可予减免税的进出口货物，纳税义务人无须提出申请，海关可按规定直接予以减免税。海关对法定减免税货物一般不进行后续管理。我国《海关法》和《进出口条例》明确规定，下列货物、物品予以减免关税：

（1）关税税额在人民币50元以下的一票货物，可免征关税。

（2）无商业价值的广告品和货样，可免征关税。

（3）外国政府、国际组织无偿赠送的物资，可免征关税。

（4）进出境运输工具装载的途中必需的燃料、物料和饮食用品，可予免税。

（5）经海关核准暂时进境或者暂时出境，并在6个月内复运出境或者复运进境的货样、展览品、施工机械、工程车辆、工程船舶、供安装设备时使用的仪器和工具、电视或者电影摄制器械、盛装货物的容器以及剧团服装道具，在货物收发货人向海关缴纳相当于税款的保证金或者提供担保后，可予暂时免税。

（6）为境外厂商加工、装配成品和为制造外销产品而进口的原材料、辅料、零件、部件、配套件和包装物料，海关按照实际加工出口的成品数量免征进口关税；或者对进口料、件先征进口关税，再按照实际加工出口的成品数量予以退税。

（7）因故退还的中国出口货物，经海关审查属实，可予免征进口关税，但已征收的出口关税不予退还。

（8）因故退还的境外进口货物，经海关审查属实，可予免征出口关税，但已征收的进口关税不予退还。

（9）进口货物如有以下情形，经海关查明属实，可酌情减免进口关税：

① 在境外运输途中或者在起卸时，遭受损坏或者损失的。

② 起卸后海关放行前，因不可抗力遭受损坏或者损失的。

③ 海关查验时已经破漏、损坏或者腐烂，经证明不是保管不慎造成的。

（10）无代价抵偿货物，即进口货物在征税放行后，发现货物残损、短少或品质不良，而由国外承运人、发货人或保险公司免费补偿或更换的同类货物，可以免税。但有残损或质量问题的原进口货物如未退运国外，其进口的无代价抵偿货物应照章征税。

（11）我国缔结或者参加的国际条约规定减征、免征关税的货物、物品，按照规定予以减免关税。

（12）法律规定减征、免征的其他货物。

（二）特定减免税

特定减免税也称政策性减免税。在法定减免税之外，国家按照国际通行规则和我国实际情况，制定发布的有关进出口货物减免关税的政策，称为特定或政策性减免税。特定减免税货物一般有地区、企业和用途的限制，海关需要进行后续管理，也需要进行减免税统计。

特定减免税主要涉及：科教用品；残疾人专用品；扶贫、慈善性捐赠物资；加工贸易产品；边境贸易进口物资；保税区进出口货物；出口加工区进出口货物；进口设备；特定行业或用途的减免税政策；特定地区的减免税政策。

（三）临时减免税

临时减免税是指以上法定和特定减免税以外的其他减免税，即由国务院根据《海关法》对某个单位、某类商品、某个项目或某批进出口货物的特殊情况，给予特别照顾，一案一批，专文下达的减免税。一般有单位、品种、期限、金额或数量等限制，不能比照执行。

我国已加入世界贸易组织，为遵循统一、规范、公平、公开的原则，有利于统一税法、公平税赋、平等竞争，国家严格控制减免税，一般不办理个案临时性减免税，对特定减免税也在逐步规范、清理，对不符合国际惯例的税收优惠政策将逐步予以废止。

七、关税的征收管理

（一）纳税申报的期限和程序

进口货物自运输工具申报进境之日起 14 日内，出口货物在货物运抵海关监管区后装货的 24 小时以前，应由进出口货物的纳税义务人向货物进（出）境地海关申报，海关根据税则归类和完税价格计算应缴纳的关税和进口环节代征税，并填发税款缴款书。

纳税义务人应当自海关填发税款缴款书之日起 15 日内，向指定银行缴纳税款。如关税缴纳期限的最后 1 日是周末或法定节假日，则关税缴纳期限顺延至周末或法定节假日过后的第 1 个工作日。为方便纳税义务人，经申请且海关同意，进（出）口货物的纳税义务人可以在设有海关的指运地（启运地）办理海关申报、纳税手续。

关税纳税义务人因不可抗力或者在国家税收政策调整的情形下，不能按期缴纳税款的，经海关总署批准，可以延期缴纳税款，但最长不得超过 6 个月。

（二）关税的强制执行

纳税义务人未在关税缴纳期限内缴纳税款，即构成关税滞纳。为保证海关征收关税决定的有效执行和国家财政收入的及时入库，《海关法》赋予海关对滞纳关税的纳税义务人强制执行的权力。强制措施主要有两类：

1. 征收关税滞纳金

滞纳金自关税缴纳期限届满滞纳之日起，至纳税义务人缴纳关税之日止，按滞纳税款万分之五的比例按日征收，周末或法定节假日不予扣除。

其计算公式为：

$$关税滞纳金金额＝滞纳关税税额×滞纳金征收比率×滞纳天数$$

2. 强制征收

如纳税义务人自海关填发缴款书之日起 3 个月仍未缴纳税款，经海关关长批准，海关可以采取强制扣缴、变价抵缴等强制措施。强制扣缴即海关从纳税义务人在开户银行或者其他金融机构的存款中直接扣缴税款；变价抵缴即海关将应税货物依法变卖，以变卖所得抵缴税款。

（三）关税退还

关税退还是关税纳税义务人按海关核定的税额缴纳关税后，因某种原因的出现，海关将实际征收多于应当征收的税额（称为溢征关税）退还给原纳税义务人的一种行政行为。根据《海关法》规定，海关多征的税款，海关发现后应当立即退还。

按规定，有下列情形之一的，进出口货物的纳税义务人可以自缴纳税款之日起 1 年内，书面声明理由，连同原纳税收据向海关申请退税并加算银行同期活期存款利息，逾期不予受理：因海关误征，多纳税款的；海关核准免验进口的货物，在完税后，发现有短缺情形，经海关审查认可的；已征出口关税的货物，因故未将其运出，申报退关，经海关查验属实的。

对已征出口关税的出口货物和已征进口关税的进口货物，因货物品种或规格原因（非其他原因）原状复运进境或出境的，经海关查验属实的，也应退还已征关税。海关应当自受理退税申请之日起 30 日内，作出书面答复并通知退税申请人。本规定强调的是，"因货物品种或规格原因，原状复运进境或出境的"。如果属于其他原因且不能以原状复运进境或出境的，不能退税。

（四）关税补征和追征

补征和追征是海关在关税纳税义务人按海关核定的税额缴纳关税后，发现实际征收税额少于应当征收的税额（称为短征关税）时，责令纳税义务人补缴所差税款的一种行政行为。海关法根据短征关税的原因，将海关征收原短征关税的行为分为补征和追征两种。由于纳税人违反海关规定造成短征关税的，称为追征；非因纳税人违反海关规定造成短征关税的，称为补征。区分关税追征和补征的目的是区别不同情况适用不同的征收时效。超过时效规定的期限，海关就丧失了追补关税的权力。

根据《海关法》规定，进出境货物和物品放行后，海关发现少征或者漏征税款，应当自缴纳税款或者货物、物品放行之日起 1 年内，向纳税义务人补征；因纳税义务人违反规定而造成的少征或者漏征的税款，自纳税义务人应缴纳税款之日起 3 年以内可以追征，并从缴纳税款之日起按日加收少征或者漏征税款万分之五的滞纳金。

（五）纳税争议的处理

为保护纳税人合法权益，我国《海关法》和《关税条例》都规定了纳税义务人对海关确定的进出口货物的征税、减税、补税或者退税等有异议时，有提出申诉的权利。在纳税义务人同海关发生纳税争议时，可以向海关申请复议，但同时应当在规定期限内按海关核定的税额缴纳关税，逾期则构成滞纳，海关有权按规定采取强制执行措施。

纳税争议的内容一般为进出境货物和物品的纳税义务人对海关在原产地认定、税则归类、税率或汇率适用、完税价格确定、关税减征、免征、追征、补征和退还等征税行为是否合法或适当，是否侵害了纳税义务人的合法权益，而对海关征收关税的行为表示异议。

纳税争议的申诉程序：纳税义务人自海关填发税款缴款书之日起 30 日内，向原征税海关的上一级海关书面申请复议。逾期申请复议的，海关不予受理。海关应当自收到复议申请之日起 60 日内作出复议决定，并以复议决定书的形式正式答复纳税义务人；纳税义务人对海关复议决定仍然不服的，可以自收到复议决定书之日起 15 日内，向人民法院提起诉讼。

 关税法实践项目

子项目一　进出口货物关税

任务一　进口货物关税

【案例讨论】

天瑞公司从法国进口一批货物共 300 吨，货物以境外口岸离岸价格成交，单价折合人民币为 30000 元，买方承担包装费每吨 600 元，另向卖方支付的佣金每吨 800 元人民币，另向自己的采购代理人支付佣金 5000 元人民币，已知该货物运抵中国海关境内输入地起卸前的包装、运输、保险和其他劳务费用为每吨 1000 元人民币，进口后另发生国内运输和装卸费用 500 元人民币。假定关税税率为 20%。

【问题探究】

（1）进口货物如何缴纳关税？

（2）天瑞公司进口该批货物的完税价格如何确定？应缴纳的关税税额为多少？

【相关法律指引】

《中华人民共和国海关法》

第五十五条　进出口货物的完税价格，由海关以该货物的成交价格为基础审查确定。成交价格不能确定时，完税价格由海关依法估定。

进口货物的完税价格包括货物的货价、货物运抵中华人民共和国境内输入地点起卸前的运输及其相关费用、保险费；出口货物的完税价格包括货物的货价、货物运至中华人民共和国境内输出地点装载前的运输及其相关费用、保险费，但是其中包含的出口关税税额，应当予以扣除。

进出境物品的完税价格，由海关依法确定。

《中华人民共和国进出口关税条例》

第十八条　进口货物的完税价格由海关以符合本条第三款所列条件的成交价格以及该货物运抵中华人民共和国境内输入地点起卸前的运输及其相关费用、保险费为基础审查确定。

进口货物的成交价格，是指卖方向中华人民共和国境内销售该货物时买方为进口该货物向卖方实付、应付的，并按照本条例第十九条、第二十条规定调整后的价款总额，包括直接支付的价款和间接支付的价款。

进口货物的成交价格应当符合下列条件：

（一）对买方处置或者使用该货物不予限制，但法律、行政法规规定实施的限制、对货物转售地域的限制和对货物价格无实质性影响的限制除外；

（二）该货物的成交价格没有因搭售或者其他因素的影响而无法确定；

（三）卖方不得从买方直接或者间接获得因该货物进口后转售、处置或者使用而产生的任何收益，或者虽有收益但能够按照本条例第十九条、第二十条的规定进行调整；

（四）买卖双方没有特殊关系，或者虽有特殊关系但未对成交价格产生影响。

第十九条　进口货物的下列费用应当计入完税价格：

（一）由买方负担的购货佣金以外的佣金和经纪费；

（二）由买方负担的在审查确定完税价格时与该货物视为一体的容器的费用；

（三）由买方负担的包装材料费用和包装劳务费用；

（四）与该货物的生产和向中华人民共和国境内销售有关的，由买方以免费或者以低于成本的方式提供并可以按适当比例分摊的料件、工具、模具、消耗材料及类似货物的价款，以及在境外开发、设计等相关服务的费用；

（五）作为该货物向中华人民共和国境内销售的条件，买方必须支付的、与该货物有关的特许权使用费；

（六）卖方直接或者间接从买方获得的该货物进口后转售、处置或者使用的收益。

第二十条　进口时在货物的价款中列明的下列税收、费用，不计入该货物的完税价格：

（一）厂房、机械、设备等货物进口后进行建设、安装、装配、维修和技术服务的费用；

（二）进口货物运抵境内输入地点起卸后的运输及其相关费用、保险费；

（三）进口关税及国内税收。

第三十六条　进出口货物关税，以从价计征、从量计征或者国家规定的其他方式征收。

从价计征的计算公式为：

$$应纳税额 = 完税价格 \times 关税税率$$

从量计征的计算公式为：

$$应纳税额 = 货物数量 \times 单位税额$$

《中华人民共和国海关审定进出口货物完税价格办法》

第五条　进口货物的完税价格，由海关以该货物的成交价格为基础审查确定，并且应当包括货物运抵中华人民共和国境内输入地点起卸前的运输及其相关费用、保险费。

第十一条　以成交价格为基础审查确定进口货物的完税价格时，未包括在该货物实付、应付价格中的下列费用或者价值应当计入完税价格：

（一）由买方负担的下列费用：

1. 除购货佣金以外的佣金和经纪费；

2. 与该货物视为一体的容器费用；

3. 包装材料费用和包装劳务费用。

（二）与进口货物的生产和向中华人民共和国境内销售有关的，由买方以免费或者以低于成本的方式提供，并且可以按适当比例分摊的下列货物或者服务的价值：

1. 进口货物包含的材料、部件、零件和类似货物；

2. 在生产进口货物过程中使用的工具、模具和类似货物；

3. 在生产进口货物过程中消耗的材料；

4. 在境外进行的为生产进口货物所需的工程设计、技术研发、工艺及制图等相关服务。

（三）买方需向卖方或者有关方直接或者间接支付的特许权使用费，但是符合下列情形之一的除外：

1. 特许权使用费与该货物无关；

2. 特许权使用费的支付不构成该货物向中华人民共和国境内销售的条件。

（四）卖方直接或者间接从买方对该货物进口后销售、处置或者使用所得中获得的收益。

纳税义务人应当向海关提供本条所述费用或者价值的客观量化数据资料。纳税义务人不能提供的，海关与纳税义务人进行价格磋商后，按照本办法第六条列明的方法审查确定完税价格。

第十五条　进口货物的价款中单独列明的下列税收、费用，不计入该货物的完税价格：

（一）厂房、机械或者设备等货物进口后发生的建设、安装、装配、维修或者技术援助费用，但是保修费用除外；

（二）进口货物运抵中华人民共和国境内输入地点起卸后发生的运输及其相关费用、保险费；

（三）进口关税、进口环节海关代征税及其他国内税；

（四）为在境内复制进口货物而支付的费用；

（五）境内外技术培训及境外考察费用。

同时符合下列条件的利息费用不计入完税价格：

（一）利息费用是买方为购买进口货物而融资所产生的；

（二）有书面的融资协议的；

（三）利息费用单独列明的；

（四）纳税义务人可以证明有关利率不高于在融资当时当地此类交易通常应当具有的利率水平，且没有融资安排的相同或者类似进口货物的价格与进口货物的实付、应付价格非常接近的。

任务二　进口货物增值税、消费税与关税

【案例讨论】

某外贸公司从美国进口一批货物，货物以离岸价格成交，该成交价格折合人民币为1100万元（未包括应与该货物视为一体的容器费用40万元和包装材料费10万元），另支付货物运抵我国上海港的运输保险费50万元。假设该货物适用的关税税率为20%，增值税率为17%，消费税率为10%。

【问题探究】

（1）该外贸公司在货物进口环节，依法产生哪些纳税义务？

（2）分别分析计算外贸公司进口环节应缴纳的税款。

【相关法律指引】

《中华人民共和国进出口关税条例》

第三十六条　进出口货物关税，以从价计征、从量计征或者国家规定的其他方式征收。

从价计征的计算公式为：

$$应纳税额＝完税价格×关税税率$$

从量计征的计算公式为：

$$应纳税额＝货物数量×单位税额$$

《中华人民共和国消费税暂行条例》

第九条　进口的应税消费品，按照组成计税价格计算纳税。

实行从价定率办法计算纳税的组成计税价格计算公式：

$$组成计税价格＝（关税完税价格＋关税）÷（1-消费税比例税率）$$

实行复合计税办法计算纳税的组成计税价格计算公式：

$$组成计税价格＝（关税完税价格＋关税＋进口数量×消费税定额税率）÷（1-消费税比例税率）$$

《中华人民共和国增值税暂行条例》

第十四条　纳税人进口货物，按照组成计税价格和本条例第二条规定的税率计算应纳税额。组成计税价格和应纳税额计算公式：

$$组成计税价格＝关税完税价格＋关税＋消费税$$

$$应纳税额＝组成计税价格×税率$$

任务三　出口货物关税

【案例讨论】

某进出口公司出口0.1万吨矿石到美国，成交价格为每吨FOB天津USD500，当日的外汇牌价为USD100＝RMB700，假设该矿石的出口关税税率为10%。

【问题探究】

（1）出口货物如何缴纳关税？

（2）分析计算出口该批货物应纳出口关税税额。

【相关法律指引】

《中华人民共和国进出口关税条例》

第二十六条　出口货物的完税价格由海关以该货物的成交价格以及该货物运至中华人民共和国境内输出地点装载前的运输及其相关费用、保险费为基础审查确定。

出口货物的成交价格，是指该货物出口时卖方为出口该货物应当向买方直接收取和间接收取的价款总额。

出口关税不计入完税价格。

《中华人民共和国海关审定进出口货物完税价格办法》

第三十八条　出口货物的完税价格由海关以该货物的成交价格为基础审查确定，并且应当包括货物运至中华人民共和国境内输出地点装载前的运输及其相关费用、保险费。

第三十九条　出口货物的成交价格，是指该货物出口销售时，卖方为出口该货物应当向买方直接收取和间接收取的价款总额。

第四十条　下列税收、费用不计入出口货物的完税价格：

（一）出口关税；

（二）在货物价款中单独列明的货物运至中华人民共和国境内输出地点装载后的运输及其相关费用、保险费。

子项目二　进境物品关税

【案例讨论】

在外企工作的王先生几乎每两个月都会通过深圳前往香港出差。他在香港购买了一块价格3万余元人民币的意大利名表，入关时将其戴在手腕上，然后把本来佩戴的卡西欧手表放入行李箱里意大利表的包装盒内。不料在进入深圳福田海关时，海关人员以自带物品价值超过限额为由，征收了其30%的进口税，约9000多元。

【问题探究】

（1）个人携带进境物品是否征收关税？如何征收？

（2）本案中海关的做法是否恰当？

【相关法律指引】

《中华人民共和国海关法》

第四十六条　个人携带进出境的行李物品、邮寄进出境的物品，应当以自用、合理数量为限，并接受海关监管。

《关于进境旅客所携行李物品验放标准有关事宜》

海关总署公告2010年第54号

一、进境居民旅客携带在境外获取的个人自用进境物品，总值在5000元人民币以内（含5000元）的；非居民旅客携带拟留在中国境内的个人自用进境物品，总值在2000元人民币以内（含2000元）的，海关予以免税放行，单一品种限自用、合理数量，但烟草制品、酒精制品以及国家规定应当征税的20种商品等另按有关规定办理。

二、进境居民旅客携带超出5000元人民币的个人自用进境物品，经海关审核确属自用的；进境非居民旅客携带拟留在中国境内的个人自用进境物品，超出人民币2000元的，海关仅对超出部分的个人自用进境物品征税，对不可分割的单件物品，全额征税。

《关于对20种商品停止减免关税和进口环节增值税》

海关总署公告2004年第7号

根据《国务院批转关税税则委员会、财政部、国家税务总局关于第二步清理关税和进口环节税减免规定的意见的通知》（国发〔1994〕64号），对20种商品，自1995年1月1日起，无论任何地区、企业、单位和个人，以任何贸易方式进口，一律停止减免关税和进口环节增值税。

根据《财政部关于重新明确不予减免税的20种商品税号范围的通知》（财关税〔2004〕6号），对电视机、摄像机、录像机、放像机、音响设备、空调器、电冰箱（电冰柜）、洗衣机、照相机、复印机、程控电话交换机、微型计算机及外设、电话机、无线寻呼系统、传真机、电子计数器、打字机及文字处理机、家具、灯具和餐料等20种商品税号重新予以明确

（详见附件1、2）。

除根据税则税目改版和调整的税号重新明确外，将数码相机、数码复印机、IC卡读入器、闪烁存储器、移动硬盘和网络摄像头等新产品也纳入应属于上述商品的税号范围（详见附件1）。

上述商品进口时，应严格按照《中华人民共和国进出口税则》税号进行认定，并征收进口关税和进口环节增值税。

本公告自2004年4月1日起执行。

【能力训练】

某高校教授朱某应邀赴国外讲学，归国入境时携带手表一块，价值4200美元；摄像机一部，价值1500美元；照相机一部，价值530美元；教学用的幻灯片、原版录像带一箱，共计250美元；进口烟二条，零售单价300美元。朱教授入境时，美元和人民币币值为1∶7。

【问题及要求】

对朱教授应当如何征收进口关税？

【相关法律指引】

《中华人民共和国进出口关税条例》

第五十六条 进境物品的关税以及进口环节海关代征税合并为进口税，由海关依法征收。

第五十七条 海关总署规定数额以内的个人自用进境物品，免征进口税。

超过海关总署规定数额但仍在合理数量以内的个人自用进境物品，由进境物品的纳税义务人在进境物品放行前按照规定缴纳进口税。

超过合理、自用数量的进境物品应当按照进口货物依法办理相关手续。

国务院关税税则委员会规定按货物征税的进境物品，按照本条例第二章至第四章的规定征收关税。

第六十条 进口税从价计征。

进口税的计算公式为：

$$进口税税额＝完税价格×进口税税率$$

第六十一条 海关应当按照《进境物品进口税税率表》及海关总署制定的《中华人民共和国进境物品归类表》《中华人民共和国进境物品完税价格表》对进境物品进行归类、确定完税价格和确定适用税率。

第六十二条 进境物品，适用海关填发税款缴款书之日实施的税率和完税价格。

海关总署关于《中华人民共和国进境物品归类表》和

《中华人民共和国进境物品完税价格表》的公告（2016年第25号）

根据《国务院关税税则委员会关于调整进境物品进口税有关问题的通知》（税委会〔2016〕2号），海关总署决定对2012年第15号公告公布的《中华人民共和国进境物品归类表》（详见附件1）及《中华人民共和国进境物品完税价格表》（详见附件2）的归类和税率进行相应调整，归类原则和完税价格确定原则不变，现予以公布，自2016年4月8日起执行。

附件1进境物品归类表（部分）（如表5-2所示）

表 5-2　进境物品归类表

税号	物品类别	范围	税率/%
03000000	烟	包括卷烟、雪茄烟、再造烟草、均化烟草、其他烟草及烟草代用品的制品，烟丝、斗烟、水烟、烟末等	60
07000000	表、钟及其配件、附件	高档手表：完税价格在人民币 10000 元及以上的手表	60
07000000	表、钟及其配件、附件	表：包括高档手表外其他各种表；钟：包括座钟、挂钟、台钟、落地钟等；配件附件：包括各种表、钟的配件、附件	30
17000000	摄影（像）设备及其配件、附件	包括电视摄像机、照相机（数字照相机除外）、照相制版机、放大机，胶卷、胶片、感光纸、镜箱、闪光灯、滤色镜、测光表、曝光表、遮光罩、水下摄影罩、半身镜、接镜环、取景器、自拍器、洗像盒、显影罐等	30
17000000	摄影（像）设备及其配件、附件	视频摄录一体机、数字照相机、存储卡等信息技术产品	15
20000000	书报、刊物及其他各类印刷品	包括书报、刊物及其他各类印刷品	15
21000000	教育用影视资料	包括教育专用的电影片、幻灯片，原版录音带、录像带、磁盘、磁带、光学媒体、半导体媒体、唱片、地球仪、解剖模型、人体骨骼模型、教育用示意牌等	15

子项目三　关税征收管理

任务一　关税的纳税人

【案例讨论】

1998 年 7 月，张某从日本探亲回国时，受朋友王某之托，为其在日本购买价值人民币 1400 元奥林巴斯照相机一部。入境时，张某按规定缴纳了关税 700 元并取得了完税凭证。张某虽然缴纳了关税，但他不明白相机是为王某购买的，为什么要由他来缴纳进口关税。

【问题探究】

（1）关税的征税对象有哪些？关税的纳税义务人如何确定？

（2）本案中，照相机的进口关税应当由谁缴纳？

【相关法律指引】

《中华人民共和国海关法》

第五十三条　准许进出口的货物、进出境物品，由海关依法征收关税。

第五十四条　进口货物的收货人、出口货物的发货人、进出境物品的所有人，是关税的纳税义务人。

《中华人民共和国进出口关税条例》

第二条　中华人民共和国准许进出口的货物、进境物品，除法律、行政法规另有规定外，海关依照本条例规定征收进出口关税。

第五条　进口货物的收货人、出口货物的发货人、进境物品的所有人，是关税的纳税义务人。

第五十八条　进境物品的纳税义务人是指，携带物品进境的入境人员、进境邮递物品的收件人以及以其他方式进口物品的收件人。

任务二　关税的滞纳

【案例讨论】

某公司进口一批货物，货物运抵我国口岸后，海关于 2014 年 5 月 1 日填发税款缴款书，经审核货物的到岸价折合人民币 155000 元。但该公司在未获批准缓税的情况下，于海关填发税款缴纳证的次日起第 30 日才缴清了税款。假设该货物适用的关税税率为 100%。

【问题探究】

（1）如何确定关税的缴纳期限？纳税义务人未按期缴纳税款的，产生什么法律责任？

（2）本案应当如何处理？

【相关法律指引】

《中华人民共和国进出口关税条例》

第三十七条　纳税义务人应当自海关填发税款缴款书之日起 15 日内向指定银行缴纳税款。纳税义务人未按期缴纳税款的，从滞纳税款之日起，按日加收滞纳税款万分之五的滞纳金。

海关可以对纳税义务人欠缴税款的情况予以公告。

海关征收关税、滞纳金等，应当制发缴款凭证，缴款凭证格式由海关总署规定。

任务三　关税的监管

【案例讨论】

离职空姐开网店境外代购①

2012 年 9 月 5 日，记者从北京市第二中级人民法院获悉，该院近日审理了一起离职空姐走私化妆品案。

被告人李某，曾担任某航空公司空姐。因多次大量携带从韩国免税店购买的化妆品入境而未申报，偷逃海关进口环节税高达 113 万余元，9 月 3 日，北京市二中院一审以犯走私普通货物罪判李某有期徒刑 11 年，处罚金人民币 50 万元。

李某曾经是某航空公司在国内航线的空姐，在 2008 年离职之后，和男友石某在淘宝网上开了化妆品店，2010 年 8 月以后，两人通过在韩国工作的储某从韩国免税店进货，2011

---

① 案例材料来源：

a. 离职空姐开网店境外代购逃税 100 余万获刑 11 年——财经——人民网 http：//finance. people. com. cn/money/n/2012/0906/c42877-18933699-1. html.

b. 离职空姐代购案重审宣判，刑期由 11 年改判 3 年——网易新闻中心 http：//news. 163. com/13/1217/11/9G9SHNV900014JB5. html.

年8月30日，李某从韩国到达北京首都机场后，被早已布控在那里的侦查人员抓获归案。警方在一审时指控，2010年8月到2011年8月间，李某去韩国带化妆品达29次，男友石某共17次，以客带货方式从无申报通道携带进境，均未向海关申报，并共计偷逃海关进口环节税是113万多元，后来认定109万多元。

北京市人民检察院第二分院指控：2010年至2011年8月间，被告人李某与被告人褚某经预谋，由褚某提供韩国免税店账号，并负责在韩国结算货款，由李某伙同被告人石某多次在韩国免税店购买化妆品等货物后，以客带货方式从无申报通道携带进境，并通过李某、石某在淘宝网的网店销售牟利，共计偷逃海关进口环节税人民币113万余元。公诉机关认为，应当以走私普通货物罪追究李某等三被告人刑事责任。

法院经审理认为，被告人李某、褚某、石某分工配合，共同采取以客带货从无申报通道携带化妆品进境的方式，逃避海关监管，偷逃应纳税款，三人的行为触犯了刑律，均已构成走私普通货物罪，且系偷逃应缴税额特别巨大，依法应予惩处。最终，法院一审判决认定被告人李某、褚某、石某犯走私普通货物罪罪名成立，并分别判处有期徒刑11年、7年、5年，并分别处以罚金。

随后，李某提出上诉。2013年5月北京高院以事实不清、证据不足裁定撤销一审判决，发回重审。

2013年12月17日，北京第二中级人民法院对前空姐李某涉嫌走私普通货物罪重审宣判，以走私普通货物罪判处李某有期徒刑三年。法院从一审宣判到发回重审，到重审开庭，争议的焦点主要是代购化妆品的金额和数量是否属实以及量刑是否过重。此案重审开庭审理的时候，海关认定现货逃税额减少到了8万多元，这应该是此次判决的重要依据。

【问题探究】

（1）李某的行为属于什么性质？其行为是否应当缴纳关税？

（2）李某应承担什么法律责任？

【相关法律指引】

《中华人民共和国海关法》

第八十二条　违反本法及有关法律、行政法规，逃避海关监管，偷逃应纳税款、逃避国家有关进出境的禁止性或者限制性管理，有下列情形之一的，是走私行为：

（一）运输、携带、邮寄国家禁止或者限制进出境货物、物品或者依法应当缴纳税款的货物、物品进出境的；

（二）未经海关许可并且未缴纳应纳税款、交验有关许可证件，擅自将保税货物、特定减免税货物以及其他海关监管货物、物品、进境的境外运输工具，在境内销售的；

（三）有逃避海关监管，构成走私的其他行为的。

有前款所列行为之一，尚不构成犯罪的，由海关没收走私货物、物品及违法所得，可以并处罚款；专门或者多次用于掩护走私的货物、物品，专门或者多次用于走私的运输工具，予以没收，藏匿走私货物、物品的特制设备，责令拆毁或者没收。

有第一款所列行为之一，构成犯罪的，依法追究刑事责任。

《中华人民共和国刑法》

第一百五十三条　走私本法第一百五十一条、第一百五十二条、第三百四十七条规定以外的货物、物品的，根据情节轻重，分别依照下列规定处罚：

（一）走私货物、物品偷逃应缴税额较大或者一年内曾因走私被给予二次行政处罚后又走私的，处三年以下有期徒刑或者拘役，并处偷逃应缴税额一倍以上五倍以下罚金。

（二）走私货物、物品偷逃应缴税额巨大或者有其他严重情节的，处三年以上十年以下有期徒刑，并处偷逃应缴税额一倍以上五倍以下罚金。

（三）走私货物、物品偷逃应缴税额特别巨大或者有其他特别严重情节的，处十年以上有期徒刑或者无期徒刑，并处偷逃应缴税额一倍以上五倍以下罚金或者没收财产。

单位犯前款罪的，对单位判处罚金，并对其直接负责的主管人员和其他直接责任人员，处三年以下有期徒刑或者拘役；情节严重的，处三年以上十年以下有期徒刑；情节特别严重的，处十年以上有期徒刑。

对多次走私未经处理的，按照累计走私货物、物品的偷逃应缴税额处罚。

项目六

企业所得税法

 学习目标

通过学习,学生掌握企业所得税的征税范围、企业所得税纳税主体、企业所得税税率,了解企业所得税征收方法,掌握应税所得额的确定与应纳税额的计算,理解和把握境外所得已纳税额的扣除、企业所得税特别纳税调整及征收管理制度。

 企业所得税法知识结构图

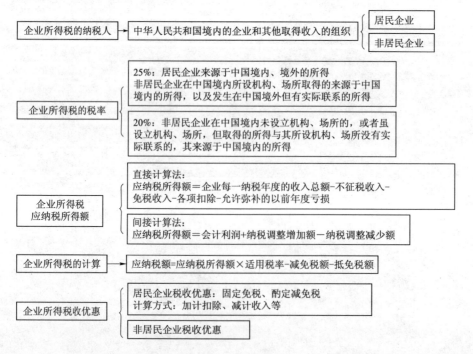

	源泉扣缴
企业所得税法执行	征管：纳税期限、纳税地点、汇缴清算等
	特别纳税调整

 企业所得税法基本问题

一、企业所得税法概述

（一）企业所得税

所得税又称所得课税、收益税，是国家对法人、自然人和其他经济组织在一定时期内的各种所得征收的一类税收。所得税 1799 年创始于英国。

企业所得税在国外被称为"公司所得税""公司税"或"法人所得税""法人税"。英国早在 1909 年起就开征了公司所得税，目前，世界上有 160 多个国家或地区开征了公司所得税。在我国现行税制结构中，企业所得税是仅次于增值税的第二大税种。

企业所得税是对一国境内的企业和其他取得收入的组织的生产经营所得和其他所得征收的一种税。它是国家参与企业利润分配的重要手段。

1. 企业所得税的特点

1）量能负担

企业所得税是对企业的生产经营所得和其他所得征收的，企业的税收负担水平与纳税人的所得直接相关，所得多的多征，所得少的少征，无所得的不征，真正体现了量能负担的原则，因而，企业所得税被誉为是一个良性税种。

2）纳税人与负税人一致

企业所得税属于直接税，纳税人缴纳的企业所得税一般不易转嫁，常常由纳税人自己负担。

3）纳税人是有应税所得的企业、组织

企业所得税的纳税人包括企业但不限于企业，多年来，我国企业所得税的纳税人就已经包括了有生产经营所得和其他所得的其他组织，如事业单位、社会团体、基金会等。

4）征税方式

企业所得税实行按年计算、分期预缴、年终汇算清缴的征税方式。企业的经营业绩通常是按年度衡量的，企业的会计核算也是按年度进行的，所以，企业所得税实行按年计算，有利于与会计管理工作的协调，也有利于体现公平税收负担。但从满足财政支出的日常需要出发，又必须尽可能做到税款均衡入库，以及从加强企业所得税日常管理考虑，税款必须分期预缴。

2. 企业所得税的作用

1）筹集财政收入

企业所得税是现代税制中的一个重要税种，我国企业所得税税收收入不仅总额越来越大，而且在整个税收收入中所占的比重呈现逐年提高的趋势。

2）调节资源配置

企业所得税是一个良性税种，除了可以体现量能负担原则外，还可以根据产业政策导向通过对不同产业设置不同的税收优惠政策来调节产业结构，促进资源的合理配置。

3）促进经济稳定

经济学理论已经证实，企业所得税本身具有"内在稳定器"的功能，促进经济稳定发展。再加上企业所得税有减免税、降低税率、加计扣除、加速折旧、投资抵免、减计收入等众多措施，企业所得税可以作为国家宏观调控的一个重要工具。这一工具的使用，不仅能够促进我国产业结构的调整，而且能够促进我国经济平稳较快发展。

（二）企业所得税法

企业所得税法是指国家制定的用以调整企业所得税征收与缴纳之间权利义务关系的法律规范的总称。

我国现行企业所得税法的基本规范是 2007 年 3 月 16 日通过、2008 年 1 月 1 日起施行的《中华人民共和国企业所得税法》，以及 2007 年 11 月 28 日通过、2008 年 1 月 1 日起施行的《中华人民共和国企业所得税法实施条例》。

我国开征企业所得税的历史不长。1936 年国民政府公布了《所得税暂行条例》，于 1937 年正式实施。因此，税收理论界一般认为我国企业所得税诞生于 1937 年 1 月 1 日。1950 年 1 月，新中国政务院颁布了《全国税政实施要则》，把对企业征收的所得税并入工商业税，同时又开征了薪金报酬所得税和存款利息所得税两个税种。但是，此时的所得税还不是一个独立的税种，直到 1958 年实行工商税制改革时，所得税才从工商业税中分离出来，定名为工商所得税，这是新中国成立后所得税作为一个独立税种的标志，为以后的所得税制建立打下了基础。

1980 年 9 月，我国颁布了《中华人民共和国中外合资企业所得税法》，这是我国第一部真正意义上的企业所得税法。1981 年 12 月，我国又颁布了《中华人民共和国外国企业所得税法》。这两部税法的颁布标志着我国建立起了有别于内资企业所得税制度的涉外企业所得税制度。

1983 年，国务院在全国试行国营企业"利改税"，一改新中国成立后实行了 30 多年的国营企业向国家上缴利润的做法，要求国营企业向国家缴纳企业所得税。1984 年 9 月，国务院颁布了《中华人民共和国国营企业所得税条例（草案）》和《国营企业调节税征收办法》，规定实行独立经济核算的国营企业为企业所得税的纳税人。全面征收国营企业所得税，是我国企业所得税走向规范化的重要里程碑。

1985 年 4 月，国务院颁布了《中华人民共和国集体企业所得税暂行条例》，统一了城乡集体企业的企业所得税。实行 10%～55% 的 8 级超额累进税率。原来对集体企业征收的工商所得税同时停止执行。1988 年 6 月，国务院又颁布了《私营企业所得税暂行条例》。

1991 年，将原有的两部涉外企业所得税法合并为《中华人民共和国外商投资企业和外国企业所得税法》，简化和完善了我国的涉外企业所得税制度，但有别于内资企业所得税的特点继续加以保持。

1993 年 12 月，为统一内资企业所得税，国务院颁布了《中华人民共和国企业所得税暂行条例》，将原来的国营企业所得税、集体企业所得税、私营企业所得税加以合并，较好地解决了不同所有制企业的税负不公问题，理顺了国家与内资企业的分配关系，促进了内资企业经营机制的转换，但有别于外资企业所得税的特点继续存在。

2007 年通过《企业所得税法》《企业所得税法实施条例》，并于 2008 年 1 月 1 日起实施。至此，我国内、外资企业两套不同的企业所得税制度并存的局面宣告结束。同时，新的企业所得税法的实施，为我国的内、外资企业提供了统一的企业所得税税收待遇，在促进企业公平竞争、鼓励企业"走出去"等方面发挥了前所未有的作用。

二、企业所得税的纳税人、征税对象与税率

(一) 企业所得税的纳税人

在中华人民共和国境内，企业和其他取得收入的组织（以下统称企业）为企业所得税的纳税人。依照中国法律、行政法规成立的个人独资企业、合伙企业不是企业所得税的纳税人。

我国采取了地域管辖和居民管辖的双重管辖权标准，因而纳税人分为居民企业和非居民企业两类。所谓居民税收管辖权，是指一国有权对本国居民的一切所得征税，而不管这些所得是来源于本国境内还是境外，最大限度地维护本国的税收利益。所谓来源地税收管辖权，是指一国有权对来源于本国境内的一切所得征税，而不论这些所得的获得者是本国居民还是外国居民。

1. 居民企业

居民企业，是指依法在中国境内成立，或者依照外国（地区）法律成立但实际管理机构在中国境内的企业。

我国企业所得税法对居民企业的认定所采用的标准是登记注册地标准和实际管理机构所在地双重标准。

1）中国境内成立的企业

依法在中国境内成立的企业，包括依照中国法律、行政法规在中国境内成立的企业、事业单位、社会团体以及其他取得收入的组织。

2）境外成立但实际管理机构在中国境内的企业

依照外国（地区）法律成立的企业，包括依照外国（地区）法律成立的企业和其他取得收入的组织。所谓实际管理机构，是指对企业的生产经营、人员、账务、财产等实施实质性全面管理和控制的机构。

2. 非居民企业

非居民企业是指依照外国（地区）法律成立且实际管理机构不在中国境内，但在中国境内设立机构、场所的，或者在中国境内未设立机构、场所，但有来源于中国境内所得的企业。

1）在中国境内设立机构、场所的外国企业

机构、场所，包括管理机构、营业机构、办事机构；工厂、农场、开采自然资源的场所；提供劳务的场所；从事建筑、安装、装配、修理、勘探等工程作业的场所；其他从事生

产经营活动的机构、场所。

非居民企业委托营业代理人在中国境内从事生产经营活动的，包括委托单位或者个人经常代其签订合同，或者储存、交付货物等，该营业代理人视为非居民企业在中国境内设立的机构、场所。

2）在中国境内未设立机构但有来源于中国境内所得的外国企业

按照《企业所得税法》的规定，非居民企业可以分为两类。这两类非居民企业的企业所得税税收征管存在较大的差异。

（1）非居民企业在中国境内设立机构、场所的，由于这类非居民企业在中国境内设立了机构、场所，对该机构、场所征收企业所得税，完全可以实行查账征收或核定征收，因此，对其征收企业所得税时，在应纳税所得额的计算和适用税率上，基本上是视为居民企业一样对待的。

（2）非居民企业在中国境内未设立机构、场所的，或者虽设立机构、场所，但取得的所得与其所设机构、场所没有实际联系的，因为这类非居民企业的实际管理机构所在地不在中国境内，我国税务机关无法对其会计账目进行监管，其收入或成本难以核实，对其实行查账征收或核定征收企业所得税是不可行的。所以，借鉴国际通行做法，对其收入征收预提所得税。

（二）企业所得税的征税对象

1. 企业所得税法规定的征税对象——所得

企业所得税的征税对象是所得，即纯收益。我国企业所得税法中的所得，包括销售货物所得、提供劳务所得、转让财产所得、股息红利等权益性投资所得、利息所得、租金所得、特许权使用费所得、接受捐赠所得和其他所得。

除了企业所得税法明确规定的不征税所得、免税所得外，其他所得都构成企业所得税法的征税对象。

临时性、偶然性所得也是企业所得税的征税对象，例如转让财产所得、接受捐赠所得也构成了企业所得税的征税对象，体现了企业所得税普遍征收的原则，有利于实现税收的横向公平。

所得不同于会计上的利润。所得是按照税法规定的应税收入扣除税法允许扣除的成本、费用等后的纯收益。而利润是收入扣除成本、费用后的纯收益。将所得作为企业所得税的征税对象，体现了按能力纳税的原则。

所得包括货币性所得和非货币性所得，但都属于物质上的所得，不包括精神上的所得。

2. 居民企业的征税对象

居民企业负无限纳税义务。对居民企业来源于境内、境外所得征收企业所得税，即就其来自世界各地的"环球所得"纳税。

3. 非居民企业的征税对象

非居民企业负有限纳税义务。所谓有限纳税义务，是指对非居民企业仅就其来源于境内的所得征收企业所得税。

（1）非居民企业在中国境内设立机构、场所的，应当就其所设机构、场所取得的来源于中国境内的所得，以及发生在中国境外但与其所设机构、场所有实际联系的所得，缴纳企业所得税。

（2）非居民企业在中国境内未设立机构、场所的，或者虽设立机构、场所但取得的所得与其所设机构、场所没有实际联系的，应当就其来源于中国境内的所得缴纳企业所得税。

由此不难看出，非居民企业发生在中国境外的所得是否构成我国企业所得税的征税对象，关键在于识别该所得与其设在我国境内的机构、场所是否存在着实际联系。实际联系是指非居民企业在中国境内设立的机构、场所拥有据以取得所得的股权、债权，以及拥有、管理、控制据以取得所得的财产等。

4. 所得来源地的确认原则

我国企业所得税的纳税人分为居民企业和非居民企业，居民企业负无限纳税义务，非居民企业负有限纳税义务。因此，准确划分境内所得和境外所得，直接关系到非居民企业纳税义务的界定，显得十分必要。

（1）销售货物所得，按照交易活动发生地确定；

（2）提供劳务所得，按照劳务发生地确定；

（3）转让财产所得，不动产转让所得按照不动产所在地确定，动产转让所得按照转让动产的企业或者机构、场所所在地确定，权益性投资资产转让所得按照被投资企业所在地确定；

（4）股息红利等权益性投资所得，按照分配所得的企业所在地确定；

（5）利息所得、租金所得、特许权使用费所得，按照负担或者支付所得的企业或者机构、场所所在地确定；

（6）其他所得，由国务院财政、税务主管部门确定。

（三）企业所得税的税率

全世界 159 个实行企业所得税的国家（地区）平均税率为 28.6%，我国周边 18 个国家（地区）的平均税率为 26.7%。我国企业所得税设定 25%的基本税率，在国际上是适中偏低的水平，有利于提高企业竞争力和吸引外商投资。

1. 基本税率

我国企业所得税的基本税率为 25%。具体包括：

（1）居民企业应当就其来源于中国境内、境外的所得缴纳企业所得税。

（2）非居民企业在中国境内设立机构、场所的，应当就其所设机构、场所取得的来源于中国境内的所得，以及发生在中国境外但与其所设机构、场所有实际联系的所得，缴纳企业所得税。

2. 低税率

非居民企业在中国境内未设立机构、场所的，或者虽设立机构、场所但取得的所得与其所设机构、场所没有实际联系的，应当就其来源于中国境内的所得缴纳企业所得税。税法同时规定这类所得适用税率为 20%，但在税收优惠中规定按 10%的低税率征收。

3. 优惠税率

为了照顾小型微利企业和国家需要重点扶持的高新技术企业的发展，我国企业所得税法给予了税率上的优惠。具体内容详见税收优惠部分。

符合条件的小型微利企业，减按20%的税率征收企业所得税。

国家需要重点扶持的高新技术企业，减按15%的税率征收企业所得税。

三、企业所得税应纳税所得额的确定

企业所得税的核心之一是确定应纳税所得额，它是企业所得税的计税依据，准确计算企业应纳税所得额是正确计算企业所得税的前提。

（一）一般规定

企业应纳税所得额的计算，以权责发生制为原则，税法和国务院财政、税务主管部门另有规定的除外。所谓权责发生制，是指以实际收取现金的权利和支付现金的义务是否发生为标志来确认本期的收入、费用及债权、债务。具体而言，凡是当期已经实现的收入和已经发生或应当负担的费用，不论款项是否收付，都应当作为当期的收入和费用；凡是不属于当期的收入和费用，即使款项已经在当期收付，也不应当作为当期的收入和费用。

在计算应纳税所得额时，企业财务、会计处理办法与税收法律、行政法规的规定不一致的，应当依照税收法律、行政法规的规定计算。因此，在实际工作中，企业应纳税所得额的计算通常以会计核算的结果为基础，在税务与财务、会计制度规定不一致的时候，企业要按照税法的规定进行纳税调整，并按调整后的应纳税所得额计算缴纳企业所得税。

企业每一纳税年度的收入总额，减除不征税收入、免税收入、各项扣除以及允许弥补的以前年度亏损后的余额，为应纳税所得额。其计算公式为：

应纳税所得额＝收入总额－不征税收入－免税收入－税前扣除额－允许弥补的以前年度亏损

（二）收入总额

1. 收入总额的界定

收入总额是企业应纳税所得额的重要组成部分，确定收入总额是计算企业应纳税所得额的首要步骤。《企业所得税法》规定，企业以货币形式和非货币形式从各种来源取得的收入，为收入总额。包括销售货物收入；提供劳务收入；转让财产收入；股息、红利等权益性投资收益；利息收入；租金收入；特许权使用费收入；接受捐赠收入；其他收入。

企业取得收入的货币形式，包括现金、存款、应收账款、应收票据、准备持有至到期的债券投资以及债务的豁免等。企业取得收入的非货币形式，包括固定资产、生物资产、无形资产、股权投资、存货、不准备持有至到期的债券投资、劳务以及有关权益等。企业以非货币形式取得的收入，应当按照公允价值确定收入额。所谓公允价值，是指按照市场价格确定的价值。

2. 收入总额实现的确认

按照收入来源不同，企业所得税法将收入总额分为以下9类：

1) 销售货物收入实现的确认

销售货物收入，是指企业销售商品、产品、原材料、包装物、低值易耗品以及其他存货取得的收入。

销售货物的结算方式有多种多样,《企业会计准则》对销售商品收入实现时间的确认条件比较复杂,而企业所得税法对此并没有作出详细的规定。因此,销售货物收入实现时间的确认原则是:税收法律、行政法规有明确规定的,依照税收法律、行政法规的规定进行处理;税收法律、行政法规没有规定的,可以依照企业财务、会计处理办法的规定进行处理,但前提是不能与税收法律、行政法规相抵触。

2) 提供劳务收入实现的确认

提供劳务收入,是指企业从事建筑安装、修理修配、交通运输、仓储租赁、金融保险、邮电通信、咨询经纪、文化体育、科学研究、技术服务、教育培训、餐饮住宿、中介代理、卫生保健、社区服务、旅游、娱乐、加工以及其他劳务服务活动取得的收入。

收入实现时间的确认。企业同时满足下列条件时,应确认提供劳务收入的实现:

(1) 收入的金额能够合理地计量;

(2) 相关的经济利益能够流入企业;

(3) 交易中发生的成本能够合理地计量。

企业受托加工制造大型机械设备、船舶、飞机等,以及从事建筑、安装、装配工程业务或者提供劳务等,持续时间超过 12 个月的,按照纳税年度内完工进度或者完成的工作量确认收入的实现。

3) 转让财产收入实现的确认

转让财产收入,是指企业转让固定资产、生物资产、无形资产、股权、债权等财产取得的收入。

当企业转让财产同时满足下列条件时,应当确认转让财产收入:

(1) 企业获得已实现经济利益或潜在的经济利益的控制权;

(2) 与交易相关的经济利益能够流入企业;

(3) 相关的收入和成本能够合理地计量。

4) 股息、红利等权益性投资收益实现的确认

股息、红利等权益性投资收益,是指企业因权益性投资从被投资方取得的收入。

股息、红利等权益性投资收益,除国务院财政、税务主管部门另有规定外,按照被投资方作出利润分配决定时间确认收入的实现。

5) 利息收入实现的确认

利息收入,是指企业将资金提供他人使用但不构成权益性投资,或者因他人占用本企业资金取得的收入,包括存款利息、贷款利息、债券利息、欠款利息等收入。

利息收入按照合同约定的债务人应付利息的日期确认收入的实现。

6) 租金收入实现的确认

租金收入,是指企业提供固定资产、包装物或者其他资产的使用权取得的收入。

租金收入按照合同约定的承租人应付租金的日期确认收入的实现。

7) 特许权使用费收入实现的确认

特许权使用费收入,是指企业提供专利权、非专利技术、商标权、著作权以及其他特许权的使用权取得的收入。

特许权使用费收入，按照合同约定的特许权使用人应付特许权使用费的日期确认收入的实现。

8）接受捐赠收入实现的确认

接受捐赠收入，是指企业接受的来自其他企业、组织或者个人无偿给予的货币性资产、非货币性资产。接受捐赠收入，按照实际收到捐赠资产时确认收入的实现。

9）其他收入实现的确认

其他收入：包括企业资产溢余收入、逾期未退包装物押金收入、确实无法偿付的应付款项、已作坏账损失处理后又收回的应收款项、债务重组收入、补贴收入、违约金收入、汇兑收益等。

3. 特殊收入的确认

（1）企业的下列生产经营业务可以分期确认收入的实现：

以分期收款方式销售货物的，按照合同约定的收款日期确认收入的实现；

企业受托加工制造大型机械设备、船舶、飞机，以及从事建筑、安装、装配工程业务或者提供其他劳务等，持续时间超过 12 个月的，按照纳税年度内完工进度或者完成的工作量确认收入的实现。

（2）采取产品分成方式取得收入的，按照企业分得产品的日期确认收入的实现，其收入额按照产品的公允价值确定。

（3）企业发生非货币性资产交换，以及将货物、财产、劳务用于捐赠、偿债、赞助、集资、广告、样品、职工福利或者利润分配等用途的，应当视同销售货物、转让财产或者提供劳务，但国务院财政、税务主管部门另有规定的除外。

需要注意的是，企业将货物、财产、劳务用于在建工程、管理部门及非生产性机构，在计算企业所得税时，已不作为视同销售处理。

（三）不征税收入

我国规定不征税收入，主要目的是对部分非经营活动或非营利活动带来的经济利益流入从应税总收入中排除。事业单位、社会团体、民办非企业性单位等机构一般是不以营利活动为目的，其收入的形式主要靠财政拨款和为承担行政职能所收取的行政事业性收费等，因而对这些机构取得的收入征税没有实际意义，从所得税原理上不应列为应税收入的范畴。《企业所得税法》规定，收入总额中的下列收入为不征税收入：

1. 财政拨款

税法所称的财政拨款，是指各级政府对纳入预算管理的事业单位、社会团体等组织拨付的财政资金，但国务院和国务院财政、税务主管部门另有规定的除外。

2. 依法收取并纳入财政管理的行政事业性收费、政府性基金

税法所称的行政事业性收费，是指企业根据法律法规等有关规定，按照国务院规定程序批准，在实施社会公共管理，以及在向公民、法人或者其他组织提供特定公共服务过程中，向特定对象收取并纳入财政管理的费用。政府性基金，是指企业依照法律、行政法规等有关规定，代政府收取的具有专项用途的财政资金。

3. 国务院规定的其他不征税收入

税法所称国务院规定的其他不征税收入，是指企业取得的、由国务院财政、税务主管部门规定专项用途并经国务院批准的财政性资金。

（四）免税收入

免税收入是指属于企业的应税所得但税法规定免予征收企业所得税的收入。它不同于不征税收入，是纳税人应税收入的重要组成部分，只是国家为了实现某些经济和社会目标，在特定时期和对特定项目取得的经济利益给予的税收优惠，而在一定时期又有可能恢复征税。按照《企业所得税法》规定，下列收入为免税收入：

1. 国债利息收入

指企业持有国务院财政部门发行的国债取得的利息收入。

2. 符合条件的居民企业之间的股息、红利等权益性投资收益

指居民企业直接投资于其他居民企业取得的投资收益。不包括连续持有居民企业公开发行并上市流通的股票不足 12 个月取得的投资收益。

3. 在中国境内设立机构、场所的非居民企业从居民企业取得与该机构、场所有实际联系的股息、红利等权益性投资收益

主要是为了避免重复征税，同样不包括连续持有居民企业公开发行并上市流通的股票不足 12 个月取得的投资收益。

4. 符合条件的非营利组织的收入

不包括非营利组织从事营利性活动取得的收入，但国务院财政、税务主管部门另有规定的除外。

符合条件的非营利组织，是指同时符合下列条件的组织：

（1）依法履行非营利组织登记手续；

（2）从事公益性或者非营利性活动；

（3）取得的收入除用于与该组织有关的、合理的支出外，全部用于登记核定或者章程规定的公益性或者非营利性事业；

（4）财产及其孳息不用于分配；

（5）按照登记核定或者章程规定，该组织注销后的剩余财产用于公益性或者非营利性目的，或者由登记管理机关转赠给与该组织性质、宗旨相同的组织，并向社会公告；

（6）投入人对投入该组织的财产不保留或享有任何财产权利；

（7）工作人员工资福利开支控制在规定的比例内，不变相分配该组织的财产。

前款规定的非营利组织的认定管理办法由国务院财政、税务主管部门会同国务院有关部门制定。

（五）可扣除项目

企业所得税是对企业取得的纯收益征收的，确定和计算企业所得税税前扣除项目是准确计算企业所得税应纳税额的重要组成部分。

1. 税前扣除的界定

税前扣除项目通常是指纳税人发生的与取得应税收入直接相关的成本、费用、税金和损失等项目。属于税前扣除项目范畴的支出，在计算企业应纳税所得额时根据扣除方式的不同可以分为三种类型：

（1）可以全额扣除的，如纳税人生产经营过程中发生的成本；

（2）规定了限额扣除的，如纳税人生产经营过程中发生的公益捐赠支出；

（3）可以实行加计扣除的，如企业为开发新技术、新产品、新工艺发生的研究开发费用。

企业实际发生的与取得收入有关的、合理的支出，包括成本、费用、税金、损失和其他支出，准予在计算应纳税所得额时扣除。

2. 税前扣除的原则

我国企业所得税法规定的税前扣除应遵循的原则，除了权责发生制原则外，还包括以下原则：

1）真实性原则

真实性是税前扣除的首要原则。真实性是指除税法规定的企业已经发生的支出可以加计扣除外，如加计扣除费用，其他任何税前扣除都必须是已经实际发生的。真实性原则一般要求企业未实际发生的支出不允许税前扣除，如会计上允许企业按照有关规定合理确认预计负债，税法上认为会计上确认的预计负债不属于实际发生，因而不允许税前扣除。

2）相关性原则

相关性是指纳税人税前扣除的支出从性质和根源上必须与取得应税收入相关，而不能仅仅从结果上考察与取得应税收入相关。如企业的回扣支出，就不符合税法所规定的相关性原则，因而不得税前扣除。因为回扣支出并非是取得应税收入必须发生的，从性质上讲，一旦支付的回扣落入个人腰包，很可能破坏市场经济秩序。

《企业所得税法实施条例》规定，企业实际发生的与取得收入有关的支出，是指与取得收入直接相关的支出。如企业员工加入某高尔夫俱乐部发生的会费，可能会因此结识新的客户从而给本企业带来商机或者员工的身体健康状况大为改善而提高了企业效益，但从税法角度看，这笔会费与取得收入是间接相关，而不是直接相关，当然也就不能税前扣除。

新税法实施条例规定，企业的不征税收入用于支出所形成的费用或者财产，不得扣除或者计算对应的折旧、摊销扣除。之所以这样规定，正是基于从性质和根源上看，不征税收入用于支出所形成的费用或者财产与取得应税收入没有直接关系。

3）合理性原则

合理性是指可纳入税前扣除额的支出应是必要和正常的，计算和分配的方法应该符合一般的经营常规。税前扣除的支出应能体现在真实性、相关性的基础上符合合理性的要求。但在真实性无法得到保证时，往往也需要借助于合理性或相关性加以判定。

合理的支出，是指符合生产经营活动常规，应当计入当期损益或者有关资产成本的必要和正常的支出。合理性的判定标准主要是看发生的支出在计算和分配方法上是否符合生产经营活动常规。生产经营活动常规，如企业工资薪金水平与社会整体、同区域、同行业的工资薪金水平是否差距过大，企业高层管理人员与普通员工的工资薪金水平差距是否合理，企业发生的业务招待费与所成交的义务额或业务的利润率是否基本吻合等。

3. 税前扣除的范围和具体规定

1）税前扣除的基本范围

（1）成本。成本是指企业在生产经营活动中发生的销售成本、销货成本、业务支出以及其他耗费。即企业销售商品（产品、材料、下脚料、废料、废旧物资等）、提供劳务、转让固定资产、无形资产的成本。

（2）费用。费用是指企业在生产经营活动中发生的销售费用、管理费用和财务费用，已经计入成本的有关费用除外。

（3）税金。税金是指企业发生的除企业所得税和允许抵扣的增值税以外的各项税金及其附加。

（4）损失。损失是指企业在生产经营活动中发生的固定资产和存货的盘亏、毁损、报废损失，转让财产损失，呆账损失，坏账损失，自然灾害等不可抗力因素造成的损失以及其他损失。

企业发生的损失，减除责任人赔偿和保险赔款后的余额，依照国务院财政、税务主管部门的规定扣除。企业已经作为损失处理的资产，在以后纳税年度全部收回或者部分收回时，应当计入当期收入。

（5）其他支出。其他支出是指除成本、费用、税金、损失外，企业在生产经营活动中发生的与生产经营活动有关的、合理的支出。

2）税前扣除的具体规定

（1）工资薪金支出。

企业发生的合理的工资薪金支出，准予扣除。工资薪金是指企业每一纳税年度支付给在本企业任职或者受雇的员工的所有现金或者非现金形式的劳动报酬，包括基本工资、奖金、津贴、补贴、年终加薪、加班工资，以及与员工任职或者受雇有关的其他支出。

正确理解工资薪金支出的定义，应把握两个关键点：一是"在本企业任职或者受雇"；二是与任职或者受雇有关的全部支出，包括所有现金或者非现金形式的劳动报酬。

下列支出不应作为工资薪金支出：雇员向纳税人投资而分得的股息、红利等权益性投资收益；根据国家或省级政府的规定为雇员支付的社会保障性缴款；各项劳动保护支出；雇员调动工作的旅费和安家费；雇员离退休、退职待遇的各项支出；独生子女补贴；纳税人负担的住房公积金；国家税务总局认定的其他不属于工资薪金支出的项目。

（2）工会经费、职工教育经费、职工福利费。

工会经费、职工教育经费、职工福利费是企业经营中为满足职工的集体生活需要、提高职工职业技能所发生的支出，基本上属于职工福利性质的支出。按标准扣除，未超过标准的按实际数扣除，超过标准的只能按标准扣除。

企业拨缴的职工工会经费，不超过工资薪金总额2%的部分，准予扣除。实际操作中，应取得已正确填开套印有财政部票据监制章的工会经费拨缴款专用收据。

除国务院财政、税务主管部门另有规定外，企业发生的职工教育经费支出，不超过工资薪金总额2.5%的部分，准予扣除；超过部分，准予在以后纳税年度结转扣除。如果企业没有实际发生职工教育经费支出，而是采取预提，则不允许税前扣除。

企业发生的职工福利费支出，不超过工资薪金总额14%的部分，准予扣除。

（3）社会保险支出。

企业依照国务院有关主管部门或者省级人民政府规定的范围和标准为职工缴纳的基本养老保险费、基本医疗保险费、失业保险费、工伤保险费、生育保险费等基本社会保险费和住房公积金，准予扣除。

企业缴纳的补充养老保险费、补充医疗保险费，在国务院财政、税务主管部门规定的范围和标准内，准予扣除。

除企业依照国家有关规定为特殊工种职工支付的人身安全保险费和国务院财政、税务主管部门规定可以扣除的其他商业保险费外，企业为其投资者或者职工支付的商业保险费，不得扣除。

（4）借款费用。

企业在生产经营活动中发生的合理的不需要资本化的借款费用，准予扣除。根据企业会计准则，借款费用是指企业因借款而发生的利息及其他相关成本，包括借款利息、折价或者溢价的摊销、辅助费用及因外币借款而发生的汇兑差额。

企业为购置、建造固定资产、无形资产和经过12个月以上的建造才能达到预定可销售状态的存货发生借款的，在有关资产购置、建造期间发生的合理的借款费用，应当作为资本性支出计入有关资产的成本，即所谓的借款费用资本化；有关资产交付使用后发生的借款利息，可在发生当期扣除。除此之外，其他借款费用一般不予资本化，这主要体现了借款费用是否资本化与借款期间长短无关系而是与借款的使用有密切关系。

（5）利息支出。

企业在生产经营活动中发生的下列利息支出，准予扣除：

非金融企业向金融企业借款的利息支出、金融企业的各项存款利息支出和同业拆借利息支出、企业经批准发行债券的利息支出；

非金融企业向非金融企业借款的利息支出，不超过按照金融企业同期同类贷款利率计算的数额的部分。

（6）业务招待费。

企业发生的与生产经营活动有关的业务招待费，按照发生额的60%扣除，但最高不得超过当年销售（营业）收入的5‰。

当年销售（营业）收入包括主营业务收入、其他业务收入和视同销售收入三部分，即销售货物收入、劳务收入、出租财产收入、转让无形资产使用权收入、视同销售收入（企业对外处置资产时取得的）等。

（7）广告费、业务宣传费。

企业每一纳税年度发生的符合条件的广告费和业务宣传费，除国务院财政、税务主管部门另有规定外，不超过当年销售（营业）收入15%的部分，准予扣除；超过部分，准予在以后纳税年度结转扣除。

（8）公益性捐赠支出。

企业发生的公益性捐赠支出，在年度利润总额12%以内的部分，准予在计算应纳税所得额时扣除。

年度利润总额，是指企业按照国家统一会计制度的规定计算的年度会计利润。

公益性捐赠，是指企业通过县级以上人民政府及其部门，或者通过省级以上人民政府有关部门认定的公益性社会团体，用于《中华人民共和国公益事业捐赠法》规定的公益事业的捐赠。公益性社会团体，是指符合条件的基金会、慈善组织等社会团体。

按《公益事业捐赠法》的规定，以下属于公益事业的捐赠：

① 救助灾害、救济贫困、扶助残疾人等困难的社会群体和个人的活动；

② 教育、科学、文化、卫生、体育事业；

③ 环境保护、社会公共设施建设；

④ 促进社会发展和进步的其他社会公共和福利事业。

（9）固定资产租赁费支出。

企业根据生产经营活动的需要租入固定资产支付的租赁费，按照以下方法扣除：

以经营租赁方式租入固定资产发生的租赁费，按照租赁期限均匀扣除；以融资租赁方式租入固定资产发生的租赁费，按照规定构成融资租入固定资产价值的部分应当提取折旧费用，分期扣除。

（10）其他支出。

企业按照法律、行政法规有关规定提取的用于环境保护、生态恢复等专项资金，准予扣除。但上述专项资金提取以后改变用途的，不得扣除。

企业发生的合理的劳动保护支出，准予扣除。企业根据劳动保护法等有关法律、法规的规定，确因工作需要为雇员配备或提高工作服、手套、安全保护用品、防暑降温用品支出，一般可以据实扣除。但由于我国地域辽阔，地区差异较大，部分项目的税前扣除标准通常由省、自治区、直辖市主管税务机关制定。

企业在货币交易中，以及纳税年度终了将人民币以外的货币性资产、负债按照期末即期人民币汇率中间价折算为人民币时产生的汇兑损失，除已经计入有关资产成本以及与向所有者进行利润分配相关的部分外，准予扣除。

非居民企业在中国境内设立的机构、场所，就其中国境外总机构发生的与该机构、场所生产经营有关的费用，能够提供总机构出具的费用汇集范围、定额、分配依据和方法等证明文件，并合理计算分摊的，准予扣除。

4. 不允许税前扣除项目

纳税人发生的与取得应税收入无直接相关的成本、费用、税金和损失等项目，税法上通常称之为不允许税前扣除项目，如企业支付的税收滞纳金、企业所得税税款，在计算企业所得税时是不允许税前扣除的。

在计算应纳税所得额时，下列支出不得扣除：

（1）向投资者支付的股息、红利等权益性投资收益款项；

（2）企业所得税税款；

（3）税收滞纳金；

（4）罚金、罚款和被没收财物的损失；

（5）不允许税前扣除的捐赠支出（非公益性捐赠、超标准的公益性捐赠支出）；

（6）赞助支出（企业发生的与生产经营活动无关的各种非广告性质支出）；

（7）未经核定的准备金支出（不符合国务院财政、税务主管部门规定的各项资产减值准备、风险准备等准备金支出）；

（8）与取得收入无关的其他支出。

其他不可扣除的项目，主要有以下两种：

① 企业对外投资期间，投资资产的成本在计算应纳税所得额时不得扣除。

② 企业之间支付的管理费、企业内营业机构之间支付的租金和特许权使用费，以及非银行企业内营业机构之间支付的利息，不得扣除。

（六）亏损弥补

税法所称的亏损，是指企业根据企业所得税法及其实施条例的规定将每一纳税年度的收入总额减除不征税收入、免税收入和各项扣除后小于零的数额。

企业纳税年度发生的亏损，准予向以后年度结转，用以后年度的所得弥补，但结转年限最长不得超过五年。因此，企业以前年度有亏损的，在规定的期限内，企业可以按规定用税前所得加以弥补，弥补后仍有所得的，便是应纳税所得额。如果弥补后仍有亏损的，可继续按照上述规定进行处理。

四、关联企业特别纳税调整

（一）特别纳税调整的含义

特别纳税调整是相对于一般纳税调整而言的。一般纳税调整，是指当税法与会计规定存在一定的差异情况下，纳税人在会计核算上按照会计规定进行，但在计算所得税税款时必须按照税法的相关规定进行处理，因此，实际工作中，应纳税所得额的计算往往是以会计要素确认和计量的结果为基础，进行必要的纳税调整来实现的。企业所得税纳税申报表中的某些项目与会计报表（利润表）中的一些项目在名称或金额上是一致的，有些项目在名称或金额上是不同的。如国债利息收入，会计上作为投资收益，计入会计利润，但税法规定属于免税收入。由于会计上的投资收益并入税法所称的收入总额中，因此在计算收入总额时，要将国债利息收入从中剔除（即纳税调减）。再比如，企业罚款支出是通过营业外支出核算的，在企业所得税纳税申报表中的营业外支出一方面直接引用会计上的营业外支出数据；另一方面，要将税法规定不允许税前扣除的罚款支出从相关栏目中将其加回（即纳税调增）。上述纳税调整实际上是一般纳税调整。

而特别纳税调整则是区别于一般纳税调整的纳税调整，其主要特点如下：

（1）特别纳税调整不是由于税法与会计规定存在差异所导致的，而是由于纳税人为了达到少纳税的目的而采取避税手段，造成收入、成本、费用等确认或计量偏离了独立交易原则，如果税务机关不进行纳税调整，将使得税收收入受到侵蚀；

（2）特别纳税调整不像一般纳税调整那么容易操作，主要原因是一般纳税调整所要调整的对象在事实认定方面比较清楚明了，一般不存在大的争议，而特别纳税调整所要调整的对象在事实认定方面存在一定的难度，需要采用反避税调查程序才能求得双方都可接受的结果，如关联交易，我国境内甲企业以明显低于市场价格的不合理价格将货物销售给关联的美国乙企业，使得本该属于甲企业的利润流到了乙企业，如果税务机关不对甲企业进行纳税调整（将销售价格调整到合理价格），甲企业便可少纳我国企业所得税。但是，对其进行纳税调整时，一般不可以认定其属于偷税，因为也许甲企业实际收取的价格就是偏低的，并没有隐瞒收入。所以，需要按照税法的规定，采用反避税调查程序对其进行纳税调整，这种纳税调整，就是特别纳税调整。

（二）特别纳税调整的主要内容

1. 调整的对象——关联方

企业所得税法所称的关联方，是指与企业有下列关联关系之一的企业、其他组织或者个人：在资金、经营、购销等方面存在直接或者间接的控制关系；直接或者间接地同为第三者控制；在利益上具有相关联的其他关系。

企业所得税法所称的"控制"，包括以下两种情形：

（1）居民企业或者中国居民直接或者间接单一持有外国企业10%以上有表决权股份，且由其共同持有该外国企业50%以上股份；

（2）居民企业，或者居民企业和中国居民持股比例没有达到第（1）项规定的标准，但在股份、资金、经营、购销等方面对该外国企业构成实质控制。

企业与其关联方之间的业务往来，不符合独立交易原则而减少企业或者其关联方应纳税收入或者所得额的，税务机关按照合理方法调整。关联企业各个经济实体之间的业务往来，包括转让财产、提供财产所有权、提供劳务、融通资金等类型的业务往来，如果不按照独立企业交易原则进行交易，税务机关应按照税法的规定有权参照没有关联关系所达成交易的价格进行调整。

独立交易原则，是指没有关联关系的交易各方，按照公平成交价格和营业常规进行业务往来遵循的原则。独立交易原则在关联方业务往来税收管理中主要起到两个方面的作用：一是作为判定关联企业与关联方之间的业务往来是否合理的参照物，即从税收角度看关联交易是否存在侵蚀税收收入问题；二是独立交易原则成为转让定价调整的基本税制原则。

2. 防范关联企业避税的具体措施

1）成本分摊协议

企业与其关联方共同开发、受让无形资产，或者共同提供、接受劳务发生的成本，在计算应纳税所得额时应当按照独立交易原则进行分摊。

企业可以按照独立交易原则与其关联方分摊共同发生的成本，达成成本分摊协议。企业与其关联方分摊成本时，应当按照成本与预期收益相配比的原则进行分摊，并在税务机关规定的期限内，按照税务机关的要求报送有关资料。企业与其关联方分摊成本时违反规定的，其自行分摊的成本不得在计算应纳税所得额时扣除。

2）受控外国企业规则

受控外国企业规则是防止受控外国企业避税的一种税收管理制度，其根本宗旨是对居民国的居民企业控制的，对设在低税国的外国企业保留利润不做分配或做不合理分配，延迟缴纳居民国税收的避税行为进行控制管理。

由居民企业，或者由居民企业和中国居民控制的设立在实际税负明显低于税法规定税率水平（25%）的国家（地区）的企业，并非由于合理的经营需要而对利润不作分配或者减少分配的，上述利润中应归属于该居民企业的部分，应当计入该居民企业的当期收入。

实际税负明显低于企业所得税法规定税率水平，是指低于企业所得税法规定税率（25%）的50%。

3）资本弱化及其纳税调整

企业常用的融资方式主要有两种：一是股权融资，如发行股份；二是债权融资，如举债。这两种方式对企业的影响是不尽相同的。企业发行股份后，通常需要支付股息给股东，股息是企业缴纳企业所得税以后所实现收益的一部分，支付的股息不能在税前扣除；而债务人支付给债权人的利息可以在税前扣除，因此，有时候通过债权融资比通过股权融资在税收上可能会更具优势。关联企业之间为了谋求整体利益最大化，往往采用债权融资方式将高额股息转化为利息来降低整体的税收负担，这就是"资本弱化"。所以，许多国家在税法上对关联企业之间的债权性投资与权益性投资比例都做出严格限制，防范企业通过操纵各种债务形式的支付手段来增加税前列支和降低税收负担，从而维护国家的税收利益。

企业从其关联方接受的债权性投资与权益性投资的比例超过规定标准而发生的利息支出，不得在计算应纳税所得额时扣除。

4）预约定价协议

企业可以向税务机关提出与其关联方之间业务往来的定价原则和计算方法，税务机关与企业协商、确认后，达成预约定价安排。

所谓预约定价安排，是指企业就其未来年度关联交易的定价原则和计算方法，向税务机关提出申请，与税务机关按照独立交易原则协商、确认后达成的协议。

5）一般反避税条款

企业实施其他不具有合理商业目的的安排而减少其应纳税收入或者所得额的，税务机关有权按照合理方法调整。

税法所称的不具有合理商业目的，是指以减少、免除或者推迟缴纳税款为主要目的。不具有合理商业目的的安排应同时满足以下3个条件：

（1）必须存在一个安排，是指人为规划的一个或一系列行动或交易；

（2）企业必须从该安排中获取税收利益，即减少企业的应纳税收入或者所得额；

（3）企业将获取的税收利益作为其从事某安排的唯一或主要目的。

（三）税务机关可采用的调整方法

1. 关联方业务往来的调整方法

企业与其关联方之间的业务往来，不符合独立交易原则而减少企业或者其关联方应纳税收入或者所得额的，税务机关按照合理方法调整。所谓合理方法，包括：可比非受控价格法、再销售价格法、成本加成法、交易净利润法、利润分割法、其他符合独立交易原则的方法。

2. 核定应纳税所得额

企业不提供与其关联方之间业务往来资料，或者提供虚假、不完整资料，未能真实反映其关联业务往来情况的，税务机关有权依法核定其应纳税所得额。

核定企业的应纳税所得额时，可以采用下列方法：参照同类或者类似企业的利润率水平核定；按照企业成本加合理的费用和利润的方法核定；按照关联企业集团整体利润的合理比例核定；按照其他合理方法核定。

企业对税务机关按照前款规定的方法核定的应纳税所得额有异议的，应当提供相关证据，经税务机关认定后，调整核定的应纳税所得额。

（四）特别纳税调整的管理

1. 特别纳税调整有关资料的管理

企业向税务机关报送年度企业所得税纳税申报表时，应当就其与关联方之间的业务往来，附送年度关联业务往来报告表。税务机关在进行关联业务调查时，企业及其关联方，以及与关联业务调查有关的其他企业，应当按照规定提供相关资料。

企业应当在税务机关规定的期限内提供与关联业务往来有关的价格、费用的制定标准、计算方法和说明等资料。关联方以及与关联业务调查有关的其他企业应当在税务机关与其约定的期限内提供相关资料。

2. 特别纳税调整的处罚规定

税务机关依法作出纳税调整，需要补征税款的，应当补征税款，并按照国务院规定加收利息。

税务机关根据税收法律、行政法规的规定，对企业作出特别纳税调整的，应当对补征的税款，自税款所属纳税年度的次年 6 月 1 日起至补缴税款之日止的期间，按日加收利息。按该规定加收的利息，不得在计算应纳税所得额时扣除。利息应当按照税款所属纳税年度中国人民银行公布的与补税期间同期的人民币贷款基准利率加 5 个百分点计算。但对于已按规定提供有关资料的，可以只按规定的人民币贷款基准利率计算利息。

企业与其关联方之间的业务往来，不符合独立交易原则，或者企业实施其他不具有合理商业目的的安排的，税务机关有权在该业务发生的纳税年度起 10 年内，进行纳税调整。

五、企业所得税应纳税额的计算

企业的应纳税所得额乘以适用税率，减除依照本法关于税收优惠的规定减免和抵免的税额后的余额，为应纳税额。

应纳税额的计算公式为：

$$应纳税额 = 应纳税所得额 × 适用税率 - 减免税额 - 抵免税额$$

公式中的减免税额和抵免税额，是指依照企业所得税法和国务院的税收优惠规定减征、免征和抵免的应纳税额。

（一）居民企业应纳税额的计算

应纳税所得额的计算方法：

1. 直接计算法

应纳税所得额 = 收入总额 - 不征税收入 - 免税收入 - 税前扣除额 - 允许弥补以前年度亏损

2. 间接计算法

应纳税所得额＝会计利润总额±纳税调整项目金额

税收调整项目金额包括两方面的内容：一是企业的财务会计处理和税收规定不一致的应予以调整的金额；二是企业按税法规定准予扣除的税收金额。

【例题1】

某股份有限公司 2014 年度实现销售收入 2000 万元，取得其持有的国库券利息收入 100 万元，其他收入 200 万元，实际发生各项成本费用共计 1100 万元，其中，合理的工资薪金总额 220 万元，业务招待费 110 万元，有工会经费拨缴款专用收据的工会经费 12 万元，职工福利费 20 万元，职工教育经费 20 万元，税收滞纳金 20 万元，提取的各项未经审核的准备金支出为 80 万元。问该公司当年应纳的企业所得税税额是多少？（假定该企业"应付福利费"科目年初无余额，无以前年度未弥补亏损）

【解析】

（1）计算该公司的应税收入总额。

按税法规定，国债利息收入属于免税收入，所以，该公司的应税收入总额＝2000+200＝2200（万元）。

（2）计算公司税前扣除额。按税法规定，下列项目的税前扣除如下：

① 合理的工资薪金可以计入税前扣除额，即合理的工资薪金总额 220 万元可以计入税前扣除额。

② 工会经费按工资薪金总额的 2% 扣除，220×2%＝4.4（万元），12 万元>4.4 万元，所以，只能按 4.4 万元计入税前扣除额。

③ 职工教育经费按工资薪金总额的 2.5% 扣除，220×2.5%＝5.5（万元），20 万元>5.5 万元，所以，只能按照 5.5 万元计入税前扣除额；超过部分，准予在以后纳税年度结转扣除。

④ 企业发生的职工福利费支出，不超过工资薪金总额 14% 的部分，准予扣除。220×14%＝30.8（万元），20 万元<30.8 万元，企业发生的职工福利费支出 20 万元可以全部计入税前扣除额。

⑤ 业务招待费只能按实际发生额的 60% 扣除，但最高不得超过当年销售收入的 5‰，110×60%＝66（万元），2000×5‰＝10（万元），66 万元>10 万元，所以，只能按照 10 万元计入税前扣除额。

⑥ 企业支付的税收滞纳金 20 万元，按规定不得计入税前扣除额。

⑦ 企业提取的各项未经审核的准备金支出为 80 万元，不得计入税前扣除额。

税前扣除额＝1100-（110-10）-（12-4.4）-（20-5.5）-20-80＝877.9（万元）

（3）计算应纳税所得额。

应纳税所得额＝收入总额-不征税收入-免税收入-税前扣除额-允许弥补以前年度亏损
　　　　　　＝2200-877.9＝1322.1（万元）

（4）确定税率。

根据已知的条件，该公司 2014 年度适用税率为 25%。

（5）计算应纳税额。

该公司 2008 年度应纳企业所得税税额＝应纳税所得额×适用税率-减免税额-抵免税额

$$= 1322.1 \times 25\% = 330.525 \text{（万元）}$$

【例题 2】

某股份有限公司 2014 年度按照国家统一会计制度计算的年度利润总额 1000 万元。本年实现销售收入 2000 万元，取得其持有的国库券利息收入 300 万元，其他收入 200 万元，实际发生各项成本费用共计 1500 万元，其中，合理的工资薪金总额 300 万元；业务招待费 100 万元；广告费和业务宣传费合计 310 万元；当年 1 月 1 日起，向非金融机构贷款 100 万元用于补充流动资金，贷款期限为 1 年，年利率为 8%，金融企业同期同类贷款利率为 6%；有工会经费拨缴款专用收据的工会经费支出 10 万元，职工福利费 50 万元，职工教育经费 20 万元；由于违法经营被工商行政部门罚款 20 万元；提取的各项未经审核的准备金支出为 100 万元；企业以现金支付符合公益性捐赠支出 150 万元；非广告性赞助支出 12.5 万元。假设该公司当年无其他纳税调整事项，问其当年应纳的企业所得税额是多少？（假定该企业"应付福利费"科目年初无余额，无以前年度未弥补亏损）

【解析】

（1）需要进行纳税调整的项目金额如下：

① 国库券利息收入 300 万元，属于免税收入，应作纳税调减处理；

② 业务招待费 100 万元，按税法规定，$100 \times 60\% = 60$（万元），但最高限额为 $2000 \times 5‰ = 10$（万元），所以，应作纳税调增 90 万元（100−10）处理。

③ 广告费和业务宣传费合计 310 万元，按税法规定，$2000 \times 15\% = 300$（万元），所以，应作纳税调增 10 万元处理；超过部分（10 万元），准予在以后纳税年度结转扣除。

④ 财务费用中的利息费用 $100 \times 8\% = 8$（万元），按税法规定，允许扣除的标准为 $100 \times 6\% = 6$（万元），所以，2 万元（8−6）应作纳税调增处理。

⑤ 工会经费支出 10 万元，按税法规定，$300 \times 2\% = 6$（万元），所以，4 万元（10−6）应作纳税调增处理。

⑥ 职工福利费 50 万元，按税法规定，$300 \times 14\% = 42$（万元），所以，8 万元（50−42）应作纳税调增处理。

⑦ 职工教育经费 20 万元，按税法规定，$300 \times 2.5\% = 7.5$（万元），所以，12.5 万元（20−7.5）应作纳税调增处理；超过部分（12.5 万元），准予在以后纳税年度结转扣除。

⑧ 由于违法经营被工商行政部门罚款 20 万元，不得在税前扣除，应全额作纳税调增处理；提取的各项未经审核的准备金支出为 100 万元，不得在税前扣除，应全额作纳税调增处理；非广告性赞助支出 12.5 万元，不得在税前扣除，应全额作纳税调增处理。

⑨ 企业以现金支付符合公益性捐赠支出 150 万元，按税法规定，扣除限额 $= 1000 \times 12\% = 120$（万元），超过部分（30 万元）应作纳税调增处理。

综上所述，应作如下纳税调整：

$$\text{纳税调增金额} = 90+10+2+4+8+12.5+20+100+30+12.5 = 289 \text{（万元）}$$

纳税调减金额 = 300（万元）

（2）应纳税所得额的确定。

应纳税所得额 = 利润总额 + 纳税调增金额 − 纳税调减金额 = 1000+289−300 = 989（万元）

（3）确定税率。该公司 2014 年度适用税率为 25%。

（4）计算企业所得税应纳税额＝应纳税所得额×适用税率＝989×25%＝247.25（万元）

（二）境外所得抵扣税额（税收抵免）的计算

境外所得抵扣税额的计算，实际上涉及如何避免重复征税的问题。双重征税即重复征税，是指对同一纳税人或不同纳税人的同一征税对象或税源进行两次或两次以上的征税行为。由于世界上大多数国家在税收管辖权上同时采用居民管辖权和地域管辖权，即税收管辖权重叠，因此便产生了重复征税。

我国关于避免重复征税的具体方法是限额抵免法。抵免法是指一国政府在对本国纳税人来源于境外所得征税时，在优先承认其他国家的来源地税收管辖权的前提下，以本国纳税人在国外缴纳税款冲抵本国税收的方法。税收抵免法是一种较好的缓解国际重复征税的方法。当然，抵免已在境外缴纳的企业所得税税额时，应当提供中国境外税务机关出具的税款所属年度的有关纳税凭证。

从适用对象的不同进行划分，税收抵免可以分为直接抵免和间接抵免。

1. 直接抵免

直接抵免是指一国对同一纳税人直接缴纳和负担的外国税收，从本国应纳税额中给予的抵免。直接抵免的适用对象是跨国总分支机构。直接抵免从形式上可以分为全额抵免和普通抵免。所谓全额抵免，是指同一纳税人直接缴纳和负担的外国税收，可以全额从本国应纳税额中给予抵免。所谓普通抵免，是指同一纳税人直接缴纳和负担的外国税收，从本国应纳税额中给予的抵免一般不得超过境外所得按本国税率计算出的抵免限额。我国企业所得税法规定的直接抵免就是普通抵免而非全额抵免。

我国《企业所得税法》第23条规定，企业取得的下列所得已在境外缴纳的所得税税额，可以从其当期应纳税额中抵免，抵免限额为该项所得依照企业所得税法规定计算的应纳税额；超过抵免限额的部分，可以在以后5个年度内，用每年度抵免限额抵免当年应抵税额后的余额进行抵补：

（1）居民企业来源于中国境外的应税所得；

（2）非居民企业在中国境内设立机构、场所，取得发生在中国境外但与该机构、场所有实际联系的应税所得。

除国务院财政、税务主管部门另有规定外，该抵免限额应当分国（地区）不分项计算，计算公式如下：

抵免限额＝中国境内、境外所得按税法规定计算的应纳税总额×来源于某国（地区）的
应纳税所得额÷中国境内、境外应纳税所得总额

其中，

境内、境外所得按税法规定计算的应纳税总额＝境内、境外所得总额×基本税率（25%）

或者：

抵免限额＝按税法计算的来源于某国（地区）的应纳税所得额×基本税率（25%）

企业取得的境外所得已在境外缴纳的所得税款，是指应该缴纳并实际缴纳的所得税款，不包括纳税后又得到补偿或者由他人代为承担的税款，也不包括企业由于计算失误或其他原因多缴纳的税款。除税收协定另有规定外，境外所得在境外实际享受的税收优惠，一般也不

给予税收饶让抵免。

2. 间接抵免

间接抵免是指一国对本国母公司下属的具有独立法人身份的境外经济实体，间接在国外缴纳的税款，按予以认定的份额，从母公司应纳税额中予以抵免。一般说来，间接抵免适用于本国居民企业，而不适用于非居民企业和个人。

我国《企业所得税法》第24条规定，居民企业从其直接或者间接控制的外国企业分得的来源于中国境外的股息、红利等权益性投资收益，外国企业在境外实际缴纳的所得税税额中属于该项所得负担的部分，可以作为该居民企业的可抵免境外所得税税额，在规定的抵免限额内抵免。

直接控制是指居民企业直接持有外国企业20%以上股份。间接控制是指居民企业以间接持股方式持有外国企业20%以上股份，具体认定办法由国务院财政、税务主管部门另行制定。

（三）居民企业核定征收应纳税额的计算

国家税务总局《关于印发〈企业所得税核定征收办法〉(试行)的通知》(国税发〔2008〕30号)对居民企业核定征收企业所得税的办法作出了规定。

1. 核定征收企业所得税的范围

纳税人具有下列情形之一的，核定征收企业所得税：

（1）依照法律、行政法规的规定可以不设置账簿的；

（2）依照法律、行政法规的规定应当设置但未设置账簿的；

（3）擅自销毁账簿或者拒不提供纳税资料的；

（4）虽设置账簿，但账目混乱或者成本资料、收入凭证、费用凭证残缺不全，难以查账的；

（5）发生纳税义务，未按照规定的期限办理纳税申报，经税务机关责令限期申报，逾期仍不申报的；

（6）申报的计税依据明显偏低，又无正当理由的。

特殊行业、特殊类型的纳税人和一定规模以上的纳税人不适用核定征收方式，由国家税务总局另行明确。

2. 核定应税所得率征收计算

税务机关应根据纳税人具体情况，对核定征收企业所得税的纳税人，核定应税所得率或者核定应纳所得税额。

采用应税所得率方式核定征收企业所得税的，应纳所得税额计算公式如下：

$$应纳所得税额 = 应纳税所得额 \times 适用税率$$

其中，

$$应纳税所得额 = 应税收入额 \times 应税所得率$$

或：

$$应纳税所得额 = 成本（费用）支出额 / （1-应税所得率）\times 应税所得率$$

实行应税所得率方式核定征收企业所得税的纳税人，经营多业的，无论其经营项目是否单独核算，均由税务机关根据其主营项目确定适用的应税所得率。

主营项目应为纳税人所有经营项目中，收入总额或者成本（费用）支出额或者耗用原材料、燃料、动力数量所占比重最大的项目。

（四）非居民企业应纳税所得的计算

预提所得税是企业所得税的一种特殊形式，按这种方式征收的企业往往是不需要向我国相关部门报送会计报表、在我国账册不全的企业，税务机关无法按照对居民企业进行征管的方式对其进行征管，所以，税法规定对其取得的所得征收预提所得税。《企业所得税法》规定，非居民企业在中国境内未设立机构、场所，或者虽设立机构、场所但取得的所得与其所设机构、场所没有实际联系的，应当就其来源于中国境内的所得按20%的税率缴纳企业所得税，并按照下列方法计算其应纳税所得额：

（1）股息、红利等权益性投资收益和利息、租金、特许权使用费所得，以收入全额为应纳税所得额；

（2）转让财产所得，以收入全额减除财产净值后的余额为应纳税所得额；

（3）其他所得，参照前两项规定的方法计算应纳税所得额。

六、企业所得税的税收优惠

（一）企业所得税优惠的原则

1. 以产业优惠为主、地区优惠为辅的原则

在过去，我国企业所得税采用了以地区优惠为主、产业优惠为辅的原则，导致地区税负不公，产业结构不合理问题十分突出。为此，新的企业所得税法对原税收优惠进行适当调整，实行了以产业优惠为主、地区优惠为辅的税收优惠格局。

2. 以间接优惠为主、直接优惠为辅的原则

间接优惠方式主要是指加速折旧、投资抵免、费用加计扣除等。直接优惠方式主要是指定期减免税、降低税率等。目前国际上吸引外资的税收政策工具主要以间接优惠为主，其效果明显好于减免税等直接优惠形式。因此，新企业所得税法以加速折旧、加计扣除、投资抵免等间接税收优惠为主，同时辅以一定的直接优惠形式。

（二）免税收入

新企业所得税法首次采用了"免税收入"的概念，将国债利息收入、股息红利等权益性投资收益和非营利组织的收入等确定为免税收入。

（三）税额式减免

1. 企业从事下列项目的所得，免征企业所得税

蔬菜、谷物、薯类、油料、豆类、棉花、麻类、糖料、水果、坚果的种植；农作物新品种的选育；中药材的种植；林木的培育和种植；牲畜、家禽的饲养；林产品的采集；灌溉、农产品初加工、兽医、农技推广、农机作业和维修等农、林、牧、渔服务业项目；远洋捕捞。

2. 企业从事下列项目的所得，减半征收企业所得税

花卉、茶以及其他饮料作物和香料作物的种植；海水养殖、内陆养殖。

3. 公共基础设施项目优惠

从事国家重点扶持的公共基础设施项目投资经营的所得可以免征、减征企业所得税。

国家重点扶持的公共基础设施项目，是指《公共基础设施项目企业所得税优惠目录》规定的港口码头、机场、铁路、公路、城市公共交通、电力、水利等项目。

企业从事规定的国家重点扶持的公共基础设施项目的投资经营的所得，自项目取得第一笔生产经营收入所属纳税年度起，第一年至第三年免征企业所得税，第四年至第六年减半征收企业所得税。

企业承包经营、承包建设和内部自建自用本条规定的项目，不得享受本条规定的企业所得税优惠。

上述享受减免税优惠的项目，在减免税期限内转让的，受让方自受让之日起，可以在剩余期限内享受规定的减免税优惠；减免税期限届满后转让的，受让方不得就该项目重复享受减免税优惠。

4. 环境保护、节能节水项目优惠

从事符合条件的环境保护、节能节水项目的所得可以免征、减征企业所得税。

符合条件的环境保护、节能节水项目，包括公共污水处理、公共垃圾处理、沼气综合开发利用、节能减排技术改造、海水淡化等。

企业从事符合条件的环境保护、节能节水项目的所得，自项目取得第一笔生产经营收入所属纳税年度起，第一年至第三年免征企业所得税，第四年至第六年减半征收企业所得税。

上述享受减免税优惠的项目，在减免税期限内转让的，受让方自受让之日起，可以在剩余期限内享受规定的减免税优惠；减免税期限届满后转让的，受让方不得就该项目重复享受减免税优惠。

5. 技术转让所得优惠

企业符合条件的技术转让所得可以免征、减征企业所得税。

符合条件的技术转让所得免征、减征企业所得税，是指一个纳税年度内，居民企业技术转让所得不超过500万元的部分，免征企业所得税；超过500万元的部分，减半征收企业所得税。

6. 投资税额抵免优惠

企业购置用于环境保护、节能节水、安全生产等专用设备的投资额，可以按一定比例实行税额抵免。

企业购置并实际使用《环境保护专用设备企业所得税优惠目录》《节能节水专用设备企业所得税优惠目录》和《安全生产专用设备企业所得税优惠目录》规定的环境保护、节能节水、安全生产等专用设备的，该专用设备投资额的10%可以从企业当年的应纳税额中抵免；当年不足抵免的，可以在以后5个纳税年度结转抵免。

享受企业所得税优惠的环境保护、节能节水、安全生产等专用设备，应当是企业实际购置并自身实际投入使用的专用设备；企业购置上述专用设备在5年内转让、出租的，应当停止享受企业所得税优惠，并补缴已经抵免的企业所得税税款。

7. 民族自治地方优惠

民族自治地方的自治机关对本民族自治地方的企业应缴纳的企业所得税中属于地方分享的部分，可以决定减征或者免征。自治州、自治县决定减征或者免征的，须报省、自治区、直辖市人民政府批准。

对民族自治地方内国家限制和禁止行业的企业，不得减征或者免征企业所得税。

（四）税基式减免

1. 资源综合利用项目优惠

企业综合利用资源，生产符合国家产业政策规定的产品所取得的收入，可以在计算应纳税所得额时减计收入。

所谓减计收入，是指企业以《资源综合利用企业所得税优惠目录》规定的资源作为主要原材料，生产国家非限制和禁止并符合国家和行业相关标准的产品取得的收入，减按90%计入收入总额。

2. 加计扣除优惠

1）研究开发费用优惠

企业开发新技术、新产品、新工艺发生的研究开发费用，可以在计算应纳税所得额时加计扣除。

企业为开发新技术、新产品、新工艺发生的研究开发费用，未形成无形资产计入当期损益的，在按照规定据实扣除的基础上，按照研究开发费用的50%加计扣除；形成无形资产的，按照无形资产成本的150%摊销。

2）安置特殊人员就业优惠

企业安置残疾人员及国家鼓励安置的其他就业人员所支付的工资，可以在计算应纳税所得额时加计扣除。

企业安置残疾人员的，在按照支付给残疾职工工资据实扣除的基础上，按照支付给残疾职工工资的100%加计扣除。残疾人员的范围适用《中华人民共和国残疾人保障法》的有关规定。

3. 加速折旧优惠

企业的固定资产由于技术进步等原因，确需加速折旧的，可以缩短折旧年限或者采取加速折旧的方法。

可以采取缩短折旧年限或者采取加速折旧的方法的固定资产，包括由于技术进步，产品更新换代较快的固定资产；常年处于强震动、高腐蚀状态的固定资产。

采取缩短折旧年限方法的，最低折旧年限不得低于实施条例规定折旧年限的60%；采取加速折旧方法的，可以采取双倍余额递减法或者年数总和法。

4. 创业投资优惠

创业投资企业从事国家需要重点扶持和鼓励的创业投资，可以按投资额的一定比例抵扣应纳税所得额。

税法所称的抵扣应纳税所得额，是指创业投资企业采取股权投资方式投资于未上市的中小高新技术企业2年以上的，可以按照其投资额的70%在股权持有满2年的当年抵扣该创业投资企业的应纳税所得额；当年不足抵扣的，可以在以后纳税年度结转抵扣。

（五）税率式减免

1. 小型微利企业优惠

符合条件的小型微利企业，减按20%的税率征收企业所得税。其中，自2015年1月1日至2017年12月31日，对年应纳税所得额低于30万元（含30万元）的小型微利企业，其所得减按50%计入应纳税所得额，按20%的税率缴纳企业所得税。

符合条件的小型微利企业是指从事国家非限制和禁止行业，并符合下列条件的企业：工业企业，年度应纳税所得额不超过30万元，从业人数不超过100人，资产总额不超过3000万元；其他企业，年度应纳税所得额不超过30万元，从业人数不超过80人，资产总额不超过1000万元。

2. 高新技术企业优惠

国家需要重点扶持的高新技术企业，减按15%的税率征收企业所得税。

税法所称国家需要重点扶持的高新技术企业，是指在《国家重点支持的高新技术领域》内，持续进行研究开发与技术成果转化，形成企业核心自主知识产权，并以此为基础开展经营活动，在中国境内（不包括港、澳、台地区）注册一年以上，并同时符合下列条件的居民企业：

（1）产品（服务）属于《国家重点支持的高新技术领域》规定的范围；
（2）研究开发费用占销售收入的比例不低于规定比例；
（3）高新技术产品（服务）收入占企业总收入的比例不低于规定比例；
（4）科技人员占企业职工总数的比例不低于规定比例；
（5）高新技术企业认定管理办法规定的其他条件。

国家重点支持的高新技术领域主要包括8个方面：电子信息技术；生物与新医药技术；航空航天技术；新材料技术；高技术服务业；新能源及节能技术；资源与环境技术；高新技术改造传统产业。

（六）非居民企业税收优惠

非居民企业在中国境内未设立机构、场所的，或者虽设立机构、场所但取得的所得与其所设机构、场所没有实际联系的，应当就其来源于中国境内的所得，减按10%的税率缴纳企业所得税。下列所得可以免征企业所得税：

1. 外国政府向中国政府提供贷款取得的利息所得；
2. 国际金融组织向中国政府和居民企业提供优惠贷款取得的利息所得；
3. 经国务院批准的其他所得。

（七）其他优惠

（1）自然灾害、突发事件的优惠；
（2）关于鼓励软件产业和集成电路产业发展的优惠政策；
（3）关于鼓励证券投资基金发展的优惠政策；

（4）关于其他有关行业、企业的优惠政策；

（5）关于外国投资者从外商投资企业取得利润的优惠政策。

此外，根据财政部、国家税务总局《关于企业所得税若干优惠政策的通知》（财税〔2008〕1号）规定，除《中华人民共和国企业所得税法》《中华人民共和国企业所得税法实施条例》《国务院关于实施企业所得税过渡优惠政策的通知》《国务院关于经济特区和上海浦东新区新设立高新技术企业实行过渡性税收优惠的通知》及财税〔2008〕1号文规定的优惠政策以外，2008年1月1日之前实施的其他企业所得税优惠政策一律废止。各地区、各部门一律不得越权制定企业所得税的优惠政策。

七、企业所得税的征收管理

企业所得税的征收管理除按《企业所得税法》的规定外，依照《中华人民共和国税收征收管理法》的规定执行。

（一）纳税申报和税款缴纳

1. 纳税年度的规定

企业所得税实行按年计算、分期预缴、年终汇算清缴的征收办法。企业所得税按纳税年度计算。纳税年度自公历1月1日起至12月31日止。企业在一个纳税年度中间开业，或者终止经营活动，使该纳税年度的实际经营期不足12个月的，应当以其实际经营期为一个纳税年度。企业依法清算时，应当以清算期间作为一个纳税年度。

2. 企业所得税预缴申报

企业所得税虽然按年计算，但为了满足财政支出的日常需要，促使税款均衡入库，加强企业所得税的日常管理，企业所得税采取分期预缴的方式征收。一般是根据企业应纳税额的大小，采取按月或按季度预缴。相应地，企业所得税纳税申报可分为预缴申报和年度汇算清缴。

企业所得税分月或者分季预缴。企业应当自月份或者季度终了之日起15日内，向税务机关报送预缴企业所得税纳税申报表，预缴税款。企业所得税分月或者分季预缴，由税务机关具体核定。

3. 汇算清缴

企业应当自年度终了之日起5个月内，向税务机关报送年度企业所得税纳税申报表，并汇算清缴，结清应缴应退税款。

企业在年度中间终止经营活动的，应当自实际经营终止之日起60日内，向税务机关办理当期企业所得税汇算清缴。

企业应当在办理注销登记前，就其清算所得向税务机关申报并依法缴纳企业所得税。

（二）纳税地点

1. 居民企业的纳税地点

除税收法律、行政法规另有规定外，居民企业以企业登记注册地为纳税地点；但登记注册地在境外的，以实际管理机构所在地为纳税地点。居民企业在中国境内设立不具有法人资格的营业机构的，应当汇总计算并缴纳企业所得税。

2. 非居民企业的纳税地点

非居民企业的纳税地点的确定，与其是否在中国境内设立机构、场所有密切关系。

（1）非居民企业在中国境内设立机构、场所的，应当就其所设机构、场所取得的来源于中国境内的所得，以及发生在中国境外但与其所设机构、场所有实际联系的所得，缴纳企业所得税。非居民企业取得上述所得，以机构、场所所在地为纳税地点。非居民企业在中国境内设立两个或者两个以上机构、场所的，经税务机关审核批准，可以选择由其主要机构、场所汇总缴纳企业所得税。

（2）非居民企业在中国境内未设立机构、场所的，或者虽设立机构、场所但取得的所得与其所设机构、场所没有实际联系的，应当就其来源于中国境内的所得缴纳企业所得税。非居民企业取得上述所得，以扣缴义务人所在地为纳税地点。

3. 汇总、合并纳税的纳税地点

居民企业在中国境内设立不具有法人资格的营业机构的，应当汇总计算并缴纳企业所得税。企业汇总计算并缴纳企业所得税时，应当统一核算应纳税所得额。

合并纳税是指母公司在合并其子公司年度企业所得税纳税申报表的基础上，统一计算年度应纳税所得额、应纳所得税额，统一申报缴纳企业所得税。由于母、子公司分别具有法人资格，各自具有纳税主体。所以，税法规定，除国务院另有规定外，企业之间不得合并缴纳企业所得税。

（三）源泉扣缴

源泉扣缴是企业所得税的一种征收方式，它是指以所得支付者为扣缴义务人，在每次向纳税人支付有关所得款项时，代为扣缴税款的做法。实行源泉扣缴的最大优点是可以有效保护税源，保证国家财政收入，防止偷漏税，简化纳税手续。

企业所得税源泉扣缴，主要适用于非居民企业在中国境内未设立机构、场所的，或者虽设立机构、场所但取得的所得与其所设立机构、场所没有实际联系的，应当就其来源于中国境内的所得缴纳企业所得税的一种税收征收管理制度。非居民企业来源于中国境内的所得，主要包括营业所得、投资所得、劳务所得、财产所得等。

1. 源泉扣缴义务人的确定

1）法定扣缴

非居民企业在中国境内未设立机构、场所的，或者虽设立机构、场所但取得的所得与其所设机构、场所没有实际联系的，其来源于中国境内的所得缴纳企业所得税，实行源泉扣缴，以支付人为扣缴义务人。税款由扣缴义务人在每次支付或者到期应支付时，从支付或者到期应支付的款项中扣缴。

2）指定扣缴

对非居民企业在中国境内取得工程作业和劳务所得应缴纳的所得税，税务机关可以指定工程价款或者劳务费的支付人为扣缴义务人。

企业所得税法规定的可以指定扣缴义务人的情形，包括：预计工程作业或者提供劳务期限不足一个纳税年度，且有证据表明不履行纳税义务的；没有办理税务登记或者临时税务登记，且未委托中国境内的代理人履行纳税义务的；未按照规定期限办理企业所得税纳税申报或者预缴申报的。

前款规定的扣缴义务人，由县级以上税务机关指定，并同时告知扣缴义务人所扣税款的计算依据、计算方法、扣缴期限和扣缴方式。

3）特定扣缴

扣缴义务人（包括法定源泉扣缴义务人和指定源泉扣缴义务人）未依法扣缴或者无法履行扣缴义务的，由纳税人在所得发生地缴纳。纳税人未依法缴纳的，税务机关可以从该纳税人在中国境内其他收入项目的支付人应付的款项中，追缴该纳税人的应纳税款。纳税人在中国境内的其他收入，是指该纳税人在中国境内取得的其他各种来源的收入。

2. 源泉扣缴的申报缴纳

扣缴义务人每次代扣的税款，应当自代扣之日起 7 日内缴入国库，并向所在地的税务机关报送扣缴企业所得税报告表。

代扣之日是指扣缴义务人发生扣缴义务之日，在向纳税人支付所得时扣缴税款的，为扣缴义务人向纳税人支付有关款项之日；在向纳税人到期应支付所得时扣缴的，为扣缴义务人相关支付责任的到期之日。

值得注意的是，实行源泉扣缴并不意味着改变纳税人及其纳税义务。如果合同中约定由国内企业负担本应由外国企业负担税款的，则应将不含税收入换算为含税收入后计算征税。

 企业所得税法实践项目

子项目一　企业所得税税制要素

任务一　企业所得税的"企业"

【案例讨论】

甲企业是国内一家大型家电连锁企业，从事家电销售业务，2013 年全年企业应纳税所得额为 247 万元。乙公司是一家以从事特种光源生产为主的美国企业，其实际管理机关也设在美国，2013 年在上海举办了一次产品展销会，取得应纳税所得额 50 万元。丙家政中心成立于 2010 年，成立时的组织形式为合伙企业，由于服务周到、信誉良好，到 2012 年发展成为拥有 60 名从业人员的有限责任公司，并在工商行政管理部门办理了变更登记，2013 年应纳税所得额为 12 万元。丁公司成立于 2011 年，主要从事电子信息技术开发业务，并被认定为高新技术企业，2013 年应税收入为 800 万元。

【问题探究】

（1）企业所得税的纳税人包括哪些？

（2）个人独资企业与合伙企业是否是企业所得税纳税人？

（3）案例中，甲、乙、丙、丁四企业在 2013 年度是否是企业所得税纳税义务人？

【相关法律指引】

《中华人民共和国企业所得税法》

第一条　在中华人民共和国境内，企业和其他取得收入的组织（以下统称企业）为企业所得税的纳税人，依照本法的规定缴纳企业所得税。

个人独资企业、合伙企业不适用本法。

第二条　企业分为居民企业和非居民企业。

……

第三条　居民企业应当就其来源于中国境内、境外的所得缴纳企业所得税。

非居民企业在中国境内设立机构、场所的，应当就其所设机构、场所取得的来源于中国境内的所得，以及发生在中国境外但与其所设机构、场所有实际联系的所得，缴纳企业所得税。

非居民企业在中国境内未设立机构、场所的，或者虽设立机构、场所但取得的所得与其所设机构、场所没有实际联系的，应当就其来源于中国境内的所得缴纳企业所得税。

《中华人民共和国企业所得税法实施条例》

第二条　《企业所得税法》第一条所称个人独资企业、合伙企业，是指依照中国法律、行政法规成立的个人独资企业、合伙企业。

第三条　《企业所得税法》第二条所称依法在中国境内成立的企业，包括依照中国法律、行政法规在中国境内成立的企业、事业单位、社会团体以及其他取得收入的组织。

《企业所得税法》第二条所称依照外国（地区）法律成立的企业，包括依照外国（地区）法律成立的企业和其他取得收入的组织。

第六条　《企业所得税法》第三条所称所得，包括销售货物所得、提供劳务所得、转让财产所得、股息红利等权益性投资所得、利息所得、租金所得、特许权使用费所得、接受捐赠所得和其他所得。

第七条　《企业所得税法》第三条所称来源于中国境内、境外的所得，按照以下原则确定：

（一）销售货物所得，按照交易活动发生地确定；

（二）提供劳务所得，按照劳务发生地确定；

（三）转让财产所得，不动产转让所得按照不动产所在地确定，动产转让所得按照转让动产的企业或者机构、场所所在地确定，权益性投资资产转让所得按照被投资企业所在地确定；

（四）股息、红利等权益性投资所得，按照分配所得的企业所在地确定；

（五）利息所得、租金所得、特许权使用费所得，按照负担、支付所得的企业或者机构、场所所在地确定，或者按照负担、支付所得的个人的住所地确定；

（六）其他所得，由国务院财政、税务主管部门确定。

第八条　《企业所得税法》第三条所称实际联系，是指非居民企业在中国境内设立的机构、场所拥有据以取得所得的股权、债权，以及拥有、管理、控制据以取得所得的财产等。

任务二　居民企业与非居民企业的划分

【案例讨论】

A公司是依据我国公司法设立的企业，其实际经营管理机构设在天津；B公司是依据我国香港特别行政区的法律设立的企业，其实际经营管理机构也设在香港；C 公司是依据我国澳门特别行政区的法律设立的企业，其实际经营管理机构设在杭州。

【问题探究】

（1）根据我国企业所得税法，如何区分居民企业与非居民企业？

（2）区分居民企业与非居民企业有什么法律意义？

（3）A、B、C 三公司应当属于居民企业还是非居民企业？

【相关法律指引】

《中华人民共和国企业所得税法》

第二条　企业分为居民企业和非居民企业。

本法所称居民企业，是指依法在中国境内成立，或者依照外国（地区）法律成立但实际管理机构在中国境内的企业。

本法所称非居民企业，是指依照外国（地区）法律成立且实际管理机构不在中国境内，但在中国境内设立机构、场所的，或者在中国境内未设立机构、场所，但有来源于中国境内所得的企业。

第三条　居民企业应当就其来源于中国境内、境外的所得缴纳企业所得税。

非居民企业在中国境内设立机构、场所的，应当就其所设机构、场所取得的来源于中国境内的所得，以及发生在中国境外但与其所设机构、场所有实际联系的所得，缴纳企业所得税。

非居民企业在中国境内未设立机构、场所的，或者虽设立机构、场所但取得的所得与其所设机构、场所没有实际联系的，应当就其来源于中国境内的所得缴纳企业所得税。

第四条　企业所得税的税率为 25%。

非居民企业取得本法第三条第三款规定的所得，适用税率为 20%。

《中华人民共和国企业所得税法实施条例》

第三条　《企业所得税法》第二条所称依法在中国境内成立的企业，包括依照中国法律、行政法规在中国境内成立的企业、事业单位、社会团体以及其他取得收入的组织。

《企业所得税法》第二条所称依照外国（地区）法律成立的企业，包括依照外国（地区）法律成立的企业和其他取得收入的组织。

第四条　《企业所得税法》第二条所称实际管理机构，是指对企业的生产经营、人员、账务、财产等实施实质性全面管理和控制的机构。

第五条《企业所得税法》第二条第三款所称机构、场所，是指在中国境内从事生产经营活动的机构、场所，包括：

（一）管理机构、营业机构、办事机构；

（二）工厂、农场、开采自然资源的场所；

（三）提供劳务的场所；

（四）从事建筑、安装、装配、修理、勘探等工程作业的场所；

（五）其他从事生产经营活动的机构、场所。

非居民企业委托营业代理人在中国境内从事生产经营活动的，包括委托单位或者个人经常代其签订合同，或者储存、交付货物等，该营业代理人视为非居民企业在中国境内设立的机构、场所。

第一百三十二条　在香港特别行政区、澳门特别行政区和台湾地区成立的企业，参照适用《企业所得税法》第二条第二款、第三款的有关规定。

子项目二　企业所得税应纳税额计算

任务一　应税所得额的确定

案例1：应税收入

【案例讨论】

金峰公司2012年度获得了以下收入：

（1）销售商品收入3000万元；

（2）转让固定资产收入510万元；

（3）运费收入40万元；

（4）获得股息630万元；

（5）甲企业使用金峰公司的商标，支付其400万元商标使用费；

（6）乙公司将一台大型机器设备无偿赠送给金峰公司，该机器设备的市场价格为300万元；

（7）获得财政拨款900万元；

（8）取得国债利息收入180万元；

（9）丙公司因违反合同，向金峰公司支付违约金85万元；

（10）丁公司租用金峰公司的固定资产向其支付180万元。

【问题探究】

（1）企业的哪些收入应计征企业所得税？企业所得税法如何确认应税收入？

（2）本案中，金峰公司2012年度的各项收入是否应征收企业所得税？如果是，分别属于哪种类型的应税收入？

【相关法律指引】

《中华人民共和国企业所得税法》

第六条　企业以货币形式和非货币形式从各种来源取得的收入，为收入总额。包括：

（一）销售货物收入；

（二）提供劳务收入；

（三）转让财产收入；

（四）股息、红利等权益性投资收益；

（五）利息收入；

（六）租金收入；

（七）特许权使用费收入；

（八）接受捐赠收入；

（九）其他收入。

第七条　收入总额中的下列收入为不征税收入：

（一）财政拨款；

（二）依法收取并纳入财政管理的行政事业性收费、政府性基金；

（三）国务院规定的其他不征税收入。

第二十六条 企业的下列收入为免税收入：

（一）国债利息收入；

（二）符合条件的居民企业之间的股息、红利等权益性投资收益；

（三）在中国境内设立机构、场所的非居民企业从居民企业取得与该机构、场所有实际联系的股息、红利等权益性投资收益；

（四）符合条件的非营利组织的收入。

《中华人民共和国企业所得税法实施条例》

第十四条 《企业所得税法》第六条第（一）项所称销售货物收入，是指企业销售商品、产品、原材料、包装物、低值易耗品以及其他存货取得的收入。

第十五条 《企业所得税法》第六条第（二）项所称提供劳务收入，是指企业从事建筑安装、修理修配、交通运输、仓储租赁、金融保险、邮电通信、咨询经纪、文化体育、科学研究、技术服务、教育培训、餐饮住宿、中介代理、卫生保健、社区服务、旅游、娱乐、加工以及其他劳务服务活动取得的收入。

第十六条 《企业所得税法》第六条第（三）项所称转让财产收入，是指企业转让固定资产、生物资产、无形资产、股权、债权等财产取得的收入。

第十七条 《企业所得税法》第六条第（四）项所称股息、红利等权益性投资收益，是指企业因权益性投资从被投资方取得的收入。

股息、红利等权益性投资收益，除国务院财政、税务主管部门另有规定外，按照被投资方作出利润分配决定的日期确认收入的实现。

第十八条 《企业所得税法》第六条第（五）项所称利息收入，是指企业将资金提供他人使用但不构成权益性投资，或者因他人占用本企业资金取得的收入，包括存款利息、贷款利息、债券利息、欠款利息等收入。

利息收入，按照合同约定的债务人应付利息的日期确认收入的实现。

第十九条 《企业所得税法》第六条第（六）项所称租金收入，是指企业提供固定资产、包装物或者其他有形资产的使用权取得的收入。

租金收入，按照合同约定的承租人应付租金的日期确认收入的实现。

第二十条 《企业所得税法》第六条第（七）项所称特许权使用费收入，是指企业提供专利权、非专利技术、商标权、著作权以及其他特许权的使用权取得的收入。

特许权使用费收入，按照合同约定的特许权使用人应付特许权使用费的日期确认收入的实现。

第二十一条 《企业所得税法》第六条第（八）项所称接受捐赠收入，是指企业接受的来自其他企业、组织或者个人无偿给予的货币性资产、非货币性资产。

接受捐赠收入，按照实际收到捐赠资产的日期确认收入的实现。

第二十二条 《企业所得税法》第六条第（九）项所称其他收入，是指企业取得的除企业所得税法第六条第（一）项至第（八）项规定的收入外的其他收入，包括企业资产溢余收入、逾期未退包装物押金收入、确实无法偿付的应付款项、已作坏账损失处理后又收回的应收款项、债务重组收入、补贴收入、违约金收入、汇兑收益等。

第二十六条 《企业所得税法》第七条第（一）项所称财政拨款，是指各级人民政府对纳入预算管理的事业单位、社会团体等组织拨付的财政资金，但国务院和国务院财政、税务主管部门另有规定的除外。

……

第八十二条 《企业所得税法》第二十六条第（一）项所称国债利息收入，是指企业持有国务院财政部门发行的国债取得的利息收入。

【能力训练】

上海某高校开办司法考试培训辅导班，2014 年获得纯收益 98 万元。该高校财务处认为，对于本校开办司法考试培训辅导班所获得的收益，不应当征收企业所得税，故而未进行纳税申报。但是当地税务机关则认为，该高校开办培训辅导班的收益必须缴纳企业所得税。

【问题及要求】

（1）该高校是否属于企业所得税的纳税义务人？

（2）该高校举办司法考试培训辅导班所获得的收益是否应当缴纳企业所得税？

案例 2：税前扣除项目

【案例讨论】

利德公司 2013 年度发生了以下支出：

（1）购买原材料支出 1200 万元；

（2）职工工资 530 万元；

（3）营业税、消费税及其附加共 310 万元；

（4）增值税 190 万元；

（5）固定资产盘亏 55 万元；

（6）因合同违法，向甲企业支付违约金 82 万元；

（7）缴纳基本社会保险费（基本医疗保险费、养老保险费、失业保险费、工伤保险费、生育保险费）和住房公积金 110 万元；

（8）为员工向商业保险公司投保人寿保险支出 68 万元；

（9）向乙银行贷款 1200 万元，支付贷款利息 96 万元；

（10）为建造固定资产发生借款费用 120 万元，其中在建造期间发生的借款费用 84 万元，竣工结算交付使用后发生的借款费用 36 万元。

【问题探究】

（1）企业发生的哪些支出可以在计算应纳税所得额时扣除？确认可扣除支出的原则和具体范围是什么？

（2）本案中，利德公司 2013 年度的各项支出是否可以在计算应纳税所得额时扣除？如果是，分别属于哪种扣除项目？

【相关法律指引】

《中华人民共和国企业所得税法》

第八条 企业实际发生的与取得收入有关的、合理的支出，包括成本、费用、税金、损失和其他支出，准予在计算应纳税所得额时扣除。

第十条 在计算应纳税所得额时，下列支出不得扣除：

（一）向投资者支付的股息、红利等权益性投资收益款项；

（二）企业所得税税款；

（三）税收滞纳金；

（四）罚金、罚款和被没收财物的损失；

（五）本法第九条规定以外的捐赠支出；

（六）赞助支出；

（七）未经核定的准备金支出；

（八）与取得收入无关的其他支出。

《中华人民共和国企业所得税法实施条例》

第二十七条 《企业所得税法》第八条所称有关的支出，是指与取得收入直接相关的支出。

《企业所得税法》第八条所称合理的支出，是指符合生产经营活动常规，应当计入当期损益或者有关资产成本的必要和正常的支出。

第二十八条 企业发生的支出应当区分收益性支出和资本性支出。收益性支出在发生当期直接扣除；资本性支出应当分期扣除或者计入有关资产成本，不得在发生当期直接扣除。

企业的不征税收入用于支出所形成的费用或者财产，不得扣除或者计算对应的折旧、摊销扣除。

除企业所得税法和本条例另有规定外，企业实际发生的成本、费用、税金、损失和其他支出，不得重复扣除。

第二十九条 《企业所得税法》第八条所称成本，是指企业在生产经营活动中发生的销售成本、销货成本、业务支出以及其他耗费。

第三十条 《企业所得税法》第八条所称费用，是指企业在生产经营活动中发生的销售费用、管理费用和财务费用，已经计入成本的有关费用除外。

第三十一条 《企业所得税法》第八条所称税金，是指企业发生的除企业所得税和允许抵扣的增值税以外的各项税金及其附加。

第三十二条 《企业所得税法》第八条所称损失，是指企业在生产经营活动中发生的固定资产和存货的盘亏、毁损、报废损失，转让财产损失，呆账损失，坏账损失，自然灾害等不可抗力因素造成的损失以及其他损失。

企业发生的损失，减除责任人赔偿和保险赔款后的余额，依照国务院财政、税务主管部门的规定扣除。

企业已经作为损失处理的资产，在以后纳税年度又全部收回或者部分收回时，应当计入当期收入。

第三十三条 《企业所得税法》第八条所称其他支出，是指除成本、费用、税金、损失外，企业在生产经营活动中发生的与生产经营活动有关的、合理的支出。

【能力训练】

王某进入当地一家玩具公司上班，双方口头约定王某每月工资 2500 元，双方未签订书面劳动合同。2013 年 8 月初，王某以其上班至今该公司未为其缴纳社会保险费为由，向玩具公司提出解除劳动关系，并要求玩具公司向其支付双倍工资，遭到拒绝后，王某向当地人民法院提起诉讼。王某的要求得到了法院的支持，玩具公司也于 8 月支付了该笔款项。后玩具公司 9 月在进行 8 月企业所得税预缴申报时，对其支付给王某 3 个月工资的加倍支付部分 7500 元进行了税前扣除，税务人员经审核后，指出该双倍支付的工资，不能税前扣除。

【问题及要求】

（1）法院的判决是否成立？

（2）玩具公司支付给王某的双倍工资，能否予以税前扣除？

案例 3：企业如何弥补以前年度的亏损

【案例分析】

经税务机关审定的某国有工业企业在 2008 年至 2014 年的 7 年时间里，由于行业情况的起伏波动，其经营情况也发生变化，7 年间其应纳税所得额情况如表 6-1 所示。假设该企业资产总额 2000 万元，从业人数 80 人，一直执行 5 年亏损弥补规定。

表 6-1　某国有工业企业 7 年间应纳税所得额情况

年度	2008	2009	2010	2011	2012	2013	2014
应纳税所得额/万元	−100	10	−20	40	10	30	40

【问题及要求】

（1）试根据企业所得税法分析，该企业在各个年度是否需要缴纳企业所得税？

（2）如果需要缴纳，则该纳税年度的应纳税所得额是多少？

【相关法律指引】

《中华人民共和国企业所得税法》

第十八条　企业纳税年度发生的亏损，准予向以后年度结转，用以后年度的所得弥补，但结转年限最长不得超过五年。

任务二　特别纳税调整

【案例讨论】

2014 年 8 月，某市税务局在对某公司进行关联交易的检查中发现，该公司 2013 年度发生的某些业务不符合独立交易原则，有转让定价行为，但该公司未能按照规定提供与关联业务相关的资料。后经税务局核定，调增该公司的应纳税所得额 300 万元。2014 年 11 月 30 日，该公司依法补缴了税款。已知 2014 年度中国人民银行公布的人民币贷款基准利率为 6%。

【问题探究】

（1）什么是特别纳税调整？特别纳税调整与一般纳税调整有何区别？

（2）本案中，税务机关对该公司进行了特别纳税调整后，该公司应如何补缴税款并支付利息？

【相关法律指引】

《中华人民共和国企业所得税法》

第四十一条　企业与其关联方之间的业务往来，不符合独立交易原则而减少企业或者其关联方应纳税收入或者所得额的，税务机关有权按照合理方法调整。

企业与其关联方共同开发、受让无形资产，或者共同提供、接受劳务发生的成本，在计算应纳税所得额时应当按照独立交易原则进行分摊。

第四十三条　企业向税务机关报送年度企业所得税纳税申报表时，应当就其与关联方之间的业务往来，附送年度关联业务往来报告表。

税务机关在进行关联业务调查时，企业及其关联方，以及与关联业务调查有关的其他企业，应当按照规定提供相关资料。

第四十四条　企业不提供与其关联方之间业务往来资料，或者提供虚假、不完整资料，未能真实反映其关联业务往来情况的，税务机关有权依法核定其应纳税所得额。

第四十八条　税务机关依照本章规定作出纳税调整，需要补征税款的，应当补征税款，并按照国务院规定加收利息。

《中华人民共和国企业所得税法实施条例》

第一百二十一条　税务机关根据税收法律、行政法规的规定，对企业作出特别纳税调整的，应当对补征的税款，自税款所属纳税年度的次年6月1日起至补缴税款之日止的期间，按日加收利息。

前款规定加收的利息，不得在计算应纳税所得额时扣除。

第一百二十二条　《企业所得税法》第四十八条所称利息，应当按照税款所属纳税年度中国人民银行公布的与补税期间同期的人民币贷款基准利率加5个百分点计算。

企业依照《企业所得税法》第四十三条和本条例的规定提供有关资料的，可以只按前款规定的人民币贷款基准利率计算利息。

第一百二十三条　企业与其关联方之间的业务往来，不符合独立交易原则，或者企业实施其他不具有合理商业目的的安排的，税务机关有权在该业务发生的纳税年度起10年内，进行纳税调整。

任务三　企业所得税的计算方法

案例1：居民企业应纳税额的计算

【计税方法】

根据企业所得税法，在计算企业所得税时，企业应纳税额的多少，取决于应纳税所得额和适用税率这两个因素。其中，应纳税所得额的计算，一般有两种方法。

1. 直接计算法

直接计算法又称正算法，是指以企业每一个纳税年度的收入总额减除不征税收入、免税收入、各项扣除以及允许弥补的以前年度亏损后的余额为应纳税所得额。其计算公式为：

应纳税所得额=收入总额-不征税收入-免税收入-各项扣除-弥补亏损

2. 间接计算法

间接计算法又称倒算法，是指在会计利润总额的基础上加上或者减去按照税法规定调整的项目金额后，即为应纳税所得额。其计算公式为：

应纳税所得额＝会计利润总额＋纳税调整增加额－纳税调整减少额

税收调整项目金额包括两个方面：其一为企业的财务会计处理和税法规定不一致的应予以调增的金额；其二为企业按照税法规定准予扣除的税收金额（应予以调减的金额）。

【案例讨论】

某公司 2011 年度实现会计利润 26 万元，自行向税务机关申报的应纳税所得额是 26 万元，适用企业所得税税率 20%，应缴纳的企业所得税是 5.2 万元。

经某注册会计师进行年终核查，发现与应纳税所得额有关的业务如下：

（1）应纳税所得额中含 2011 年的国库券利息收入 2 万元，购买其他企业的债券取得利息收入 4 万元。

（2）2011 年 5 月销售产品取得价外收入 46.8 万元，并开具了普通发票。企业将这笔收入直接计入"应付福利费"中。经核定该产品的增值税税率为 17%、消费税税率 30%、城市维护建设税税率 7%、教育费附加征收率为 3%。

（3）应纳税所得额中含从 M 公司（居民企业）分回的税后权益性投资收益 5 万元，经核定 M 公司适用的企业所得税税率是 25%。

（4）在"营业外支出"账户中，含有上缴的税收罚款 6 万元。

（5）在"管理费用"账户中，列支了 2011 年度的新产品开发费用 8 万元，尚未形成无形资产。

（6）实际列支了全年与生产有关的业务招待费 12 万元，经核定企业全年的营业收入为 1000 万元。

（7）为庆祝某商场开业赞助 3 万元。

【问题探究】

（1）根据上述信息，分析 2011 年度企业自行申报的应纳税所得额是否准确？

（2）分析计算企业当年应缴纳的企业所得税税额为多少？

（3）企业是否应补缴企业所得税？补缴多少？

【相关法律指引】

《中华人民共和国企业所得税法实施条例》

第四十三条　企业发生的与生产经营活动有关的业务招待费支出，按照发生额的 60% 扣除，但最高不得超过当年销售（营业）收入的 5‰。

第八十二条　《企业所得税法》第二十六条第（一）项所称国债利息收入，是指企业持有国务院财政部门发行的国债取得的利息收入。

第八十三条　《企业所得税法》第二十六条第（二）项所称符合条件的居民企业之间的股息、红利等权益性投资收益，是指居民企业直接投资于其他居民企业取得的投资收益。《企业所得税法》第二十六条第（二）项和第（三）项所称股息、红利等权益性投资收益，不包括连续持有居民企业公开发行并上市流通的股票不足 12 个月取得的投资收益。

第九十五条 《企业所得税法》第三十条第（一）项所称研究开发费用的加计扣除，是指企业为开发新技术、新产品、新工艺发生的研究开发费用，未形成无形资产计入当期损益的，在按照规定据实扣除的基础上，按照研究开发费用的50%加计扣除；形成无形资产的，按照无形资产成本的150%摊销。

【能力训练】

某国有企业2012年度会计资料登记的收入状况如下：接受财政拨款200万元；销售企业生产的机床20台，取得销售收入3400万元；修理机床收入750万元；转让房产收入400万元；许可他人使用专利获得特许权使用费收入72万元；利息收入100万元，其中包括贷款利息60万元，国债利息40万元。

会计资料登记的支出状况如下：生产成本1650万元；销售费用450万元；管理费用90万元；财务费用220万元；年底购买新的机器设备花费5000万元。

在申报企业所得税时，该企业以年支出大于年收入为由拒绝缴纳企业所得税。

【问题及要求】

（1）企业取得的年度会计利润总额是否等于当年应纳税所得额？二者间的关系如何？

（2）本案中，该企业的年度支出大于收入，是否也要缴纳企业所得税？

案例2：非居民企业应纳税额的计算

【案例讨论】

某英国公司2012年6月与中国A企业签订了一份技术合同，合同约定，英国公司将其一项发明专利授权给A企业使用，由A企业支付给英国公司许可使用费500万元，同时还支付了技术咨询和人员培训费共计100万元。该英国公司在中国境内未设立机构、场所。

【问题探究】

（1）非居民企业是否有缴纳中国企业所得税的纳税义务？

（2）本案中，该英国公司取得的收入是否应当缴纳中国的企业所得税？如需缴纳，应纳税额为多少？如何缴纳？

【相关法律指引】

《中华人民共和国企业所得税法》

第十九条 非居民企业取得本法第三条第三款规定的所得，按照下列方法计算其应纳税所得额：

（一）股息、红利等权益性投资收益和利息、租金、特许权使用费所得，以收入全额为应纳税所得额；

（二）转让财产所得，以收入全额减除财产净值后的余额为应纳税所得额；

（三）其他所得，参照前两项规定的方法计算应纳税所得额。

第三十七条 对非居民企业取得本法第三条第三款规定的所得应缴纳的所得税，实行源泉扣缴，以支付人为扣缴义务人。税款由扣缴义务人在每次支付或者到期应支付时，从支付或者到期应支付的款项中扣缴。

第三十九条 依照本法第三十七条、第三十八条规定应当扣缴的所得税，扣缴义务人未依法扣缴或者无法履行扣缴义务的，由纳税人在所得发生地缴纳。纳税人未依法缴纳的，税务机关可以从该纳税人在中国境内其他收入项目的支付人应付的款项中，追缴该纳税人的应纳税款。

《中华人民共和国企业所得税法实施条例》

第一百零三条　依照企业所得税法对非居民企业应当缴纳的企业所得税实行源泉扣缴的，应当依照《企业所得税法》第十九条的规定计算应纳税所得额。

《企业所得税法》第十九条所称收入全额，是指非居民企业向支付人收取的全部价款和价外费用。

第一百零四条　《企业所得税法》第三十七条所称支付人，是指依照有关法律规定或者合同约定对非居民企业直接负有支付相关款项义务的单位或者个人。

案例3：企业的境外所得应如何抵免

【案例讨论】

中国居民企业 A 在某国设有一分公司 B，2013 年 A 企业来自中国境内的应纳税所得额为 2000 万元，A 企业适用所得税率为 25%，分公司 R 的应纳税所得额折合人民币为 1000 万元，B 公司境外所适用的税率为 30%，已在来源国缴纳 300 万元的企业所得税，税后所得为700 万元。假设 A 企业当年无减免税额和其他抵免税额。

【问题探究】

（1）何为境外所得抵免？规定企业境外所得税额抵免制度的法律意义是什么？

（2）本案中，企业取得的所得已在境外缴纳的所得税税额，是否可以在缴纳我国企业所得税时予以抵免？如何抵免？

【相关法律指引】

《中华人民共和国企业所得税法》

第二十三条　企业取得的下列所得已在境外缴纳的所得税税额，可以从其当期应纳税额中抵免，抵免限额为该项所得依照本法规定计算的应纳税额；超过抵免限额的部分，可以在以后五个年度内，用每年度抵免限额抵免当年应抵税额后的余额进行抵补：

（一）居民企业来源于中国境外的应税所得；

（二）非居民企业在中国境内设立机构、场所，取得发生在中国境外但与该机构、场所有实际联系的应税所得。

第二十四条　居民企业从其直接或者间接控制的外国企业分得的来源于中国境外的股息、红利等权益性投资收益，外国企业在境外实际缴纳的所得税税额中属于该项所得负担的部分，可以作为该居民企业的可抵免境外所得税税额，在本法第二十三条规定的抵免限额内抵免。

《中华人民共和国企业所得税法实施条例》

第七十七条　《企业所得税法》第二十三条所称已在境外缴纳的所得税税额，是指企业来源于中国境外的所得依照中国境外税收法律以及相关规定应当缴纳并已经实际缴纳的企业所得税性质的税款。

第七十八条　《企业所得税法》第二十三条所称抵免限额，是指企业来源于中国境外的所得，依照企业所得税法和本条例的规定计算的应纳税额。除国务院财政、税务主管部门另有规定外，该抵免限额应当分国（地区）不分项计算，计算公式如下：

抵免限额＝中国境内、境外所得依照企业所得税法和本条例的规定计算的应纳税总额×

来源于某国（地区）的应纳税所得额÷中国境内、境外应纳税所得总额

第七十九条 《企业所得税法》第二十三条所称5个年度，是指从企业取得的来源于中国境外的所得，已经在中国境外缴纳的企业所得税性质的税额超过抵免限额的当年的次年起连续5个纳税年度。

第八十条 《企业所得税法》第二十四条所称直接控制，是指居民企业直接持有外国企业20%以上股份。

《企业所得税法》第二十四条所称间接控制，是指居民企业以间接持股方式持有外国企业20%以上股份，具体认定办法由国务院财政、税务主管部门另行制定。

第八十一条 企业依照《企业所得税法》第二十三条、第二十四条的规定抵免企业所得税税额时，应当提供中国境外税务机关出具的税款所属年度的有关纳税凭证。

子项目三 企业所得税征收管理

任务一 企业所得税税收优惠

【案例讨论】

绿源水处理股份有限公司于2010年设立，致力于开发公共污水处理系统的研发，2011年6月其开发的污水处理系统项目开始投产使用，并取得生产经营收入。2014年1月绿源水处理股份有限公司将该项目转让给海通股份有限公司（以下简称海通公司）。海通公司在该项目上的经营状况良好，当年就取得应纳税所得额96万元。

【问题探究】

(1) 对于环境保护项目，我国在企业所得税征收上有何优惠政策？

(2) 本案中，海通公司当年对这一公共污水处理系统项目如何缴纳企业所得税？

【相关法律指引】

《中华人民共和国企业所得税法》

第二十七条 企业的下列所得，可以免征、减征企业所得税：

(一) 从事农、林、牧、渔业项目的所得；

(二) 从事国家重点扶持的公共基础设施项目投资经营的所得；

(三) 从事符合条件的环境保护、节能节水项目的所得；

(四) 符合条件的技术转让所得；

(五) 本法第三条第三款规定的所得。

《中华人民共和国企业所得税法实施条例》

第八十八条 《企业所得税法》第二十七条第（三）项所称符合条件的环境保护、节能节水项目，包括公共污水处理、公共垃圾处理、沼气综合开发利用、节能减排技术改造、海水淡化等。项目的具体条件和范围由国务院财政、税务主管部门商国务院有关部门制定，报国务院批准后公布施行。

企业从事前款规定的符合条件的环境保护、节能节水项目的所得，自项目取得第一笔生产经营收入所属纳税年度起，第一年至第三年免征企业所得税，第四年至第六年减半征收企

业所得税。

第八十九条 依照本条例第八十七条和第八十八条规定享受减免税优惠的项目，在减免税期限内转让的，受让方自受让之日起，可以在剩余期限内享受规定的减免税优惠；减免税期限届满后转让的，受让方不得就该项目重复享受减免税优惠。

【能力训练】

春风超市是一家小型的社区便利店，主要经营食品生鲜日用杂货，欲进行纳税申报。假设 2015 年期间，春风超市每月经营所得约为 12000 元。

【问题及要求】

（1）什么是小型微利企业？享受企业所得税优惠政策的小微企业需符合哪些条件？

（2）查询国家关于小型微利企业的最新所得税优惠政策。

（3）结合国家关于小型微利企业的优惠政策，分析案例中春风超市应如何缴纳企业所得税？

【相关法律指引】

《中华人民共和国企业所得税法》

第二十八条第一款 符合条件的小型微利企业，减按 20% 的税率征收企业所得税。

《中华人民共和国企业所得税法实施条例》

第九十二条 《企业所得税法》第二十八条第一款所称符合条件的小型微利企业，是指从事国家非限制和禁止行业，并符合下列条件的企业：

（一）工业企业，年度应纳税所得额不超过 30 万元，从业人数不超过 100 人，资产总额不超过 3000 万元；

（二）其他企业，年度应纳税所得额不超过 30 万元，从业人数不超过 80 人，资产总额不超过 1000 万元。

任务二 企业所得税汇总缴纳

【案例讨论】

风云公司是我国的居民企业，其总公司设在杭州，并在北京、上海、南昌设立了三家分公司，同时还在嘉兴设立了一家全资子公司。2014 年度，三家分公司按照企业所得税法规定计算出的应纳税所得额分别为 300 万元、600 万元和 800 万元；子公司按照企业所得税法规定计算出的应纳税所得额为 2000 万元。

【问题探究】

（1）依照企业所得税法，居民企业及其分支机构应当如何缴纳企业所得税？

（2）本案中，风云公司的分公司和子公司应当如何缴纳企业所得税？

【相关法律指引】

《中华人民共和国企业所得税法》

第五十条 除税收法律、行政法规另有规定外，居民企业以企业登记注册地为纳税地点；但登记注册地在境外的，以实际管理机构所在地为纳税地点。

居民企业在中国境内设立不具有法人资格的营业机构的，应当汇总计算并缴纳企业所得税。

第五十二条　除国务院另有规定外，企业之间不得合并缴纳企业所得税。

《中华人民共和国企业所得税法实施条例》

第一百二十四条　《企业所得税法》第五十条所称企业登记注册地，是指企业依照国家有关规定登记注册的住所地。

第一百二十五条　企业汇总计算并缴纳企业所得税时，应当统一核算应纳税所得额，具体办法由国务院财政、税务主管部门另行制定。

项目七

个人所得税法

学习目标

通过学习，学生掌握个人所得税的征税范围、个人所得税纳税主体、个人所得税税率，了解个人所得税征收方法，掌握应税所得额的确定与应纳税额的计算，理解和把握境外所得已纳税额的扣除及个人所得税征收管理制度。

个人所得税法知识结构图

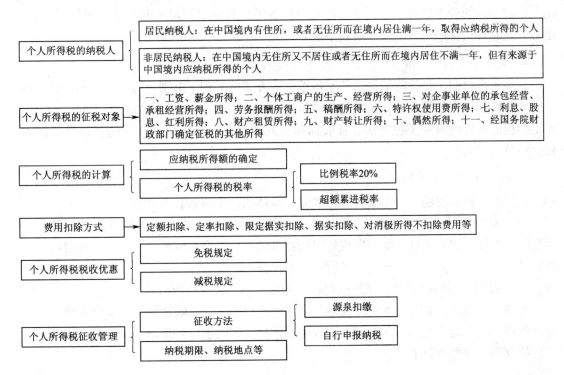

个人所得税法基本问题

一、个人所得税法概述

（一）个人所得税的概念

个人所得税是对个人（自然人）取得的各项应税所得征收的一种税，它体现了国家与个人之间的分配关系。

个人所得税 1799 年首创于英国，此后世界各国相继仿效，开征此税种。到目前为止，世界上已有 140 多个国家和地区开征了个人所得税。第二次世界大战后，西方各国个人所得税发展较快，长期稳居各税之首位，其收入数额占税收总额的比例大多在 30% 以上，甚至在某些国家的个别年份，还达到 40% 以上。相对来说，低收入国家的个人所得税所占比例较低，大多数国家在 10% 以下。

（二）个人所得税制度模式的国际比较与选择

世界各国个人所得税制可分为三类，即分类所得税制、综合所得税制和分类综合所得税制。

1. 综合所得税制

综合所得税制，是指把纳税人在一个纳税年度内的各项所得逐项汇总相加，并按税法规定减去不予计列的项目及法定扣除费用，然后按统一的累进税率计算征收的一种所得税制。它的优点在于能很好地体现所得税"量能负担"的税收原则，税负公平，对纳税人的收入分配具有明显的调节作用。缺点是这种税制一般较为复杂，所要求的条件较高，除了要求纳税人有较强的纳税意识外，还要求税务部门具备了解和掌握纳税人所有收入的能力。此外，还必须具有现代化的税收征管和稽查手段。

2. 分类所得税制

分类所得税制，是指将纳税人的所得按一定方式分成若干类别，每一类别都按税法规定不同的标准和税率扣除和计算税款的一种所得税制度。其优点在于可以根据不同类别的所得确定相应的税收政策和征税方法，征收简单。其缺点是不能按照纳税人的真正纳税能力征税，税负有欠公平。

3. 分类综合所得税制

分类综合所得税制，也称混合所得税制，具体执行中通常有两种形式：

（1）对某些所得先分类征收，再在年终时把这些已税所得与其他所得汇总计算，凡全年所得额超过一定限额以上的，即按规定的累进税率计算全年应纳税所得额，并对已经缴纳的分类所得税额，准于在全年应纳税所得税额内抵扣。

（2）将部分所得项目分项课征所得税，部分项目综合课征所得税。

这种税制模式，兼有分类所得税制与综合所得税制之长，既能覆盖所有个人收入，避免分类所得税制可能出现的漏洞，提高税收征管效率，同时也符合按纳税能力负担的原则，能提高税收的合理性与公平性。

从世界各国开征个人所得税的情况来看，多数发达国家如美国、英国、澳大利亚、瑞典等国都采用综合所得税制。美国的联邦个人所得税制度是世界上最复杂、最完备的所得税制度之一，其征税范围主要包括各种劳务报酬所得、经营所得、财产处置所得、利息股息收入、租赁所得、特许权使用费收入、退职年金、分居津贴等15项所得，原则上把个人所有的收入都纳入了个人所得税的征税范围。其计税程序为先汇总计算纳税人在一个纳税年度里的总收入，然后在总收入中扣除不予列项目、与纳税人生产经营活动有关的费用和个人生计费用（如个人宽免或抚养宽免），计算出应纳税所得额，最后按统一的超额累进税率计算征税。

发展中国家如拉美、非洲和中东地区的一些国家则大多数采用分类综合所得税制，对某些项目如工资薪金所得、利息及股息所得等按分类所得计算缴税；再对已纳税款在全年应纳的综合所得税额内抵扣。

相比较而言，目前世界上只有极少数国家如韩国采用分类所得税制。另外，我国香港特别行政区也采用此种制度。不过，韩国的个人所得税制度也并非完全典型的分类所得税制，因为纳税人的绝大部分收入如劳务所得、利息所得、股息所得、不动产所得、经营所得等都汇总为综合性收入，按统一的扣除标准和税率综合计税。之所以称其为分类所得税制，是因为综合性收入与另外三项收入，即退职金收入、资本所得、森林所得这四项所得有各自的税基与税率，采用分别计税的办法。另外，我国香港的个人所得税制对于纳税人的物业租金收入、薪俸收入及经营所得也按照不同的标准和扣除方法分别征收物业税、薪俸税和利得税，因此，从这个角度上看，其实行的是分类所得税制。但同时，香港政府又规定了纳税人可选择另一种个人所得税课税法即个人入息课税法，而个人入息课税法则是一种典型的综合计税法。因此在香港，纳税人可根据个人收入、盈利情况选择对自己有利的课税方法。这种做法将征纳双方通过税收制度紧密联系在一起，具有促使纳税人学法、知法、懂法的积极作用。

（三）我国个人所得税的特点

个人所得税是对个人的应税所得征税，除了具有所得税的一般特点以外，还具有其特殊性。我国现行个人所得税有以下四个主要特点。

1. 采用分类征收办法

我国个人所得税目前采用的是分类所得税制，即把个人应税所得划分成11类，分别采用不同的费用减除规定、不同的税率和不同的计税方法。这样做，一方面可以通过广泛地采用源泉扣缴的方法，加强税收征管，简化纳税手续，方便征纳双方；另一方面又可以对不同的个人所得按不同征收方法计征，有利于体现国家政策。但是由于分类课征制度有比较大的避税空间，特别是收入来源多的高收入者利用分解收入、多次扣除费用等方式避税，而所得来源和收入都相对集中者反而要缴纳更多的税，从而产生高收入者税负轻、低收入者税负重的现象，难以实现真正的公平合理，亟待改革。

2. 多种税率形式并用

我国现行的个人所得税制根据所得性质的不同，采用不同的税率计征。工资薪金所得、个体工商户的生产经营所得、企事业单位的承包承租经营所得适用超额累进税率，其他所得适用比例税率。同时，在分类课征制条件下，由于个人税收负担不能直接依据某项所得水平的高低来确定，因此，我国个人所得税存在多种税率形式。有比例税率，有累进税率；有加成征收，有减征优惠，形成了集多种税率形式和多种税负水平于一体的税率结构。但我国的超额累进税率设计不够科学，主要是级距过多（目前是7档，国际通行做法只设定3档左右的级距），实践中绝大部分纳税人只适用5%~20%的税率，25%以上的税率设置没有太大意义；此外最高边际税率45%过高，反而在一定程度上会促使高收入人群产生逃税的动机。

3. 实行不同的费用扣除方式

个人所得的确定与企业所得的确定一样，都需要从取得的收入中扣除相应的成本费用。我国个人所得税制在征收时就不同所得类型确定不同的费用扣除方式。有定额扣除、定率扣除、会计核算扣除、对消极所得不扣除费用等多种方法。定额扣除法，有利于保证收入较低的个人最低生活费用和其他必要费用的需要。定率扣除法，有利于保证收入较高的个人所发生的较高的必要费用得到补偿。这既保证了税法的规范和严谨，又增强了税法的适应性。但我国目前的费用扣除形式仍存在一定问题，有违"量能征税"的原则，即个人所得税应该按家庭实际支付能力征税而不是按总收入征税，更不应当按收入来源征税。目前执行的固定税前扣除标准和税前扣除项目，完全不考虑地区经济差异、纳税人家庭人口多寡和生活负担、纳税人生计费用和特殊费用，一律定额扣除，不能反映纳税人的实际负担能力。

4. 采用源泉扣缴和自行申报两种征纳方法

尽管分类课征制有利于广泛推行源泉课征制度，但是在同类所得被不同源泉课征者扣缴时，就会产生多重费用扣除和降低税率征收造成税负不公平的问题，而且在不存在源泉扣缴者或源泉不扣缴的情况下，同样也会造成税负不公平问题。因此，按分类课征制的要求，对符合源泉课征要求的所得项目必须由源泉扣缴者扣缴税款；对不能使用源泉扣缴方法、扣缴税款不彻底和未扣缴税款的所得项目，就必须要求纳税人自行申报纳税。这既是税收征管的要求，也是不断提高纳税人纳税意识的要求。

（四）我国个人所得税法的立法沿革

我国对个人所得的征税，最早可追溯到国民党统治时期，当时曾正式开征过薪给报酬所得税等税种。新中国成立初期，政务院于1950年初颁布的《全国税政实施要则》也明确规定对个人所得征收两税，即"存款利息所得税"和"薪给报酬所得税"。由于我国当时实行的是低工资制度，居民工薪收入低，而且居民除了工薪之外，也很少有其他来源的收入，因此极少有人能达到征税标准，故薪给报酬所得税始终未能征收。同时，由于居民个人少有存款，存款利息所得税也收入甚微。后来，由于银行国有化等原因，存款利息所得税也在1959年停止征收。自此至十一届三中全会前的这段时间里，我国一直没有再开征过个人所得税类的税种。

十一届三中全会以后，我国实行对外开放、对内搞活政策，为了适应外籍人员在我国取得收入日益增多，以及国内高收入者逐渐增加的情况，考虑到我国在国外从事经济活动和其他劳务的人员及华侨，均按所在国的税法向当地政府缴纳个人所得税，因此，本着维护国家权益、增加财政收入及平等互利的原则，我国于1980年9月制定并公布了《中华人民共和国个人所得税法》。该税法1986年年底以前对中外籍人员均适用。同时，为了更好地调节个体工商户的收入水平，保护其合法权益，国务院于1986年发布并实施了《中华人民共和国城乡个体工商户所得税暂行条例》，改变了新中国成立以后一直对个体工商业户的生产经营所得征收工商所得税的做法。1987年，针对国内一部分人收入提高过快、来源多元化的现象，考虑到1980年设立的对中外籍人员均都适用的个人所得税制的立法基本上已不适应我国居民的实际收入水平，为了更好地调节社会成员间的收入水平，1987年又开征了个人收入调节税。至此，我国个人所得税体系对不同个人、不同收入项目分别征收不同税种的"三税鼎立"的局面基本形成。这些税收法律、法规的施行，对于增加财政收入，促进对外经济技术交流与合作，缓解社会分配不公的矛盾等都发挥了积极的作用。

随着经济的发展和改革开放的深化，特别是社会主义市场经济体制的确立，原"三税鼎立"的分配格局已不再适应形势发展的需要，税政不统一，税负过重且有失公平，税基过窄且征管手段落后等问题都较为突出。针对上述问题，1993年10月31日第八届全国人民代表大会常务委员会第四次会议通过了《关于修改〈中华人民共和国个人所得税法〉的决定》，同时公布了修改后的《个人所得税法》，将原个人所得税、个人收入调节税、个体工商户所得税合并为个人所得税，并确定从1994年1月1日起实施。1999年8月30日第九届全国人民代表大会常务委员会第十一次会议通过了第二次修正的《中华人民共和国个人所得税法》（以下简称《个人所得税法》）。2000年9月，财政部、国家税务总局根据《国务院关于个人独资企业和合伙企业征收所得税问题的通知》，制定了《关于个人独资企业和合伙企业征收个人所得税的规定》，明确从2000年1月1日起，个人独资企业和合伙企业投资者将依法缴纳个人所得税。

现行个人所得税的基本法律是1980年9月10日第五届全国人民代表大会第三次会议制定的《中华人民共和国个人所得税法》。至今，《个人所得税法》已进行了六次修订。1993年10月31日，第八届全国人大常委会第四次会议第一次修正；1999年8月30日，第九届全国人大常委会第十一次会议第二次修正；2005年10月27日，第十届全国人大常委会第十八次会议第三次修正；2007年6月29日，第十届全国人大常委会第二十八次会议第四次修正；2007年12月29日，第十届全国人大常委会第三十一次会议第五次修正；2011年6月30日，第十一届全国人大常委会第二十一次会议第六次修正。

1994年1月28日，国务院令第142号发布《中华人民共和国个人所得税法实施条例》。2005年12月19日第一次修订；2008年2月18日第二次修订；2011年7月19日第三次修订，并自2011年9月1日起施行。

二、个人所得税的纳税义务人

个人所得税的纳税人的确定一般取决于一国采用的税收管辖原则。税收管辖原则通常分两类，即属人主义原则与属地主义原则。目前，国际上普遍的做法是把这两种征收原则结合起来，对本国公民或居民采用属人主义原则征税，对非本国公民或本国非居民采用属地主义原则征税。我国现行个人所得税纳税人的确定也是按照上述两种原则来确定，既包括有应税所得的我国居民，也包括从我国境内取得所得的非居民。

（一）居民纳税义务人

1. 居民纳税义务人的认定

根据个人所得税法的规定，凡符合下列条件之一的，为居民纳税义务人：

（1）在中国境内有住所的个人。即因户籍、家庭、经济利益关系，而在中国境内习惯性居住的个人。

习惯性居住，是指个人因学习、工作、探亲等原因消除之后，没有理由在其他地方继续居留时，所要回到的地方，而不是指实际居住或在某一个特定时期内的居住地。在税收意义上，习惯性居住是判定纳税义务人是居民或非居民的一个法律意义上的标准。如个人因学习、工作、探亲、旅游等原因而在中国境外居住，这些原因消除之后，必须回到中国境内居住的，那么，中国就是该人的习惯性居住地。对居民的确定，加上"住所"的条件，可以将因公或其他原因到境外工作的人员纳入征税范围，堵塞了征收漏洞，也符合国际惯例。

（2）在中国境内无住所而在境内居住满1年的个人。

所谓在境内居住满1年，是指在一个纳税年度（即公历1月1日起至12月31日止）内，在中国境内居住满365天。在计算居住天数时，对临时离境应视同在华居住，不扣减其在华居住的天数。临时离境，是指在一个纳税年度内，一次不超过30日或者多次累计不超过90日的离境。自2000年1月1日起，个人独资企业和合伙企业（自然人）投资者也为个人所得税的纳税义务人。

2. 居民纳税人纳税义务的确定

按照国际惯例，居民纳税人负有无限纳税义务。因此，我国税法规定，凡是中国居民纳税人，其所取得的应纳税所得，无论是来源于中国境内还是中国境外任何地方，都要在中国境内缴纳个人所得税，即对本国居民纳税人取得来源于全世界范围的所得实施征税权。

我国的个人所得税法本着从宽从简的原则，对居民的境外所得作了从宽的规定：

（1）在中国境内无住所，但是居住1年以上5年以下的个人，其来源于中国境外的所得，经主管税务机关批准，可以只就由中国境内公司、企业以及其他经济组织或者个人支付的部分缴纳个人所得税。

（2）在我国境内居住满5年的个人，从第6年起，应当就其来源于中国境内外的全部所得缴纳个人所得税。

上述所谓在中国境内居住满5年，是指个人在中国境内连续居住满5年，即在连续5年中的每一纳税年度内均居住满1年。个人在中国境内居住满5年后，从第6年起的以后年度中，凡在境内居住满1年的，应当就其来源于境内、境外的所得申报纳税；凡在境内居住不满1年的，则仅就该年内来源于境内的所得申报纳税。如该个人在第6年起以后的某一纳税年度内在境内居住不足90日，可以按《个人所得税法实施细则》第7条的规定确定纳税义务，并从再次居住满1年的年度起重新计算5年期限。个人在境内是否居住满5年，自1994年1月1日起开始计算。

（二）非居民纳税义务人

1. 非居民纳税义务人的认定

非居民纳税人，是指不符合居民纳税人判定标准（条件）的纳税人。根据个人所得税法的规定，凡符合下列条件之一的属于非居民纳税义务人：

（1）在中国境内无住所又不居住但有来源于中国境内所得的个人。

这种在中国境内没有住所，又没有来中国的外籍个人，他们从中国境内取得所得的形式一般是由于资金、技术或财产在中国境内被使用而获取的。

（2）在中国境内无住所，并且在一个纳税年度中在中国境内居住不满1年的个人。

一般是指短期行为来华的外籍人员，如承包工程中短期作业的外籍个人，到中国境内演出或表演的演员或运动员等。

综上，非居民纳税人实际上是在一个纳税年度中，没有在中国境内居住，或者在中国境内居住不满1年的外籍人员、华侨，以及香港、澳门、台湾同胞。

2. 非居民纳税人纳税义务的确定

非居民纳税人仅负有限纳税义务，即仅就来源于中国境内的所得纳税。

但对在中国境内无住所且在一个纳税年度中在华连续或累计居住不足90日的个人，其来源于中国境内的所得，由境外雇主支付并且不由该雇主在中国境内的机构、场所负担的部分，免予缴纳个人所得税。

（三）所得来源的确定

所谓从中国境内取得的所得，是指来源于中国境内的所得；所谓从中国境外取得的所得，是指来源于中国境外的所得。

《个人所得税法实施条例》规定，下列所得，不论支付地点是否在中国境内，均为来源于中国境内的所得：

（1）因任职、受雇、履约等而在中国境内提供劳务取得的所得；

（2）将财产出租给承租人在中国境内使用而取得的所得；

（3）转让中国境内的建筑物、土地使用权等财产或者在中国境内转让其他财产取得的所得；

（4）许可各种特许权在中国境内使用而取得的所得；

（5）从中国境内的公司、企业以及其他经济组织或者个人取得的利息、股息、红利所得。

三、个人所得税的征税对象

个人所得税以纳税人取得的个人所得为征税对象。由于个人所得的范围很广，各国在征税时确定为征税对象的所得内容也有一定区别。我国个人所得税根据我国个人所得的具体情况，以及国际上的一般做法，采取了列举具体项目进行征税的做法。凡是列举征税的项目才征税，没有列举的则不征税。具体项目包括以下11项：

（一）工资、薪金所得

工资、薪金所得，是指个人因任职或者受雇而取得的工资、薪金、奖金、年终加薪、劳动分红、津贴、补贴以及任职或者受雇有关的其他所得。

一般来说，工资、薪金所得属于非独立个人劳动所得。所谓非独立个人劳动，是指个人所从事的是由他人指定、安排并接受管理的劳动，工作或服务于公司、工厂、行政、事业单位的人员（私营企业主除外）均为非独立劳动者。另外，在这类报酬中，工资和薪金的收入主体略有差异。

对按照国务院规定发给的政府特殊津贴和国务院规定免纳个人所得税的补贴、津贴，免予征收个人所得税。其他各种补贴、津贴均应计入工资、薪金所得项目征税。

下列不属于工资、薪金性质的补贴、津贴或者不属于纳税人本人工资、薪金所得项目的收入，不征税：

(1) 独生子女补贴。

(2) 托儿补助费。

(3) 执行公务员工资制度未纳入基本工资总额的补贴、津贴差额和家属成员的副食品补贴。

(4) 差旅费津贴、误餐补助。

误餐补助，是指按财政部门规定，个人因公在城区、郊区工作，不能在工作单位或返回就餐的，根据实际误餐顿数，按规定的标准领取的误餐费。一些单位以误餐补助名义发给职工的补贴、津贴，应当并入当月工资、薪金所得计征个人所得税。

(二) 个体工商户的生产、经营所得

这类所得包括以下几项：

(1) 个体工商户从事工业、手工业、建筑业、交通运输业、商业、饮食业、服务业、修理业以及其他行业生产、经营取得的所得；

(2) 个人经政府有关部门批准，取得执照，从事办学、医疗、咨询以及其他有偿服务活动取得的所得；

(3) 上述个体工商户和个人取得的与生产、经营有关的各项应税所得；

(4) 个人因从事彩票代销业务而取得所得，应按照"个体工商户的生产、经营所得"项目计征个人所得税。

(5) 其他个人从事个体工商业生产、经营取得的所得。

个人独资企业、合伙企业的个人投资者以企业资金为本人、家庭及其相关人员支付与企业生产经营无关的消费性支出及购买汽车、住房等财产性支出，视为企业对个人投资者的利润分配，并入投资者个人的生产、经营所得，依照"个体工商户的生产经营所得"项目计征个人所得税。

个体工商户和从事生产、经营的个人，取得与生产、经营活动无关的各项应税所得，应按规定分别计算征收个人所得税。如取得银行存款的利息所得，应按"股息、利息、红利所得"项目的规定单独计征个人所得税。

(三) 对企事业单位的承包、承租经营所得

这类所得，是指个人承包经营、承租经营以及转包、转租取得的所得。转包包括全部转包或者部分转包。个人对企事业单位的承包、承租经营形式较多，分配方式也不尽相同。大体可以分两类：

1. 个人对企事业单位承包、承租经营后，工商登记改变为个体工商户

这类承包、承租经营所得，应按个体工商户的生产、经营所得项目征收个人所得税，不再征收企业所得税。

2. 个人对企事业单位承包、承租经营后，工商登记仍为企业的，不论其分配方式如何，均应先按照企业所得税的有关规定缴纳企业所得税

承包、承租经营者按照合同（协议）规定取得的所得，依照个人所得税法的有关规定缴纳个人所得税。具体为：

（1）承包、承租人对企业经营成果不拥有所有权，仅按合同规定取得一定所得的，应按"工资、薪金所得"项目征税。

（2）承包、承租人按合同规定只向发包方、出租人交纳一定的费用，交纳承包、承租费后的企业经营成果归承包、承租人所有的，其取得的所得，按照"对企事业单位承包、承租经营所得"项目征税。

（四）劳务报酬所得

劳务报酬所得，是指个人从事设计、装潢、安装、制图、化验、测试、医疗、法律、会计、咨询、讲学、新闻、广播、翻译、审稿、书画、雕刻、影视、录音、录像、演出、表演、广告、展览、技术服务、介绍服务、经纪服务、代办服务以及其他劳务取得的所得。

工资、薪金所得是属于非独立个人劳务活动，即在机关、团体、学校、部队、企业、事业单位及其他组织中任职、受雇而得到的报酬；而劳务报酬所得，则是个人独立从事各种技艺、提供各项劳务取得的报酬。劳务报酬所得的基本特征是：一般属于个人以其所掌握的某种技艺或技能独立从事自由职业或独立提供劳务所取得的所得，属于独立劳动所得；个人与服务单位无任职和雇佣关系；提供劳务的时间具有临时性。

（五）稿酬所得

稿酬所得，是指个人因其作品以图书、报刊形式出版、发表而取得的所得。

这里所说的作品，包括文学作品、书画作品、摄影作品以及其他作品。作者去世后，财产继承人取得的遗作稿酬，亦应征收个人所得税。

将稿酬所得独立划归一个征税项目，而对不以图书、报刊形式出版、发表的翻译、审稿、书画所得归为劳务报酬所得，主要是考虑了出版、发表作品的特殊性。

（1）它是一种依靠较高智力创作的精神产品；

（2）它具普遍性；

（3）它与社会主义精神文明和物质文明密切相关；

（4）它的报酬相对偏低。因此，稿酬所得应当与一般劳务报酬相对区别，并给予适当的优惠照顾。

（六）特许权使用费所得

特许权使用费所得，是指个人提供专利权、商标权、著作权、非专利技术以及其他特许权的使用权取得的所得；提供著作权的使用权取得的所得，不包括稿酬所得。

具体规定：

（1）作者将自己的文字作品手稿原件或复印件公开拍卖（竞价）取得的所得，属于提供著作权的使用所得，应按特许权使用费所得项目征收个人所得税；

（2）个人取得特许权的经济赔偿收入，应按特许权使用费所得项目征收个人所得税，由支付赔款的单位和个人代扣代缴。

(七) 利息、股息、红利所得

利息、股息、红利所得，是指个人拥有债权、股权而取得的利息、股息、红利所得。

利息，是指个人拥有债券而取得的利息，包括存款利息、贷款利息和各种债券的利息。按照国家税法规定，个人取得的利息所得，除国债和国家发行的金融债券利息外，应当依法缴纳个人所得税。股息、红利，是指个人拥有股权取得的股息、红利。按照一定的比率对每股发给的息金，叫股息；公司、企业应分配的利润，按股份分配的叫红利。股息、红利所得，除另有规定外，都应当缴纳个人所得税。

(八) 财产租赁所得

财产租赁所得，是指个人出租建筑物、土地使用权、机器设备、车船以及其他财产取得的所得。

个人取得的财产转租收入，属于"财产租赁所得"项目的征税范围，由财产转租人缴纳个人所得税。在确认纳税义务人时，应以产权凭证为依据；对无产权凭证的，由主管税务机关根据实际情况确定。产权所有人死亡，在未办理产权继承手续期间，该财产出租而有租金收入的，以领取租金的个人为纳税义务人。

(九) 财产转让所得

财产转让所得，是指个人转让有价证券、股权、建筑物、土地使用权、机器设备、车船以及其他财产取得的所得。对个人取得的各项财产转让所得，除股票转让所得外，都要征收个人所得税。

应按照财产转让所得计征个人所得税的情形包括以下几种：

(1) 个人通过网络收购玩家的虚拟货币，加价后向他人出售取得的收入；

(2) 对个人转让限售股取得的所得；

(3) 个人因各种原因终止投资、联营、经营合作等行为，从被投资企业或合作项目、被投资企业的其他投资者以及合作项目的经营合作人取得股权转让收入、违约金、补偿金、赔偿金及以其他名目收回的款项等。

(十) 偶然所得

偶然所得，是指个人得奖、中奖、中彩以及其他偶然性质的所得。

得奖，是指参加各种有奖竞赛活动，取得名次得到的奖金；中奖、中彩，是指参加各种有奖活动，如有奖销售、有奖储蓄，或者购买彩票，经过规定程序，抽中、摇中号码而取得的奖金。个人因参加企业的有奖销售活动而取得的赠品所得，也按照偶然所得税目计征个人所得税。

偶然所得应缴纳的个人所得税税款，一律由发奖单位或机构代扣代缴。

(十一) 经国务院财政部门确定征税的其他所得

除上述列举的各项个人应税所得外，其他确有必要征税的个人所得，由国务院财政部门确定。这项所得是针对今后可能出现的需要征税的新项目，以及个人取得的难以界定应税项目的个人所得而言。个人取得的所得，难以界定应纳税所得项目的，由主管税务机关确定。

四、个人所得税的税率

(一)超额累进税率

1. 七级超额累进税率(3%~45%)

工资、薪金所得在计算个人所得税额时适用的是七级超额累进税率,超额累进税率是各国普遍采用的一种税率。为解决超额累进税率计算税款比较复杂的问题,在实际工作中引进了"速算扣除数"这个概念,通过预先计算出的"速算扣除数",即可直接计算应纳税额,不必再分级分段计算,其结果完全一样,但方法简便得多。"速算扣除数"所反映的具体内容是按超额累进税率计算的应纳税额的差额。即根据超额累进税率表中划分的应纳税所得额级距和税率,先用全额累进法计算出税额,再减去用超额累进法计算的应征税额后的差额。工资、薪金所得个人所得税税率表如表 7-1 所示。

表 7-1　工资、薪金所得个人所得税税率表

级数	全月应纳税所得额		税率/%	速算扣除数/元
	含税级距	不含税级距		
1	不超过 1500 元的	不超过 1455 元的	3	0
2	超过 1500 元至 4500 元的部分	超过 1455 元至 4155 元的部分	10	105
3	超过 4500 元至 9000 元的部分	超过 4155 元至 7755 元的部分	20	555
4	超过 9000 元至 35000 元的部分	超过 7755 元至 27255 元的部分	25	1005
5	超过 35000 元至 55000 元的部分	超过 27255 元至 41255 元的部分	30	2755
6	超过 55000 元至 80000 元的部分	超过 41255 元至 57505 元的部分	35	5505
7	超过 80000 元的部分	超过 57505 元的部分	45	13505

注:① 本表所列含税级距与不含税级距,均为按照税法规定减除有关费用后的所得额;② 含税级距适用于由纳税人负担税款的工资、薪金所得;不含税级距适用于由他人(单位)代付税款的工资、薪金所得。

2. 五级超额累进税率(5%~35%)

个体工商业户生产经营所得和对企事业单位的承包、承租经营所得个人所得税税率表如表 7-2 所示。

表 7-2　个体工商业户生产经营所得和对企事业单位的承包、承租经营所得个人所得税税率表

级数	全年应纳税所得额		税率/%	速算扣除数/元
	含税级距	不含税级距		
1	不超过 15000 元的	不超过 14250 元的	5	0
2	超过 15000 元至 30000 元的部分	超过 14250 元至 27750 元的部分	10	750

级数	全年应纳税所得额		税率/%	速算扣除数/天
	含税级距	不含税级距		
3	超过 30000 元至 60000 元的部分	超过 27750 元至 51750 元的部分	20	3750
4	超过 60000 元至 100000 元的部分	超过 51750 元至 79750 元的部分	30	9750
5	超过 100000 元的部分	超过 79750 元的部分	35	14750

注：① 本表所列含税级距与不含税级距，均为按照税法规定以每一纳税年度的收入总额减除成本、费用以及损失后的所得额；② 含税级距适用于个体工商户的生产、经营所得和由纳税人负担税款的对企事业单位的承包经营、承租经营所得；不含税级距适用于由他人（单位）代付税款的对企事业单位的承包经营、承租经营所得。

（二）比例税率

1. 比例税率的一般规定

除上述工资、薪金所得，个体工商业户生产经营所得和对企事业单位的承包、承租经营所得之外的其他八项所得，包括劳务报酬所得，稿酬所得，特许权使用费所得，利息、股息、红利所得，财产租赁所得，财产转让所得，偶然所得和其他所得，均适用 20% 的比例税率。

2. 比例税率的特殊规定

1）劳务报酬所得的加成征收

对劳务报酬所得一次收入畸高的，可以实行加成征收，具体办法由国务院规定。劳务报酬所得一次收入畸高，是指个人一次取得劳务报酬，其应纳税所得额超过 20000 元。对应纳税所得额超过 20000 元至 50000 元的部分，依照税法规定计算应纳税额后再按照应纳税额加征五成；超过 50000 元的部分，加征十成（如表 7-3 所示）。

表 7-3 劳务报酬所得个人所得税税率表

级数	每次应纳税所得额	税率/%	速算扣除数/元
1	不超过 20000 元的部分	20	0
2	超过 20000 元至 50000 元的部分	30	2000
3	超过 50000 元的部分	40	7000

注：本表所称每次应纳税所得额是指每次收入额减除费用后的余额。

2）稿酬所得的减征

稿酬所得，适用 20% 的比例税率，并按应纳税额减征 30%。

3）财产租赁所得的减征

财产租赁所得适用 20% 的比例税率。但从 2001 年 1 月 1 日起，个人按市场价格出租的居民住房取得的所得，暂减按 10% 的税率征税。

五、个人所得税应纳税额的计算

无论何种所得，其个人所得税的计算公式都可以统一表述为：

$$应纳税额=应纳税所得额×适用税率$$

因此，个人所得税的计算关键是确定应纳税所得额和税率。

（一）个人所得税的计税依据

1. 一般规定

应纳税所得额是个人取得的每项收入所得减去税法规定的扣除项目、扣除金额之后的余额。

个人所得的形式，包括现金、实物、有价证券和其他形式的经济利益。所得为实物的，应当按照取得的凭证上所注明的价格计算应纳税所得额；无凭证的实物或者凭证上所注明的价格明显偏低的，参照市场价格核定应纳税所得额。所得为有价证券的，根据票面价格和市场价格核定应纳税所得额。所得为其他形式的经济利益的，参照市场价格核定应纳税所得额。

我国个人所得税的扣除项目采取分项确定、分类扣除的方法（定额、定率和会计核算）：

（1）对工资、薪金所得采用定额扣除的办法；

（2）个体工商户的生产、经营所得和对企事业单位的承包经营、承租经营所得及财产转让所得，涉及生产、经营及有关成本或费用的支出，采取会计核算办法扣除有关成本、费用或规定的必要费用；

（3）对劳务报酬所得、稿酬所得、特许权使用费所得、财产租赁所得，采取定额和定率相结合的扣除办法；

（4）利息、股息、红利所得和偶然所得，因不涉及必要费用的支付，所以规定不得扣除任何费用。

2. 特殊规定

（1）个人将其所得通过中国境内的社会团体、国家机关向教育和其他社会公益事业以及遭受严重自然灾害地区、贫困地区捐赠，捐赠额未超过纳税义务人申报的应纳税所得额30%的部分，可以从其应纳税所得额中扣除。

（2）个人通过非营利的社会团体和国家机关向红十字事业、农村义务教育、公益性青少年活动场所、福利性及非营利性的老年服务机构等的捐赠，准予在缴纳个人所得税前的所得额中全额扣除。

农村义务教育的范围，是指政府和社会力量举办的农村乡镇（不含县和县级市政府所在地的镇）、村的小学和初中以及属于这一阶段的特殊教育学校。纳税人对农村义务教育与高中在一起的学校的捐赠，也享受此规定的所得税前扣除政策。

（二）工资、薪金所得应纳税额的计算

1. 应纳税所得额的确定

一般情况下，工资、薪金所得以个人每月收入额固定减除 3500 元（2008 年 3 月 1 日前为 1600 元、2008 年 3 月 1 日至 2011 年 9 月 1 日为 2000 元）费用后的余额为应纳税所得额。其计算公式为：

$$应纳税所得额＝月工资、薪金收入额-3500\ 元$$

对在中国境内无住所而在中国境内取得工资、薪金所得的纳税人和在中国境内有住所而在中国境外取得工资、薪金所得的纳税人，可以根据其平均收入水平、生活水平以及汇率变化情况确定附加减除费用1300元（2008年3月1日前为3200元、2008年3月1日至2011年9月1日为2800元）。其计算公式为：

$$应纳税所得额＝月工资、薪金收入额-4800\ 元（3500\ 元+1300\ 元）$$

附加减除费用所适用的具体范围是：

（1）在中国境内的外商投资企业和外国企业中工作的外籍人员。

（2）应聘在中国境内的企业、事业单位、社会团体、国家机关中工作的外籍专家。

（3）在中国境内有住所而在中国境外任职或者受雇取得工资、薪金所得的个人。

（4）财政部确定的其他人员。

华侨和香港、澳门、台湾同胞参照上述附加减除费用标准执行。

2．应纳税额的计算

$$应纳税额＝应税所得额×适用税率-速算扣除数$$
$$=（每月收入额-3500\ 或\ 4800\ 元）×适用税率-速算扣除数$$

【例题】某工业企业2013年10月对管理人员李某计提的应付工资总额为7500元，其中包括奖金1000元，独生子女补贴及托儿补助费300元，应缴纳法定的"五险一金"为550元，计算李某应缴纳的个人所得税。

【解析】

当月应纳税所得额＝7500-300-550-3500＝3150（元）

应纳税额＝3150×10%-105＝210（元）

（三）个体工商户的生产、经营所得应纳税额的计算

1．应纳税所得额的确定

个体工商户的生产、经营所得，以每一纳税年度的收入总额，减除成本、费用以及损失后的余额为应纳税所得额。计算公式为：

$$应纳税所得额＝收入总额-（成本+费用+损失+准予扣除的税金）$$

从事生产、经营的纳税义务人未提供完整、准确的纳税资料，不能正确计算应纳税所得额的，由主管税务机关核定其应纳税所得额。

个人独资企业投资者以全部生产经营所得为应纳税所得额；合伙企业的投资者按照合伙企业的全部生产经营所得和合伙协议约定的分配比例确定应纳税所得额。合伙协议没有约定分配比例的，以全部生产经营所得和合伙人数量平均计算每个投资者的应纳税所得额。

所称生产经营所得，包括企业分配给投资者个人的所得和企业当年留存的所得（利润）。成本、费用，是指个体户从事生产经营所发生的各项直接支出和分配计入成本的间接费用以及销售费用、管理费用、财务费用。损失，是指个体户在生产经营过程中发生的各项营业外支出。

1）收入总额

收入总额是指个体户从事生产经营及与生产经营有关的活动所取得的各项收入，包括商

品销售收入、营运收入、劳务服务收入、工程价款收入、财产出租或转让收入、利息收入、其他业务收入和营业外收入。

2）准予扣除的项目

这是指按照税法的规定，个体户在计算应纳税所得额时，准予从收入总额中扣除的成本、费用、损失和税金。具体范围和标准包括：

（1）2011年9月1日起，个体工商户业主（以下简称个体户）、个人独资企业和合伙企业自然人投资者本人的费用扣除标准统一确定为3500元/月，全年共计可扣除42000元（自2008年3月1日至2011年9月1日为24000元/年，即2000元/月）。

（2）个体户在生产经营过程中发生与家庭生活混用的费用，由主管税务机关核定分摊比例，据此计算确定的属于生产、经营过程中发生的费用准予扣除。

（3）个体户发生的与生产经营有关的财产保险、运输保险及从业人员的养老、医疗及其他保险费用支出，按国家有关规定的标准计算扣除。

（4）个体户发生的与生产经营有关的修理费用，可据实扣除。修理费用发生不均衡或数额较大的，应分期扣除。

（5）个体户按规定缴纳的工商管理费、个体劳动者协会会费、摊位费，按实际发生数扣除。

（6）个体工商户、个人独资企业和合伙企业向其从业人员实际支付的合理的工资、薪金支出，允许在税前据实扣除。个体工商户、个人独资企业和合伙企业拨缴的工会经费、发生的职工福利费、职工教育经费支出分别在工资薪金总额2%、14%、2.5%的标准内据实扣除。个体工商户、个人独资企业和合伙企业每一纳税年度发生的广告费和业务宣传费用不超过当年销售（营业）收入15%的部分，可据实扣除；超过部分，准予在以后纳税年度结转扣除。个体工商户、个人独资企业和合伙企业每一纳税年度发生的与其生产经营业务直接相关的业务招待费支出，按照发生额的60%扣除，但最高不得超过当年销售（营业）收入的5‰。

（7）个体工商户在生产、经营期间借款的利息支出，凡有合法证明的，不高于按照中国人民银行规定的金融机构同类同期贷款利率计算的数额的部分，可以扣除。

（8）此外，个体工商户在生产经营过程中租入固定资产而支付的费用、公益性捐赠、年度经营亏损等，可以按照税法的规定进行税前扣除。

3）不得在税前扣除的项目

（1）资本性支出。包括为购置和建造固定资产、无形资产以及其他资产的支出，对外投资的支出；

（2）被没收的财物、支付的罚款；

（3）缴纳的个人所得税、税收滞纳金、罚金和罚款；

（4）各种赞助支出；

（5）自然灾害或者意外事故损失有赔偿的部分；

（6）分配给投资者的股利；

（7）用于个人和家庭的支出；

投资者及其家庭发生的生活费用不允许在税前扣除。投资者及其家庭发生的生活费用与企业生产经营费用混合在一起，并且难以划分的，全部视为投资者个人及其家庭发生的生活费用，不允许在税前扣除。

（8）个体工商户业主、个人独资企业和合伙企业自然人投资者本人的工资支出；

（9）与生产经营无关的其他支出；

（10）国家税务总局规定不准扣除的其他支出。

2. 个体工商户的生产、经营所得应纳税额的计算

应纳税额=应纳税所得额×适用税率-速算扣除数

=（全年收入总额-成本、费用以及损失）×适用税率-速算扣除数

由于个体工商户生产、经营所得的应纳税额实行按年计算、分月或分季预缴、年终汇算清缴、多退少补的方法，因此，在实际工作中，需要分别计算按月预缴税额和年终汇算清缴税额。

【例题】

某市星东美味城系个体经营户，账证比较健全，2012年12月取得的营业额为180000元，购进菜、肉、蛋、面粉、大米、油等原料费为76000元，缴纳电费、水费、房租、煤气费等20000元，缴纳其他税费8200元。当月支付给6名雇员工资共8000元，业主工资6000元。1—11月累计应纳税所得额为107200元，1—11月累计已预缴个人所得税为34180.9元。请计算该个体户12月份应缴纳的个人所得税。

【解析】

（1）12月份应纳税所得额=180000-76000-20000-8200-8000-3500=64300（元）

（2）全年累计应纳税所得额=107200+64300=171500（元）

（3）12月份应缴纳个人所得税=171500×35%-14750-34180.9=11094.1（元）

（四）对企事业单位的承包经营、承租经营所得应纳税额的计算

1. 应纳税所得额的确定

对企事业单位的承包经营、承租经营所得实行按年计征的办法。对企事业单位承包经营、承租经营所得是以每一纳税年度的收入总额，减除必要费用后的余额，为应纳税所得额。

每一纳税年度的收入总额，是指纳税义务人按照承包经营、承租经营合同规定分得的经营利润和工资、薪金性质的所得。由于个人按承包、承租经营合同规定分到的是经营利润，涉及的生产、经营成本费用已经扣除，所以税法规定，"减除必要费用"是指按月减除3500元（自2008年3月1日至2011年9月1日为24000元/年，即2000元/月），实际减除的是相当于个人的生计及其他费用。其计算公式为：

应纳税所得额=承包、承租经营收入总额-3500元×12

如果纳税人的承包、承租期在一个纳税年度内，经营不足12个月，应以其实际承包、承租经营的期限为一个纳税年度计算纳税。计算公式为：

应纳税所得额=该年度承包、承租经营收入总额-

（3500×该年度实际承包、承租经营月份数）

2. 应纳税额的计算

对企事业单位承包经营、承租经营所得应纳税额的计算公式为：

应纳税额=应纳税所得额×适用税率-速算扣除数

或=（纳税年度收入总额-必要费用）×适用税率-速算扣除数

（五）劳务报酬所得应纳税额的计算

1. 应纳税所得额的确定

劳务报酬所得、稿酬所得、特许权使用费所得、财产租赁所得，按次纳税。这四类所得，每次收入不超过 4000 元的，减除费用 800 元；每次收入 4000 元以上的，减除 20%的费用，其余额为应纳税所得额。

上述每次收入，是指以下两种收入：

（1）只有一次性收入的，以取得该项收入为一次。例如从事设计、安装、装潢、制图、化验、测试等劳务，往往是接受客户的委托，按照客户的要求，完成一次劳务后取得收入。因此，是属于只有一次性的收入，应以每次提供劳务取得的收入为一次。

（2）属于同一项目连续取得收入的，以一个月内取得的收入为一次。

2. 应纳税额的计算

劳务报酬所得以个人每次取得的收入，定额或定率减除规定费用后的余额为应纳税所得额。其计算公式为：

应纳税额=应纳税所得额×税率

每次收入不超过 4000 元的：

应纳税额=（每次收入额-800 元）×20%

每次收入在 4000 元以上的：

应纳税额=每次收入额×（1-20%）×20%

如果纳税人的每次应税劳务报酬所得的应纳税所得额超过 20000 元，应实行加成征税，其应纳税总额应依据相应税率和速算扣除数计算。其计算公式为：

应纳税额=应纳税所得额×适用税率-速算扣除数

【例题】

某建筑设计师应邀为一项工程进行设计，历时两个月完成设计图纸，对方第一个月支付劳务费 10000 元，第二个月支付劳务费 18000 元。请计算该设计师应纳的个人所得税。

【解析】

应纳税所得额=（10000+18000）×（1-20%）=22400（元）

应纳个人所得税=22400×30%-2000=4720（元）

（六）稿酬所得应纳税额的计算

1. 应纳税所得额的确定

稿酬所得每次收入不超过 4000 元的，减除费用 800 元；每次收入 4000 元以上的，减除 20%的费用，其余额为应纳税所得额。

每次收入的确定：稿酬所得，以每次出版、发表取得的收入为一次。具体又可细分为以下几种：

（1）同一作品在出版和发表时，以预付稿酬或分次支付稿酬等形式取得的稿酬收入，应合并计算为一次。

（2）同一作品出版、发表后，因添加印数而追加稿酬的，应与以前出版、发表时取得的稿酬合并计算为一次，计征个人所得税。

（3）同一作品在报刊上连载取得收入的，以连载完成后取得的所有收入合并为一次，计征个人所得税。

（4）同一作品再版取得的所得，应视作另一次稿酬所得计征个人所得税。

（5）同一作品先在报刊上连载，然后再出版，或先出版，再在报刊上连载的，应视为两次稿酬所得征税。即连载作为一次，出版作为另一次，计征个人所得税。

（6）在两处或两处以上出版、发表或再版同一作品而取得稿酬所得，则可分别各处取得的所得或再版所得按分次所得计征个人所得税。

2. 应纳税额的计算

稿酬所得以个人每次取得的收入，定额或定率减除规定费用后的余额为应纳税所得额。其计算公式为：

$$应纳税额=应纳税所得额×20\%×（1-30\%）$$

【例题】

2015 年某作家的长篇小说由一家出版社出版，按合同规定，出版社向作家预付稿酬 5000 元，该作品出版后再付稿酬 10000 元。同年该作家还授权某晚报连载该小说，历时 60 天，每天支付报酬 180 元，共获得稿酬 10800 元。

计算该作家需缴纳的个人所得税。

【解析】

（1）出版应纳个人所得税税额=（5000+10000）×（1-20\%）×20\%×（1-30\%）= 1680（元）

（2）连载应纳个人所得税税额=10800×（1-20\%）×20\%×（1-30\%）=1209.6（元）

（3）作家需缴纳的个人所得税合计=560+336+378=2889.6（元）

（七）特许权使用费所得应纳税额的计算

1. 应纳税所得额的确定

特许权使用费所得，每次收入不超过 4000 元的，减除费用 800 元；每次收入 4000 元以上的，减除 20\% 的费用，其余额为应纳税所得额。

特许权使用费所得以某项使用权的一次转让所取得的收入为一次。一个纳税义务人，可能不仅拥有一项特许权利，每一项特许权的使用权也可能不止一次地向他人提供。因此，对特许权使用费所得的"次"的界定，明确为每一项，使用权的每次转让所取得的收入为一次。如果该次转让取得的收入是分笔支付的，则应将各笔收入相加为一次的收入，计征个人所得税。

2. 应纳税额的计算

特许权使用费所得以个人每次取得的收入，定额或者定率减除规定费用后的余额为应纳税所得额。其计算公式为：

$$应纳税额=应纳税所得额×20\%$$

每次收入不超过 4000 元的：

$$应纳税额=（每次收入额-800 元）×20\%$$

每次收入在 4000 元以上的：

$$应纳税额=每次收入额×（1-20\%）×20\%$$

（八）财产租赁所得应纳税额的计算

1. 应纳税所得额的确定

财产租赁所得，实行按次计征的办法。财产租赁所得一般以个人每次取得的收入，定额或者定率减除规定费用后的余额为应纳税所得额。每次收入不超过 4000 元的，减除费用800 元；每次收入 4000 元以上的，减除 20% 的费用，其余额为应纳税所得额。

财产租赁所得，以一个月内取得的收入为一次。

在确定财产租赁的应纳税所得额时，纳税人在出租财产过程中缴纳的税金和教育附加费，可持完税凭证，从其财产租赁收入中扣除，准予扣除的项目除了规定的费用和有关税、费外，还准予扣除能够提供有效、准确凭证，证明由纳税人负担的该出租财产实际开支的修缮费用。允许扣除的修缮费用，以 800 元为限。一次扣除不完的，准予在下一次继续扣除，直至扣完为止。

个人出租财产取得的财产租赁收入，在计算、缴纳个人所得税时，应依次扣除以下费用：财产租赁过程中缴纳的税费；由纳税人负担的因该出租财产实际开支的修缮费用；税法规定的费用扣除标准。

2. 应纳税额的计算

其计算公式为：

$$应纳税额=应纳税所得额×20\%$$

每次（月）收入不超过 4000 元的：

应纳税所得额=每次（月）收入额-准予扣除项目-修缮费用（800 元为限）-800 元

每次（月）收入超过 4000 元的：

$$应纳税所得额=[每次（月）收入额-准予扣除项目-$$
$$修缮费用（800 元为限）]×（1-20\%）$$

【例题】

2015 年 7 月杨女士将其自有住房按市场价格出租给张某用于居住，租赁期限 1 年，每月取得租金收入 3500 元，当年 8 月发生房屋修缮费用 2000 元。

请计算当年杨女士应缴纳的个人所得税。（不考虑出租房屋的其他税种）

【解析】

（1）8 月、9 月应缴纳个人所得税=（3500-800-800）×10%×2=380（元）

（2）10 月应缴纳个人所得税=（3500-400-800）×10%=230（元）

（3）7 月、11 月、12 月应缴纳个人所得税=（3500-800）×10%×3=810（元）

2015 年杨女士的租金收入应缴纳的个人所得税税额为 380+230+810=1420（元）

（九）财产转让所得应纳税额的计算

1. 应纳税所得额的确定

财产转让所得，实行按次计征的办法。财产转让所得，以个人每次转让财产的收入额减除财产原值和合理费用后的余额，为应纳税所得额。"每次"是指以一件财产的所有权一次转让取得的收入为一次。其中，财产原值，是指：

（1）有价证券，为买入价以及买入时按照规定交纳的有关费用。

（2）建筑物，为建造费或购进价格以及其他有关费用。

（3）土地使用权，为取得土地使用权所支付的金额、开发土地的费用以及其他有关费用。

（4）机器设备、车船，为购进价格、运输费、安装费以及其他有关费用。

（5）个人销售虚拟货币的财产原值为其收购网络虚拟货币所支付的价款和相关税费。

（6）其他财产，参照以上方法确定。

纳税义务人未提供完整、准确的财产原值凭证，不能正确计算财产原值的，由主管税务机关核定其财产原值。

合理费用，是指卖出财产时按照有关规定支付的有关费用。

应纳税所得额计算公式为：

$$应纳税所得额 = 收入总额 - 财产原值 - 合理费用$$

目前，对转让股票所得暂不征个人所得税。对个人转让自用 5 年以上，并且是家庭唯一生活用房取得的所得，免征个人所得税。

2. 应纳税额的计算

$$应纳税额 = 应纳税所得额 \times 20\% = （收入总额 - 财产原值 - 合理费用） \times 20\%$$

（十）利息、股息、红利所得，偶然所得及其他所得应纳税额的计算

1. 应纳税所得额的确定

利息、股息、红利所得，偶然所得和其他所得，以每次收入额为应纳税所得额，不扣除任何费用。利息、股息、红利所得，以支付利息、股息红利时取得的收入为一次。偶然所得和其他所得，以每次取得该项收入为一次。

2. 应纳税额的计算

其计算公式为：

$$应纳税额 = 应纳税所得额（每次收入额） \times 20\%$$

【例题】

吴某购买中国福利彩票中奖 500 万元，吴某领奖时从奖金中拿出 10 万元通过当地教育部门捐赠给某希望小学。请计算吴某应该交纳的个人所得税及其实际可得中奖金额。

【解析】

（1）根据税法有关规定，吴某的捐赠额可以全部从应纳税所得额中扣除（因为 $10 \div 500 = $

2%，小于捐赠扣除比例 30%）。

（2）应纳税所得额=偶然所得-捐赠额=500-10=490（万元）

（3）应纳个人所得税=应纳税所得额×适用税率=490×20%=98（万元）

（4）陈某实际可得金额=500-10-98=392（万元）

（十一）境外所得已纳税额的扣除

为避免发生国家间对同一所得的重复征税，同时维护我国的税收权益，税法规定，纳税人从中国境外取得的所得，准予其在应纳税额中扣除已在境外实缴的个人所得税税款，但扣除额不得超过该纳税人境外所得依照本法规定计算的应纳税额。

税法所说的"已在境外缴纳的个人所得税税额"，是指纳税人从中国境外取得的所得，依照该所得来源国家或者地区的法律应当缴纳并实际已经缴纳的税额。

税法所说的"依照本法规定计算的税额"，是指纳税人从中国境外取得的所得，区别不同国家（地区）和不同应税项目依照我国税法规定的费用减除标准和适用税率计算的应纳税额。该应纳税额也就是扣除限额，同一国家或者地区内不同应税项目的应纳税额之和，为该国家或者地区的扣除限额。

当个人从中国境外一国（地区）取得所得在该国（地区）实际缴纳的个人所得税税额，低于依照税法规定计算出的同一国家（地区）扣除限额时，应当在中国补缴差额部分的税款；当该项税额超过扣除限额时，其超过部分不得在当年的应纳税额中扣除，但可以于以后年度在同一国家（地区）的扣除限额的余额中补扣，补扣期限最长不得超过5年。

纳税人依照税法的规定申请扣除已在境外缴纳的个人所得税税额时，应当提供境外税务机关填发的完税凭证原件。

【例题】

中国某居民纳税人在 2014 年 6 月给美国一家公司提供一项专利技术使用权，一次取得特许权使用费收入 30000 元，同月从美国另一家公司取得股息收入 10000 元，该两项收入在美国缴纳个人所得税 6200 元；同月在英国出版著作，获得稿酬收入 15000 元，并在英国缴纳该项收入的个人所得税 1720 元。

要求：

（1）计算境外税额扣除限额；

（2）计算该人在我国应当实际缴纳的税款。

【解析】

（1）计算境外税额扣除限额。

在美国特许权使用费所得扣除限额=30000×（1-20%）×20%=4800（元）

股息所得扣除限额=10000×20%=2000（元）

在美国所得两项扣除限额合计=4800+2000=6800（元）

在英国所得扣除限额=15000×（1-20%）×20%×（1-30%）=1680（元）

（2）计算该人在我国应当实际缴纳的税款。

在美国已缴纳个人所得税 6200 元，低于扣除限额 6800，可以全额抵扣，并需在中国补缴差额部分的税款，计 600 元（6800-6200）。

英国已缴纳的个人所得税1720元，超出扣除限额40元，不能在本年度扣除，但可在以后5个纳税年度的该国减除限额的余额中补减。

六、个人所得税的税收优惠

（一）个人所得税的免税优惠

下列各项个人所得，免征个人所得税：

（1）省级人民政府、国务院部委和中国人民解放军军以上单位，以及外国组织、国际组织颁发的科学、教育、技术、文化、卫生、体育、环境保护等方面的奖金。

（2）国债和国家发行的金融债券利息。

国债利息，是指个人持有中华人民共和国财政部发行的债券而取得的利息所得；国家发行的金融债券利息，是指个人持有经国务院批准发行的金融债券而取得的利息所得。

（3）按照国家统一规定发给的补贴、津贴。

这里所说的按照国家统一规定发给的补贴、津贴，是指按照国务院规定发给的政府特殊津贴（指国家对为社会各项事业的发展作出突出贡献的人员颁发的一项特定津贴，并非泛指国务院批准发放的其他各项补贴、津贴）和国务院规定免税的补贴、津贴。

（4）福利费、抚恤金、救济金。

其中，福利费是指由于某些特定事件或原因而给职工或其家庭的正常生活造成一定困难，企业、事业单位、国家机关、社会团体从其根据国家有关规定提留的福利费或者工会经费中支付给职工的临时性生活困难补助。救济金是指各级人民政府民政部门支付给个人的生活困难补助费。

救济金，是指国家民政部门支付给个人的生活困难补助费。

（5）保险赔款。

（6）军人的转业费、复员费。

（7）按照国家统一规定发给干部、职工的安家费、退职费、退休工资、离休工资、离休生活补助费。

（8）依照我国有关法律规定应予免税的各国驻华使馆、领事馆的外交代表、领事官员和其他人员的所得，即依照《中华人民共和国外交特权与豁免条例》和《中华人民共和国领事特权与豁免条例》规定免税的所得。

（9）中国政府参加的国际公约、签订的协议中规定免税的所得。

（10）经国务院财政部门批准免税的所得。

（二）减税项目

下列项目经批准可以减征个人所得税，减征的幅度和期限由各省、自治区、直辖市人民政府决定：

（1）残疾、孤寡人员和烈属的所得。

（2）因自然灾害造成重大损失的。

（3）其他经国务院财政部门批准减免的。

上述经省级人民政府批准可以减征个人所得税的残疾、孤寡人员和烈属的所得仅限于劳动所得，具体所得项目为：工资、薪金所得，个体工商户的生产经营所得，对企事业单位的承包经营、承租经营所得，劳务报酬所得，稿酬所得，特许权使用费所得。其他所得不能减征个人所得税。

七、个人所得税的征收管理

现行个人所得税的征收方法采用自行申报纳税和代扣代缴两种形式。

（一）自行申报纳税

自行申报纳税，是指由纳税人在税法规定的纳税期限内，自行向税务机关申报取得的应税所得项目和数额，如实填写个人所得税纳税申报表，并按照税法规定计算应纳税额，据此缴纳个人所得税的一种征收方法。

1. 自行申报纳税的纳税人

税法规定，凡个人所得税纳税人，有下列情形之一的，必须自行向税务机关申报所得并缴纳税款：自 2006 年 1 月 1 日起，年所得 12 万元以上的；从中国境内两处或两处以上取得工薪所得的；从中国境外取得所得的；取得应纳税所得，没有扣缴义务人的；国务院规定的其他情形。

其中，年所得 12 万元以上的纳税人，无论取得的各项所得是否已足额缴纳了个人所得税，均应当按照自行纳税申报管理办法的规定，于纳税年度终了后向主管税务机关办理纳税申报。上述其他情形的纳税人，均应当按照自行纳税申报管理办法的规定，于取得所得后向主管税务机关办理纳税申报。

上述年所得 12 万元以上的纳税人，不包括在中国境内无住所，且在一个纳税年度中在中国境内居住不满 1 年的个人。

上述所称从中国境外取得所得的纳税人，是指在中国境内有住所，或者无住所而在一个纳税年度中在中国境内居住满 1 年的个人。

2. 申报期限

自行申报纳税人每月应纳的税款，应当在次月 15 日内缴入国库，并向税务机关报送纳税申报表。

年所得 12 万元以上的纳税人，在纳税年度终了后 3 个月内向主管税务机关办理纳税申报。

工资、薪金所得应纳的税款，按月计征，由扣缴义务人或者纳税义务人在次月 15 日内缴入国库，并向税务机关报送纳税申报表。特定行业的工资、薪金所得应纳的税款，可以实行按年计算、分月预缴的方式计征，具体办法由国务院规定。

个体工商户的生产、经营所得应纳的税款，按年计算，分月预缴，由纳税义务人在次月 15 日内预缴，年度终了后三个月内汇算清缴，多退少补。

对企事业单位的承包经营、承租经营所得应纳的税款，按年计算，由纳税义务人在年度终了后 30 日内缴入国库，并向税务机关报送纳税申报表。纳税义务人在一年内分次取得承包经营、承租经营所得的，应当在取得每次所得后的 15 日内预缴，年度终了后三个月内汇算清缴，多退少补。

从中国境外取得所得的纳税义务人，应当在年度终了后 30 日内，将应纳的税款缴入国库，并向税务机关报送纳税申报表。

纳税人不能按照规定的期限办理纳税申报，需要延期的，按照《税收征管法》第 27 条和《税收征管法实施细则》第 37 条的规定办理。

3. 申报地点

申报地点一般为收入来源地的主管税务机关。

纳税人从两处或者两处以上取得工资、薪金所得的，选择并固定向其中一处单位所在地主管税务机关申报。

从境外取得所得的，向中国境内户籍所在地主管税务机关申报。

个体工商户、个人独资、合伙企业投资者应向企业的实际经营管理所在地主管税务机关申报。

纳税人不得随意变更纳税申报地点，因特殊情况变更纳税申报地点的，须报原主管税务机关备案。

（二）代扣代缴（源泉扣缴纳税）

个人所得税，以所得人为纳税义务人，以支付所得的单位或者个人为扣缴义务人。扣缴义务人应当按照国家规定办理全员全额扣缴申报。代扣代缴，是指按照税法规定负有扣缴义务的单位或个人，在向个人支付应纳税所得时，应计算应纳税额，从其所得中扣除并缴入国库，同时向税务机关报送扣缴个人所得税报告表的一种征收方法。

1. 代扣代缴的扣缴义务人

凡支付个人应纳税所得的企业（公司）事业单位、机关、社团组织、军队、驻华机构、个体户等单位或个人，为个人所得税的扣缴义务人。驻华机构，不包括外国驻华使领馆和联合国及其他依法享有外交特权和豁免的国际组织驻华机构。

2. 代扣代缴的范围

代扣代缴的范围包括个人所得税法中除个体工商户所得以外所列的各个应税所得项目。其形式包括现金支付、汇款支付、转账支付和以有价证券、实物以及其他形式的支付。

3. 代扣代缴的期限

扣缴义务人每月所扣的税款，应当在次月 15 日内缴入国库，并向主管税务机关报送扣缴个人所得税报告表、代扣代收税款凭证和包括每一纳税人姓名、单位、职务、收入、税款等内容的支付个人收入明细表，以及税务机关要求报送的其他有关资料。

扣缴义务人违反上述规定不报送或者报送虚假纳税资料的，一经查实，其未在支付个人收入明细表中反映的向个人支付的款项，在计算扣缴义务人应纳税所得额时不得作为成本费用扣除。

扣缴义务人因有特殊困难不能按期报送扣缴个人所得税报告表及其他有关资料的，经县级税务机关批准，可以延期申报。

个人所得税法实践项目

子项目一 个人所得税税制要素

任务一 个人所得税制改革

【案例讨论】

个 税 改 革①

《经济观察报》获悉，个税改革方案在财政部内部已经完成，预计最快 2016 年上半年可以上报，下半年会选择部分方案实施。

2015 年 12 月初，一位接近财政部的人士透露，上述方案中，住房按揭贷款利息纳入个税抵扣，可能会率先启动；未来随改革进一步推进，家庭赡养老人费用、子女教育费用以及房租等，也有望陆续被纳入个税抵扣。与此同时，他还表示，个税的费用扣除额标准，即通常所说的起征点，基本上不会再提高了。

从 2005 年开始，几乎每隔三年，《个人所得税法》都会在全国人大常委会会议上审议修改一次，而调整个税起征点是历次修法的主要内容。目前，个税起征点已从每月 800 元提高至 2011 年确定的每月 3500 元。但此后四年，再无动静。

直至 2015 年 5 月，国务院批转发改委《关于 2015 年深化经济体制改革重点工作的意见》，提出要研究"综合与分类相结合"的个税改革方案，更深层次的改革轮廓才日渐清晰。

《经济观察报》从权威渠道获知，新一轮个税改革方案的基本思路已经敲定，长期来看将分四步走，包括合并部分税目、完善税前扣除、适时引入家庭支出申报制度、优化税率结构等。最终目标是以家庭为纳税单位，按照劳务性收入、财产性收入和偶然所得进行分类征税，在确定合理的起征点后，对家庭赡养老人、子女教育等支出进行税前抵扣。

但这套理想的"大综合"方案，目前仍困难重重。2015 年 12 月 11 日，一位省级税务局所得税处人士对《经济观察报》记者说，2016 年可能实施的个税改革，实行"小综合"的可能性很大。不同于"大综合"的是，"小综合"仍以个人为纳税人，只是将原来的 11 项个人收入分类综合成若干大类，同时扩大一些税前抵扣环节，比如住房按揭贷款利息、房租等。

实际上，中国个人所得税改革从 1980 年开始到现在，已经持续了 30 余年。山东大学财政系主任李华对《经济观察报》表示，这 30 余年分为两个阶段：第一个阶段是个人所得税制的确立（1980 年 9 月《个人所得税法》通过并公布至 1993 年 10 月《个人所得税法》的

---

① 案例材料节选自：

a. "视点 | 多项费用将纳入个税抵扣"，2015.12.12 北京大学财经法研究中心，转自《经济观察报》。http://mp.weixin.qq.com/s?_biz = MzA5NTUzMDI5NQ == &mid = 401076904&idx = 1&sn = 56db0a7d21b4d6d5adc7ed6db89355d5&scene = 23&srcid =1219jZ2GmukNGiirhcgFFrpX # rd&ADUIN = 359044829&ADSESSION = 1450616797&ADTAG = CLIENT. QQ. 5449 _: 0&ADPUBNO = 26525

b. "个税改革下半年将加速推进专家建议降低税率"——财经——人民网，2016.8.8，转自《经济参考报》。http://finance.people.com.cn/n1/2016/0808/c1004-28617765.html。

首次修改）；第二个阶段是个人所得税制随经济需要，进行了历次调整。

现在，以确立"综合和分类相结合"的新个税体制为标志的第三个阶段，即将到来。

业内专家指出，分类征收是我国长期以来税收实践形成的模式，从目前来看，暴露出一些问题，比如忽略家庭负担，同时也造成收入来源单一的工薪阶层缴税较多、收入来源多元化的高收入阶层缴税较少等。

此次个税改革的第一步就是合并部分税目。如果以前面所说的"大综合"方案来看，是将工薪所得、劳务报酬、稿酬等经常性、连续性劳动所得等，合并为"综合所得"；其他财产性所得以及临时性、偶然性所得仍作为"分类所得"。而在当前的 11 类所得中，哪些会纳入综合征税范围成为关注的焦点。在北京大学法学院教授、中国财税法学研究会会长刘剑文看来，应主要根据收入的性质划分，"比如说工资薪金、劳务所得、财产租赁所得和财产转让所得，前两项是勤劳所得，后两项是资本所得，至少这四项可以纳入综合征税范围"。中国社科院财经战略研究院副研究员蒋震表示，除了所得的特点之外，应该充分考虑信息的可获得性，以获得信息的程度为依据，比如劳务报酬、稿酬等信息获得比较充分的，可以考虑率先纳入综合征税范围。

不过，前述省级地税局所得税处人士认为，"小综合"的方案更为现实。

具体来看，就是先将目前这 11 个小类分成大类，比如将个人劳务性质的收入分为一类，其中包括工资、薪金所得、劳务报酬所得、稿酬所得。将财产性的收入分为一类，包括个体工商户的生产、经营所得；企事业单位的承包经营、承租经营所得；特许权使用费所得；利息、股息、红利所得；财产租赁所得；财产转让所得。最后，将偶然所得和其他所得分为一类。

第二步则是完善税前扣除，即在合理确定综合所得基本减除费用标准的基础上，适时增加赡养老人支出、子女教育支出、住房按揭贷款利息支出等专项扣除项目。

在现行税制下，纳税人的家庭负担因素没有被考虑进去。财政部部长楼继伟曾多次提出，个税改革"在对部分所得项目实行综合计税的同时，会将纳税人家庭负担，如赡养人口、按揭贷款等情况计入抵扣因素，更体现税收公平"。

第三步则是适时引入家庭支出申报制度，即在保持以个人为纳税单位的基础上，进一步允许夫妻联合申报家庭赡养老人、子女教育、住房按揭贷款利息等相关支出，并在夫妻之间分摊扣除或由一方扣除，夫妻双方分别纳税。

"比如，月收入按 5000 元计算，先减掉 3500 元扣除额。剩下的 1500 元，如果按照分类申报，可以直接减掉利息支出，作为应税额。如果按照家庭综合申报，在减掉利息支出的同时，还可以减掉赡养老人、子女教育的支出。"前述省级地税局所得税处人士告诉《经济观察报》记者。

最后一步则是优化税率结构，即以现行个人所得税法规定的税率结构为基础，适度调整边际税率，合理确定综合所得适用税率。

在税率方面，中国社科院财经战略研究院研究员杨志勇认为，工资薪金所得适用税率需要大幅调整，个税改革应该定位为减税改革。基于国际人才竞争等因素，世界范围内调低个税最高边际税率是大势所趋，比照发达国家和其他"金砖国家"，我国个税的最高边际税率应该大幅度下调，同时将适用于最高税率的月应纳税所得额调高到 20 万元或更多。

上海财经大学公共经济与管理学院税收系主任朱为群说，个人所得税改革方向一直都很清楚，是建立"综合和分类相结合"的制度，但具体从合并税目到费用扣除，从家庭申报再到税率调整，其实是一环扣一环、连续性的。

他认为，相对于中国的现实来说，调节收入分配、促进社会公平发展是个人所得税的首要功能，因此设计个人所得税制特别是税率的时候，必须将抽肥补瘦的功能放在第一位。

明年下半年，部分改革方案可能陆续出台。但建立一个新的个税体制，终非朝夕之功。

上述省级地税局所得税处人士说，由于中国家庭成员、家庭经济结构的复杂性，以及家庭收入来源的复杂性，以家庭为纳税单位的综合与分类税制面临巨大的挑战。

中国财政科学研究院研究员李全指出，从经济学的基本逻辑来看，个税的初衷是实现社会财富的再分配，使有限的社会资源取得更大的边际效应。当然，现阶段国内外经济运行因素多变，在经济筑底期，个税改革也能够从一定意义上稳定宏观税负。在这个过程中，由于多方面因素相互作用，在局部时点有可能形成增税或降税的效应，但长期来看，则更有助于优化税收结构。

【问题探究】

（1）分析个人所得税的作用与意义。

（2）分析我国现行个人所得税制的不足与缺陷。

（3）思考我国个人所得税改革的原则、价值取向与制度选择。

任务二　个人所得税的纳税人认定

【案例讨论】

2013年8月，中国公民杨先生受总公司委派前往该公司驻英国常设机构工作，任职时间为2年。但是由于受到各方面条件的限制，杨先生的妻子和女儿仍留在中国。杨先生在英国工作期间，公司驻英国常设机构每年支付其工资收入折合人民币20万元，而且，中国境内总公司仍按月支付其工资收入8000元；杨先生在英国期间，还完成了一部关于市场营销策略的学术著作，并由英国一家出版公司出版，取得稿酬收入折合人民币11万元。

当年，杨先生仅就中国境内总公司支付的每月8000元工资缴纳了个人所得税，而对英国常设机构支付的工资和从英国获得的稿酬收入并未申报纳税。

【问题探究】

1. 根据我国个人所得税法，如何区分居民纳税人与非居民纳税人？

2. 区分居民纳税人与非居民纳税人有什么法律意义？

3. 本案中，杨先生属于居民纳税人还是非居民纳税人？其取得的哪些收入应当在中国境内申报纳税？

【相关法律指引】

《中华人民共和国个人所得税法》

第一条　在中国境内有住所，或者无住所而在境内居住满一年的个人，从中国境内和境外取得的所得，依照本法规定缴纳个人所得税。

在中国境内无住所又不居住或者无住所而在境内居住不满一年的个人，从中国境内取得的所得，依照本法规定缴纳个人所得税。

《中华人民共和国个人所得税法实施条例》

第二条　税法第一条第一款所说的在中国境内有住所的个人，是指因户籍、家庭、经济利益关系而在中国境内习惯性居住的个人。

第四条　税法第一条第一款、第二款所说的从中国境内取得的所得，是指来源于中国境内的所得；所说的从中国境外取得的所得，是指来源于中国境外的所得。

第五条　下列所得，不论支付地点是否在中国境内，均为来源于中国境内的所得：

（一）因任职、受雇、履约等而在中国境内提供劳务取得的所得；

（二）将财产出租给承租人在中国境内使用而取得的所得；

（三）转让中国境内的建筑物、土地使用权等财产或者在中国境内转让其他财产取得的所得；

（四）许可各种特许权在中国境内使用而取得的所得；

（五）从中国境内的公司、企业以及其他经济组织或者个人取得的利息、股息、红利所得。

第六条　在中国境内无住所，但是居住一年以上五年以下的个人，其来源于中国境外的所得，经主管税务机关批准，可以只就由中国境内公司、企业以及其他经济组织或者个人支付的部分缴纳个人所得税；居住超过五年的个人，从第六年起，应当就其来源于中国境外的全部所得缴纳个人所得税。

第七条　在中国境内无住所，但是在一个纳税年度中在中国境内连续或者累计居住不超过90日的个人，其来源于中国境内的所得，由境外雇主支付并且不由该雇主在中国境内的机构、场所负担的部分，免予缴纳个人所得税。

【能力训练】

外国人杰克2013年2月12日来华工作，2014年2月15日回国，2014年3月2日返回中国。2014年11月15日至2014年11月30日期间，因工作需要去了日本，2014年12月1日返回中国，后于2015年11月20日离华回国。

【问题及要求】

（1）如何根据居住时间标准判定是否属于中国居民纳税人？临时离境是否扣减居住时间？

（2）本案中，杰克自2013年至2015年期间，是否属于中国居民纳税人？

【相关法律指引】

《中华人民共和国个人所得税法实施条例》

第三条　税法第一条第一款所说的在境内居住满一年，是指在一个纳税年度中在中国境内居住365日。临时离境的，不扣减日数。

前款所说的临时离境，是指在一个纳税年度中一次不超过30日或者多次累计不超过90日的离境。

任务三　分类所得税制

【案例讨论】

大学教师张某 2012 年 11 月取得如下收入：

(1) 工资收入 4900 元；

(2) 一次性稿费收入 5000 元；

(3) 一次性讲学收入 1500 元；

(4) 一次性翻译资料收入 4000 元；

(5) 到期国债利息收入 2186 元。

【问题探究】

(1) 什么是分类所得税制？分类所得税制的优点和不足有哪些？

(2) 根据我国现行个人所得税法律，本案中张某当月取得的收入是否应当缴纳个人所得税？如需缴纳，应当如何计算个人所得税税额？

【相关法律指引】

《中华人民共和国个人所得税法》

第二条　下列各项个人所得，应纳个人所得税：

一、工资、薪金所得；

二、个体工商户的生产、经营所得；

三、对企事业单位的承包经营、承租经营所得；

四、劳务报酬所得；

五、稿酬所得；

六、特许权使用费所得；

七、利息、股息、红利所得；

八、财产租赁所得；

九、财产转让所得；

十、偶然所得；

十一、经国务院财政部门确定征税的其他所得。

第三条　个人所得税的税率：

一、工资、薪金所得，适用超额累进税率，税率为百分之三至百分之四十五。

二、个体工商户的生产、经营所得和对企事业单位的承包经营、承租经营所得，适用百分之五至百分之三十五的超额累进税率。

三、稿酬所得，适用比例税率，税率为百分之二十，并按应纳税额减征百分之三十。

四、劳务报酬所得，适用比例税率，税率为百分之二十。对劳务报酬所得一次收入畸高的，可以实行加成征收，具体办法由国务院规定。

五、特许权使用费所得，利息、股息、红利所得，财产租赁所得，财产转让所得，偶然所得和其他所得，适用比例税率，税率为百分之二十。

子项目二　个人所得税的计算

任务一　个人所得分项计算所得税额

案例1：工资、薪金如何计税

【案例讨论】

2015年端午节，赵某单位给员工每人发放价值400元的礼品粽子，并放假三天。赵某不仅领到了当月的工资6500元、独生子女补贴100元，还领到了粽子，于是和家人开心地逛街购物。恰好当地一家大型商场举办有奖销售活动，赵某遂购买了一套西装，并且参加了商场的抽奖，幸运地获得了一等奖，奖品是一台价值2500元的平板电脑。当赵某兴高采烈地去领奖时，却被告知领奖前必须先交纳个人所得税。赵某不解，认为获得实物奖品是不应当交纳个人所得税的，只有获得现金才需要纳税，因为单位发粽子就没有交纳个人所得税。

【问题探究】

（1）什么是工资、薪金所得？如何认定个人收入属于"工资、薪金所得"？

（2）单位发放的实物以及获得的实物奖品要不要缴纳个人所得税？

（3）本案中，赵某当月的收入应当如何缴纳个人所得税？

【相关法律指引】

《中华人民共和国个人所得税法实施条例》

第八条　税法第二条所说的各项个人所得的范围：

（一）工资、薪金所得，是指个人因任职或者受雇而取得的工资、薪金、奖金、年终加薪、劳动分红、津贴、补贴以及与任职或者受雇有关的其他所得。

……

（十）偶然所得，是指个人得奖、中奖、中彩以及其他偶然性质的所得。

……

第十条　个人所得的形式，包括现金、实物、有价证券和其他形式的经济利益。所得为实物的，应当按照取得的凭证上所注明的价格计算应纳税所得额；无凭证的实物或者凭证上所注明的价格明显偏低的，参照市场价格核定应纳税所得额。所得为有价证券的，根据票面价格和市场价格核定应纳税所得额。所得为其他形式的经济利益的，参照市场价格核定应纳税所得额。

国家税务总局关于印发《征收个人所得税若干问题的规定》的通知

（国税发〔1994〕89号）

二、关于工资、薪金所得的征税问题

条例第八条第一款第一项对工资、薪金所得的具体内容和征税范围作了明确规定，应严格按照规定进行征税。对于补贴、津贴等一些具体收入项目应否计入工资、薪金所得的征税范围问题，按下述情况掌握执行：

（一）条例第十三条规定，对按照国务院规定发给的政府特殊津贴和国务院规定免纳个人所得税的补贴、津贴，免予征收个人所得税。其他各种补贴、津贴均应计入工资、薪金所得项目征税。

（二）下列不属于工资、薪金性质的补贴、津贴或者不属于纳税人本人工资、薪金所得项目的收入，不征税：

1. 独生子女补贴；

2. 执行公务员工资制度未纳入基本工资总额的补贴、津贴差额和家属成员的副食品补贴；

3. 托儿补助费；

4. 差旅费津贴、误餐补助。

案例 2：个体工商户应如何缴纳所得税

【案例讨论】

某市兴鑫美味城系个体经营户，账册比较健全，2012 年 12 月取得的营业额为 266000 元，购进菜、肉、蛋、米、面、油等原料支付费用 150000 元，缴纳电费、水费、房租、煤气费等 20000 元，缴纳其他税、费合计为 59600 元。当月支付给 6 名雇员工资共 4000 元，业主个人工资 2000 元。美味城 1—11 月累计应纳税所得额为 55600 元，1—11 月累计已预缴个人所得税为 14397.5 元。

【问题探究】

（1）根据我国税法规定，应当按照个体工商户税目缴纳个人所得税的纳税主体有哪些？

（2）本案中，兴鑫美味城当年 12 月应当如何缴纳个人所得税？

【相关法律指引】

《中华人民共和国个人所得税法》

第三条第二项　个体工商户的生产、经营所得和对企事业单位的承包经营、承租经营所得，适用百分之五至百分之三十五的超额累进税率。

第六条第一款第二项　个体工商户的生产、经营所得，以每一纳税年度的收入总额减除成本、费用以及损失后的余额，为应纳税所得额。

《中华人民共和国个人所得税法实施条例》

第八条　税法第二条所说的各项个人所得的范围：

……

（二）个体工商户的生产、经营所得，是指：

1. 个体工商户从事工业、手工业、建筑业、交通运输业、商业、饮食业、服务业、修理业以及其他行业生产、经营取得的所得；

2. 个人经政府有关部门批准，取得执照，从事办学、医疗、咨询以及其他有偿服务活动取得的所得；

3. 其他个人从事个体工商业生产、经营取得的所得；

4. 上述个体工商户和个人取得的与生产、经营有关的各项应纳税所得。

……

第十七条　税法第六条第一款第二项所说的成本、费用，是指纳税义务人从事生产、经营所发生的各项直接支出和分配计入成本的间接费用以及销售费用、管理费用、财务费用；所说的损失，是指纳税义务人在生产、经营过程中发生的各项营业外支出。

从事生产、经营的纳税义务人未提供完整、准确的纳税资料，不能正确计算应纳税所得额的，由主管税务机关核定其应纳税所得额。

案例3：承包企业取得所得如何计税

【案例讨论】

2012年1月1日起，张某承包一招待所，规定每月取得工资6500元，含个人支付的"三险一金1100元"，基本工资已按工资薪金所得扣缴个人所得税。年终从企业所得税后利润中上交承包费100000元，其余经营成果归张某所有。已知2012年该招待所税后利润160000元。

【问题探究】

(1) 个人承包、承租企事业单位经营所得应纳税额如何计算？

(2) 本案中，当年张某共应缴纳多少个人所得税？

【相关法律指引】

《中华人民共和国个人所得税法》

第三条第二项　个体工商户的生产、经营所得和对企事业单位的承包经营、承租经营所得，适用百分之五至百分之三十五的超额累进税率。

第六条第一款第三项　对企事业单位的承包经营、承租经营所得，以每一纳税年度的收入总额，减除必要费用后的余额，为应纳税所得额。

《中华人民共和国个人所得税法实施条例》

第八条　税法第二条所说的各项个人所得的范围：

……

(三) 对企事业单位的承包经营、承租经营所得，是指个人承包经营、承租经营以及转包、转租取得的所得，包括个人按月或者按次取得的工资、薪金性质的所得。

……

第十八条　税法第六条第一款第三项所说的每一纳税年度的收入总额，是指纳税义务人按照承包经营、承租经营合同规定分得的经营利润和工资、薪金性质的所得；所说的减除必要费用，是指按月减除3500元。

案例4：稿酬如何纳税

【案例讨论】

某作家在报纸上连载出版了一部长篇纪实文学作品，每星期一在报纸上刊登一章，每次发表后由报社支付稿酬600元，共出版了10期，获得稿酬6000元。该作家认为，他每次取得的稿酬都没有超过800元，所以不必缴纳个人所得税。

后来由于该长篇纪实文学作品获得了鲁迅文学奖，于是该作家决定出书，经协商，某一出版社愿意出版并支付其稿酬4万元，同时作家又把自己的手稿原件公开拍卖，被一位隐名商人以3万元的价格买走。该作家获得这7万元收入后，主动按照"稿酬所得"项目向税务机关申报纳税。

【问题探究】

(1) 如何准确认定个人的稿酬所得？稿酬所得的每次收入如何确定？

(2) 本案中，该作家连载作品和出版书籍的收入应当如何缴纳个人所得税？其拍卖自己作品手稿原件取得收入又应当如何缴纳个人所得税？

【相关法律指引】

《中华人民共和国个人所得税法》

第三条第三项　稿酬所得，适用比例税率，税率为百分之二十，并按应纳税额减征百分之三十。

第六条第一款第四项　劳务报酬所得、稿酬所得、特许权使用费所得、财产租赁所得，每次收入不超过四千元的，减除费用八百元；四千元以上的，减除百分之二十的费用，其余额为应纳税所得额。

《中华人民共和国个人所得税法实施条例》

第八条第一款第五项　稿酬所得，是指个人因其作品以图书、报刊形式出版、发表而取得的所得。

第二十一条第二项　稿酬所得，以每次出版、发表取得的收入为一次。

国家税务总局关于印发《征收个人所得税若干问题的规定》的通知

（国税发〔1994〕89 号）

四、关于稿酬所得的征税问题

（一）个人每次以图书、报刊方式出版、发表同一作品（文字作品、书画作品、摄影作品以及其他作品），不论出版单位是预付还是分笔支付稿酬，或者加印该作品后再付稿酬，均应合并其稿酬所得按一次计征个人所得税。在两处或两处以上出版、发表或再版同一作品而取得稿酬所得，则可分别各处取得的所得或再版所得按分次所得计征个人所得税。

（二）个人的同一作品在报刊上连载，应合并其因连载而取得的所有稿酬所得为一次，按税法规定计征个人所得税。在其连载之后又出书取得稿酬所得，或先出书后连载取得稿酬所得，应视同再版稿酬分次计征个人所得税。

（三）作者去世后，对取得其遗作稿酬的个人，按稿酬所得征收个人所得税。

五、关于拍卖文稿所得的征税问题

作者将自己的文字作品手稿原件或复印件公开拍卖（竞价）取得的所得，应按特许权使用费所得项目征收个人所得税。

案例5：劳务报酬如何计税

【案例讨论】

歌手李某 2014 年参加国内某巡回演唱会。6 月 1 日在深圳演出一场，取得劳务报酬 5000 元；8 月 7 日在西安演出一场，取得劳务报酬 3000 元；9 月 15 日在杭州演出两场，取得劳务报酬 80000 元；10 月 2 日又在中央音乐学院举办一次讲座，取得劳务报酬 6000 元。

【问题探究】

（1）如何准确认定个人的劳务报酬所得？劳务报酬所得的每次收入如何确定？

（2）本案中，李某应当如何缴纳个人所得税？

【相关法律指引】

《中华人民共和国个人所得税法》

第三条第四项　劳务报酬所得，适用比例税率，税率为百分之二十。对劳务报酬所得一次收入畸高的，可以实行加成征收，具体办法由国务院规定。

《中华人民共和国个人所得税法实施条例》

第八条第一款第四项　劳务报酬所得，是指个人从事设计、装潢、安装、制图、化验、测试、医疗、法律、会计、咨询、讲学、新闻、广播、翻译、审稿、书画、雕刻、影视、录音、录像、演出、表演、广告、展览、技术服务、介绍服务、经纪服务、代办服务以及其他劳务取得的所得。

第十一条　税法第三条第四项所说的劳务报酬所得一次收入畸高，是指个人一次取得劳务报酬，其应纳税所得额超过2万元。

对前款应纳税所得额超过2万元至5万元的部分，依照税法规定计算应纳税额后再按照应纳税额加征五成；超过5万元的部分，加征十成。

第二十一条第一项　劳务报酬所得，属于一次性收入的，以取得该项收入为一次；属于同一项目连续性收入的，以一个月内取得的收入为一次。

国家税务总局关于印发《征收个人所得税若干问题的规定》的通知
(国税发〔1994〕89号)

九、关于个人取得不同项目劳务报酬所得的征税问题。

条例第二十一条第一款第一项中所述的"同一项目"，是指劳务报酬所得列举具体劳务项目中的某一单项，个人兼有不同的劳务报酬所得，应当分别减除费用，计算缴纳个人所得税。

案例6：特许权使用费应如何纳税

【案例讨论】

王某与某市众兴电子设备厂签订了一份专利实施许可合同，独家许可众兴厂生产并销售王某拥有专利权的"多功能插座"。众兴厂生产该产品并投入市场销售，很快被消费者接受。不久，王某发现市场上出现了一种多功能插板，外观和内部结构与自己的专利产品十分相似，功能也相同，只是该多功能插板工艺粗糙、质量低劣，制造厂家为多乐电子设备公司。于是王某向有管辖权的法院提起诉讼，要求多乐公司承担侵犯本人专利权的法律责任。后经法院判决，由多乐公司承担侵权责任，赔偿王某经济损失20万元。

【问题探究】

王某获得多乐公司的赔偿款后，是否应当缴纳个人所得税？如何缴纳？

【相关法律指引】

《中华人民共和国个人所得税法》

第三条第五项　特许权使用费所得，利息、股息、红利所得，财产租赁所得，财产转让所得，偶然所得和其他所得，适用比例税率，税率为百分之二十。

第六条第一款第四项　劳务报酬所得、稿酬所得、特许权使用费所得、财产租赁所得，每次收入不超过四千元的，减除费用八百元；四千元以上的，减除百分之二十的费用，其余额为应纳税所得额。

《中华人民共和国个人所得税法实施条例》

第八条第一款第六项　特许权使用费所得，是指个人提供专利权、商标权、著作权、非专利技术以及其他特许权的使用权取得的所得；提供著作权的使用权取得的所得，不包括稿酬所得。

第二十一条第三项 特许权使用费所得，以一项特许权的一次许可使用所取得的收入为一次。

国家税务总局《关于个人取得专利赔偿所得征收个人所得税问题的批复》

（国税函〔2000〕257号）

安徽省地方税务局：

你局《关于个人取得专利赔偿所得征收个人所得税问题的请示》（皖地税〔2000〕37号）收悉，经研究，现批复如下：

你省"三相组合式过压保护器"专利的所有者王某，因其该项专利权被安徽省电气研究所使用而取得的经济赔偿收入，应按照个人所得税法及其实施条例的规定，按"特许权使用费所得"应税项目缴纳个人所得税，税款由支付赔款的安徽省电气研究所代扣代缴。

案例7：租金收入、转让财产收入如何缴纳所得税

【案例讨论】

齐某于2013年1月初将家中闲置的一套面积为120平方米的住房出租给刘某，该套房屋是齐某为结婚所准备的。双方约定租金为每月3000元，租期为1年，由刘某先支付租金1.8万元，剩余的1.8万元于年底结清。2013年12月，齐某与未婚妻分手，恰好此时刘某的租期也结束了，遂将余下的1.8万元租金支付给了齐某。齐某伤心之余，遂将该房屋出售，得价款80万元（已扣除售出房屋时缴纳的相关税费）。

已知：齐某为该房屋产权所有人，房屋为2009年所购，当时的价款是30万元，并且在购买时支付相关税费1万元。此外，齐某已就先取得的1.8元租金缴纳了个人所得税。

【问题探究】

（1）齐某就该套房屋取得的收入属于什么项目的应税所得？其计税方法如何？

（2）本案中，齐某应当如何缴纳个人所得税？

【相关法律指引】

《中华人民共和国个人所得税法》

第三条第五项 特许权使用费所得，利息、股息、红利所得，财产租赁所得，财产转让所得，偶然所得和其他所得，适用比例税率，税率为百分之二十。

第六条第一款第五项 财产转让所得，以转让财产的收入额减除财产原值和合理费用后的余额，为应纳税所得额。

《中华人民共和国个人所得税法实施条例》

第八条第一款第九项 财产转让所得，是指个人转让有价证券、股权、建筑物、土地使用权、机器设备、车船以及其他财产取得的所得。

第十九条 税法第六条第一款第五项所说的财产原值，是指：

（一）有价证券，为买入价以及买入时按照规定交纳的有关费用；

（二）建筑物，为建造费或者购进价格以及其他有关费用；

（三）土地使用权，为取得土地使用权所支付的金额、开发土地的费用以及其他有关费用；

（四）机器设备、车船，为购进价格、运输费、安装费以及其他有关费用；

（五）其他财产，参照以上方法确定。

纳税义务人未提供完整、准确的财产原值凭证，不能正确计算财产原值的，由主管税务机关核定其财产原值。

国家税务总局关于印发《征收个人所得税若干问题的规定》的通知

（国税发〔1994〕89 号）

六、关于财产租赁所得的征税问题

（一）纳税义务人在出租财产过程中缴纳的税金和国家能源交通重点建设基金、国家预算调节基金、教育费附加，可持完税（缴款）凭证，从其财产租赁收入中扣除。

（二）纳税义务人出租财产取得财产租赁收入，在计算征税时，除可依法减除规定费用和有关税、费外，还准予扣除能够提供有效、准确凭证，证明由纳税义务人负担的该出租财产实际开支的修缮费用。允许扣除的修缮费用，以每次 800 元为限，一次扣除不完的，准予在下一次继续扣除，直至扣完为止。

（三）确认财产租赁所得的纳税义务人，应以产权凭证为依据。无产权凭证的，由主管税务机关根据实际情况确定纳税义务人。

（四）产权所有人死亡，在未办理产权继承手续期间，该财产出租而有租金收入的，以领取租金的个人为纳税义务人。

《关于调整住房租赁市场税收政策的通知》（财税〔2000〕125 号）

三、对个人出租房屋取得的所得暂减按 10% 的税率征收个人所得税。

自 2001 年 1 月 1 日起执行。

任务二　个人所得税计算的特殊规定

案例 1：个人捐赠的纳税处理

【案例讨论】

民政部国家减灾办发布 2016 上半年自然灾害情况①

2016 年 3 月 21 日入汛以来，全国平均降水量比常年同期偏多 2 成以上，为 1961 年以来历史同期最多，南方地区出现 20 余次区域性暴雨过程，为历史同期最多，主要江河出现 20 余次洪水过程，洪水总量偏多 3 成。受此影响，南方多地发生多起重大洪涝和地质灾害，5 月福建泰宁泥石流致 36 人死亡失踪，6 月上中旬赣湘黔地区、下旬安徽湖北相继遭受重大洪涝灾害，给灾区经济社会发展和人民生命财产安全造成严重影响。

2016 年上半年，洪涝（含地质灾害）造成全国 26 个省（自治区、直辖市）1000 余县（市、区）3402.8 万人次受灾，367 人因灾死亡和失踪，141.9 万人次紧急转移安置；6.8 万间房屋倒塌，46.9 万间房屋不同程度损坏；农作物受灾面积 2636.6 千公顷，其中绝收 329 千公顷；直接经济损失 455.1 亿元。

面对灾害，社会各界踊跃捐赠。汪某购买福利彩票中奖，奖金所得共计价值 80000 元。汪某领奖时决定从中奖收入中拿出 30000 元通过当地民政部门捐赠给灾区。

【问题探究】

（1）根据我国个人所得税法，个人捐赠如何进行纳税处理？

---

① 案例数据来自中国政府网 http://www.gov.cn/xinwen/2016-07/12/content_ 5090422.htm。

（2）本案中，汪某取得的中奖收入在捐赠后应缴纳的个人所得税及其实际可得中奖金额为多少？

【相关法律指引】

《中华人民共和国个人所得税法》

第六条第二款　个人将其所得对教育事业和其他公益事业捐赠的部分，按照国务院有关规定从应纳税所得中扣除。

《中华人民共和国个人所得税法实施条例》

第二十四条　税法第六条第二款所说的个人将其所得对教育事业和其他公益事业的捐赠，是指个人将其所得通过中国境内的社会团体、国家机关向教育和其他社会公益事业以及遭受严重自然灾害地区、贫困地区的捐赠。

捐赠额未超过纳税义务人申报的应纳税所得额30%的部分，可以从其应纳税所得额中扣除。

案例2：年终奖金的计税

【案例讨论】

2013年12月，某公司因当年效益不错，为进一步鼓励员工积极性，决定给每位员工发放12000元的年终奖金，同时声明由公司来缴纳年终奖金的个人所得税。但不久后，公司员工纷纷收到税务机关就年终奖金补缴税款的通知书。员工们表示不解，认为该年终奖金的税款已由公司承诺缴纳，为什么税务机关还要向自己征税。经查，该公司确实有此承诺，但是没有实际代缴。假设公司员工葛某该月的工资是6000元，公司已经就该工资代扣代缴了个人所得税。

【问题探究】

（1）根据我国个人所得税法，个人取得全年一次性奖金应当如何进行纳税处理？

（2）本案中，员工葛某当月取得的工资收入和全年一次性奖金应如何缴纳个人所得税？

【相关法律指引】

国家税务总局《关于调整个人取得全年一次性奖金等

计算征收个人所得税方法问题的通知》

（国税发〔2005〕9号）

一、全年一次性奖金是指行政机关、企事业单位等扣缴义务人根据其全年经济效益和对雇员全年工作业绩的综合考核情况，向雇员发放的一次性奖金。

上述一次性奖金也包括年终加薪、实行年薪制和绩效工资办法的单位根据考核情况兑现的年薪和绩效工资。

二、纳税人取得全年一次性奖金，单独作为一个月工资、薪金所得计算纳税，并按以下计税办法，由扣缴义务人发放时代扣代缴：

（一）先将雇员当月内取得的全年一次性奖金，除以12个月，按其商数确定适用税率和速算扣除数。

如果在发放年终一次性奖金的当月，雇员当月工资薪金所得低于税法规定的费用扣除额，应将全年一次性奖金减除"雇员当月工资薪金所得与费用扣除额的差额"后的余额，按上述办法确定全年一次性奖金的适用税率和速算扣除数。

（二）将雇员个人当月内取得的全年一次性奖金，按本条第（一）项确定的适用税率和速算扣除数计算征税，计算公式如下：

1. 如果雇员当月工资薪金所得高于（或等于）税法规定的费用扣除额的，适用公式为：

$$应纳税额＝雇员当月取得全年一次性奖金×适用税率－速算扣除数$$

2. 如果雇员当月工资薪金所得低于税法规定的费用扣除额的，适用公式为：

$$应纳税额＝（雇员当月取得全年一次性奖金－雇员当月工资薪金所得与$$
$$费用扣除额的差额）×适用税率－速算扣除数$$

三、在一个纳税年度内，对每一个纳税人，该计税办法只允许采用一次。

任务三 个人所得税抵免

【案例讨论】

某大学教授贾某 2014 年 10 月取得来源于美国的一项特许权使用费所得折合人民币 12 万元，以及一项股息所得折合人民币 8 万元，总计在美国缴纳税款折合人民币 2 万元；另外，贾某还从日本取得一笔股息折合人民币 10 万元，被日本税务当局扣缴所得税 2.2 万元。贾某能够向国内主管税务局提供全面的境外完税证明，且已证明属实。

【问题探究】

（1）纳税人在国外取得收入应如何缴纳个人所得税？

（2）根据我国个人所得税法，纳税人从中国境外取得的所得如何进行税收抵免？

（3）本案中，贾某在我国应当实际缴纳的个人所得税税款为多少？

【相关法律指引】

《中华人民共和国个人所得税法》

第七条 纳税义务人从中国境外取得的所得，准予其在应纳税额中扣除已在境外缴纳的个人所得税税额。但扣除额不得超过该纳税义务人境外所得依照本法规定计算的应纳税额。

子项目三 个人所得税的征收管理

任务一 个人所得税的申报

【案例讨论】

高管朱某，户籍在嘉兴市南湖区，任职于秀洲区某公司。2014 年共取得以下收入：

（1）每月从公司取得工资收入 25000 元，每月个人缴纳"三险一金"2500 元，每月公司已代扣代缴工资的个人所得税；

（2）从美国取得特许权使用费 10000 元，并按美国税法规定缴纳了个人所得税；

（3）从韩国取得利息收入 2000 元、股票转让盈利 100000 元，并按韩国税法规定分别缴纳了两笔收入的个人所得税。

【问题探究】

（1）朱某每月取得的工资收入如何申报个人所得税？

（2）朱某取得的境外收入如何申报个人所得税？

（3）朱某全年取得的收入是否已达到应当自行申报个人所得税的标准？应当如何申报纳税？

【相关法律指引】

《中华人民共和国个人所得税法》

第九条　扣缴义务人每月所扣的税款，自行申报纳税人每月应纳的税款，都应当在次月十五日内缴入国库，并向税务机关报送纳税申报表。

工资、薪金所得应纳的税款，按月计征，由扣缴义务人或者纳税义务人在次月十五日内缴入国库，并向税务机关报送纳税申报表。特定行业的工资、薪金所得应纳的税款，可以实行按年计算、分月预缴的方式计征，具体办法由国务院规定。

……

从中国境外取得所得的纳税义务人，应当在年度终了后三十日内，将应纳的税款缴入国库，并向税务机关报送纳税申报表。

《中华人民共和国个人所得税法实施条例》

第三十八条　纳税义务人有下列情形之一的，应当按照规定到主管税务机关办理纳税申报：

（一）年所得12万元以上的；

（二）从中国境内两处或者两处以上取得工资、薪金所得的；

（三）从中国境外取得所得的；

（四）取得应纳税所得，没有扣缴义务人的；

（五）国务院规定的其他情形。

年所得12万元以上的纳税义务人，在年度终了后3个月内到主管税务机关办理纳税申报。

纳税义务人办理纳税申报的地点以及其他有关事项的管理办法，由国务院税务主管部门制定。

《个人所得税自行纳税申报办法（试行）》
（国税发〔2006〕162号）

第十条　年所得12万元以上的纳税人，纳税申报地点分别为：

（一）在中国境内有任职、受雇单位的，向任职、受雇单位所在地主管税务机关申报。

……

（四）在中国境内无任职、受雇单位，年所得项目中无生产、经营所得的，向户籍所在地主管税务机关申报。在中国境内有户籍，但户籍所在地与中国境内经常居住地不一致的，选择并固定向其中一地主管税务机关申报。在中国境内没有户籍的，向中国境内经常居住地主管税务机关申报。

第十一条　取得本办法第二条第二项至第四项所得的纳税人，纳税申报地点分别为：

……

（二）从中国境外取得所得的，向中国境内户籍所在地主管税务机关申报。在中国境内有户籍，但户籍所在地与中国境内经常居住地不一致的，选择并固定向其中一地主管税务机关申报。在中国境内没有户籍的，向中国境内经常居住地主管税务机关申报。

……

（五）除以上情形外，纳税人应当向取得所得所在地主管税务机关申报。

第十八条　从中国境外取得所得的纳税人，在纳税年度终了后 30 日内向中国境内主管税务机关办理纳税申报。

任务二　个人所得税的源泉扣缴

【案例讨论】

领秀文化艺术有限责任公司现有员工 107 人，2014 年 2 月，税务检查小组采用调取账簿的方法对该公司 2013 年的纳税情况进行检查。经检查发现，该公司 2013 年 1 月至 6 月发放给员工的工资薪金所得共计 1057851 元，其中发放的午餐补助和电话费补贴为 21687 元，未代扣代缴个人所得税。该公司应代扣代缴个人所得税共计 45086.25 元，已代扣代缴 20515.5 元，少代扣代缴 24518.75 元。

【问题探究】

（1）个人所得税的缴纳方法有哪些？什么是源泉扣缴？

（2）根据我国税法，领秀公司少代扣代缴税款的情形，应当如何处理？

【相关法律指引】

《中华人民共和国个人所得税法》

第八条　个人所得税，以所得人为纳税义务人，以支付所得的单位或者个人为扣缴义务人。个人所得超过国务院规定数额的，在两处以上取得工资、薪金所得或者没有扣缴义务人的，以及具有国务院规定的其他情形的，纳税义务人应当按照国家规定办理纳税申报。扣缴义务人应当按照国家规定办理全员全额扣缴申报。

第十一条　对扣缴义务人按照所扣缴的税款，付给百分之二的手续费。

《中华人民共和国个人所得税法实施条例》

第三十五条　扣缴义务人在向个人支付应税款项时，应当依照税法规定代扣税款，按时缴库，并专项记载备查。

前款所说的支付，包括现金支付、汇拨支付、转账支付和以有价证券、实物以及其他形式的支付。

第三十七条　税法第八条所说的全员全额扣缴申报，是指扣缴义务人在代扣税款的次月内，向主管税务机关报送其支付所得个人的基本信息、支付所得数额、扣缴税款的具体数额和总额以及其他相关涉税信息。

全员全额扣缴申报的管理办法，由国务院税务主管部门制定。

《中华人民共和国税收征收管理法》

第三十二条　纳税人未按照规定期限缴纳税款的，扣缴义务人未按照规定期限解缴税款的，税务机关除责令限期缴纳外，从滞纳税款之日起，按日加收滞纳税款万分之五的滞纳金。

第六十二条　纳税人未按照规定的期限办理纳税申报和报送纳税资料的，或者扣缴义务人未按照规定的期限向税务机关报送代扣代缴、代收代缴税款报告表和有关资料的，由税务机关责令限期改正，可以处二千元以下的罚款；情节严重的，可以处二千元以上一万元以下的罚款。

第六十九条　扣缴义务人应扣未扣、应收而不收税款的，由税务机关向纳税人追缴税款，对扣缴义务人处应扣未扣、应收未收税款百分之五十以上三倍以下的罚款。

财产与行为税法

 学习目标

通过学习，学生了解房产税法、契税法、车船税法、印花税法、车辆购置税法的规定，理解和掌握各税种的征税原理，能正确确定上述各税种在不同情况下的计税依据，会计算各税种的应纳税额。

 财产与行为税法知识结构图

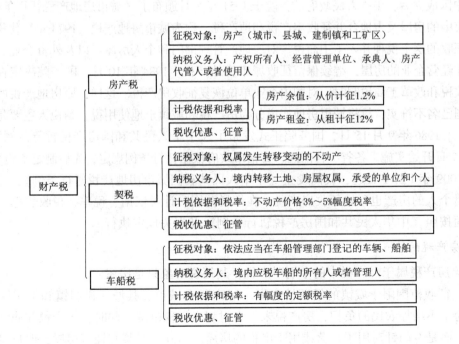

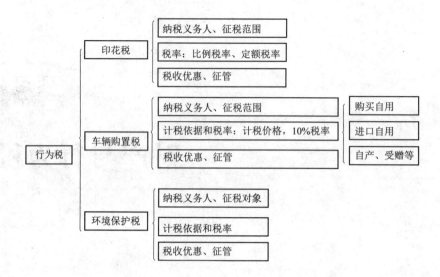

❓ 财产与行为税法基本问题

一、房产税法

（一）房产税的概念与特征

1. 房产税的概念

房产税，是指以房屋为征税对象，按房屋的计税余值或租金收入为计税依据，向产权所有人征收的一种财产税。

新中国成立后，中央人民政府政务院于 1951 年 8 月颁布了《城市房地产税暂行条例》，规定对城市中的房屋及占地合并征收房产税和地产税，称为城市房地产税。1973 年简化税制，把对企业征收的这个税种并入了工商税。对房地产管理部门和个人房屋，以及外资企业、中外合资、合作经营企业的房屋，继续保留征收城市房地产税。1984 年 10 月，国务院决定在推行第二步利改税和改革工商税制时，对国内企业单位恢复征收房产税。这样，原房地产税的税名与征收范围已名不符实，故将城市房地产税分为房产税和城镇土地使用税，纳税人主要是内资企业和个人。1986 年 9 月 15 日，国务院正式发布了《中华人民共和国房产税暂行条例》，从当年 10 月 1 日开始实施。各省、自治区、直辖市政府根据暂行条例规定，先后制定了施行细则。

自 2009 年 1 月 1 日起，我国废止《中华人民共和国城市房地产税暂行条例》，对外资企业及外籍个人的房产也开始征收房产税，在征税范围、计税依据、税率、税收优惠、征收管理等方面按照《中华人民共和国房产税暂行条例》及有关规定执行.

2. 房产税的特点

（1）房产税属于财产税中的个别财产税，其征税对象只是房屋。

（2）征收范围限于城镇的经营性房屋。房产税在城市、县城、建制镇和工矿区范围内征收，为了不增加农民的负担，房产税未将农村划入征税范围。同时，房产税并非针对所有的房屋，而是专门针对用于经营或用于出租的房屋。另外，对某些拥有房屋，但自身没有纳税能力的单位，如国家拨付行政经费、事业经费和国防经费的单位自用的房产，税法以免的方式将之排除在房产税的征税范围之外。

（3）区别房屋的经营使用方式规定征税办法，对于自用的，按房产计税余值征收，于出租、出典的房屋，按租金收入征税。

（二）房产税的征税范围和纳税人

1. 房产税的征税对象及征税范围

1）房产税的征税对象

房产税以房屋为征税对象。房屋是指有屋面和围护结构，能够遮风挡雨，可供人们中生产、工作、学习、娱乐、居住或储藏物资的场所。

与房屋不可分割的各附属设施或一般不单独计算价值的配套设施，也应作为房屋征税。

独立于房屋之外的建筑物，如围墙、暖房、烟囱、水塔、变电塔、室外游泳池等，于房产。但室内游泳池属于房产。

由于房地产开发企业开发的商品房在出售前，对房地产开发企业而言是一种产品，此，对房地产开发企业建造的商品房，在售出前，不征收房产税；但对售出前房地产开业已使用或出租、出借的商品房应按规定征收房产税。

2）征税范围

按照《中华人民共和国房产税暂行条例》的规定，房产税的征税范围为城市、县建制镇和工矿区。房产税的征税范围不包括农村。

城市，是指国务院批准设立的市，包括市区、郊区和市辖县县城，但不包括农村，城，是指未设立建制镇的县人民政府所在地。建制镇，是指经省、自治区、直辖市人民批准设立的建制镇，但不包括所辖的行政村。工矿区，是指工商业比较发达，人口比中，符合国务院规定的建制镇标准，但尚未设立镇建制的大中型工矿企业所在地。开征税的工矿区须经省、自治区、直辖市人民政府批准。

2. 房产税的纳税人

根据《中华人民共和国房产税暂行条例》规定，房产税以在征税范围内的房屋产有人为纳税人。其中：

（1）产权属国家所有的，由经营管理单位纳税；产权属集体和个人所有的，由集位和个人纳税。

（2）产权出典的，由承典人纳税。所谓产权出典，是指产权所有人将房屋、生产等产权，在一定期限内典当给他人使用，而取得资金的一种融资业务。

（3）产权所有人、承典人不在房屋所在地的，由房产代管人或者使用人纳税。

（4）产权未确定及租典纠纷未解决的，由房产代管人或者使用人纳税。

（5）纳税单位和个人无租使用房产管理部门、免税单位及纳税单位的房产，应由人代为缴纳房产税。

2009年1月1日起，外商投资企业、外国企业和组织以及外籍个人（包括港澳台业和组织以及华侨、港澳台同胞），也是房产税的纳税人。

（三）房产税的税率

房产税采用比例税率，根据房产税的计税依据分为两种：依据房产计税余值计税的，税率为1.2%；依据房产租金收入计税的，税率为12%。从2001年1月1日起，对个人按照市场价格出租的居民住房，其应缴纳的房产税暂减按4%的税率征收。自2008年3月1日起，对企事业单位、社会团体以及其他组织按市场价格向个人出租用于居住的住房，减按的税率征收房产税。

对居民住宅区内业主共有的经营性房产，由实际经营（包括自营和出租）的代管人或人缴纳房产税。其中自营的，依照房产原值减除10%~30%后的余值计征；没有房产原不能将业主共有房产与其他房产的原值准确划分开的，由房产所在地地方税务机关参照房产核定房产原值；出租的，依照租金收入计征。

（四）房产税的计税依据和应纳税额的计算

1. 房产税的计税依据

房产税实行从价计征和从租计征的两种计方法，其计税依据分别为房产余值或租金。

（1）纳税人经营自用应税房产，采用从价计征的办法，其计税依据为房屋原值一次性10%~30%后的余值。具体减除幅度以及是否区别房屋新旧程度分别确定减除幅度，由、自治区、直辖市人民政府规定。但减除的幅度只能为10%~30%，如浙江省规定0%。

房产原值，是指纳税人按照会计制度规定，在账簿"固定资产"科目中记载的房屋原房屋原价应根据国家有关会计制度规定进行核算。对纳税人未按国家会计制度规定核算载的，应按规定予以调整或重新评估。同时，企业对房屋进行改建、扩建的，要相应增产的原值。房产原值应包括与房屋不可分割的各种附属设备或一般不单独计算价值的配施，主要有暖气、卫生、通风等。

在原值确定后，再根据当地所适用的扣除比例，计算确定房产余值。对于扣除比例，一按由省、自治区、直辖市人民政府确定的比例执行。

（2）纳税人出租应税房产，采用从租计征的办法，其计税依据为房产的租金收入。

房产的租金收入，是指房屋产权所有人出租房屋使用权所取得的报酬，包括货币收入和收入。对以劳务或其他形式作为报酬抵付房租收入的，应根据当地同类房产的租金水确定一个标准租金额，依率计征。

2. 房产税应纳税额的计算

根据税法规定，房产税的计算方法有以下两种：

（1）按房产原值一次减除规定的扣除比例后的余值计算。其计算公式为：

$$年应纳税额 = 应税房产原值 \times (1 - 扣除比例) \times 1.2\%$$

（2）按租金收入计算，其计算公式为：

$$年应纳税额 = 年租金收入 \times 12\% （或4\%）$$

以人民币以外的货币为记账本位币的外资企业及外籍个人在缴纳房产税时，均应将据记账本位币计算的税款按照缴款上月最后一日的人民币汇率中间价折合成人民币。

对于以房产投资联营，投资者参与投资利润分红、共担风险的，按房产原值作为计税依据计征房产税；对于以房产投资，收取固定收入，不承担联营风险的，实际上是以联营名义取得房产的租金，由出租方按租金收入计缴房产税。

对于融资租赁房屋，由于租赁费包括购进房屋的价款、手续费、借款利息等，与一般房屋出租的"租金"内涵不同，且产权在租赁期满后要转移到承租方，这实际上是一种变相的分期付款购买固定资产的形式，所以在计征房产时应以房产余值计算征收。融资租赁期内房产税的纳税人，原则上为承租使用房屋的单位或个人。

（五）房产税的减免

根据《房产税暂行条例》及有关规定，目前房产税的减免税优惠主要有：

（1）国家机关、人民团体、军队自用的房产。但上述单位的出租房产以及非自身业务使用的生产、营业用房，不属于免税范围。自用房产，是指这些单位自身的办公用房和公务用房。

（2）由国家财政部门拨付事业经费的单位自用的房产。学校、医疗卫生单位、托儿所、幼儿园、敬老院、文化、体育、艺术这些实行全额或差额预算管理的事业单位所有的，本身业务范围内使用的房产免征房产税。但上述单位所属的附属工厂、商店、招待所等不属于单位公务、业务的用房，应照章纳税。

（3）宗教寺庙、公园、名胜古迹自用的房产。上述单位自用的房产免房产税，但其附设的营业单位，如影剧院、饮食部、茶社、照相馆等所使用的房产及出租的房产不在免税范围之内。

（4）个人所有非营业用的房产免征房产税。个人所有的非营业用房，主要是指居民住房，不分面积多少，一律免缴房产税。对个人出租住房，不区分用途，按4%的税率征收房产税。

（5）经财政部批准免税的其他房产。

（六）房产税的征收管理

1. 纳税义务发生时间

（1）纳税人将原有房产用于生产经营，从生产经营之月起，缴纳房产税。

（2）纳税人自行新建房屋用于生产经营，从建成之次月起，缴纳房产税。

（3）纳税人委托施工企业建设的房屋，从办理验收手续之次月起，缴纳房产税。

（4）纳税人购置新建商品房，自房屋交付使用之次月起，缴纳房产税。

（5）纳税人购置存量房，自办理房屋权属转移、变更登记，房地产权属证书之次月起，缴纳房产税。

（6）出租、出借房产，自交付出租、出借房产次月起计征房产税。

（7）房地产开发企业自用、出租、出借本企业建造的商品房，自房屋使用或交付之次月起，缴纳房产税。

纳税人因房产、土地的实物或权利状态发生变化而依法终止房产税纳税义务的，其应纳税款的计算应截止到房产、土地的实物或权利状态发生变化的当月末。

2. 纳税期限

房产税实行按年计算、分期缴纳的征收办法，具体纳税期限由省、自治区、直辖市人民政府确定。

3. 纳税地点

房产税在房产所在地缴纳。房产不在同一地方的纳税人，应按房产的坐落地点分别向房产所在地的税务机关纳税。

二、契税法

（一）契税的概念与特点

1. 契税的概念

契税，是指以所有权发生转移变动的不动产为征税对象，向产权承受人征收的一种财产税。现行契税的基本规范，是 1997 年 7 月 7 日国务院发布并于同年 10 月 1 日起开始实施的《中华人民共和国契税暂行条例》。

契税是我国一个很古老的税种，最早起源于东晋时期对买卖田宅征收的"估税"，在民间一直有着很深的影响。以后历代对房屋等不动产的买卖、典当都要征税。自元朝开始称为契税。新中国成立后，政务院于 1950 年 4 月发布了《契税暂行条例》，规定对土地、房屋的买卖、典当、赠与和交换征收契税。社会主义改造完成后，国家调整了土地、房屋管理政策，同时对《契税暂行条例》进行了修改，规定对公有单位承受土地、房屋免征契税，使得契税征收范围大为缩小。在一段时期内，全国契税征收工作基本处于停顿状态。实行改革开放后，国家重新调整了土地房屋管理政策，房地产市场逐步得到恢复和发展。为适应形势发展的要求，从 1990 年开始，全国契税工作全面恢复。国务院于 1997 年 7 月 7 日发布了《中华人民共和国契税暂行条例》，并于同年 10 月 1 日起在全国范围内实施。

2. 契税的特点

契税属于财产转移税。契税以发生转移的不动产，即土地和房屋为征税对象，具有财产转移课税性质。契税是在转让环节征收，每转让一次，就征收一次契税，土地、房屋产权未发生转移的，不征契税。所以它是动态财产税。

契税由财产承受人缴纳。契税由取得土地、房屋权属的一方缴纳，即买方纳税，这一点与其他税种有着明显的区别。对买方征税的主要目的，在于承认不动产转移生效，承受人纳税以后，便可拥有转移过来的不动产产权或使用权，法律保护纳税人的合法权益。

（二）契税的纳税人

契税的纳税人是指在中国境内转移土地、房屋权属的过程中，承受土地、房屋权属的单位和个人。所谓承受，是指以受让、购买、受赠、交换等方式取得土地、房屋权属的行为。所谓土地、房屋权属，是指土地使用权和房屋所有权。单位，是指企业单位（包括外商投资企业和外国企业）、事业单位、国家机关、军事单位和社会团体以及其他组织。个人，是指个体经营者及个人，包括中国公民和外籍人员。

（三）**契税的征税对象和税率**

1. 契税的征税对象

契税的征税对象为发生土地使用权和房屋所有权权属转移的土地和房屋。其具体的征税范围包括：

1）国有土地使用权出让

国有土地使用权出让，是指土地使用者向国家交付土地使用权出让费用，国家将国有土地使用权在一定年限内让与土地使用者的行为。

2）土地使用权转让

土地使用权的转让，是指土地使用者以出售、赠与、交换或者其他方式将土地使用权转移给其他单位和个人的行为，不包括农村集体土地承包经营权的转移。

3）房屋买卖

房屋买卖，是指出卖者向购买者让渡房产所有权的交易行为。以下几种特殊情况，视同买卖房屋：

（1）以房产抵债或实物交换房屋。经当地政府和有关部门批准，以房产抵债和实物交换房屋，均视同房屋买卖，应由产权承受人，按房屋现值缴纳契税。

例如，甲某因无力偿还乙某债务，而以自有的房产折价抵偿债务。经双方同意，有关部门批准，乙某取得甲某的房屋产权，在办理产权过户手续时，按房产折价款缴纳契税。如以实物（金银首饰等等价物品）交换房屋，应视同以货币购买房屋。

（2）以房产作投资或作股权转让。这种交易属房屋产权转移，应根据国家房地产管理的有关规定，办理房屋产权交易和产权变更登记手续，视同房屋买卖。由产权承受方按买契税率缴纳契税。

例如，甲某以自有房产投资于乙企业。其房屋产权变为乙企业所有，故产权所有人发生变化，因此，乙企业在办理产权登记手续后，按甲某入股房产现值（国有企事业房产须经国有资产管理部门评估核价）缴纳契税。如丙某以股份方式购买乙企业房屋产权，丙某在办理产权登记后，按取得房产买价缴纳契税。

以自有房产作股投入本人经营企业，免纳契税。因为以自有的房地产投入本人独资经营的企业，产权所有人和使用权使用人未发生变化，不需办理房产变更登记手续，也不办理契税手续。

（3）买房拆料或翻建新房，应照章征收契税。

例如，甲某购买乙某房产，不论其目的是取得该房产的建筑材料还是翻建新房，实际构成房屋买卖。甲某应首先办理房屋产权变更手续，并按买价缴纳契税。

（4）以获奖方式承受土地、房屋权属。

（5）以预购方式或者预付集资建房款方式承受土地、房屋权属。

4）房屋赠与

房屋赠与，是指房屋产权所有人将房屋无偿转让给他人所有的行为。其中，将自己的房屋转交给他人的法人和自然人，称为房屋赠与人；接受他人房屋的法人和自然人，称为受赠人。房屋赠与的前提必须是，产权无纠纷，赠与人和受赠人双方自愿。

由于房屋是不动产，价值较大，故法律要求赠与房屋应有书面合同（契约），并到房地产管理机关或农村基层政权机关办理登记过户手续，才能生效。如果房屋赠与行为涉及涉外关系，还需公证处证明和外事部门认证，才能有效。房屋的受赠人要按规定缴纳契税。以获奖方式取得房屋产权的，其实质是接受赠与房产，应照章缴纳契税。

法定继承人（包括配偶、子女、父母、兄弟姐妹、祖父母、外祖父母）继承土地、房屋权属，不征契税。非法定继承人根据遗嘱承受死者生前的土地、房屋权属，属于赠与行为，应征收契税。

5）房屋交换

房屋交换，是指房屋所有者之间互相交换房屋的行为。交换双方应订立交换契约，办理房屋产权变更手续和契税手续。房屋产权相互交换，双方交换价值相等，免征契税，办理免征契税手续。其价值不相等的，按超出部分由支付差价方缴纳契税。

2. 契税的税率

契税实行3%~5%的幅度税率。实行幅度税率是考虑到我国经济发展的不平衡，各地经济差别较大的实际情况。因此，各省、自治区、直辖市人民政府可以在3%~5%幅度税率规定范围内，按照本地区的实际情况决定。

（四）契税应纳税额的计算

1. 计税依据

契税的计税依据为不动产的价格。由于土地、房屋权属转移方式不同，定价方法不同，因而具体计税依据的确定也有所不同。

（1）国有土地使用权出让、土地使用权出售、房屋买卖的计税依据为成交价格。成交价格，是指土地、房屋权属转移合同确定的价格，包括承受者应交付的货币、实物、无形资产或者其他经济利益。同时不得因减免土地出让金，而减免契税。

土地使用者将土地使用权及所附建筑物、构筑物等（包括在建的房屋、其他建筑物、构筑物和其他附着物）转让给他人的，应按照转让的总价款计征契税。买卖装修的房屋，装修费用应包括在内。

（2）土地使用权赠与、房屋所有权赠与的计税依据，由征收机关参照同类土地使用权出售、房屋买卖的市场价格核定。

（3）土地使用权交换、房屋所有权交换的计税依据，为交换价格的差额。也就是说，交换价格相等时，免征契税；交换价格不等时，由多交付的货币、实物、无形资产或者其他经济利益的一方缴纳契税。

（4）以划拨方式取得土地使用权的，经批准转让房地产时，除承受方按规定缴纳契税外，房地产转让者应当补缴契税，计税依据为补缴的土地使用权出让费用或者土地收益。

为了避免偷、逃税款，税法规定，成交价格明显低于市场价格并且无正当理由的，或者所交换土地使用权、房屋价格的差额明显不合理并且无正当理由的，征收机关可以参照市场价格核定计税依据。

2. 应纳税额的计算

契税应纳税额的计算公式为：

$$契税应纳税额 = 计税依据 \times 税率$$

应纳税额以人民币计算。转移土地、房屋权属以外汇结算的，应按照纳税义务发生之日中国人民银行公布的人民币市场汇率中间价折合成人民币计算。

（五）契税的税收优惠

（1）国家机关、事业单位、社会团体、军事单位承受土地、房屋用于办公、教学、医疗、科研和军事设施的，免征契税。

（2）城镇职工按规定第一次购买公有住房，免征契税。

（3）因不可抗力灭失住房而重新购买住房的，酌情减免。不可抗力，是指自然灾害、战争等不能预见、不可避免，并不能克服的客观情况。

（4）财政部规定的其他减征、免征契税的项目。

（六）契税的征收管理

1. 纳税义务发生时间

契税的纳税义务发生时间是纳税人签订土地、房屋权属转移合同的当天，或者纳税人取得其他具有土地、房屋权属转移合同性质凭证的当天。

按照现行契税政策规定，购房者应在签订房屋买卖合同后、办理房屋所有权变更登记之前缴纳契税。对交易双方已签订房屋买卖合同，但由于各种原因最终未能完成交易的，如购房者已按规定缴纳契税，在办理期房退房手续后，对其已纳契税款应予以退还。

2. 纳税期限

纳税人应当自纳税义务发生之日起10日内，向土地、房屋所在地的契税征收机关办理纳税申报，并在契税征收机关核定的期限内缴纳税款。

3. 纳税地点

契税在土地、房屋所在地的征收机关（地方税务机关）缴纳。不得采用委托代征的方式。

4. 征收管理

纳税人办理纳税事宜后，征收机关应向纳税人开具契税完税凭证。纳税人持契税完税凭证和其他规定的文件材料，依法向房地产管理部门办理有关土地、房屋的权属变更登记手续。房地产管理部门应向契税征收机关提供有关资料，并协助契税征收机关依法征收契税。

三、车船税法

（一）车船税的概念与特点

1. 车船税的概念

所谓车船税，是指在中华人民共和国境内，对所有人或管理人拥有的车辆、船舶（以下简称车船），依法征收的一种税。车船税不仅对国内企业、单位和个人征收，同时也对外商投资企业、外国企业和外籍个人征收。

车船税在我国历史悠久。早在汉武帝时期已经开始对商人运输货物的车船征收"算商车"，明清两代对内河商船征收"船钞"，国民政府对车船征收"牌照税"。新中国成立后，政务院于1951年9月颁布了《车船使用牌照税暂行条例》，在全国部分地区开征。1973年简化税制、合并税种时，把对国营企业和集体企业征收的车船使用牌照税并入工商税。从那时起，车船使用牌照税只对不缴纳工商税的单位、个人和外侨征收，征税范围大大缩小。1984年10月，国务院在实施工商税制改革时，决定恢复对车船征税，因原税名"车船使用牌照税"不太确切，实际工作中往往误认为是对牌照征税，因此改名为车船使用税。1986年9月15日，国务院发布了《中华人民共和国车船使用税暂行条例》，决定从1986年10月1日起在全国施行。该条例不适用于外商投资企业和外国企业及外籍个人。因此，对外商投资企业和外国企业及外籍个人则征收车船使用牌照税。

随着我国社会主义市场经济的发展，尤其是我国加入WTO后，两个税种在实施中遇到了一些问题。一是内外有别的税种不符合税政统一、简化税制的要求；二是缺乏必要的税源监控手段，不利于征收管理；三是税额水平偏低。为此，国务院在2006年12月27日第162次常务会议上通过了《中华人民共和国车船税暂行条例》，并自2007年1月1日起施行。2007年2月1日又发布了《〈中华人民共和国车船税暂行条例〉实施细则》，并自发布之日起实施。之前1951年9月13日政务院发布的《车船使用牌照税暂行条例》和1986年9月15日国务院发布的《中华人民共和国车船使用税暂行条例》同时废止。第十一届全国人民代表大会常务委员会第十九次会议于2011年2月25日通过了《中华人民共和国车船税法》（以下简称《车船税法》），自2012年1月1日起施行。作为我国首部由暂行条例上升为法律的税法和第一部地方税法、财产税法，《车船税法》的颁布体现了税收法定原则，意味着我国地方税体系逐步得到健全和完善。

2. 车船税的特点

1）属财产税类

现行车船税的纳税人是拥有车船的单位和个人。因此，这个税种具有财产税的特点。从财产税的角度看，车船税属于单项财产税，不仅征税对象仅限于车船类运输工具，而且，对不同的车船还规定了不同的征税标准。

2）实行有幅度的定额税率

车船税首先划分车辆与船舶，规定它们各自的定额税率。车辆税采用分类幅度税额，即对不同类别的车辆规定了最高税额和最低税额，以适应我国各地经济发展不平衡，车辆种类繁多、大小不同的实际情况。

（二）车船税的纳税人

车船税的纳税人是在中华人民共和国境内，应税车辆、船舶（以下简称车船）的所有人或者管理人，即在我国境内拥有车船的单位和个人。单位，是指行政机关、事业单位、社会团体以及各类企业。个人，是指我国境内的居民和外籍个人。车船的所有人或管理人未缴纳车船税的，使用人应当代为缴纳车船税。

从事机动车第三者责任强制保险业务的保险机构为机动车车船税的扣缴义务人，应当依法代收代缴车船税。

（三）车船税的征税范围和适用税率

1. 征税范围

按照规定，车船税的征税对象是依法应在公安、交通、农业等车船管理部门登记的车船，具体可分为车辆和船舶两大类。

1）车辆

车辆主要包括机动车。机动车，是指依靠燃料等能源为动力运行的车辆，包括乘用车、商用车、挂车、其他车辆和摩托车。

2）船舶

船舶，包括机动船舶和游艇。机动船，是指依靠燃料等能源为动力运行的船舶。

车辆、船舶，是指依法应当在车船管理部门登记的机动车辆和船舶；或者依法不需要在车船管理部门登记、在单位内部场所行驶或者作业的机动车辆和船舶。

拖拉机、纯电动乘用车、燃料电池乘用车、非机动车船（不包括非机动驳船）均不在车船税法规定的征税范围内，不需缴纳车船税。临时入境的外国车船和我国香港、澳门、台湾地区的车船，也不需要缴纳车船税。

2. 适用税率

车船税采用有幅度的定额税率。车船的适用税额，依照《车船税法》所附的《车船税税目税额表》执行。车辆的具体适用税额由省、自治区、直辖市人民政府在规定的子税目税额幅度内确定。车辆的具体适用税额由省、自治区、直辖市人民政府依照本法所附《车船税税目税额表》规定的税额幅度和国务院的规定确定。船舶的具体适用税额由国务院在本法所附《车船税税目税额表》规定的税额幅度内确定。

1）车辆

（1）乘用车。乘用车是指核定载客人数小于或者等于9人的载客汽车。

按发动机汽缸容量（排气量）分为七档。

发动机排气量以如下凭证相应项目所载数额为准：车辆登记证书、车辆行驶证书、车辆出厂合格证明、车辆进口凭证。

（2）商用车。分为客车和货车。

客车是指核定载客人数9人以上的载客汽车，包括电车。

货车包括半挂牵引车、三轮汽车和低速载货汽车等。三轮汽车，是指登记为三轮汽车或三轮农用运输车的机动车。低速货车，是指登记为低速货车或四轮农用运输车的机动车。

（3）挂车。按照货车税额的50%计算。

（4）其他车辆。

其他车辆指的是专用作业车和轮式专用机械车，不包括拖拉机。专用作业车是指装置有专用设备或器具，用于专项作业的机动车。轮式专用机械车，是指具有装卸、挖掘、平整等设备的轮式自行机械。

（5）摩托车。

2）船舶

机动船舶税额为净吨位每吨 3 元至 6 元；拖船、非机动驳船分别按照机动船舶税额的 50% 计算。拖船是指专门用于拖（推）动运输船舶的专业作业船舶，非机动驳船是指在船舶管理部门登记为驳船的非机动船（非机动船是指自身没有动力装置，依靠外力驱动的船舶）。游艇税额为艇身长度每米 600 元至 2000 元。

上述内容所涉及的核定载客人数、自重、净吨位、马力等计税标准，以车船管理部门核发的车船登记证书或者行驶证书相应项目所载数额为准。纳税人未按照规定到车船管理部门办理登记手续的，上述计税标准以车船出厂合格证明或者进口凭证相应项目所载数额为准；不能提供车船出厂合格证明或者进口凭证的，由主管地方税务机关根据车船自身状况并参照同类车船核定。

车辆整备质量尾数不超过 0.5 吨的，按 0.5 吨计算；超过 0.5 吨的，按照 1 吨计算。整备质量不超过 1 吨的车辆，按照 1 吨计算。船舶净吨位尾数不超过 0.5 吨的不予计算；超过 0.5 吨的，按照 1 吨计算。净吨位不超过 1 吨的船舶，按照 1 吨计算。

（四）车船税应纳税额的计算

1. 计税依据

载客汽车（包括乘用车、商用客车）和摩托车的计税依据是辆数，载货汽车、挂车和其他汽车的计税依据是整备质量吨数。机动船舶按照净吨数作为计税依据。游艇按照艇身长度作为计税依据。

机动车的整备质量，即整车装备质量，也称为自重，即总质量减去核定载质量的差额。即汽车无乘员或不载货时，仅带有工具备胎随车附件，加满燃油和冷却水时的重量。通俗地说，整备质量就是汽车在正常条件下准备行驶时，尚未载人（包括驾驶员）、载物时的空车质量。汽车的整备质量还是影响汽车油耗的一个重要参数。自重低的车一般较省油，但高速时易发飘。

对机动船来说，净吨位一般是指额定装运货物和载运旅客的船舱所占用的空间容积，即船舶各个部位的总容积扣除按税法规定的非营业用容积后的余数。非营业用容积，包括驾驶室、轮机间、业务办公室、船员生活用房等。

若无法准确获得自重数值或自重数值明显不合理的载货汽车、三轮汽车、低速货车、专项作业车和轮式专用机械车，由主管税务机关根据车辆自身状况并参照同类车辆核定计税依据。对能够获得总质量和核定载质量的，可按照车辆的总质量和核定载质量的差额作为车辆的自重；无法获得核定载质量的专项作业车和轮式专用机械车，可按照车辆的总质量确定自重。

2. 计税方法

车船税的应纳税额，应当根据不同类型的车船及其适用的计税标准分别计算。其计算公式为：

$$应纳税额 = 计税依据 \times 适用的年税额$$

1）车辆应纳车船税的计算

车辆采取幅度税额，由省、自治区、直辖市人民政府在规定的幅度税额内，确定本地区的适用固定税额。因此，计算车辆应纳税额时，应适用当地所规定的固定税额。

新购置的车船，购置当年的应纳税额自纳税义务发生的当月起按月计算。其计算公式为：

$$应纳税额 = （年应纳税额/12）\times 应纳税月份数$$

2）船舶应纳车船税的计算

船舶采用固定税额，其应纳税额计算方法如下：

$$船舶年应纳税额 = 机动船的净吨位/游艇艇身米数 \times 适用的年税额$$

（五）车船税的税收优惠

（1）下列车船免纳车船税：

① 捕捞、养殖渔船。捕捞、养殖渔船，指在渔业船舶管理部门登记为捕捞船或者养殖船的渔业船舶。不包括在渔业船舶管理部门登记为捕捞船或者养殖船以外类型的渔业船舶。

② 军队、武装警察部队专用的车船。军队、武警专用的车船，指按照规定在军队、武警车船管理部门登记，并领取军用牌照、武警牌照的车船。

③ 警用车船。警用车船，指公安机关、国家安全机关、监狱、劳动教养管理机关和人民法院、人民检察院领取警用牌照的车辆和执行警务的专用船舶。

④ 依照法律规定应当予以免税的外国驻华使领馆、国际组织驻华代表机构及其有关人员的车船。

⑤ 按照规定缴纳船舶吨税的机动船舶、依法不需要在车船登记管理部门登记的机场、港口、铁路站场内部行驶或者作业的车船，自车船税法实施之日起5年内免征车船税。

（2）对节约能源、使用新能源的车船可以减征或者免征车船税；对受严重自然灾害影响纳税困难以及有其他特殊原因确需减税、免税的，可以减征或者免征车船税。具体办法由国务院规定，并报全国人民代表大会常务委员会备案。

（3）省、自治区、直辖市人民政府根据当地实际情况，可以对公共交通车船，农村居民拥有并主要在农村地区使用的摩托车、三轮汽车和低速载货汽车定期减征或者免征车船税。

（六）车船税的征收管理

1. 纳税义务发生时间

车船税的纳税义务发生时间，为取得车船所有权或者管理权的当月。

在一个纳税年度内，已完税的车船被盗抢、报废、灭失的，纳税人可以凭有关管理机关出具的证明和完税证明，向纳税所在地的主管地方税务机关申请退还自被盗抢、报废、灭失月份起至该纳税年度终了期间的税款。已办理退税的被盗抢车船，失而复得的，纳税人应当从公安机关出具相关证明的当月起计算缴纳车船税。

在一个纳税年度内，已经缴纳车船税的车船变更所有权或管理权的，地方税务机关对原车船所有人或管理人不予办理退税手续，对现车船所有人或管理人也不再征收当年度的税款；未缴纳车船税的车船变更所有权或管理权的，由现车船所有人或管理人缴纳该纳税年度的车船税。

2. 纳税地点

车船税的纳税地点为车船的登记地或者车船税扣缴义务人所在地。依法不需要办理登记的车船，车船税的纳税地点为车船的所有人或者管理人所在地。

从事机动车第三者责任强制保险业务的保险机构为机动车车船税的扣缴义务人，应当在收取保险费时依法代收车船税，并出具代收税款凭证。

机动车车船税的扣缴义务人依法代收代缴车船税时，纳税人不得拒绝。纳税人对扣缴义务人代收代缴税款有异议的，可以向纳税所在地的主管地方税务机关提出。纳税人在购买机动车第三者责任强制保险时缴纳车船税的，不再向地方税务机关申报纳税。扣缴义务人在代收车船税时，应当在机动车第三者责任强制保险的保险单上注明已收税款的信息，作为纳税人完税的证明。除另有规定外，扣缴义务人不再给纳税人开具代扣代收税款凭证。纳税人如有需要，可以持注明已收税款信息的保险单，到主管地方税务机关开具完税凭证。扣缴义务人应当及时解缴代收代缴的税款，并向地方税务机关申报。扣缴义务人解缴税款的具体期限，由各省、自治区、直辖市地方税务机关依照法律、行政法规的规定确定。税务机关付给扣缴义务人代收代缴手续费的标准由国务院财政部门、税务主管部门制定。

在一个纳税年度内，纳税人在非车辆登记地由保险机构代收代缴机动车车船税，且能够提供合法有效完税证明的，纳税人不再向车辆登记地的地方税务机关缴纳机动车车船税。

车辆所有人或者管理人在申请办理车辆相关登记、定期检验手续时，应当向公安机关交通管理部门提交依法纳税或者免税证明。公安机关交通管理部门核查后办理相关手续。

3. 纳税期限

车船税按年申报缴纳。具体申报纳税期限由省、自治区、直辖市人民政府确定。

已完税的车船因地震灾害报废、灭失的，纳税人可申请退还自报废、灭失月份起至本年度终了期间的税款。

四、印花税法

（一）印花税的概念与特点

1. 印花税的概念

印花税，是指对经济活动和经济交往中书立、领受的凭证征收的一种税。印花税的征税对象是《印花税暂行条例》所列举的各种凭证，由凭证的书立、领受人缴纳，是一种兼有行为性质的凭证税。

印花税是一个很古老的税种。从1624年世界上第一次在荷兰出现印花税后，由于印花税"取微用宏"，简便易行，欧美各国竞相效法。丹麦在1660年、法国在1665年、美国在1671年、奥地利在1686年、英国在1694年先后开征了印花税。印花税在不长的时间内，就成为世界上普遍采用的一个税种，在国际上盛行。

我国在1913年正式开征印花税。新中国成立后，中央人民政府政务院于1950年1月发布《全国税政实施要则》，规定印花税为全国统一开征的14个税种之一。1958年简化税制时，将印花税并入工商统一税，印花税不再单独征收。随着改革开放政策的贯彻实施，经济活动中书立各种凭证日益成为普遍的现象，为了广泛筹集财政资金，维护经济凭证书立、领受人的合法权益，1988年8月，国务院公布了《中华人民共和国印花税暂行条例》，于同年

10月1日起恢复征收印花税。

2. 印花税的特点

印花税不论是在性质上，还是在征税方法方面，都有不同于其他税种的特点。

1）印花税具有凭证税和行为税性质

印花税是对单位和个人书立、领受的应税凭证征收的一种税，具有凭证税性质。由于任何一种应税经济凭证反映的都是某种特定的经济行为。因此，对凭证征税，实质上是对经济行为的课税。

2）印花税征税范围广泛

印花税的征税对象包括了经济活动和经济交往中的各种应税凭证，凡书立和领受这些凭证的单位和个人都要缴纳印花税，其征税范围是极其广泛的。而且，随着市场经济的发展和经济法制的逐步健全，依法书立经济凭证的现象将越来越普遍。因此，印花税的征收面将更加广阔。

3）印花税税收负担比较轻

印花税与其他税种比较，税率要低得多，其税负较轻。具有广集资金、积少成多的财政效应。

4）印花税纳税人自行完成纳税义务

纳税人通过自行计算、购买、粘贴、注销印花税票的"四自"方法完成纳税义务。这也与其他税种的缴纳方法有较大区别。

（二）印花税的征税范围及税目

印花税征税范围采用正列举的方式，凡有列举的项目都须征税，未列入范围的不用征收。印花税征税范围可以归纳为五类，即经济合同及合同性质的凭证，产权转移书据，营业账簿，权利，许可证照，以及经财政部门确认的其他凭证。对纳税人以电子形式签订的各类应税凭证也应按规定征收印花税。具体征税范围如下：

1. 合同或具有合同性质的凭证

包括依法订立的合同和具有合同效力的协议、契约、合约、单据、确认书以及其他各种名称的凭证。这里"依法订立的合同"包括：

（1）购销合同。

（2）加工承揽合同。包括加工、定作、修缮、修理、印刷、广告、测绘、测试等合同。

（3）建设工程勘察设计合同。包括勘察、设计合同的总包合同、分包合同和转包合同。

（4）建筑安装工程承包合同。

（5）财产租赁合同。

（6）货物运输合同。包括民用航空、铁路运输、海上运输、公路运输和联运合同，以及作为合同使用的单据。

（7）仓储保管合同。包括仓储、保管合同，以及作为合同使用的仓单、栈单等。

（8）借款合同。银行及其他金融组织与借款人（不包括银行同业拆借）所签订的合同，以及只填开借据并作为合同使用、取得银行借款的借据。融资租赁合同也属于借款合同。

（9）财产保险合同。包括财产、责任、保证、信用保险合同，以及作为合同使用的单据。

（10）技术合同。包括技术开发、转让、咨询、服务等合同，以及作为合同使用的单据。

技术转让合同指专利申请转让、非专利技术转让合同，不包括专利权转让、专利实施许可合同；技术咨询合同不包括一般的法律、会计、审计等方面的咨询。

2. 产权转移书据

所称产权转移书据，是指单位和个人在产权的买卖、继承、赠与、交换、分割等产权主体变更过程中，产权出让人与受让人之间所立的民事法律文书。我国现行印花税征税范围中的产权转移书据包括财产所有权和版权、商标专用权、专利权、专有技术使用权等转移书据。其中"财产所有权"转移书据的征税范围，是指经政府管理机关登记注册的动产、不动产的所有权转移所立的书据，以及企业股权转让所立的书据，即股份制企业向社会公开发行的股票，因购买、继承、赠与所书立的产权转移书据。

土地使用权出让合同、土地使用权转让合同、商品房销售合同按照产权转移书据征收印花税。

3. 营业账簿

营业账簿属于财务会计账簿，指单位或者个人记载生产经营活动的财务会计核算账簿。营业账簿按其反映内容的不同，可分为记载资金的账簿和其他账簿，以便于分别采用按金额计税和按件计税两种计税方法。

其中，记载资金的账簿，是指反映生产经营单位资本金数额增减变化的账簿，即反映生产经营单位"实收资本"和"资本公积"金额增减变化的账簿。其他账簿，是指除上述账簿以外的有关其他生产经营活动内容的账簿，包括日记账簿和各明细分类账簿。

在确定营业账簿是否征收印花税时，要按照账簿的经济用途来确定，即反映单位的生产经营活动的账簿要征印花税，而不能按照立账簿人是否属于经济组织（工商企业单位、个体工商业户）来确定其账簿是否要征印花税。

4. 权利、许可证照

权利、许可证照是政府授予单位、个人某种法定权利和准予从事特定经济活动的各种证照的统称。包括政府部门发给的房屋产权证、工商营业执照、商标注册证、专利证、土地使用证等。

5. 经财政部门确定征税的其他凭证

除了税法列举的以上五大类应税经济凭证之外，在确定经济凭证是否要征收印花税时，必须把握以下原则：

（1）在实际经济交往中交易双方签订或书立的凭证名称五花八门，因此，各类凭证不论以何种形式或名称书立，只要其性质属于条例中列举征税范围内的凭证，均要缴纳印花税。

（2）适用于中国境内，并在中国境内具有法律效力的应税凭证，无论在中国境内还是境外书立，均应依照印花税的规定贴花。

(三) 印花税的纳税人

《印花税暂行条例》规定:"凡在中华人民共和国境内书立、领受本条例所列举凭证的单位和个人,都是印花税的纳税义务人,应当按照本条例规定缴纳印花税。"这里所说的单位和个人,是指国内各类企业、事业、机关、团体、部队以及中外合资企业、中外合作企业、外资企业、外国企业和其他经济组织及其在华机构等单位和个人。

根据书立、领受应纳税凭证的不同,其纳税人可分别称为立合同人、立据人、立账簿人、领受人和使用人。

1. 立合同人

指合同的当事人,是对合同有直接权利义务关系的单位和个人,但不包括合同的担保人、证人、鉴定人。

2. 立据人

指书立产权转移书据的纳税人。

产权转移书据是指单位和个人产权的买卖、继承、赠与、交换、分割等所立的书据。所立书据以合同方式签订的,应由持有书据的各方分别按全额贴花。

3. 立账簿人

指营业账簿的纳税人,具体指设立并使用营业账簿的单位和个人。

4. 领受人

指权利许可证照的纳税人,具体指领取或接受并持有该凭证的单位和个人。

5. 使用人

指在国外书立、领受,但在国内使用的应税凭证的纳税人。

印花税纳税人的规定,要注意的是凡由两方或两方以上当事人共同书立的凭证(如合同),其当事人各方都是纳税义务人,应就各自所持凭证的计税金额履行纳税义务。

(四) 印花税的适用税率

在印花税的征税范围中,各种凭证繁多,有些记载了金额,有些未记载金额;记载金额的,其金额有大也有小。因此,有必要根据不同凭证的性质和特点,按照合理负担、便于征纳的原则,分别采用不同的税率。现行印花税采用比例和定额两种税率。印花税税率表如表8-1所示。

表8-1 印花税税率表

税目	税率
购销合同	按购销金额的 0.3‰ 贴花
加工承揽合同	按加工或承揽收入的 0.5‰ 贴花
建筑安装工程承包合同	按承包金额的 0.3‰ 贴花
建设工程勘察设计合同	按收取的勘察、设计费用的 0.5‰ 贴花
财产租赁合同	按租赁金额的 1‰ 贴花;经计算,税额不足 1 元的,按 1 元贴花

续表

税目	税率
货物运输合同	按运输收取的费用0.5‰贴花
仓储保管合同	按收取的仓储保管费用1‰贴花
借款合同	按借款金额的0.05‰贴花
财产保险合同	按保险费收入的1‰贴花
技术合同	按合同所载价款、报酬或使用费的0.3‰贴花
产权转移书据	按所载金额的0.5‰贴花
营业账簿中记载资金的账簿	按"实收资本"与"资本公积"两项合计金额的0.5‰贴花
权利许可证照	五元
营业账簿中的其他账簿	五元
财政部确定征税的其他凭证	视具体情况而定

确定适用税率时,如果一份合同载有一个或几个经济事项的,可以同时适用一个或几个税率分别计算贴花。但属于同一笔金额或几个经济事项金额未分开,应按其中一个较高税率计算纳税。

(五)印花税的计算

印花税的计税依据为各种应税凭证上所记载的计税金额或应税凭证的件数。

纳税人应根据应税凭证的性质,分别按比例税率或者定额税率计算其应纳税额。其计算公式是:

$$应纳税额=应税凭证计税金额(或应税凭证件数)×适用税率$$

【例题】

春色寻呼台2007年4月开业,领受房产证、工商营业执照、商标注册证、土地使用证各一件。企业营业账簿中,实收资本20000000元,其他账簿38本。当月企业与其他单位签订购销合同两份,购买相关设备,合同金额分别为200000元和500000元。建筑工程承包合同一份,工程承包金额为6200000元。12月末,企业经批准增加投资,实收资本增加为30000000元,资本公积增加5000000元。

计算该企业4月和12月应缴纳的印花税额。

【解析】

按规定,领取权利、许可证照,应按件贴花5元。则企业对于领取的权利、许可证照应纳税额为:

$$应纳税额=应税凭证件数×适用税率=5×4=20(元)$$

按照规定,对于企业营业账簿中的资金账簿,应按实收资本和资本公积金额的合计数计税贴花,税率为0.5‰。则资金账簿应纳税额为:

$$应纳税额=应税凭证计税金额×适用税率=20000000×0.5‰=10000(元)$$

按照规定,对于营业账簿中的其他营业账簿,应按件贴花5元。则其应纳税额为:

$$应纳税额=38×5=190(元)$$

按照规定，签订的购销合同，应以合同所载金额为计税依据计税贴花，税率为0.3‰，则购销合同应纳税额为：

$$应纳税额 = (200000+500000) \times 0.3‰ = 210（元）$$

按照规定，签订的工程承包合同，应以工程承包金额为计税依据计税贴花，税率为0.3‰，则工程承包合同应纳税额为：

$$应纳税额 = 6200000 \times 0.3‰ = 1860（元）$$

4月企业应当缴纳印花税为：

$$应纳税额 = 20+10000+190+210+1860 = 12280（元）$$

12月，对于资金账簿增加金额，其应纳税额为：

$$应纳税额 = (10000000+5000000) \times 0.5‰ = 7500（元）$$

12月企业对于资金增加金额应当缴纳印花税为7500元。

（六）税收优惠

（1）对已缴纳印花税的凭证的副本或者抄本免税（即凭证副本或抄本作为以备存查的）。以副本或者抄本视同正本使用的，则应另贴印花。

（2）财产所有人将财产赠给政府、社会福利单位、学校所立的书据免税。对此书据免税，旨在鼓励财产所有人这种有利于发展文化教育事业、造福社会的捐赠行为。

（3）经财政部批准免税的其他凭证。

（七）印花税的征收管理

1. 纳税期限和地点

按照规定，印花税的纳税期限（贴花时间）根据凭证种类分别确定，各种合同应于合同正式签订时贴花；对各种产权转移书据，应于书据立据时贴花；对各种营业账簿，应于账簿正式启用时贴花；对各种权利、许可证照，应于证照领受时贴花。

印花税一般实行就地纳税。对于企业在全国性的商品物资订货会（包括各种展销会、交易会等）上所签订的合同，由纳税人回到其所在地及时办理贴花完税手续。对于企业在地方主办、不涉及省际关系的订货会上所签订的合同，其纳税地点由省、自治区、直辖市人民政府自行确定。

2. 印花税的缴纳

1）自行贴花纳税办法。

印花税一般是由纳税人根据规定自行计算应纳税额、自行购买并自行一次贴足印花税票的缴纳办法。企业应向税务机关或其指定的代售单位购买印花税票后，将印花税票粘贴在应税凭证后即行注销，注销标记应与骑缝处相交。纳税人有印章的，加盖印章注销；纳税人没有印章的，可用钢笔（圆珠笔）画几条横线注销。所谓骑缝处，是指粘贴的印花税票与凭证之间的交接处。

2）汇贴或汇缴纳税办法

为了简化贴花手续，对一份凭证应纳税额超过500元的，纳税人可向当地税务机关申请填写缴款书或者完税证，将其中一联粘贴在凭证上或者由税务机关在凭证上加注完税标记，代替贴花。

纳税人由于业务需要，同一种类应纳税凭证使用数量较多，需频繁贴花的，可向当地税务机关申请发放汇缴许可证，实行定期汇总缴纳办法，按照当地税务机关核准的限期限额（但最长期限不得超过一个月）汇总计算应纳税额缴库，凡汇总缴纳印花税的凭证，应加注税务机关指定的汇缴戳记，编号并装订成册后，将缴款书的一联粘附册后，盖章注销，保存备查。

3）委托代征纳税办法

税务机关可以委托有关发放或者办理应税凭证的单位代为征收印花税款。税务机关应与代征单位签订代征委托书，并按规定支付手续费。如税务机关可委托工商行政管理机构代售印花税票，并由税务机关付给代售金额5%的手续费。同时发放或者办理应纳税凭证的单位也负有监督纳税人依法纳税的义务，即对应纳税凭证是否已粘贴印花；粘贴的印花是否足额，粘贴的印花是否按规定注销的相关事项进行监督。对未完成以上纳税手续的，应督促纳税人当场贴花。

不论采用哪种纳税办法，均应对纳税凭证妥善保存。印花税应税凭证应按照《税收征管法实施细则》的规定保存10年。

五、车辆购置税法

（一）车辆购置税概述

车辆购置税是以《中华人民共和国车辆购置税暂行条例》（以下简称《条例》）以及国家税务总局与交通部联合发布的国税发〔2000〕211号文件、国家税务总局2005年发布的《车辆购置税征收管理办法》为依据，自2001年1月1日起征收并取代车辆购置附加费的新税种。该税是以车辆为课税对象，在特定环节向车辆购置者征收的一种兼有财产税和行为税特点的税种。

车辆购置税的开征意义重大。车辆购置附加费是1985年经国务院批准，在全国范围内普遍强制征收的专项用于国家公路建设的政府性基金，已成为交通基础设施建设的重要资金来源，具有明显的特定用途税收的特征。将车辆购置附加费改为车辆购置税，要求纳税人依法缴纳税款，有利于交通基础设施建设资金的依法足额筹集，确保资金专款专用，从而促进交通基础设施建设事业的健康发展。同时，从国际通行做法看，发达的市场经济国家普遍通过税收筹集交通基础设施建设资金，极少采用收费的方式。这是因为，税收行为比收费行为规范，收支要纳入预算，实行规范化财政管理，有利于规范政府行为，理顺税费关系，深化和完善财税制度改革。开征车辆购置税还有利于调节收入差别，缓解社会分配不公的矛盾。

（二）车辆购置税的纳税人

车辆购置税的纳税义务人，是指在中华人民共和国境内购置应税车辆的单位和个人。这一表述，界定了车辆购置税的应税行为、征税区域和纳税人的范围等方面的内容，即确定车辆购置税的纳税人，要符合以下条件：

（1）发生了购置车辆的行为（即所谓应税行为）；

（2）这种行为发生在中国境内（即所谓征税区域）；

（3）所购置的车辆属于条例规定征税的车辆。

只有同时符合这三个条件的单位和个人，才构成车辆购置税的纳税人，否则，不能构成车辆购置税纳税人。也就是说，凡在我国境内购置应税车辆的国有企业、集体企业、私营企业、股份制企业、外商投资企业、外国企业以及其他事业单位、社会团体、国家机关、部队以及个体工商户和其他个人，都要缴纳车辆购置税。

（三）车辆购置税的征税对象、纳税环节和税率

1. 征税对象

车辆购置税的征税对象是在我国境内购置的应税车辆。

这里所说的购置，包括购买、进口、自产、受赠、获奖或者以其他方式取得并自用应税车辆的行为。具体来讲，应税行为包括以下几种情况：

（1）购买使用行为。包括购买使用国产应税车辆和进口应税车辆。当纳税人购置应税车辆时，它就发生了应税行为，就要依法纳税。

（2）进口使用行为。指直接进口使用应税车辆。

（3）受赠使用行为。受赠是指接受他人馈赠。作为受赠人，在接受使用（包括接受免税车辆）后，就发生了应税行为，就要承担纳税义务。

（4）自产自用行为。自产自用是指纳税人将自己生产的应税车辆作为最终消费品用于自己消费使用，其消费行为已构成了应税行为。

（5）获奖使用行为。包括从各种奖励形式中取得并使用应税车辆的行为。

（6）其他使用行为。指除上述以外其他方式取得并使用应税车辆的行为，如以拍卖、抵债、罚没等方式取得并自用的应税车辆。

车辆购置税的征收范围包括在我国境内购置的汽车、摩托车、电车、挂车、农用运输车，具体征收范围依照《条例》所附《车辆购置税征收范围表》的规定。

2. 纳税环节

车辆购置税的纳税环节为使用环节，即最终消费环节。纳税人应当在向公安机关车辆管理机构办理车辆登记注册手续前缴纳车辆购置税，即购置应税车辆之后、办理车辆登记注册之前。车辆购置税实行一次性征收制度，购置已征车辆购置税的车辆，不再重复征收车辆购置税。车辆如发生过户、改型的，对此都不再征税，直到车辆报废为止。

3. 适用税率

车辆购置税实行从价定率的征收办法，税率为应税车辆计税价格的10%。该水平的税率与原来的车辆购置附加费的征收标准基本相同，从而使购车者在开征车辆购置税后负担不会加重。

（四）车辆购置税应纳税额的计算

1. 计税依据

车辆购置税实行从价定率、价外征收的方法计算应纳税额，应税车辆的价格即计税价格就成为车辆购置税的计税依据。但是，由于应税车辆购置的来源不同，应税行为的发生不同，计税价格的组成也就不一样。

（1）纳税人购买自用的应税车辆的计税价格，为纳税人购买应税车辆而支付给销售者的全部价款和价外费用，不包括增值税税款。价外费用，是指销售方价外向购买方收取的基金、集资费、返还利润、补贴、违约金（延期付款利息）和手续费、包装费、储存费、优质费、运输装卸费、保管费、代收款项、代垫款项以及其他各种性质的价外收费。

$$不含税价＝（全部价款＋价外费用）÷（1＋增值税税率或征收率）$$

（2）纳税人进口自用的应税车辆以组成计税价格为计税价格。"进口自用的应税车辆"是指纳税人直接从境外进口或委托代理进口自用的应税车辆，即非贸易方式进口自用的应税车辆。

$$计税价格＝关税完税价格＋关税＋消费税$$

（3）纳税人自产、受赠、获奖或者以其他方式取得并自用的应税车辆的计税价格，由主管税务机关参照国家税务总局规定的各类车辆的最低计税价格进行确定。

最低计税价格，是指国家税务总局依据车辆生产企业提供的车辆价格信息，参照市场平均交易价格核定的车辆购置税计税价格。当纳税人申报的应税车辆的计税价格低于同类型应税车辆最低计税价格的，按照最低计税价格征收车辆购置税。

对国家税务总局未核定最低计税价格的车辆，纳税人申报的计税价格低于同类型应税车辆最低计税价格，又无正当理由的，主管税务机关可比照已核定的同类型车辆最低计税价格征收。同类型车辆由主管税务机关确定，并报上级税务机关备案。各省、自治区、直辖市和计划单列市国家税务局应制定具体办法及时将备案的价格在本地区统一。

（4）纳税人以外汇结算应税车辆价款的，按照申报纳税之日中国人民银行公布的人民币基准汇价，折合成人民币计算应纳税额。

2. 应纳税额的计算

按照《条例》规定，车辆购置税实行从价定率征收的办法计算应纳税额。其计算公式为：

$$应税税额＝计税价格×税率$$

（五）车辆购置税的税收优惠

1. 车辆购置税的免税、减税，按下列规定执行

（1）外国驻华使馆、领事馆和国际组织驻华机构及其外交人员自用的车辆，免税。

（2）中国人民解放军和中国人民武装警察部队列入军队武器装备订货计划的车辆，免税。

（3）设有固定装置的非运输车辆，免税。

2. 根据我国《车辆购置税征收管理办法》规定，下列车辆免征车辆购置税

（1）防汛部门和森林消防部门用于指挥、检查、调度、报汛（警）、联络的由指定厂家生产的设有固定装置的指定型号的车辆（防汛专用车和森林消防专用车的型号和配置数量、流向，每年由财政部和国家税务总局共同下达。车辆注册登记地车辆购置税征收部门据此办理免征车辆购置税手续）。

（2）回国服务的在外留学人员用现汇购买1辆个人自用国产小汽车。

（3）来华长期定居专家进口1辆自用小汽车。

（4）纳税人购置的农用三轮车。

有国务院规定予以免税或者减税的其他情形的，按照规定免税或者减税。

3. 退税规定

纳税人已经缴纳车辆购置税但在办理车辆登记注册手续前，因下列原因需要办理退还车辆购置税的，由纳税人申请，原代征机构审查后办理退还车辆购置税手续：

公安机关车辆管理机构不予办理车辆登记注册的车辆，纳税人申请退税时，主管税务机关应退还全部已缴税款。因质量等原因车辆被退回生产企业或者经销商的，凭经销商的退货证明办理退税手续，纳税人申请退税时主管税务机关依据自纳税人办理纳税申报之日起，按已缴税款每满 1 年扣减 10% 计算退税额；未满 1 年的，按已缴税款全额退税。

但已经办理了车辆登记注册手续的车辆，不论出于何种原因，均不得退还已缴纳的车辆购置税。

（六）车辆购置税的征收管理

车辆购置税实行一车一申报制度。主管税务机关在为纳税人办理纳税申报手续时，应实地验车。

按照《条例》规定，纳税人购买自用应税车辆的，应当自购买之日起 60 日内申报纳税；进口自用应税车辆的，应当自进口之日起 60 日内申报纳税；自产、受赠、获奖或者以其他方式取得应税车辆的，应当自取得之日起 60 日内申报纳税。车辆购置税税款应当一次缴清。

已经办理纳税申报的车辆发生下列情形之一的，纳税人应按规定重新办理纳税申报：底盘发生更换的；免税条件消失的。

纳税人应当在向公安机关车辆管理机构办理车辆登记注册前，缴纳车辆购置税。纳税人应当持主管税务机关出具的完税证明向公安机构车辆管理机构办理车辆登记注册手续；没有完税证明的，公安机关车辆管理机构不得办理车辆登记注册手续。税务机关发现纳税人未按照规定缴纳车辆购置税的，有权责令其补缴。纳税人拒绝缴纳的，税务机关可以通知公安机关车辆管理机关暂扣纳税人的车辆牌照。

纳税人购置应税车辆，应当向车辆注册地的主管税务机关申报纳税；购置不需要办理车辆登记注册手续的应税车辆，应当向纳税人所在地主管税务机关申报纳税。

六、环境保护税法

（一）环境保护税概述

环境保护税是将环境污染排放外部性损害内部化的一种重要税种，其特点是施加于纳税人而体现以经济利益为引导性调节的"负担"，是法定的、规范的，也是阳光化的。设计合理的环保税，可以反映环境污染的外部成本，进而通过基于纳税人利益预期的"经济杠杆"方式，促进污染排放的减少。

走过 6 年立法之路、历经两次审议，2016 年 12 月 25 日，第十二届全国人大常委会第二十五次会议表决通过《中华人民共和国环境保护税法（草案）》。随后，第六十一号主席令签署，公布《中华人民共和国环境保护税法》自 2018 年 1 月 1 日起施行。至此，历经多年酝酿和讨论的环保费改税迈出了决定性的一步。这是我国2015年3月确立"税收法定"原则后制定的第一部单行税法，是中国第一部推进生态文明建设的单行税法，意味着环保治污的法律体系进一步完善，显示了政府希望更多运用对接市场机制的手段解决环境问题的决心，是制度机制创新的实际进展。

环境保护税法的总体思路是由"费"改"税"，即按照"税负平移"原则，实现排污费制度向环保税制度的平稳转移。实行环境保护费改税是落实党中央、国务院决策部署的重要举措，有利于解决排污费制度存在的执法刚性不足、地方政府干预等问题；有利于提高纳税人的环保意识和遵从度，强化企业治污减排的责任；有利于构建促进经济结构调整、发展方式转变的绿色税制体系；有利于规范政府分配秩序，优化财政收入结构，强化预算约束。

《环境保护税法》的通过，极大地提高了环境税费的法律地位，比原来以行政规章支撑的排污费有着更高的法律效力，是以法律形式确定"污染者付费"的原则，而且由税务部门征收，会加大征收力度，提高环境税收征收的规范性和透明度，更有利于按照机制设计意图向排放企业传递减排信号，促进绿色发展。

（二）环境保护税的纳税人和征税对象

在中华人民共和国领域和中华人民共和国管辖的其他海域，直接向环境排放应税污染物的企业事业单位和其他生产经营者为环境保护税的纳税人，应当依法缴纳环境保护税。

环境保护税的征税对象是那些直接向环境排放应税污染物的行为。原则上必须是直接排放，有下列情形之一的，不属于直接向环境排放污染物，不缴纳相应污染物的环境保护税：企业事业单位和其他生产经营者向依法设立的污水集中处理、生活垃圾集中处理场所排放应税污染物的；企业事业单位和其他生产经营者在符合国家和地方环境保护标准的设施、场所贮存或者处置固体废物的。

依法设立的城乡污水集中处理、生活垃圾集中处理场所超过国家和地方规定的排放标准向环境排放应税污染物的，应当缴纳环境保护税。

企业事业单位和其他生产经营者贮存或者处置固体废物不符合国家和地方环境保护标准的，应当缴纳环境保护税。

（三）环境保护税的税目和税率

环境保护税的税目、税额，依照环保法所附《环境保护税税目税额表》执行。

1. 税目

应税污染物，是指规定的大气污染物、水污染物、固体废物和噪声。其中，固体废物包括煤矸石、尾矿、危险废物、冶炼渣、粉煤灰、炉渣、其他固体废物（含半固态、液态废物）。

2. 税额

环保税法将现行排污费收费标准作为环保税的税额下限，规定：大气污染物税额为每污染当量1.2元人民币；水污染物为1.4元；固体废物按不同种类，税额为每吨5元至1000元；噪声按超标分贝数，税额为每月350元至1.12万元。

税法还设定了税额上限，为最低税额标准的10倍，大气污染物税额幅度为1.2元至12元，水污染物为1.4元至14元，由各省区在该幅度内确定具体适用税额。

污染当量，是指根据污染物或者污染排放活动对环境的有害程度以及处理的技术经济性，衡量不同污染物对环境污染的综合性指标或者计量单位。同一介质相同污染当量的不同污染物，其污染程度基本相当。

应税大气污染物和水污染物的具体适用税额的确定和调整，由省、自治区、直辖市人民政府统筹考虑本地区环境承载能力、污染物排放现状和经济社会生态发展目标要求，在法定的税额幅度内提出，报同级人民代表大会常务委员会决定，并报全国人民代表大会常务委员会和国务院备案。

（四）环境保护税应纳税额的计算

1. 计税依据

1）应税污染物的计税依据，按照下列方法确定

（1）应税大气污染物按照污染物排放量折合的污染当量数确定；

（2）应税水污染物按照污染物排放量折合的污染当量数确定；

（3）应税固体废物按照固体废物的排放量确定；

（4）应税噪声按照超过国家规定标准的分贝数确定。

应税大气污染物、水污染物的污染当量数，以该污染物的排放量除以该污染物的污染当量值计算。每种应税大气污染物、水污染物的具体污染当量值，依照环保法所附《应税污染物和当量值表》执行。

2）应税大气污染物、水污染物、固体废物的排放量和噪声的分贝数，按照下列方法和顺序计算

（1）纳税人安装使用符合国家规定和监测规范的污染物自动监测设备的，按照污染物自动监测数据计算；

（2）纳税人未安装使用污染物自动监测设备的，按照监测机构出具的符合国家有关规定和监测规范的监测数据计算；

（3）因排放污染物种类多等原因不具备监测条件的，按照国务院环境保护主管部门规定的排污系数、物料衡算方法计算；

（4）不能按照本条第一项至第三项规定的方法计算的，按照省、自治区、直辖市人民政府环境保护主管部门规定的抽样测算的方法核定计算。

每一排放口或者没有排放口的应税大气污染物，按照污染当量数从大到小排序，对前三项污染物征收环境保护税。

每一排放口的应税水污染物，按照环保法所附《应税污染物和当量值表》，区分第一类水污染物和其他类水污染物，按照污染当量数从大到小排序，对第一类水污染物按照前五项征收环境保护税，对其他类水污染物按照前三项征收环境保护税。

省、自治区、直辖市人民政府根据本地区污染物减排的特殊需要，可以增加同一排放口征收环境保护税的应税污染物项目数，报同级人民代表大会常务委员会决定，并报全国人民代表大会常务委员会和国务院备案。

2. 税额计算

环境保护税应纳税额按照下列方法计算：

$$应税大气污染物的应纳税额=污染当量数×具体适用税额$$
$$应税水污染物的应纳税额=污染当量数×具体适用税额$$
$$应税固体废物的应纳税额=固体废物排放量×具体适用税额$$
$$应税噪声的应纳税额=超过国家规定标准的分贝数对应的具体适用税额$$

（五）环境保护税的税收减免

下列情形，暂予免征环境保护税：

（1）农业生产（不包括规模化养殖）排放应税污染物的；

（2）机动车、铁路机车、非道路移动机械、船舶和航空器等流动污染源排放应税污染物的；

（3）依法设立的城乡污水集中处理、生活垃圾集中处理场所排放相应应税污染物，不超过国家和地方规定的排放标准的；

（4）纳税人综合利用的固体废物，符合国家和地方环境保护标准的；

（5）国务院批准免税的其他情形。

前款第五项免税规定，由国务院报全国人民代表大会常务委员会备案。

此外，对于纳税人排污浓度值低于标准的，设置了两档减税优惠，即纳税人排污浓度值低于规定标准30%的，减按75%征税，纳税人排污浓度值低于规定标准50%的，减按50%征税。

（六）环境保护税的征收管理

1. 纳税义务发生时间与纳税期限

环境保护税纳税义务发生时间为纳税人排放应税污染物的当日。环境保护税按月计算，按季申报缴纳。不能按固定期限计算缴纳的，可以按次申报缴纳。

纳税人申报缴纳时，应当向税务机关报送所排放应税污染物的种类、数量，大气污染物、水污染物的浓度值，以及税务机关根据实际需要要求纳税人报送的其他纳税资料。

纳税人按季申报缴纳的，应当自季度终了之日起15日内，向税务机关办理纳税申报并缴纳税款。纳税人按次申报缴纳的，应当自纳税义务发生之日起15日内，向税务机关办理纳税申报并缴纳税款。

纳税人应当依法如实办理纳税申报，对申报的真实性和完整性承担责任。

2. 纳税地点

纳税人应当向应税污染物排放地的税务机关申报缴纳环境保护税。

环境保护主管部门依照本法和有关环境保护法律法规的规定负责对污染物的监测管理。环境保护主管部门和税务机关应当建立涉税信息共享平台和工作配合机制。

环境保护主管部门应当将排污单位的排污许可、污染物排放数据、环境违法和受行政处罚情况等环境保护相关信息，定期交送税务机关。

税务机关应当将纳税人的纳税申报、税款入库、减免税额、欠缴税款以及风险疑点等环境保护税涉税信息，定期交送环境保护主管部门。税务机关应当将纳税人的纳税申报数据资料与环境保护主管部门交送的相关数据资料进行比对。

税务机关发现纳税人的纳税申报数据资料异常或者纳税人未按照规定期限办理纳税申报

的，可以提请环境保护主管部门进行复核，环境保护主管部门应当自收到税务机关的数据资料之日起 15 日内向税务机关出具复核意见。税务机关应当按照环境保护主管部门复核的数据资料调整纳税人的应纳税额。

 财产与行为税法实践项目

子项目一　财产税法制度

任务一　房地产税改革
【案例讨论】

房地产税改革①

在我国的现行税制体系中，并没有房地产税，但有名称相近的"房产税"。房产税开征于 1986 年，适用范围较窄，仅限于单位和个人的经营性房地产，对个人住房则实行免税，因此对百姓生活基本没有影响。目前对房地产征收的税收主要体现在开发建设和交易环节，涉及耕地占用税、土地增值税、增值税、契税、印花税、企业所得税、个人所得税等；在保有环节除了房产税，还有城镇土地使用税等。

房地产税，如果单纯从字面上看，是针对房产和地产征收的税种。现在受到热议的"房地产税"是有特定内涵的，是指对房产、土地在保有环节征收的一种财产税。

从最直观的感受看，房地产税的征收增加了个人持有房屋的成本，无疑和百姓生活与利益息息相关，为此备受关注。房地产税改革的提出与推进，其实已经历了一个相当长的过程。早在 2003 年，十六届三中全会通过的《中共中央关于完善社会主义市场经济体制若干问题的决定》中就提出了要求。

值得一提的是，2011 年 1 月，上海、重庆两市开始进行对个人住房征收房产税改革试点，我国房地产税改革进入试点进行阶段。

对于房地产税，国家一直强调的是"房地产税改革"，实际上也就意味着这不单单是推出一个新税种，而是作为我国税制改革的一部分，对现有房地产税制的重新设计，包括城镇土地使用税、耕地占用税、契税和土地增值税等房地产开发、交易和保有各环节、各税种的改革，此外还涉及城市基础设施配套费等收费项目。

房地产税是很多国家都采用的一个税种，主要功能定位在为地方政府提供稳定的税收来源。在我国的改革推进中，基于国情，房地产税被寄予更多期望，三大功能经常被提起：培育地方税主体税种、调节收入和财富分配、促进房地产市场平稳健康发展。

目前，我国地方税收收入规模较小、主体税种不突出，地方政府严重依赖土地出让收入。营改增全面推开后，原来作为地方税收的营业税退出历史舞台，培育地方税主体税种成

① 案例材料主要来源：

a. 财税前沿 | 房地产税改革进行时。http://mp. weixin. qq. com/s?_biz＝MzA5NTUzMDI5NQ＝＝&mid＝2652172497&idx＝2&sn＝251afaa1b55ad258a1413153b77317aa&scene＝1&srcid＝0906oUmzQZlJV9rNQZhxyohm#rd.

b. 聚焦 | 推进房地产税制改革。http://mp. weixin. qq. com/s?_biz＝MzA5NTUzMDI5NQ＝＝&mid＝2652172494&idx＝4&sn＝7549d6e8061e4604d059030143b24901&scene＝1&srcid＝0906YUPFXQ0N1A9s2LLV7dlZ#rd.

为财税体制改革的重要任务。在此情况下，借鉴国外经验，收入来源稳定性强的房地产税成为完善地方税体系的首选。

同时，房地产税还被认为能通过对住房数量多、面积大、价值高的人多缴税，对数量少、面积小、价值低的人少缴税或不缴税，发挥调节个人财富、促进社会公平的作用。

尽管上述两个功能十分明显，但房地产税最受关注和热议的功能则是调节房地产市场，或者说直白一些，是调控房价、抑制投机炒房。近年来，部分城市房价过高、空置房较多，房地产税被认为可以弥补房产保有环节税收调节的空白，增加房产持有成本，引导居民合理进行住房消费，促进房地产平稳健康发展。

这些改革目标与功能看起来很"美好"，但如何实现则并非易事。

第一，从2003年提出物业税开始，房地产税已历经13年之久尚未正式出台，这一新税种出台的主要难点在于哪些方面？

北京大学财经法研究中心主任、北京大学法学院教授、中国法学会财税法学研究会会长刘剑文表示：房地产税要出台的首要难点是需要明确自身的定位与功能。对于我国需要什么性质的房地产税，它应该兼具调节分配社会收入的功能，优化我国税制的功能，促进财产税体系完善的功能，形成地方新的主体税种的功能。相对来说，调节房价其实只能算是房地产税的一项辅助功能。

第二，当前房地产税与土地出让金之间的矛盾尚未解决。我国准备征收的房地产税，是土地国有制下对私人住宅征收的财产税。换言之，在国家拥有土地的情况下，为何要再向个人征收房地产税，这种模式在国际上很罕见。因此当前土地使用权和房屋所有权相分离的问题，较难解决。

第三，房地产税及与其相关税种的内部体系需要厘清，包括房地产税及土地增值税、土地使用税和契税这四项税种。例如房地产税出台了，土地增值税还要不要？由于当前土地增值税调节市场的能力有限，征收也不够规范，开发商甚至可以转嫁税负。因此可以考虑将现有的房产税和土地增值税等相关税种合并为房地产税。

第四，目前关于房地产税的构成要素，争议还很大。这包括了房地产税的税率和征税、免征范围，以及征税办法等。例如税率该从低还是从高，是按套还是按面积征收等问题都需要加以明确。

第五，征收房地产税的一些前提条件正亟待加以完成。我国全面完成不动产登记是实施房地产税的前置基本条件之一，这个摸底工作完成后，才能按照存量数据相对科学地制定政策并加以实施。同时，房产价格的评估体系需要建立并加以完善，这也是征税所需的必要条件之一。

第六，关于房地产税的立法模式也需要清晰地确立起来。房地产税是统一通过中央层面的立法决定一切的必要因素，还是可以适当赋予地方一定的立法决定权限，这个问题在房地产税法草案在提交全国人大审议前，应该予以明确。

第七，由于营业税改征增值税的基本完成，地方财政原有的第一大税种营业税已经消失。因此房地产税在一定程度上承担着形成地方新的主体税种的功能。这也要求房地产税应该能够在一定程度上保障地方的财政收入，如果暂时不能保障，中央是否要加大对于地方财政的转移支付力度，进而保证地方的财力平衡，也需要有关方面一个明确的态度。

影响一项政策出台速度的关键因素之一，就是政策影响领域内利益问题的界定。房地产税被不少人认同为一项增加个人税收负担的新增税种。但作为推高房价因素之一的土地出让金，则尚未得到有关部门关于其会取消的任何正式表态。近日人社部已经明确，按照工作计划，今年将拿出延迟退休方案。同时，研究退休职工缴医保一事也被提上议事日程。在社保福利可能有所降低的前提下，在房地产税的立法进程中，各项因素达成共识的过程可能更加艰巨，出台过程应该更加严谨。

"房地产税改革是我国税制改革的重中之重，难度很大，最重要的问题不是何时推出，而是如何明确功能定位，制定出科学完善的法案，实现良法善治。"刘剑文说。

【问题探究】

(1) 什么是财产税？如何认识财产税？

(2) 了解并思考我国从房产税改革到房地产税改革这一税制改革进程。

(3) 了解并思考目前我国开征房地产税存在的主要困难和障碍有哪些？其可能的解决路径有哪些？

任务二　房产税

案例1：房产税征税范围

【案例讨论】

税务稽查人员对某企业进行纳税检查时发现，该企业自成立以来从未缴纳过房产税，原因是企业主要厂房主要通过租赁使用。经查账发现，企业"固定资产"明细账上反映该企业有少量房产，价值190万元。经现场了解和确认，得知是该企业租赁来的房屋不够用，自己又新建了配套的附属厂房，但没有办理产权证。企业的财务人员认为企业主要的厂房是租赁的，属于租赁使用，自己建的厂房没有办理房产证，没有产权，所以不需要缴纳房产税。

【问题探究】

(1) 如何界定房屋是否属于房产税的征税对象"房产"？

(2) 本案中，没有办理产权证的房屋是否需要缴纳房产税？

【相关法律指引】

《中华人民共和国房产税暂行条例》

第一条　房产税在城市、县城、建制镇和工矿区征收。

第二条　房产税由产权所有人缴纳。产权属于全民所有的，由经营管理的单位缴纳。产权出典的，由承典人缴纳。产权所有人、承典人不在房产所在地的，或者产权未确定及租典纠纷未解决的，由房产代管人或者使用人缴纳。

前款列举的产权所有人、经营管理单位、承典人、房产代管人或者使用人，统称为纳税义务人。

《财政部税务总局关于房产税和车船使用税几个业务问题的解释与规定》

1987年3月23日

一、关于"房产"的解释

"房产"是以房屋形态表现的财产。房屋是指有屋面和围护结构（有墙或两边有柱），能够遮风避雨，可供人们在其中生产、工作、学习、娱乐、居住或储藏物资的场所。

案例 2：房产税计税依据

【案例讨论】

某电子元器件厂近年发展迅速，企业规模不断扩大，员工人数也不断增加，导致职工宿舍不能满足员工需求。于是工厂领导决定再新建一栋职工宿舍楼。根据设计，该职工宿舍楼采用中央空调，同时为了改善职工生活品质，在职工宿舍楼外新建一个露天游泳池，免费对本厂职工开放。

后税务机关在对该厂进行税务检查时发现：该企业对宿舍楼中央空调单独计价，没有计入"固定资产"科目。因此税务机关对其进行了调整，把该中央空调与室外游泳池的造价都计入了房产原值，以计算该厂应当缴纳的房产税。该厂表示异议，认为根据《财政部税务总局关于房产税若干具体问题的解释和暂行规定》，房产原值是指纳税人按照会计制度规定，在账簿"固定资产"科目中记载的房屋原价，所以没有计入"固定资产"科目的中央空调与室外游泳池的造价都不应当计入房产原值。

【问题探究】

（1）房产税计税依据有哪些？如何确定房产原值？

（2）本案中，企业安装中央空调和室外游泳池的造价是否应计入房产原值？

【相关法律指引】

《中华人民共和国房产税暂行条例》

第三条　房产税依照房产原值一次减除 10% 至 30% 后的余值计算缴纳。具体减除幅度，由省、自治区、直辖市人民政府规定。

没有房产原值作为依据的，由房产所在地税务机关参考同类房产核定。

房产出租的，以房产租金收入为房产税的计税依据。

《财政部税务总局关于房产税和车船使用税几个业务问题的解释与规定》

1987 年 3 月 23 日

一、关于"房产"的解释

"房产"是……。

独立于房屋之外的建筑物，如围墙、烟囱、水塔、变电塔、油池油柜、酒窖菜窖、酒精池、糖蜜池、室外游泳池、玻璃暖房、砖瓦石灰窑以及各种油气罐等，不属于房产。

《国家税务总局关于进一步明确房屋附属设备和配套设施计征房产税有关问题的通知》

（国税发〔2005〕173 号）

一、为了维持和增加房屋的使用功能或使房屋满足设计要求，凡以房屋为载体，不可随意移动的附属设备和配套设施，如给排水、采暖、消防、中央空调、电气及智能化楼宇设备等，无论在会计核算中是否单独记账与核算，都应计入房产原值，计征房产税。

《关于房产税城镇土地使用税有关问题的通知》

（财税〔2008〕152 号）

一、关于房产原值如何确定的问题

对依照房产原值计税的房产，不论是否记载在会计账簿固定资产科目中，均应按照房屋原价计算缴纳房产税。房屋原价应根据国家有关会计制度规定进行核算。对纳税人未按国家会计制度规定核算并记载的，应按规定予以调整或重新评估。

《财政部税务总局关于房产税若干具体问题的解释和暂行规定》（财税地字〔1986〕第008号）第十五条同时废止。

案例3：房产税税收优惠

【案例讨论】

某高校是由财政部差额拨款的事业单位，该校为应对不断增加的生源，决定新建一座学生宿舍楼以提供更多的宿舍供学生居住使用。经有关部门批准后，该校开始着手筹资建造，经过半年多的建设，宿舍楼竣工并投入使用。由于暂时还有部分宿舍闲置，于是学校将该宿舍楼底层的房间出租用于经营活动，当年取得租金收入25万元。年底时该校准备将租金收入作为奖金发放给就业率100%的专业部门，被税务部门知晓并上门征收房产税。

该校领导表示不解，认为学校属于公益性的事业单位，根据《房产税暂行条例》第五条规定，由国家财政部门拨付事业经费的单位自用的房产是免纳房产税的，所以租金收入应当免税。但是税务机关认为，只有全额拨款的事业单位才应该免税，由于该校属于差额拨款，所以不应当免税。

【问题探究】

（1）了解我国房产税的免税规定。

（2）本案中，税务机关与高校的说法是否准确？该校是否应当就租金收入缴纳房产税？

【相关法律指引】

《中华人民共和国房产税暂行条例》

第四条　房产税的税率，依照房产余值计算缴纳的，税率为1.2%；依照房产租金收入计算缴纳的，税率为12%。

第五条　下列房产免纳房产税：

一、国家机关、人民团体、军队自用的房产；

二、由国家财政部门拨付事业经费的单位自用的房产；

三、宗教寺庙、公园、名胜古迹自用的房产；

四、个人所有非营业用的房产；

五、经财政部批准免税的其他房产。

《财政部税务总局关于房产税若干具体问题的解释和暂行规定》
（财税地字〔1986〕第008号）

四、关于"由国家财政部门拨付事业经费的单位"，是否包括由国家财政部门拨付事业经费，实行差额预算管理的事业单位？

实行差额预算管理的事业单位，虽然有一定的收入，但收入不够本身经费开支的部分，还要由国家财政部门拨付经费补助。因此，对实行差额预算管理的事业单位，也属于由国家财政部门拨付事业经费的单位，对其本身自用的房产免征房产税。

六、关于免税单位自用房产的解释。

国家机关、人民团体、军队自用的房产，是指这些单位本身的办公用房和公务用房。

事业单位自用的房产，是指这些单位本身的业务用房。

宗教寺庙自用的房产，是指举行宗教仪式等的房屋和宗教人员使用的生活用房屋。

公园、名胜古迹自用的房产，是指供公共参观游览的房屋及其管理单位的办公用房屋。

上述免税单位出租的房产以及非本身业务用的生产、营业用房产不属于免税范围,应征收房产税。

任务三 契税

案例1:契税缴纳

【案例讨论】

上海契税纠纷第一案尘埃落定 法院作出终审判定①

2001年7月,方先生花了264982元,在位于松江区九亭镇涞亭南路的奥林匹克花园购置了一套商品房,并签定了商品房预售合同。2002年6月28日,开发商按约交房,方先生于当日填写了购房契税纳税申报单,按房价的0.75%将契税交由开发商代为缴纳。开发商还以办理产权证的名义收取了方先生300元手续费。

2002年10月,等着拿产权证的方先生突然发现,开发商在小区内贴出一张公告,要求购房业主再补交房价0.75%的契税。迷惑不解的他在询问后才知道,原来上海市政府自2002年9月1日起,取消了市民购买商品房的契税补贴,要按照房价的1.5%交纳契税。在多次交涉未果后,方先生将开发商上海奥林匹克置业投资有限公司(以下简称奥林匹克公司)告上法庭,要求赔偿损失1978.11元。和他一起递交诉状的还有其他16名业主。

法院认为,虽然业主和房产商之间未签订书面委托合同,但当业主将契税交给房产商,并支付300元产权证代办费,拿到房产商的收据时,双方已实际形成了一种有偿委托合同关系。作为受托人,房产商应按委托人的要求处理委托事项,当某些内容约定不明时,受托人应从维护委托人的利益出发,根据实际情况予以妥善处理。在本案中,开发商虽未明确约定何时完成代缴契税事项,但开发商应从上述角度出发,及时为业主办理纳税申报等手续,不能为了自身方便,收齐全部业主契税后一并办理。在6月28日至8月31日两个月的时间内,房产商足以办妥缴税手续,却没有办理,因此其行为存在过错。另外,虽然本市契税税率一直为1.5%,没有调整过,调整的只是补贴政策,但对于业主而言,由于开发商未能及时缴税,致使业主未能享受到政府补贴,因此,这笔税款为业主的损失,房产商理应予以赔偿。

松江法院一审判决奥林匹克置业投资有限公司赔偿方先生经济损失1987.11元。

2003年4月,上海奥林匹克置业投资有限公司因不满一审法院判决,向一中院提起上诉。他们认为:开发商为业主代缴契税是无偿代理行为;双方在合同中又未约定缴纳契税的期限,因此开发商在9月1日后缴税并不能称为拖延缴税;其次,政府契税政策调整是不可抗力因素,所以过错不在自己身上;奥林匹克公司还指出,根据契税条例规定,业主应在合同签定后10日内缴税,但业主是在纳税义务发生一年多后,才将缴税义务委托给开发商,是业主的拖延造成未能在2002年9月1日前完税的后果。

原告方则指出:首先,2002年6月28日,开发商收取契税款时,同时收取了300元房产证代办费,业主委托开发商缴税是有偿代理;其次,双方在预售合同中只约定了办理房产证的时间,未约定缴税时间,故按照政府相关规定,开发商应在房屋竣工后一个月内为业主

---

① 案例材料来源:新浪博客。http://blog.sina.com.cn/s/blog_59c2986401009qzv.html.

上缴契税，现开发商未及时缴纳，这种行为存在过错；最后，政府调整契税政策不属于不可抗力。

法院对原告方提出第一和第三点均无异议，但是对第二点，即业主在超过法定缴税期限后才进行委托，而开发商又未在2002年9月1日之前上缴到税务部门，双方对业主需补交契税的损失，是否存在过错持不同意见。

法院认为：根据《契税》条例第八条和第九条规定，业主应在预售合同签定之日起10内向税务机关申报纳税，并在核定期限内缴税。又根据上海市财政局1998年发布的《上海市财政局关于上海市契税征收管理若干问题的通知》第二条和第四条精神，凡发生商品房预售和预售商品房转让的，业主在法定期限内申报缴税后，原则上缴税时间为房地产竣工后一个月内。

由于业主在法定期限内并未履行申报及缴税义务，且在该法定期限后，业主委托开发商代缴契税时，并未约定交纳契税的期限，所以在缴税过程中，契税政策调整的风险首先应由业主承担。但是，由于业主和开发商之间存在有偿委托合同关系，开发商在完成该委托事项时，要注意诚信、谨慎和勤勉义务，而开发商在接受业主委托后，应当明知业主的纳税义务已经发生，却未及时缴税，且在此期间未尽充分注意义务，以致业主未能享受到契税补贴政策，显然，对业主遭受的损失存在过错。因此这部分损失应由双方共同承担。

一中院最后撤消原审法院松江法院的判决，判决补交的契税由奥林匹克公司和业主方先生平均承担，二审案件受理费也由双方各负担一半。

【问题探究】

(1) 如何确定契税纳税义务的发生时间？本案中方先生应当如何履行契税缴纳义务？

(2) 如何评价两审法院的判决？

案例2：契税税收优惠

【案例讨论】

浙江某大学创建于1991年，创建时以40万元的价格购买了一栋房屋作为教学楼。2014年，该大学经教育部等部门批准与另一所大学合并成立了一所新的大学，并把包括该教学楼在内的学校资产过户给新的大学。学校合并后规模扩大，一时资金紧张，于是学校领导研究决定，把该教学楼用于出租，以所得租金解决资金问题。不久该校把教学楼以每月20万元的价格出租给某公司作为办公楼。

2015年税务机关在税务检查时发现了上述情况，便以学校合并后转移房产权属以及改变教学楼用途为由，要求学校缴纳契税。

【问题探究】

(1) 契税纳税义务人如何确定？

(2) 本案中学校合并过户房产是否应当缴纳契税？

(3) 学校出租教学楼取得的收入在税法上应当如何处理？

【相关法律指引】

《中华人民共和国契税暂行条例》

第六条 有下列情形之一的，减征或者免征契税：

（一）国家机关、事业单位、社会团体、军事单位承受土地、房屋用于办公、教学、医疗、科研和军事设施的，免征；

……

第七条 经批准减征、免征契税的纳税人改变有关土地、房屋的用途，不再属于本条例第六条规定的减征、免征契税范围的，应当补缴已经减征、免征的税款。

《中华人民共和国契税暂行条例实施细则》

第十二条 条例所称用于办公的，是指办公室（楼）以及其他直接用于办公的土地、房屋。

条例所称用于教学的，是指教室（教学楼）以及其他直接用于教学的土地、房屋。

……

任务四 车船税

【案例讨论】

车主因限行要求退车船税[①]

据《北京晚报》2010年11月11日报道：

新版车船税草案正在全国人大常委会官网征求意见，昨天下午，中国汽车工业协会副秘书长熊传林在最新一期汽车产销信息发布会上建议，对于像北京这样采取了机动车限行措施的地区，可考虑酌情减征车船税。中汽协认为，乘用车的排量大小不是判断环保与否的唯一标准。

对于因限行应减征车船税，本报曾连续报道。期间，丰台一消费者要求退还车船税，将地税局告上法庭。税务部门后来回应说，车船税是财产税，限行减税属于消费环节，不予考虑。

昨天，中汽协表示由于私家车迅速普及，全国已有一些省市根据地区道路状况和管理需要采取了机动车按号牌限行的政策，预计今后采取类似做法的城市会越来越多。熊传林认为，限行政策是对车辆所有权和使用权的限制和剥夺，考虑到车辆所有者是被动减少车辆的使用时间，在征收车船税时，应当根据限行天数减免相应的税款。以北京为例，眼下实行机动车每周限行一天的措施，一年限行52天；在新版车船税草案中，排量1.6升的汽车税额在660元至960元之间，照此计算，车主一年可少交车船税97元至142元。

中汽协还认为，按排量征收未能充分体现财产税性质。车船税是财产税，按照财产税的概念，税收的多少应当根据财产的多少来进行核算，应基于汽车的价值来征收，以排量征收显然不公平，同等排量的自主品牌与进口车的价格相差数倍，甚至是上十倍，如交纳同样的税金，显然不合理，客观上也不利于自主品牌的发展。

财政部对按价值征税的解释是"车船的数量庞大，又分散于千家万户，价值评估难以

---

① 案例材料来源：北京车主因限行要求退车船税，称税收要公平合理——搜狐新闻。https://news.sohu.com/20100423/n271708341.shtml。

② 中汽协：北京汽车限行应退车船税，一年退3亿。http://auto.163.com/10/1111/09/6L6SQ17H00084IJ5.html。

操作"，因为难以操作，就要改变财产税的征税原则，实为不妥。

此外，乘用车的排量大小不是判断环保与否的唯一标准，很多先进技术的应用，已经能够使大排量汽车降低有害物质排放量，而低档次的小排量汽车反而会增加有害物质的排放。按排量征收也没有考虑车辆使用的因素，车辆行驶里程多少直接影响排放，因此按排量征收不能达到促进节能减排的目的。目前已经实行的燃油税是鼓励节能减排的税种，多用油多缴税，少用油少缴税，既考虑排量，又考虑使用，完全起到了鼓励节能减排的作用，把燃油税的功能强加在车船税上，使得车船税功能不清。

北京市的机动车保有量已经超过 460 万辆。按照目前的车船税税率，一年 52 周，每周停驶 1 天计算，一辆车应该退还车船税共计 68.38 元，而 460 万辆车，就是 3.1 亿多元。

据《北京晚报》2010 年 4 月 23 日报道：

2010 年 4 月 22 日，北京丰台区的陈晓羽向丰台区地税局提交一份行政复议书，要求地税局退还他因限行而多交的 68.38 元车船税。

按媒体公开报道的数字，去年 12 月低，北京市的机动车保有量已经超过 400（其实已超 400 万辆）万辆。陈晓羽算了一笔账，按照一年 52 周，每周停驶 1 天计算，一辆车应该退还车船税共计 68.38 元，而 400 万辆车，就是 2.7 亿多元。可以预料的是，如果陈晓羽能赢，惠及的是北京的 400 万车主。不过，他被税务人员告知，车船税为财产税税种，不论是否开车，只要购买了汽车，就应该按期缴纳车船税，直到车辆损毁、报废，即使在执行机动车尾号限行制度的期间，也应足额缴纳车船税。丰台地税局工作人员说，作为税务部门，只能依法办事，执行国家政策，目前没有接到要求退税的上级文件。

在 2007 年国家把车船使用税改为车船税时，就明确解释车船税同时由财产与行为税变为单独的财产税。一些法律界人士据此认为使用不使用与收不收财产税无关。但陈晓羽的代理律师认为，如果是车主在主观上想为交通作贡献，自己不开车，那肯定不能退税。但是，在车主被强制性地不让开车的那一天，那辆车就没使用价值，放在车库里的意义就相当于一堆废铁，何来财产税一说？就像国家想开征的房产税一样，也是财产税，但是，如果国家强制性地不让业主住房子，那房子还有何价值？算什么财产？

【问题探究】

（1）如何理解车船税的性质及其功能？财产税的立法目标是什么？

（2）本案中，因为车辆限行的车主能否要求退还车船税？

【相关法律指引】

《中华人民共和国车船税法》

第一条　在中华人民共和国境内属于本法所附《车船税税目税额表》规定的车辆、船舶（以下简称车船）的所有人或者管理人，为车船税的纳税人，应当依照本法缴纳车船税。

《中华人民共和国车船税法实施条例》

第二条　车船税法第一条所称车辆、船舶，是指：

（一）依法应当在车船登记管理部门登记的机动车辆和船舶；

（二）依法不需要在车船登记管理部门登记的在单位内部场所行驶或者作业的机动车辆和船舶。

第十九条　购置的新车船，购置当年的应纳税额自纳税义务发生的当月起按月计算。应纳税额为年应纳税额除以12再乘以应纳税月份数。

在一个纳税年度内，已完税的车船被盗抢、报废、灭失的，纳税人可以凭有关管理机关出具的证明和完税凭证，向纳税所在地的主管税务机关申请退还自被盗抢、报废、灭失月份起至该纳税年度终了期间的税款。

已办理退税的被盗抢车船失而复得的，纳税人应当从公安机关出具相关证明的当月起计算缴纳车船税。

子项目二　行为税法制度

任务一　印花税

【案例讨论】

甲公司分别与乙公司、丙公司、丁公司签订了三份合同：一是甲公司与乙公司签订的以货换货合同，甲公司的货物价值400万元，乙公司的货物价值250万元；二是甲公司与丙公司签订的仓储保管合同，合同上注明货物的金额500万元，保管费用20万元，但因故合同未能兑现；三是甲公司与丁公司签订的房屋租赁合同，记载支付租赁费80万元。

【问题探究】

（1）印花税的纳税义务人和征税范围如何确定？

（2）本案中，甲、乙、丙、丁公司是否应缴纳印花税？应当如何缴纳？

【相关法律指引】

《中华人民共和国印花税暂行条例》

第一条　在中华人民共和国境内书立、领受本条例所列举凭证的单位和个人，都是印花税的纳税义务人（以下简称纳税人），应当按照本条例规定缴纳印花税。

第二条　下列凭证为应纳税凭证：

（一）购销、加工承揽、建设工程承包、财产租赁、货物运输、仓储保管、借款、财产保险、技术合同或者具有合同性质的凭证；

（二）产权转移书据；

（三）营业账簿；

（四）权利、许可证照；

（五）经财政部确定征税的其他凭证。

第三条　纳税人根据应纳税凭证的性质，分别按比例税率或者按件定额计算应纳税额，具体税率、税额的确定，依照本条例所附《印花税税目税率表》执行。

……

第五条　印花税实行由纳税人根据规定自行计算应纳税额，购买并一次贴足印花税票（以下简称贴花）的缴纳办法。

为简化贴花手续，应纳税额较大或者贴花次数频繁的，纳税人可向税务机关提出申请，采取以缴款书代替贴花或者按期汇总缴纳的办法。

第六条 印花税票应当粘贴在应纳税凭证上，并由纳税人在每枚税票的骑缝处盖戳注销或者画销。

已贴用的印花税票不得重用。

第七条 应纳税凭证应当于书立或者领受时贴花。

第八条 同一凭证，由两方或者两方以上当事人签订并各执一份的，应当由各方就所执的一份各自全额贴花。

第九条 已贴花的凭证，修改后所载金额增加的，其增加部分应当补贴印花税票。

《中华人民共和国印花税暂行条例施行细则》

第二条 条例第一条所说的在中华人民共和国境内书立、领受本条例所列举凭证，是指在中国境内具有法律效力，受中国法律保护的凭证。

上述凭证无论在中国境内或者境外书立，均应依照条例规定贴花。

条例第一条所说的单位和个人，是指国内各类企业、事业、机关、团体、部队以及中外合资企业、合作企业、外资企业、外国公司企业和其他经济组织及其在华机构等单位和个人。

……

第十条 印花税只对税目税率表中列举的凭证和经财政部确定征税的其他凭证征税。

第十四条 条例第七条所说的书立或者领受时贴花，是指在合同的签订时、书据的立据时、账簿的启用时和证照的领受时贴花。

如果合同在国外签订的，应在国内使用时贴花。

第十五条 条例第八条所说的当事人，是指对凭证有直接权利义务关系的单位和个人，不包括保人、证人、鉴定人。

税目税率表中的立合同人，是指合同的当事人。

当事人的代理人有代理纳税的义务。

第二十条 应纳税凭证粘贴印花税票后应即注销。纳税人有印章的，加盖印章注销；纳税人没有印章的，可用钢笔（圆珠笔）画几条横线注销。注销标记应与骑缝处相交。骑缝处是指粘贴的印花税票与凭证及印花税票之间的交接处。

第二十四条 凡多贴印花税票者，不得申请退税或者抵用。

【能力训练】

某企业某年2月开业，当年发生以下有关业务事项：

(1) 领受房屋产权证、工商营业执照、土地使用证各1件；

(2) 与其他企业订立转移专用技术使用权书据1份，所载金额100万元；

(3) 订立产品购销合同1份，所载金额为200万元；

(4) 订立借款合同1份，所载金额为400万元；

(5) 企业记载资金的账簿，"实收资本""资本公积"为800万元；

(6) 其他营业账簿10本。

【问题及要求】

分析并计算该企业当年应缴纳的印花税税额。

任务二　车辆购置税

【案例讨论】

网上买"二手豪车"被骗 69.8 万元①

深圳特区报讯：价值上百万元的高级轿车用了一年后在网上仅售 27.8 万元，一男子怦然心动，结果掉入连环陷阱，在累计支付了 69.8 万元后，仍未能见到车辆，这才报警。近日，龙岗区检察院将对从事网络诈骗的疑犯廖某、张某提起公诉。

2009 年 6 月 24 日，来自辽宁省的被害人贾某在互联网上搜寻出售二手车的信息，发现一款原价上百万元的凌志 LX570 高级小轿车仅用了一年，目前仅售 27.8 万元。贾某马上拨通卖家的电话抢购，与犯罪嫌疑人廖某、张某取得联系。

翌日，张某致电贾某，要求先缴纳定金。贾某把 2.3 万元汇到张某指定账户。确认收到汇款后，张某告知贾某，他要的车已经开始送往贾某的住所地。同年 6 月 29 日，张某致电贾某，称车已经开到指定交易地点，但在看车前必须先交清车款。贾某听后兴奋不已，即将 27 万余元的购车款汇到张某指定的账户，并打电话与张某联系。张某马上说还要交车辆购置税，否则不能交车。贾某没有多想，又将 14 万元汇到张某指定账户。张某收到汇款后，即刻假扮送车员"老何"致电贾某，称老板已经收到购置税的款项，叫他交车，但贾某须给他辛苦费 6 万元。贾某着急不已，又汇了 6 万元到张某指定账户。

紧接着，张某不断以路费、好处费等名目，向贾某索要共 20 万元。一番折腾后，贾某已心灰意冷，却又欲罢不能，虽然很怀疑张某、廖某是骗子，但心里仍抱最后一丝希望。张某在同年 6 月 30 日再次致电贾某，要求他最后再汇一笔 8 万元的运输费用。至此，贾某方才确信自己掉入了连环诈骗陷阱，马上向当地公安机关报案。公安机关通过多方努力，锁定犯罪嫌疑人廖某、张某在深圳龙岗的居住地，并将两犯罪嫌疑人捉拿归案。

检察机关提醒各位市民，切勿轻易相信网上低价广告，不要因贪图便宜而落入不法分子的圈套。小额网上交易最好有担保的网络第三方支付，大额买卖应在实体店铺通过合同交易，并要求对方当场出具相关的合法资料及证件，以免遭受无妄之灾。

【问题探究】

(1) 车辆购置税的特点有哪些？二手车交易还要不要缴纳车辆购置税？

(2) 本案中，被害人为什么会上当受骗？

【相关法律指引】

《中华人民共和国车辆购置税暂行条例》

第一条　在中华人民共和国境内购置本条例规定的车辆（以下简称应税车辆）的单位和个人，为车辆购置税的纳税人，应当依照本条例缴纳车辆购置税。

第二条　本条例第一条所称购置，包括购买、进口、自产、受赠、获奖或者以其他方式取得并自用应税车辆的行为。

……

第八条　车辆购置税实行一次征收制度。购置已征车辆购置税的车辆，不再征收车辆购置税。

---

① 案例材料来源：深圳特区报。http://sztqb.sznews.com/html/2010-08/23/content_1203464.htm.

　　第十一条　车辆购置税由国家税务局征收。

　　第十四条　纳税人应当在向公安机关车辆管理机构办理车辆登记注册前，缴纳车辆购置税。

······

《车辆购置税征收管理办法》

（2015 年 12 月 28 日修正）

　　第四条　车辆购置税实行一车一申报制度。

　　第二十四条　购买二手车时，购买者应当向原车主索要完税证明。

任务三　环境保护税

【材料分析】

环境保护税不是增负，而是减负①

　　2016 年 12 月 15 日，全国人大常委会表决通过了《环境保护税法》，并将于 2018 年 1 月 1 日起施行。《环境保护税法》是党的十八届三中全会提出"落实税收法定原则"要求后，全国人大常委会审议通过的第一部单行税法，也是我国第一部专门体现"绿色税制"、推进生态文明建设的单行税法。中国原有 18 个税种，随着 2016 年营业税改增值税的全面实施，营业税退出历史舞台，环保税由此成为第 18 个税收种类。

　　中国财政科学研究院研究员贾康认为，《环境保护税法》是我国 2015 年 3 月确立"税收法定"原则后制定的第一部单行税法，显示了政府希望更多运用对接市场机制的手段解决环境问题的决心。

　　"环境税应成为真正的死亡税率。"复旦大学环境经济研究中心副主任李志青强调，让高污染、高排放的企业"死亡"的同时，让清洁生产企业得到重生。"这就是积极推进环境税改革的关键所在。事实上，环境税改革并非要给企业增负，而是在帮助企业减负"。

　　然而，专家认为，要达到这样的效果，尚需破解实际操作中的难题。

　　《环境保护税法》规定，在中华人民共和国领域和中华人民共和国管辖的其他海域，直接向环境排放应税污染物的企业事业单位和其他生产经营者为环境税的纳税人，应当依照本法规定缴纳环境税。

　　贾康说，环境税是将环境污染排放外部性损害"内部化"的一种重要工具，该法律的出台，极大地提高了环境税费的法律地位，比原来以行政规章支撑的排污费有更高的法律效力等级。环境税以法律形式确定"污染者付费"原则，由税务部门而不只是环保部门征收，也将加大征收力度，提高环境税收征收的规范性和透明度，更有利于按照机制设计意图向排放企业释放减排信号，促进绿色发展。

　　然而，贾康认为，环境税设计尚偏保守，其明确遵循的原则之一是"将排污费制度向环境保护税制度平稳转移"，包括依据现行排污费收费标准为基础设置税率标准。"税负平

---

①　材料来源：

　a. 科技日报：环境保护税不是增负，而是减负——网易新闻。http://news.163.com/17/0205/07/CCGCCPQK000187VE.html.

　b. 环保税：用法律明确"污染者付费"。http://www.jingji.com.cn/html/news/gd/64899.html.

移原则的核心在于，环境税征收规模在初期将维持平稳过渡，不会出现激增情况，不会给企业增加更多负担，这是中央的设想和出发点。"李志青说，由于先前在排污费征收中存在诸多"遗漏"之处，"费改税"后有可能由于征收严格而出现实际税额剧增情况。

"中国企业的负担较重似乎是不争的事实，但非常有趣的是，中国企业承担这么多的种种负担，却偏偏没有承担他们最应该负担的一种成本，那就是环境成本。"李志青说。统计数据显示，2015年我国排污费的征收额为173亿元。李志青说，这个数字与主要税种规模相比，简直"就连一个零头都不到"。相反，由于企业排污所带来的直接环境损失每年少则以千亿元来计，间接环境损失和各种减排成本则多达数万亿元。

贾康也表示，原排污费被"诟病"行之无效的原因之一，就是征收标准偏低，甚至远低于排放企业的污染治理成本。结果排放企业宁愿缴纳排污费，也不愿意治理污染，不利于设立排污费形成经济激励、促进企业减排的初衷。征收环境保护税是我国建立和完善基础能源价格形成机制的重要一环，要求环保税税率的设定，尽可能反映环境污染排放带来的外部社会成本。从法律的设计角度看，《环境保护税法》是依据现行的地方最高排污费标准，设立环境保护税税额上限，并没有给予地方政府依照自身减排需求和意愿设定更高税率的空间，这并不利于环境保护税在一些地方发挥更大的促进减排作用。今后应考虑在该法的动态优化中加入这样的地方权变空间，替代原区域性的税外调节措施。

《环境保护税法》规定，"污染物的应纳税额为污染当量数乘以具体适用税额"。如大气污染物每污染当量1.2~12元；水污染物每污染当量1.4~14元；固体废物按不同种类每吨5元至1000元不等，其中危险废物为1000元/吨；工业噪声按超标分贝数，每月按350元至11200元缴纳。

李志青说，最终环境税不会给企业增负，而是帮助企业减负。要理解这一点，就要理解环境税本质，它是一种污染的"从量税"。也就是污染排放越多，缴纳税额就越高。从企业角度看，缴纳税额越高，意味着污染排放成本越高。"生产效率低、污染排放多的企业将缴纳更多环境税；但生产效率高、污染排放少的企业可从中获得好处。"李志青说，环境税实际上是在对不同企业进行"甄别"，甚至是"分化"。"最终，环境税负差异造成价格差别或生产规模差异，好企业产品的市场占有率提高了，坏企业被挤出市场。"

"可以说，环境税真正称得上是一种典型的死亡税率，它对社会经济的绿色发展而言是有益而无害的。"李志青说。

【问题探究】

（1）你认为我国开征环境保护税的目的是什么？

（2）如何理解《环境保护税法》的制定对于落实税收法定原则的意义？

（3）根据环保税立法体现"税负平移"原则，环保税在哪些方面体现了与原排污费的衔接？环保税又与原排污费有何不同？

项目九

资源与土地税法

 学习目标

通过学习，学生了解资源税法、城镇土地使用税法、耕地占用税法、土地增值税法的制度规定，理解和掌握各税种的征税原理，能正确确定上述各税种在不同情况下的计税依据，会计算各税种的应纳税额。

 资源与土地税法知识结构图

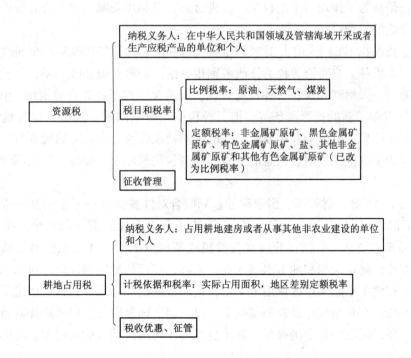

城镇土地使用税
- 纳税义务人：在城市、县城、建制镇、工矿区范围内使用土地的单位和个人
- 计税依据和税率：纳税人实际占用的土地面积 分级幅度定额税率
- 税收优惠、征管

土地增值税
- 纳税义务人：转让国有土地使用权、地上的建筑物及其附着物并取得收入的单位和个人
- 计税依据和税率：转让房地产所取得的增值额 四级超率累进税率
- 税收优惠、征管

资源与土地税法基本问题

一、资源税法

（一）资源税的概念与特点

1. 资源税的概念

资源税，是指为了体现国家的权益，促进合理开发利用资源，调节资源级差收入，对开采资源产品征收的一种税。

资源税是我国在 1984 年 10 月对国营企业实行利改税的第二步改革和全面改革工商税制时新开征的一个税种。当时资源税的征收范围很有限，局限于级差收入多、产量大并且易于控制管理的原油、天然气和煤炭三种特定资源，以后又增加了铁矿石等资源。1993 年 12 月 25 日，国务院发布了新的资源税条例，把资源税的征收范围进一步扩大到其他非金属矿原矿、黑色金属矿原矿、有色金属矿原矿，在取消对盐税作为一个独立的税种的同时，也把盐纳入了资源税的征收范围之内。但总的来看，资源税仍只囿于矿藏品，对大部分非矿藏品资源都没有征税。

2016 年 5 月 10 日，财政部、国家税务总局联合对外发文《关于全面推进资源税改革的通知》（以下简称《通知》），通知宣布，自 2016 年 7 月 1 日起，我国全面推进资源税改革，根据《通知》要求，我国将开展水资源税改革试点工作，并率先在河北试点，采取水资源费改税方式，将地表水和地下水纳入征税范围，实行从量定额计征，对高耗水行业、超计划用水以及在地下水超采地区取用地下水，适当提高税额标准，正常生产生活用水维持原有负担水平不变。在总结试点经验的基础上，财政部、国家税务总局将选择其他地区逐步扩大试点范围，条件成熟后在全国推开。其他自然资源将逐步纳入征收范围。考虑到森林、草

场、滩涂等资源在各地区的市场开发利用情况不尽相同，对其全面开征资源税条件尚不成熟，此次改革不在全国范围统一规定对森林、草场、滩涂等资源征税，但对具备征收条件的，授权省级政府可结合本地实际，根据森林、草场、滩涂等资源开发利用情况提出征收资源税具体方案建议，报国务院批准后实施。

资源税法是国家制定的用以调整资源税征收与缴纳之间权利与义务关系的法律规范。现行资源税的基本法规是1993年12月25日国务院颁布的《中华人民共和国资源税暂行条例》以下简称《条例》。该《条例》于2011年9月21日经国务院第173次常务会议修改，自2011年11月1日起施行。同年十月二十八日，《中华人民共和国资源税暂行条例实施细则》经财政部部务会议和国家税务总局局务会议修订，自2011年11月1日起施行。

2. 资源税的特点

资源税与其他税收相比具有以下几个特点：

1）资源税的征收范围小

自然资源是生产资料或生活资料的天然来源，它包括的范围很广，如矿产资源、土地资源、水资源、动植物资源等。世界上一些征收资源税的国家，其征税范围也非常广。目前我国的资源税征税范围较窄，仅选择了部分级差收入差异较大，资源较为普遍，易于征收管理的矿产品和盐列为征税范围。随着我国经济的快速发展，对自然资源的合理利用和有效保护将越来越重要，从资源税的改革和政府宏观经济调控的实际需要出发，我国资源税的征税范围应逐步扩大。

2）资源税的征税目的是调节级差收入

资源税按性质可分为一般资源税和级差资源税两类。一般资源税是不考虑资源开采者所使用资源的贫富状况和开采条件，也不考虑因开发资源所取得收入的多少，对开发利用某种自然资源的单位和个人就其资源的数量或价值征收的一种税。级差资源税是按照资源的级差收入分别征税，纳税人应纳税额的多少同其所开发利用资源的贫富状况和开采利用条件有关。所谓级差收入，是指同一种资源由于所处地理位置、内部结构、成分不同而所获收益数量上的差异。现今世界各国征收的资源税大多属于级差资源税。

征收资源税可以起到多方面的作用，如筹集财政收入，加强对资源开发的引导和监督，变资源无偿使用为资源有偿使用等。但资源税的立法目的主要在于调节资源开采企业因资源开采条件的差异所形成的级差收入，把由于自然条件优越而形成的级差收入收归国有，排除自然因素造成的分配不合理，调节资源开采企业因资源开采条件的差异所形成的级差收入，为资源开采企业之间开展公平竞争创造条件。

3）资源税主要实行从量定额征收，采用差别税额，计算简便

目前，世界各国征收资源税的方法主要有三种：一是从价定率征收；二是从量定额征收；三是以矿产净收入为计税依据按率征收。我国现行资源税法规定资源税主要以应税资源产品的销售量为计税依据，实行从量定额计税，有利于计征和缴纳。但随着中国经济的发展，"从量计征"的弊端已经尽显，较低的资源税率难以合理调节资源的开采和使用量，由此带来的乱采乱挖、浪费严重问题十分突出。尤其是近几年来，资源类产品价格上涨很快，在价格上涨的过程当中，资源型企业的收入增加很多，而政府的税收却没有因此得到丝毫的增长。现有的税率完全不能反映资源价格的变动，我国的资源无法从价格上体现出其稀缺性

和不可再生性。这显然与我国经济发展和构建资源节约型社会要求相违背。

2016年7月1日我国实行资源税改革，资源税征收方式由从量征收改为从价征收。通过全面实施清费立税、从价计征改革，理顺资源税费关系，建立规范公平、调控合理、征管高效的资源税制度，有效发挥其组织收入、调控经济、促进资源节约利用和生态环境保护的作用。

（二）资源税的纳税人

1. 纳税义务人

在中华人民共和国领域及管辖海域开采应税矿产品或者生产盐（以下称开采或者生产应税产品）的单位和个人，为资源税的纳税人。单位，是指国有企业、集体企业、私有企业、股份制企业、其他企业和行政单位、事业单位、军事单位、社会团体及其他单位；个人，是指个体经营者和其他个人。其他单位和其他个人包括外商投资企业、外国企业及外籍人员。

按照现行规定，对已经征收矿区使用费但尚未征收资源税的海上、路上油田、外商投资企业，也一律征收资源税。根据修改后的《资源税暂行条例》，"中外合作开采石油、天然气，只征收矿区使用费，暂不征收资源税"的规定已经取消，因此中外合作开采石油、天然气的企业是资源税的纳税人。

进口矿产品和盐、经营已税矿产品和盐的单位和个人不是资源税的纳税人。

2. 扣缴义务人

资源税暂行条例和细则规定，以收购未税矿产品的单位作为资源税的扣缴义务人。扣缴义务人是为了加强资源税的征管，对那些税源小、零散、不定期开采，税务部门难以控制，容易发生漏税的单位和个人，在收购其未税矿产品时代扣代缴其应纳的税款。未税矿产品，是指资源税纳税人在销售其矿产品时不能向扣缴义务人提供"资源税管理证明"的矿产品。"资源税管理证明"是证明销售的矿产品已缴纳资源税或已向当地税务机关办理纳税申报的有效凭证。

扣缴义务人具体包括：独立矿山、联合企业及其他收购未税矿产品的单位。其中，独立矿山，是指只有采矿或只有采矿和选矿并实行独立核算、自负盈亏的单位；联合企业，是指采、选、冶（或加工）连续生产的企业或采、冶（或加工）连续生产的企业，其采矿单位一般是该企业的二级或二级以下的核算单位。独立矿山、联合企业收购未税矿产品，应按照本单位应税资源税额标准，依据收购的数量代扣代缴资源税；其他收购单位收购未税矿产品，按照税务机关核定的应税产品税额标准，依据收购的数量代扣代缴资源税。

（三）资源税的征税范围和税率

资源税采取从量定额的办法征收，实施"普遍征收，级差调节"的原则。普遍征收，是指对在我国境内开发的一切应税资源产品征收资源税；级差调节，是指运用资源税对因资源储存状况、开采条件、资源优劣、地理位置等客观存在的差别而产生的资源级差收入，通过实施差别税额标准进行调节。资源条件好的，税额高一些；资源条件差的，税额低一些。

1. 征税范围

资源的范围很广，狭义的资源可理解为自然资源。自然资源又可分为矿产资源、土地资源、动物资源、植物资源、海洋资源等。由于我国开征资源税经验不足，目前资源税的征税范围仅限于矿产品和盐。现行资源税的征税范围具体为：

（1）原油。指开采的天然原油，不包括人造石油。

（2）天然气。指专门开采或与原油同时开采的天然气，暂不包括煤矿生产的天然气。

（3）煤炭。包括原煤和以未税原煤加工的洗选煤①。

（4）其他非金属矿原矿。指上列产品和井矿盐以外的非金属矿原矿，包括宝石、金刚石、玉石、膨润土、石墨、石英砂、萤石等。不包括加工的非金属矿。

（5）黑色金属矿原矿。黑色金属矿原矿是指纳税人开采后自用或销售的，用于直接入炉冶炼或作为主产品先入选精矿，制造人工矿，再最终入炉冶炼的黑色金属矿石原矿，包括铁矿石、锰矿石和铬矿石。不包括加工的黑色金属矿。

（6）有色金属矿原矿。包括铜矿石、铅锌矿石、铝土矿石、钨矿石、锡矿石、锑矿石、铝矿石、镍矿石、黄金矿石等。不包括加工的有色金属矿。

（7）盐。包括固体盐、液体盐。固体盐，是指海盐原盐、湖盐原盐和井矿盐；液体盐俗称卤水，是指氯化钠含量达到一定浓度的溶液，是用于生产碱和其他产品的原料。不包括加工的固体盐。

（8）未列举名称的其他非金属矿原矿和其他有色金矿原矿，由省、自治区、直辖市人民政府决定征收或暂缓征收资源税，并报财政部和国家税务总局备案。

2. 税率

资源税采取以从价定率为主的办法征收。资源税税目、税额的调整由国务院确定。资源税税目税率表如表9-1所示。

表9-1 资源税税目税率表

税目		税率
一、原油		销售额的6%
二、天然气		销售额的6%
三、煤炭		销售额的2%~10%
四、金属矿	铁矿（精矿）	销售额的1%~6%
	金矿（金锭）	销售额的1%~4%
	铜矿（精矿）	销售额的2%~8%
	铝土矿（原矿）	销售额的3%~9%
	铅锌矿（精矿）	销售额的2%~6%
	镍矿（精矿）	销售额的2%~6%
	锡矿（精矿）	销售额的2%~6%
	未列举名称的其他金属矿产品（原矿或精矿）	税率不超过20%

① 根据《关于实施煤炭资源税改革的通知》（财税〔2014〕72号），煤炭应税产品（简称应税煤炭）包括原煤和以未税原煤加工的洗选煤（简称洗选煤）。

续表

税目		税率
五、非金属矿	石墨（精矿）	销售额的 3%~10%
	硅藻土（精矿）	销售额的 1%~6%
	高岭土（原矿）	销售额的 1%~6%
	萤石（精矿）	销售额的 1%~6%
	石灰石（原矿）	销售额的 1%~6%
	硫铁矿（精矿）	销售额的 1%~6%
	磷矿（原矿）	销售额的 3%~8%
	氯化钾（精矿）	销售额的 3%~8%
	硫酸钾（精矿）	销售额的 6%~12%
	井矿盐（氯化钠初级产品）	销售额的 1%~6%
	湖盐（氯化钠初级产品）	销售额的 1%~6%
	提取地下卤水晒制的盐（氯化钠初级产品）	销售额的 3%~15%
	煤层（成）气（原矿）	销售额的 1%~2%
	黏土、砂石（原矿）	每吨或立方米 0.1~5 元
	未列举名称的其他非金属矿产品（原矿或精矿）	从量税率每吨或立方米不超过 30 元；从价税率不超过 20%
六、海盐	氯化钠初级产品	销售额的 1%~5%

（1）纳税人在开采主矿产品的过程中伴采的其他应税矿产品，凡未单独规定适用税额的，一律按主矿产品或视同主矿产品税目征收资源税。

（2）扣缴义务人代扣代缴资源税适用的单位税额按如下规定执行：

① 独立矿山、联合企业收购与本单位矿种相同的未税矿产品，按照本单位相同矿种应税产品的单位税额，依据收购数量代扣代缴资源税。

② 独立矿山、联合企业收购与本单位矿种不同的未税矿产品，以及其他收购单位收购的未税矿产品，按照收购地相应矿种规定的单位税额，依据收购数量代扣代缴资源税。

③ 纳税人具体适用的税率，在《资源税税目税率表》规定的税率幅度内，根据纳税人所开采或者生产应税产品的资源品位、开采条件等情况，由财政部商国务院有关部门确定；财政部未列举名称且未确定具体适用税率的其他非金属矿原矿和有色金属矿原矿，由省、自治区、直辖市人民政府根据实际情况确定，报财政部和国家税务总局备案。

（四）资源税应纳税额的计算

资源税的应纳税额，按照从价定率或者从量定额的办法，分别以应税产品的销售额乘以纳税人具体适用的比例税率或者以应税产品的销售数量乘以纳税人具体适用的定额税率计算。其计算公式如下：

$$应纳税额＝销售额×比例税率$$

或：

$$应纳税额＝课税数量×单位税额$$

扣缴义务人代扣代缴的应纳税额＝收购未税矿产品的数量×适用的单位税额

1．计税依据

纳税人开采或者生产应税产品，自用于连续生产应税产品的，不缴纳资源税；自用于其他方面的，视同销售，缴纳资源税。

1）销售额的确定

（1）一般销售额的确定。

销售额为纳税人销售应税产品向购买方收取的全部价款和价外费用，但不包括收取的增值税销项税额。

价外费用，包括价外向购买方收取的手续费、补贴、基金、集资费、返还利润、奖励费、违约金、滞纳金、延期付款利息、赔偿金、代收款项、代垫款项、包装费、包装物租金、储备费、优质费、运输装卸费以及其他各种性质的价外收费。但下列项目不包括在内：同时符合条件的代垫运输费用（承运部门的运输费用发票开具给购买方的；纳税人将该项发票转交给购买方的）；同时符合条件代为收取的政府性基金或者行政事业性收费（由国务院或者财政部批准设立的政府性基金，由国务院或者省级人民政府及其财政、价格主管部门批准设立的行政事业性收费；收取时开具省级以上财政部门印制的财政票据；所收款项全额上缴财政）。

（2）核定销售额。

纳税人申报的应税产品销售额明显偏低并且无正当理由的、有视同销售应税产品行为而无销售额的，除财政部、国家税务总局另有规定外，按下列顺序确定销售额：

① 按纳税人最近时期同类产品的平均销售价格确定；

② 按其他纳税人最近时期同类产品的平均销售价格确定；

③ 按组成计税价格确定。

组成计税价格为：

$$组成计税价格＝成本×（1＋成本利润率）÷（1－税率）$$

公式中的成本是指应税产品的实际生产成本。公式中的成本利润率由省、自治区、直辖市税务机关确定。

（3）销售额的特殊规定。

纳税人开采应税矿产品由其关联单位对外销售的，按其关联单位的销售额征收资源税。

纳税人既有对外销售应税产品，又有将应税产品自用于除连续生产应税产品以外的其他方面的，则自用的这部分应税产品，按纳税人对外销售应税产品的平均价格计算销售额征收资源税。

纳税人将其开采的应税产品直接出口的，按其离岸价格（不含增值税）计算销售额征收资源税。

2）课税数量的确定

纳税人开采或者生产应税产品销售的，以销售数量为课税数量。

纳税人开采或者生产应税产品自用的，以自用数量为课税数量。

在实际生产经营过程中，有些情况是比较特殊的，因此，有些具体情况的课税数量采取以下方法确认：

（1）纳税人开采或者生产不同税目应税产品的，应当分别核算不同税目应税产品的销售额或者销售数量；未分别核算或者不能准确提供不同税目应税产品的销售额或者销售数量的，从高适用税率。

（2）纳税人不能准确提供应税产品销售数量或移送使用数量的，以应税产品的产量或主管税务机关确定的折算比换算成的数量为课税数量。

（3）原油中的稠油、高凝油与稀油划分不清或不易划分的，一律按原油的数量课税。

（4）纳税人以自产的液体盐加工固体盐，按固体盐税额征税，以加工的固体盐数量为课税数量。纳税人以外购的液体盐加工固体盐，其加工固体盐所耗用液体盐的已纳税额准予抵扣。

2. 应纳税额的计算

1）从量定额征收

$$应纳税额 = 课税数量 \times 单位税额$$

$$代扣代缴应纳税额 = 收购未税矿产品的数量 \times 适用的单位税额$$

2）从价定额征收

$$应纳税额 = 销售额 \times 税率$$

（五）资源税的税收优惠

资源税贯彻普遍征收、级差调节的原则思想，因此规定的减免税项目比较少。主要有以下几项：

（1）开采原油过程中用于加热、修井的原油免税。

（2）纳税人开采或者生产应税产品过程中，因意外事故或者自然灾害等原因遭受重大损失的，由省、自治区、直辖市人民政府酌情决定减税或免税。

（3）国务院规定的其他减税、免税项目。

纳税人的减税、免税项目，应当单独核算销售额或者销售数量；未单独核算或者不能准确提供销售额或者销售数量的，不予减税或者免税。

（六）资源税的征收管理

1. 纳税义务发生时间

（1）纳税人销售应税产品，其纳税义务发生时间是：

① 纳税人采取分期收款结算方式的，其纳税义务发生时间，为销售合同规定的收款日期的当天；

② 纳税人采取预收货款结算方式的，其纳税义务发生时间，为发出应税产品的当天；

③ 纳税人采取其他结算方式的，其纳税义务发生时间，为收讫销售款或者取得索取销售款凭据的当天。

（2）纳税人自产自用应税产品的纳税义务发生时间，为移送使用应税产品的当天。

（3）扣缴义务人代扣代缴税款的纳税义务发生时间，为支付首笔货款或者首次开具应支付货款凭据的当天。

2. 纳税期限

纳税人的纳税期限为 1 日、3 日、5 日、10 日、15 日或者 1 个月，由主管税务机关根据实际情况具体核定。不能按固定期限计算纳税的，可以按次计算纳税。

纳税人以 1 个月为一期纳税的，自期满之日起 10 日内申报纳税；以 1 日、3 日、5 日、10 日或者 15 日为一期纳税的，自期满之日起 5 日内预缴税款，于次月 1 日起 10 日内申报纳税并结清上月税款。

扣缴义务人的解缴税款期限，比照前两款的规定执行。

3. 纳税地点

纳税人应纳的资源税，应当向应税产品的开采或者生产所在地主管税务机关缴纳。

纳税人在本省、自治区、直辖市范围内开采或者生产应税产品，其纳税地点需要调整的，由省、自治区、直辖市税务机关决定。

跨省、自治区、直辖市开采或者生产资源税应税产品的纳税人，其下属生产单位与核算单位不在同一省、自治区、直辖市的，对其开采或者生产的应税产品，一律在开采地或者生产地纳税。实行从量计征的应税产品，其应纳税款一律由独立核算的单位按照每个开采地或者生产地的销售量及适用税率计算划拨；实行从价计征的应税产品，其应纳税款一律由独立核算的单位按照每个开采地或者生产地的销售量、单位销售价格及适用税率计算划拨。

扣缴义务人代扣代缴的资源税，应当向收购地主管税务机关缴纳。

二、耕地占用税法

（一）耕地占用税的概念与特点

1. 耕地占用税的概念

耕地占用税，是指对占用耕地建房或者从事其他非农业建设的单位和个人征收的一种税。根据国务院发布的《中华人民共和国耕地占用税暂行条例》的规定，从 1987 年 4 月 1 日起，全国普遍开征耕地占用税。

开征耕地占用税的目的主要在于运用税收手段加强土地管理，保护耕地，促进土地资源的合理利用。随着经济的发展，为了适应新形势的需要，国务院对 1987 年发布并施行的《中华人民共和国耕地占用税暂行条例》作了全面修订，新修订的《中华人民共和国耕地占用税暂行条例》于 2008 年 1 月 1 日起正式施行。2008 年 2 月 26 日，财政部、国家税务总局公布了《中华人民共和国耕地占用税暂行条例实施细则》，并自公布之日起实施。

2. 耕地占用税的特点

与其他的税种相比，我国耕地占用税具有如下特点：

1）耕地占用税以占用耕地的行为为课税对象

耕地占用税是国家出于合理利用土地资源，加强土地管理，保护农用耕地为特定目的，以占用耕地建房或从事其他非农业建设的行为为课税对象征收的，具有行为目的税的性质。征税范围较广，凡是为了建房或从事非农业建设的占用耕地均需缴纳耕地占用税。

2）耕地占用税实行地区之间差别税率

耕地占用税采用地区差别定额税率，根据各地经济发展的情况合理确定税负，以县级行政区域为单位，按不同地区人均占有耕地的面积多少设置差别税额，人均占有耕地越少的地区，单位税额标准越高。

3）耕地占用税实行一次性课征

耕地占用税在耕地占用环节上实行一次性征收，纳税人在完税后使用、转让和继承过程中，不再缴纳耕地占用税。

4）耕地占用税专款专用于发展农业生产

运用耕地占用税设立土地开发基金，将其税款专款专用于土地开发，支持农业生产的发展，做到"取之于地，用之于地"。

（二）耕地占用税的纳税人

占用耕地建房或者从事非农业建设的单位或者个人，为耕地占用税的纳税人。所称单位，包括国有企业、集体企业、私营企业、股份制企业、外商投资企业、外国企业以及其他企业和事业单位、社会团体、国家机关、部队以及其他单位；所称个人，包括个体工商户以及其他个人。

经申请批准占用耕地的，纳税人为农用地转用审批文件中标明的建设用地人；农用地转用审批文件中未标明建设用地人的，纳税人为用地申请人。未经批准占用耕地的，纳税人为实际用地人。

（三）耕地占用税的征税范围和适用税率

1. 征税范围

耕地占用税的征税对象，是指占用耕地建房或从事其他非农业建设的行为。其中，决定耕地占用税征税对象有两个方面的要素：一是建设行为；二是被占耕地。耕地是指用于种植农作物的土地，包括国家所有和集体所有的耕地。具体列入耕地占用税征税范围的耕地有：

（1）种植粮食作物、经济作物的土地，包括粮田、棉田、麻田、烟田、蔗田等。

（2）菜地，即用于种植各类蔬菜的土地。

（3）园地，包括苗圃、花圃、茶园、果园、桑园和其他种植经济林木的土地。

（4）鱼塘。

（5）其他农用土地，例如已开发从事种植、养殖的滩涂、草场、水面、林地等。

纳税人占用除耕地以外的农用地，比如林地、牧草地、农田水利用地、养殖水面以及渔业水域滩涂等，均应按照条例规定，缴纳耕地占用税。

建设直接为农业生产服务的生产设施占用的农用地的，不征收耕地占用税。

纳税人临时占用耕地，应当缴纳耕地占用税。纳税人在批准临时占用耕地的期限内恢复所占用耕地原状的，全额退还已经缴纳的耕地占用税。临时占用耕地，是指纳税人因建设项目施工、地质勘查等需要，在一般不超过2年内临时使用耕地并且没有修建永久性建筑物的行为。因污染、取土、采矿塌陷等损毁耕地的，比照临时占用耕地的情况，由造成损毁的单位或者个人缴纳耕地占用税，超过2年未恢复耕地原状的，已征税款不予退还。

2. 适用税率

耕地占用税实行从量计征的地区差别定额税率，以规定单位面积的税额作为征收标准。

我国地区之间经济发展不平衡，人均占用耕地数量的差别较大。总的来说，人口稠密、人均耕地少、经济发达、非农业占地问题比较严重，或者土地质量较好的地方，税率高一些；反之，人口稀疏、人均耕地较多、经济不发达，或者土地质量较差的地方，税率就低些。

1）税率的一般规定

我国耕地占用税的税额规定如下：人均耕地不超过1亩的地区（以县级行政区域为单位，下同），每平方米为10元至50元；人均耕地超过1亩但不超过2亩的地区，每平方米8元至40元；人均耕地超过2亩但不超过3亩的地区，每平方米6元至30元；人均耕地超过3亩的地区，每平方米5元至25元。

国务院财政、税务主管部门根据人均耕地面积和经济发展情况确定各省、自治区、直辖市的平均税额。各地适用税额，由省、自治区、直辖市人民政府在税额幅度内，根据本地区情况核定。各省、自治区、直辖市人民政府核定的适用税额的平均水平，不得低于国务院主管部门确定的各省平均税额。

2）税率的特殊规定

（1）对经济特区、技术开发和经济发达、人均耕地特别少的地区，税额标准可以适当提高，但是最高不得超过上述规定税额的50%。

（2）占用基本农田的，适用税额应在规定的当地适用税额的基础上（包括上一条所述的适用税额）提高50%。

（3）农村居民占用耕地新建住宅，按照当地适用税额减半征收耕地占用税。

（四）耕地占用税应纳税额的计算

1．计税依据

耕地占用税以纳税人实际占用的耕地面积为计税依据，按照规定的适用税额一次性征收。但在现实征管中，一般存在这样几种情况。

（1）经申请批准占用耕地的，一般以农用地转用审批文件中标明的建设用地人为纳税人，按审批文件中标明的用地面积计征耕地占用税。但在此条件下，通常也会有纳税人实际占地面积大于审批文件中标明用地面积的情况，此时则应以实际占地面积计征耕地占用税。

（2）未经批准占用耕地的，则应以实际占地人为耕地占用税的纳税人，以纳税人实际占用耕地的面积计征耕地占用税。

基于以上考虑，耕地占用税的计税依据应按照批准面积和实际占地面积孰大的原则确定，即：纳税人实际占地面积（含受托代占地面积）大于批准占地面积的，以实际占地面积计税；批准占地面积大于实际占地面积的，以批准占地面积计税。

2．应纳税额计算

$$应纳税额=计税依据（实际占用耕地面积）\times 适用税率$$

（五）耕地占用税的税收优惠

1．下列情形免征耕地占用税

（1）军事设施占用耕地。

（2）学校、幼儿园、养老院、医院占用耕地。

2. 按照耕地占用税的有关政策规定，下列纳税人可享受耕地占用税减税照顾

（1）铁路线路、公路线路、飞机场跑道、停机坪、港口、航道占用耕地，减按每平方米 2 元的税额征收耕地占用税。

根据实际需要，国务院财政、税务主管部门和国务院有关部门报国务院批准后，可以对上述情形进行免征或者减征耕地占用税。

（2）农村居民占用耕地新建住宅，按照当地适用税额减半征收耕地占用税。

（3）农村烈士家属、残疾军人、鳏寡孤独以及革命老根据地、少数民族聚居区和边远贫困山区生活困难的农村居民，在规定用地标准以内新建住宅缴纳耕地占用税确有困难的，经所在地乡（镇）人民政府审核，报经县级人民政府批准后，可以免征或者减征耕地占用税。

（4）占用林地、牧草地、农田水利用地、养殖水面以及渔业水域滩涂等其他农用地建房或者从事非农业建设的，适用税额可以适当低于当地占用耕地的适用税额，具体适用税额按照各省、自治区、直辖市人民政府的规定执行。

（5）建设直接为农业生产服务的生产设施占用前款规定的农用地的，不征收耕地占用税。

税法规定免征或者减征耕地占用税后，纳税人改变原占地用途，不再属于免征或者减征耕地占用税情形的，应自改变用途之日起 30 日内按改变用途的实际占用耕地面积和当地适用税额补缴税款。

（六）耕地占用税的征收管理

耕地占用税由地方税务机关负责征收。土地管理部门在通知单位或者个人办理占用耕地手续时，应当同时通知耕地所在地同级地方税务机关。

经批准占用耕地的，耕地占用税纳税义务发生时间为纳税人收到土地管理部门办理占用农用地手续通知的当天。未经批准占用耕地的，耕地占用税纳税义务发生时间为纳税人实际占用耕地的当天。纳税人占用耕地或其他农用地，应当在耕地或其他农用地所在地申报纳税。

获准占用耕地的单位或者个人应当在收到土地管理部门的通知之日起 30 日内缴纳耕地占用税。土地管理部门凭耕地占用税完税凭证或者免税凭证和其他有关文件发放建设用地批准书。

三、城镇土地使用税法

（一）城镇土地使用税的概念与特点

1. 城镇土地使用税的概念

城镇土地使用税，是指以开征范围的土地为征税对象，以实际占用的土地单位面积为计税标准，按规定税额对拥有土地使用权的单位和个人征收的一种税。

我国人多地少，珍惜土地、节约用地，是一项基本国策。民国时期我国就开始对城镇土地征税，1928 年首先在广州开征土地税。1930 年国民党政府颁布了土地法，依该法在部分城市和地区开征地价税和土地增值税。新中国成立初期，就开征了地产税。1951 年地产税

与房产税合并为城市房地产税。1973年为简化税制，将国内企业缴纳的城市房地产税并入工商税。1984年，工商税制改革，国务院决定将地产税从房地产税中划出，并更名为土地使用税，但当时由于条件不成熟暂缓征收。

长期以来，我国对非农业土地基本是实行行政划拨、无偿使用的办法。实践的结果表明，这种做法不利于节约和合理使用土地资源。为了防止和控制乱占滥用耕地，1987年4月，国务院颁布了《中华人民共和国耕地占用税暂行条例》，用税收手段加强对耕地的管理，在一定程度上控制了城镇非农业土地使用中的浪费现象。为了合理使用利用城镇土地资源，以经济手段加强对土地的控制和管理，调节不同地区、不同地段之间的土地级差收入，使土地产生更大的效益，1988年9月，国务院颁布了《中华人民共和国城镇土地使用税暂行条例》，并于当年11月1日起开始施行。

2006年全国城镇土地使用税收入为176.8亿元，2007年为385.45亿元，占全国税收总收入的比重分别不到0.5个百分点和0.8个百分点。由于税额低，这一税种在组织财政收入和加强宏观调控方面未能发挥应有的作用，也限制了地方政府根据经济发展情况及时调整税额标准的空间。为了改变长期以来税负偏低、建设用地的过度扩张、日益攀升的地价以及内外有别的土地税收政策，国务院2006年12月30日通过了《关于修改〈中华人民共和国城镇土地使用税暂行条例〉的决定》，并自2007年1月1日起施行。同时规定，具体的实施办法由省、自治区、直辖市人民政府制定。

2. 城镇土地使用税的特点

我国现行的城镇土地使用税具有以下特点：

1）对占用或使用城镇土地的行为征税

对土地的征税在国外属于财产税。但由于我国的情况有所不同，对城镇土地使用税的归类也不一样。根据我国宪法规定，城镇土地的所有权归国家，单位和个人对占用土地只有使用权，而无所有权。因此，现行的土地使用税实质上是对占用或使用土地的行为征税。土地作为资源，占用或使用土地，是对土地资源的开发和利用，因此，也可把城镇土地使用税归为资源税类。

2）征税对象是国有土地

开征城镇土地使用税，实质上是国家运用国家政治权力，将纳税人获取的本应属于国家的土地收益集中到国家手中。农业土地因属于农民集体所有，因此未纳入征税范围。

3）征税范围广泛

现行城镇土地使用税对在我国境内使用土地的单位和个人征收，包括了外商投资企业、外国企业和外籍人员。一个征税范围广泛的土地使用税，将在调节土地使用和收益分配及筹集地方财政资金方面发挥重大作用。

4）实行差别幅度税额

调节土地的级差收入，是开征城镇土地使用税的主要目的之一。我们知道，级差收入的产生主要取决于土地的位置。占有土地优越位置的纳税人，可以节约运输和流通费用，扩大销售和经营规模，取得额外经济收益。为了有利于体现国家政策，对同一城镇的不同地段，根据市政建设状况和经济繁荣程度也确定不等的负担水平。

（二）城镇土地使用税的纳税人

在城市、县城、建制镇、工矿区范围内使用土地的单位和个人，为城镇土地使用税的纳税人。所称单位，包括国有企业、集体企业、私营企业、股份制企业、外商投资企业、外国企业以及其他企业和事业单位、社会团体、国家机关、军队以及其他单位；所称个人，包括个体工商户以及其他个人。包括外商投资企业和外国企业。

城镇土地使用税的纳税人通常包括以下几类：拥有土地使用权的单位或个人；拥有土地使用权的纳税人不在土地所在地的，由代管人或实际使用人纳税；土地使用权未确定或权属纠纷未解决的，由实际使用人纳税；土地使用权共有的，由共有各方分别纳税；房管部门经租的公房用地，凡土地使用权属于房管部门的，由房管部门缴纳土地使用税。

（三）城镇土地使用税的征税范围和适用税率

1．征税范围

城镇土地使用税的征税范围为城市、县城、建制镇和工矿区内的国家所有和集体所有的土地。具体的征税范围是：城市的征税范围为市区和郊区的土地。县城的征税范围为县人民政府所在的城镇的土地。建制镇的征税范围为镇人民政府所在地的土地。工矿区，是指工商业比较发达，人口比较集中的大中型工矿企业所在地的土地，工矿区的设立必须经省、自治区、直辖市人民政府批准。

对城市、县城、建制镇和工矿区的具体征税范围的确定，由省、自治区、直辖市人民政府划定。

2．适用税率

城镇土地使用税实行分级幅度定额税率，按大、中、小城市和县城、建制镇、工矿区分别规定每平方米土地年应纳税额。

土地使用税每平方米年税额如下：

（1）大城市（50万人以上）1.5元至30元；

（2）中等城市（20万至50万人）1.2元至24元；

（3）小城市（20万以下）0.9元至18元；

（4）县城、建制镇、工矿区0.6元至12元。

大、中、小城市以公安部门登记在册的非农业正式户口人数为依据，按照国务院颁布的《城市规划条例》中规定的标准划分。其中，市区及郊区非农业人口在50万以上者，称为大城市；市区及郊区非农业人口在20万至50万之间者，称为中等城市；市区及郊区非农业人口在20万以下者，称为小城市。

各省、自治区、直辖市人民政府可根据市政建设情况和经济繁荣程度在规定税额幅度内，确定所辖地区的适用税额幅度。市、县人民政府应当根据实际情况，将本地区土地划分为若干等级，在省、自治区、直辖市人民政府确定的税额幅度内，制定相应的适用税额标准，报省、自治区、直辖市人民政府批准执行。经省、自治区、直辖市人民政府批准，经济落后地区土地使用税的适用税额标准可以适当降低，但降低额不得超过上述规定最低税额的30%。经济发达地区土地使用税的适用税额标准可以适当提高，但须报经财政部批准。

土地使用税规定幅度税额主要考虑到我国各地区存在着悬殊的土地级差收益，同一地区内不同地段的市政建设情况和经济繁荣程度也有较大的差别。把土地使用税税额定为幅度税额，拉开档次，而且每个幅度税额的差距规定了 20 倍。这样，各地政府在划分本辖区不同地段的等级，确定适用税额时，有选择余地，便于具体划分和确定。幅度税额还可以调节不同地区、不同地段之间的土地级差收益，尽可能地平衡税负。

（四）城镇土地使用税应纳税额的计算

城镇土地使用税以纳税人实际占用的土地面积为计税依据，依照规定税额计算征收。其计算公式如下：

$$全年应纳税额=计税土地面积（平方米）×适用税额$$

纳税人实际占用的土地面积，是指由省、自治区、直辖市人民政府确定的单位组织测定的土地面积。尚未组织测量，但纳税人持有政府部门核发的土地使用证书的，以证书确认的土地面积为计税依据；尚未核发土地使用证书的，纳税人应据实申报土地面积，待土地面积测定后，按测定面积进行调整。

土地使用权共有的各方，应按其实际使用的土地面积占总面积的比例，分别计算缴纳城镇土地使用税。

（五）城镇土地使用税的税收优惠

1. 下列土地免征城镇土地使用税

（1）国家机关、人民团体、军队自用的土地。这部分土地是指这些单位本身的办公用地和公务用地。如国家机关、人民团体的办公楼用地，军队的训练场用地等。

（2）由国家财政部门拨付事业经费的单位自用的土地。这部分土地是指这些单位本身的业务用地。如学校的教学楼、操场、食堂等占用的土地。

（3）宗教寺庙、公园、名胜古迹自用的土地。宗教寺庙自用的土地，是指举行宗教仪式等的用地和寺庙内的宗教人员生活用地。公园、名胜古迹自用的土地，是指供公共参观游览的用地及其管理单位的办公用地。以上单位的生产、经营用地和其他用地，不属于免税范围，应按规定缴纳土地使用税，如公园、名胜古迹中附设的营业单位如影剧院、饮食部、茶社、照相馆等使用的土地，公园、名胜古迹内的索道公司经营用地。

（4）市政街道、广场、绿化地带等公共用地。非社会性的公共用地不能免税，如企业内的广场、道路、绿化等占用的土地。

（5）直接用于农、林、牧、渔业的生产用地。这部分土地是指直接从事于种植养殖、饲养的专业用地，不包括农副产品加工场地和生活办公用地。

在城镇土地使用税征收范围内经营采摘、观光农业的单位和个人，其直接用于采摘、观光的种植、养殖、饲养的土地，免征城镇土地使用税。

（6）经批准开山填海整治的土地和改造的废弃土地，从使用的月份起免缴土地使用税 5 年至 10 年。具体免税期限由各省、自治区、直辖市地方税务局在《城镇土地使用税暂行条例》规定的期限内自行确定。

（7）由财政部另行规定免税的能源、交通、水利设施用地和其他用地。

（8）企业办的学校、医院、托儿所、幼儿园，其用地能与企业其他用地明确区分的，可以比照由国家财政部门拨付事业经费的单位自用的土地，免征土地使用税。

除以上规定外，纳税人缴纳土地使用税确有困难需要定期减免的，由省、自治区、直辖市税务机关审核后，报国家税务局批准。

2. 其他规定

财政部、国家税务总局就城镇土地使用税在实际征收过程中遇到的情况又进行了具体的规定：

（1）土地使用税与耕地占用税的征税范围衔接。为了避免对一块土地同时征收耕地占用税和土地使用税，税法规定，凡是缴纳了耕地占用税的，从批准征用之日起满1年后征收城镇土地使用税；征用非耕地因不需要缴纳耕地占用税，应从批准征用之次月起征收城镇土地使用税。

（2）对免税单位与纳税单位之间无偿使用的土地（如公安、海关等单位使用铁路、民航等单位的土地），免征土地使用税；对纳税单位无偿使用免税单位的土地，纳税单位应照章缴纳土地使用税。

（3）纳税单位与免税单位共同使用共有使用权土地上的多层建筑，对纳税单位可按其占用的建筑面积占建筑总面积的比例计征土地使用税。

（4）企业关闭、撤销后，其占地未作他用的，经各省、自治区、直辖市税务局批准，可暂免征收土地使用税；如土地转让给其他单位使用或企业重新用于生产经营的，应依照规定征城镇收土地使用税。

（5）对企业厂区（包括生产、办公及生活区）以内的绿化用地，应照章征收城镇土地使用税；厂区以外的公共绿化用地和向社会开放的公园用地，暂免征收城镇土地使用税。

（6）对廉租住房、经济适用住房建设用地以及廉租住房经营管理单位按照政府规定价格、向规定保障对象出租的廉租住房用地，免征城镇土地使用税。开发商在经济适用住房、商品住房项目中配套建造廉租住房，在商品住房项目中配套建造经济适用住房，如能提供政府部门出具的相关材料，可按廉租住房、经济适用住房建筑面积占总建筑面积的比例免征开发商应缴纳的城镇土地使用税。

（7）对个人出租住房，不区分用途，免征城镇土地使用税。

（8）对非营利性医疗机构自用的土地，免征城镇土地使用税。对营利性医疗机构自用的土地免征城镇土地使用税，3年免税期满后恢复征税。

（六）城镇土地使用税的征收管理

1. 纳税义务发生时间

（1）购置新建商品房，自房屋交付使用之次月起计征城镇土地使用税。

（2）购置存量房，自办理房屋权属转移、变更登记手续，房地产权属登记机关签发房屋权属证书之次月起计征城镇土地使用税。

（3）出租、出借房产，自交付出租、出借房产之次月起计征城镇土地使用税。

（4）房地产开发企业自用、出租、出借本企业建造的商品房，自房屋使用或交付次月起计征城镇土地使用税。

房地产开发企业以出让或转让方式有偿取得土地使用权的，应由受让方从合同约定交付土地时间的次月起缴纳城镇土地使用税；合同未约定交付土地时间的，由受让方从合同签订的次月起缴纳城镇土地使用税。

纳税人因房产、土地的实物或权利状态发生变化而依法终止城镇土地使用税纳税义务的，其应纳税款的计算应截止到房产、土地的实物或权利状态发生变化的当月末。

（5）纳税人新征用的耕地，自批准征用之日起满1年时开始缴纳城镇土地使用税。

（6）纳税人新征用的非耕地，自批准征用次月起缴纳城镇土地使用税。

2. 纳税期限

按照规定，土地使用税按年计算，分期缴纳。具体缴纳期限由省、自治区、直辖市人民政府确定。各省、自治区、直辖市税务机关根据当地情况，一般确定按月、季或半年等期限缴纳城镇土地使用税。

3. 纳税申报

企业应当按照当地税务机关确定的纳税期限，填制《城镇土地使用税纳税申报表》，将其所占有的土地的权属、位置、用途、面积和税务机关要求申报的其他内容，据实申报，并按税务机关的要求提供有关的证明文件资料。纳税人新征用的土地，必须于批准征用之日起30日内申报登记。企业如发生住址变更、土地使用权属转换等情况，应当从变更、转换之日起，按规定期限办理申报变更登记。

由于城镇土地使用总是和房产相互联系的，拥有房产也就拥有土地使用权，相应地，缴纳房产税也应缴纳相应的土地使用税，因此许多地区将土地使用税和房产税的纳税申报表合并在一张表上。

4. 纳税地点

城镇土地使用税由土地所在地的税务机关征收。土地管理机关应当向土地所在地的税务机关提供土地使用权属资料。

纳税人使用的土地不属于同一省（自治区、直辖市）管辖范围的，应由纳税人分别向土地所在地税务机关缴纳土地使用税。在同一省（自治区、直辖市）管辖范围内，纳税人跨地区使用的土地，如何确定纳税地点，由各省、自治区、直辖市税务局确定。

四、土地增值税法

（一）土地增值税的概念与特点

1. 土地增值税的概念

土地增值税，是指以纳税人转让国有土地使用权、地上的建筑物及其附着物所取得的增值额为征税对象，按照规定的税率计征的一种税。这是我国开征的第一个对土地增值额或土地收益额征收的税种。土地增值税法是国家运用税收杠杆引导房地产经营的方向、规范房地产市场的交易秩序、合理调节土地增值收益分配、维护国家权益、促进房地产开发的健康发展而制定的用以调整土地增值税征收与缴纳之间权利义务关系的法律规范。

1993年前后，我国房地产开发和房地产市场发展非常迅速，一度出现房地产开发过热现象，房地产价格上涨过猛，一些不法开发企业钻管理上的空子，炒买炒卖房地产获取暴利的投机行为盛行，土地资源浪费严重，国家收回土地增值收益较少。为此，国务院于1993

年 12 月 13 日出台《中华人民共和国土地增值税暂行条例》，旨在通过开征土地增值税，对转让房地产的过高增值收益进行合理调配，维护国家权益，对房地产开发企业的正当经营行为予以保护；同时从根本上抑制炒买炒卖房地产的现象，使投机者不能再获取暴利。1995年财政部发布了配套的实施细则——《中华人民共和国土地增值税暂行条例实施细则》（以下简称《实施细则》），同时财政部、国家税务总局又在《关于 1994 年 1 月 1 日前签订开发及转让合同的房地产免征土地增值税的通知》中作出减免规定："1994 年 1 月 1 日以前已签订房地产转让合同，不论其房地产在何时转让，均免征土地增值税。1994 年 1 月 1 日以前已签订房地产开发合同或已立项，并已按规定投入资金进行开发，其在 1994 年 1 月 1 日以后 5 年内首次转让房地产的，免征土地增值税。"此外，由于国家从 1993 年下半年开始，针对房地产过热的现象，开始实施宏观控制，房地产投资迅速回落，大多数开发企业的增值额都未达到起征点，因此土地增值税的政策出台后在全国范围内一直未能全面实施。直到 2002 年 7 月 10 日国家税务总局才又出台了《关于认真做好土地增值税征收管理工作的通知》，要求各地税务局开始加强与房地产有关部门的配合，恢复征收土地增值税。据了解，目前全国有北京、上海、广州等少数几个经济较发达的大城市已于 2002 年起开始按商品房销售收入的一定比例预征土地增值税。

2. 土地增值税的特点

土地增值税有以下特点：

1）征税面比较广

凡在我国境内转让房地产并取得收入的单位和个人，除税法规定免税外，均应依照税法规定缴纳土地增值税，这里的单位和个人，不论其经济性质如何，也不论内、外资企业或中、外籍人员，还无论专营或兼营房地产业务，均有缴纳土地增值税的义务。

2）征税对象是转让房地产取得的增值额

作为征税对象的增值额是纳税人转让房地产的收入减去税法规定准予扣除项目金额后的余额。

3）按照超率累进税率计税

土地增值税的税率是按照转让房地产的增值率的大小来确定的，增值率越高，适用税率越高；增值率低的，适用税率低。

4）采用扣除法和评估法确定增值额

土地增值税的增值额是根据纳税人转让房地产的收入减去税法规定准予扣除项目金额后的余额来确定，但对旧房及建筑物的转让，以及对纳税人转让房地产收入申报不实、成交价格偏低的，则采用评估价格法确定增值额，计征土地增值税。

5）按次征收

土地增值税在房地产发生转让的环节，实行按次征收。每发生一次转让行为，就应根据每次取得的增值额征一次税。

（二）土地增值税的征收范围

土地增值税的征税范围是指有偿转让国有土地使用权，地上的建筑物及其附着物。不包括以继承、赠与方式无偿转让房地产的行为。

这里所说的国有土地，是指国家法律规定属于国家所有的土地；地上建筑物，是指建于土地上的一切建筑，包括地上地下的各种附属设施；附着物，是指附着于土地上的不能移动或一经移动即遭损坏的物品。

1. 确定土地增值税征税范围的条件

确定土地增值税的征税范围有两个条件：

1）只对转让国有土地使用权及其地上的建筑物征税

这里包含四层含义：

（1）转让土地的性质为国有土地的使用权。根据《宪法》和《土地管理法》的规定，城市的土地属于国家所有。农村和城市郊区的土地除由法律规定属于国家所有的以外，属于集体所有。属于国家所有的土地，其土地使用权在转让时，属于土地增值税的征税范围。而农村集体所有的土地，是不得自行转让的，只有根据有关法律规定，由国家征用以后变为国家所有时，才能进行转让。故集体土地的自行转让是一种违法行为，应由有关部门处理。对于目前违法将集体土地转让给其他单位和个人的情况，应在有关部门处理、补办土地征用或出让手续变为国家所有之后，再纳入土地增值税的征税范围。

（2）对出让国有土地使用权取得的收入不征税。国有土地使用权出让，土地使用权出让方是国家，国家凭借土地的所有权向土地使用者收取土地的租金。出让的目的是实行国有土地的有偿使用制度，合理开发、利用、经营土地，因此，土地使用权的出让不属于土地增值税的征税范围。而国有土地使用权的转让，是指土地使用者通过出让等形式取得土地使用权后，将土地使用权再转让的行为，包括出售、交换与赠与。它属于土地的二级市场。土地使用权转让，其地上的建筑物、其他附着物的所有权随之转让。土地使用权的转让，属于土地增值税的征税范围。

（3）土地使用权、地上建筑物及附着物的产权发生转让，应征税；土地使用权、房产产权未转让（如房地产出租），不征税。

（4）不论是单独转让国有土地使用权或国有土地使用权与房产产权一并转让，均应征税。

2）只对有偿转让的房地产行为征税

即对转让房地产并取得收入征税，而不包括房地产产权虽转让，但未取得收入的行为。如房地产的继承、赠与等。

上述两个条件必须同时具备、缺一不可，否则不属于土地增值税的征税范围。

2. 征税范围

根据以上两条判断标准，我们可以就以下若干具体情况是否属于土地增值税的征税范围进行判定：

1）以出售方式转让国有土地使用权、地上的建筑物及附着物的，属于土地增值税的征税范围

这里又分为三种情况：

（1）出售国有土地使用权的。是指土地使用者通过出让方式有偿受让土地使用权后，仅对土地进行通水、通电、通路和平整地面等土地开发，不进行房产开发，即所谓"将生

地变熟地",然后直接将空地出售出去。这属于国有土地使用权的有偿转让,应纳入土地增值税的征税范围。

（2）取得国有土地使用权后进行房屋开发建造然后出售的。即房地产开发。卖房的同时,土地使用权也随之发生转让。由于这种情况既发生了产权的转让又取得了收入,所以应纳入土地增值税的征税范围。

（3）存量房地产的买卖。是指已经建成并已投入使用的房地产,其房屋所有人将产权和土地使用权一并转让给其他单位和个人。这种情况既发生了产权的转让又取得了收入,应纳入土地增值税的征税范围。

2）房地产的继承、出租、抵押、重新评估和房地产的代建行为,不属于土地增值税的征税范围

（1）房地产的继承。房地产的继承虽然发生了房地产的权属变更,但作为房产产权、土地使用权的原所有人（即被继承人）并没有因为权属的转让而取得任何收入。因此不属于土地增值税的征税范围。

（2）房地产的出租。房地产的出租,出租人虽取得了收入,但没有发生房产产权、土地使用权的转让。因此,不属于土地增值税的征税范围。

（3）房地产的抵押。由于房屋的产权、土地使用权在抵押期间没有发生权属的变更,房产的产权所有人、土地使用权人仍能对房地产行使占有、使用、收益等权利,房产的产权所有人、土地使用权人虽然在抵押期间取得了一定的抵押贷款,但实际上这些贷款在抵押期满后是要连本带利偿还给债权人的。因此,对房地产的抵押,在抵押期间不征收土地增值税。待抵押期满后,视该房地产是否转移占有而确定是否征收土地增值税。但是,对于以房地产抵债而发生房地产权属转让的,应列入土地增值税的征税范围。

（4）房地产的评估增值。这主要是指国有企业在清产核资时对房地产进行重新评估而使其升值的情况。这种情况房地产虽然有增值,但其既没有发生房地产权属的转移,房产产权、土地使用权人也未取得收入,所以不属于土地增值税的征税范围。

（5）房地产的代建行为。这种情况是指房地产开发公司代客户进行房地产的开发,开发完成后向客户收取代建收入的行为。对于房地产开发公司而言,虽然取得了收入,但没有发生房地产权属的转移,其收入属于劳务收入性质,故不属于土地增值税的征税范围。

3）房地产的赠与

如果该赠与行为仅指下列情况的赠与,这些赠与行为不属于土地增值税的征税范围:

（1）房屋所有人、土地使用权所有人将房屋产权、土地使用权赠与直系亲属或承担直接赡养义务人的。

（2）房产所有人、土地使用权所有人通过中国境内非营利的社会团体、国家机关将房屋产权、土地使用权赠与教育、民政和其他社会福利、公益事业的。上述社会团体是指中国青少年发展基金会、希望工程基金会、宋庆龄基金会、减灾委员会、中国红十字会、中国残疾人联合会、全国老年基金会、老区促进会以及经民政部门批准成立的非营利的公益性组织。

4）房地产的交换

这种情况是指一方以房地产与另一方的房地产进行交换的行为。房地产的交换属于土地

增值税的征税范围。但对个人之间互换自有居住用房地产的，经当地税务机关核实，可以免征土地增值税。

5）以房地产进行投资、联营

对于以房地产进行投资、联营的，投资、联营的一方以土地（房地产）作价入股进行投资或作为联营条件，将房地产转让到所投资、联营的企业中，暂免征收土地增值税；对投资、联营企业将上述房地产再转让的，应征收土地增值税。

6）合作建房

对于一方出地、一方出资金，双方合作建房，建成后按比例分房自用的，暂免征收土地增值税；建成后转让的，应征收土地增值税。

7）企业兼并转让房地产

在企业兼并中，对被兼并企业将房地产转让到兼并企业中的，暂免征收土地增值税。

8）因国家收回国有土地使用权、征用地上的建筑物及其附着物而使房地产权属发生转让的

这种情况发生了房地产权属的变更，原房产所有人、土地使用权人也取得了一定的收入（补偿金），但是根据《土地增值税暂行条例》的有关规定，可以免征土地增值税。

此外，对于因城市实施规划、国家建设的需要而搬迁，由纳税人自行转让原房地产的，《实施细则》规定免征土地增值税。

（三）土地增值税的纳税人

土地增值税的纳税人是有偿转让国有土地使用权、地上的建筑物及其附着物的单位和个人。包括各类企业单位、事业单位、机关、社会团体、个体工商业户以及其他单位和个人。根据《国务院关于外商投资企业和外国企业适用增值税、消费税、营业税等税收暂行条例的有关问题的通知》的规定，土地增值税也同样适用于涉外企业、单位和个人。因此，包括外商投资企业、外国企业、外国驻华机构、外国公民、华侨以及港澳台同胞等在内，任何主体只要在中国境内有偿转让房地产并产生土地增值收入，就是土地增值税的纳税义务人，均应按《条例》的规定照章纳税。

（四）土地增值税的适用税率

税率设计遵循的原则是，增值多的，多纳税；增值少的，少纳税；无增值的，不纳税。按此原则，土地增值税税率实行四级超率累进税率。这样，一方面可以对正常的房地产开发经营，通过较低税率来体现优惠待遇；另一方面，对取得过高收入，尤其是对炒买炒卖房地产获得暴利的纳税人，进行一定程度的调节。具体如表9-2所示。

表9-2　土地增值税税率表

档次	级距	税率/%	速算扣除系数/%	税额计算公式	说明
1	增值额未超过扣除项目金额50%的部分	30	0	增值额30%	

续表

档次	级距	税率/%	速算扣除系数/%	税额计算公式	说明
2	增值额超过扣除项目金额50%，未超过100%的部分	40	5	增值额40%－扣除项目金额5%	扣除项目指取得土地使用权所支付的金额；开发土地的成本、费用；新建房及配套设施的成本、费用或旧房及建筑物的评估价格；与转让房地产有关的税金；财政部规定的其他扣除项目
3	增值额超过扣除项目金额100%，未超过200%的部分	50	15	增值额50%－扣除项目金额15%	
4	增值额超过扣除项目金额200%的部分	60	35	增值额60%－扣除项目金额35%	

上述所列四级超率累进税率，每级"增值额未超过扣除项目金额"的比例，均包括本比例数。

（五）土地增值税应纳税额的计算

1. 计税依据

土地增值税的计税依据是纳税人转让房地产所取得的增值额，即纳税人转让房地产所取得的收入减除税法规定的扣除项目金额后的余额。其计算公式为：

$$土地增值额＝转让房地产所取得的收入－扣除项目金额$$

1）转让房地产取得的收入的确定

纳税人转让房地产取得的收入，应包括转让房地产的全部价款及有关的经济收益。从收入的形式来看，包括货币收入、实物收入和其他收入。对取得的实物收入按收入时的市场价格折算成货币收入。取得的其他收入主要包括纳税人因转让房地产而取得的无形资产收入或具有财产价值的权利。如专利权、商标权、著作权、专有技术使用权、土地使用权、商誉权等。这种类型的收入比较少见，其价值需要进行专门的评估。

若转让房地产的收入为外国货币的，以取得收入当天或当月1日国家公布的市场汇价折合人民币，据以计算土地增值税税额。对于以分期收款形式取得的外币收入，也应按实际收款日或收款当月1日国家公布的市场汇价折合人民币。

2）扣除项目金额的确定

税法准予纳税人从转让收入额减除的扣除项目金额主要包括以下几项：

（1）取得土地使用权所支付的金额。包括：

① 纳税人为取得土地使用所支付的地价款。如果是以出让方式取得土地使用权的，地价款为纳税人所支付的土地出让金；如果是以行政划拨方式取得土地使用权的，地价款为按照国家有关规定补交的土地出让金；如果是以转让方式取得土地使用权的，地价款为向原土地使用权人实际支付的地价款。

② 纳税人在取得土地使用权时按国家统一规定交纳的有关费用。这方面的费用主要是指纳税人在取得土地使用权过程中为办理有关手续，按国家统一规定缴纳的有关登记、过户手续费。

（2）房地产开发成本。这项成本是指纳税人房地产开发项目实际发生的成本，包括土地征用及拆迁补偿费、前期工程费、建筑安装工程费、基础设施费、公共配套设施费、开发间接费用等。

（3）房地产开发费用。这项费用是指与房地产开发项目有关的销售费用、管理费用和财务费用。根据新的会计制度相关规定，与房地产开发项目有关的费用直接计入当年损益，不按房地产项目进行归集或分摊。为了便于计算操作，《土地增值税实施细则》对有关费用的扣除作了详细的规定。

① 如果纳税人能够按转让房地产项目计算分摊利息支出，并能提供金融机构的贷款证明的，利息可以据实扣除，但利息最高不能超过按商业银行同类同期贷款利率计算的金额。同时其他房地产开发费用按（取得土地使用权所支付的金额+房地产开发成本）×5%以内予以扣除。

② 如果纳税人不能按转让房地产项目计算分摊利息支出或不能提供金融机构贷款证明的，利息不单独扣除，允许扣除的房地产开发费用为：（取得土地使用权所支付的金额+房地产开发成本）×10%以内。

具体的扣除比例由省、自治区、直辖市人民政府进行规定。

（4）与转让房地产有关的税金。这些税金主要包括纳税人转让房地产时缴纳的营业税、城市维护建设税和印花税，教育费附加也可视同税金予以扣除。

需要注意的是：房地产开发企业按照《施工、房地产开发企业财务制度》的有关规定，其在转让时缴纳的印花税因列入管理费用中，故在此不允许单独再扣除。其他纳税人缴纳的印花税（按产权转移书据所载金额的0.5‰贴花）允许在此扣除。

（5）财政部规定的其他扣除项目。根据《实施细则》的相关规定，从事房地产开发的纳税人可按取得土地使用权支付的金额和房地产开发成本计算的金额之和，加计20%的扣除。此条优惠只适用于从事房地产开发的纳税人。

（6）旧房及建筑物的评估价格。本条扣除有一定针对性，主要针对转让已使用的房屋和建筑物的扣除项目。纳税人转让旧房的，除了可扣除"房屋及建筑物的评估价格"外，还可以扣除"取得土地使用权所支付的金额"和"与转让房地产有关的税金"。

旧房及建筑物的评估价格是指在转让已使用的房屋及建筑物时，由政府批准设立的房地产评估机构评定的重置成本价乘以成新度折扣率后的价格。评估价格须经当地税务机关确认。重置成本价的含义是：对旧房及建筑物，按转让时的建材价格及人工费用计算，建筑同样面积、同样层次、同样结构、同样建设标准的新房及建筑物所需花费的成本费用。成新度折扣率的含义是：按旧房的新旧程度作一定比例的折扣。

3）在各类转让房地产的情况中，扣除项目金额的确定

一般地，有以下四种常见情况，扣除项目金额要按照规定进行确定。

（1）对取得土地使用权后，未进行任何形式的开发即转让的，计算其增值额时允许扣

除"取得土地使用权所支付的金额"和"与转让房地产有关的税金"两项扣除项目；不能予以20%的加计扣除。

（2）对于取得了房产产权（或者楼花）后，未进行任何实质性的开发或改良即再行转让的，这一类型分两种情形：

① 如果转让新建房，新建房是指新建成投入使用一年以内的房产。计算其增值额时允许扣除取得房地产（楼花）时支付的价款和按国家统一规定交纳的有关费用及"与转让房地产有关的税金"；不得进行20%的加计扣除。

② 如果是转让旧房，旧房是指新建房屋建成投入使用一年以上的房产，计算其增值额时允许扣除"旧房及建筑物的评估价格"，取得土地使用权所支付的地价款和按国家统一交纳的有关费用以及"与房地产转让有关的税金"；不得予以20%的加计扣除。对取得土地使用权时未支付地价款或不能提供已支付的地价款凭据的，不允许扣除取得土地使用权所支付的金额。

（3）对于取得土地使用权后，仅进行土地开发（如进行"三通一平"等），不进行房屋的建造，即将土地使用权再转让出去的，在计算其增值额时允许扣除"取得土地使用权所支付的金额""房地产开发成本""房地产开发费用""与房地产转让有关的税金"；可加计20%的扣除。

（4）对取得土地使用权后进行房地产开发建造的，在计算其增值额时，允许扣除"取得土地使用权所支付的金额""房地产开发成本""房地产开发费用""与房地产转让有关的税金"；可加计20%的扣除。

2. 应纳税额的计算

土地增值税以转让房地产的增值额为税基，依据超率累进税率，计算应纳税额，其计算原理与超额累进税率基本相同。计算的基本原理和方法是，首先以出售房地产的总收入减除扣除项目金额，求得增值额。再以增值额同扣除项目相比，其比值即为土地增值率。然后，根据土地增值率的高低确定适用税率，用增值额和适用税率相乘，求得应纳税额。根据以上所述，可分以下四步来计算应纳税额：

（1）计算增值额：

$$增值额 = 收入额 - 扣除项目金额$$

（2）计算增值率：

$$增值率 = 增值额 \div 扣除项目金额 \times 100\%$$

（3）确定适用税率：依据计算的增值率，按其税率表确定适用税率。

（4）依据适用税率计算应纳税额：

$$应纳税额 = 增值额 \times 适用税率 - 扣除项目金额 \times 速算扣除系数$$

【例题】

某房地产开发公司建造并出售了一幢写字楼，取得销售收入1000万元。该公司为建造该写字楼支付的地价款为100万元，建设该写字楼花费的房地产开发成本为200万元（注：该公司因同时建造别的商品房，不能按该写字楼计算分摊银行贷款利息支出）。假定该公司所在地政府确定的费用扣除比例为10%，转让环节有关税费共计59.5万元。请计算该公司转让写字楼应纳的土地增值税额。

【解析】

（1）确定转让房地产收入为 1000 万元

（2）确定转让房地产的扣除项目金额：

取得土地使用权所支付的金额为 100 万元；房地产开发成本为 200 万元；

与转让房地产有关的费用为（100+200）×10%＝30（万元）

与转让房地产有关的税金为 59.5 万元

从事房地产开发的加计扣除为（100+200）×20%＝60（万元）

扣除项目金额总计为 100+200+30+59.5+60＝449.5（万元）

（3）转让房地产的增值额为 1000－449.5＝550.5（万元）

（4）增值额与扣除项目金额的比率为 550.5÷449.5＝122%

（5）土地增值税税额为 550.5×50%－449.5×15%＝275.25－67.43＝207.82（万元）

（六）土地增值税的税收优惠

（1）对建造普通标准住宅的减免税优惠。税法规定，纳税人建造普通标准住宅出售，增值额未超过扣除项目金额 20% 的，免征土地增值税。

（2）因国家建设需要依法征收的房地产，免征土地增值税。这里所说的"因国家建设需要依法征收的房地产"，是指因城市实施规划、国家建设的需要而被政府批准征收的房产或收回的土地使用权。因城市实施规划、国家建设的需要而搬迁，由纳税人自行转让原房地产的，比照有关规定免征土地增值税。

（3）个人转让房地产的减免税优惠。个人因工作调动或改善居住条件而转让原自用住房，经向税务机关申报核准，凡居住满 5 年或 5 年以上的，免予征收土地增值税；居住满 3 年未满 5 年的，减半征收土地增值税。居住未满 3 年的，按规定计征土地增值税。

（4）企事业单位、社会团体以及其他组织转让旧房作为廉租住房、经济适用住房房源且增值额未超过扣除项目金额 20% 的，免征土地增值税。

（5）自 2008 年 11 月 1 日起，对个人销售住房暂免征收土地增值税。

（6）对个人之间互换自由居住用房地产的，经当地税务机关核实，可以免征土地增值税。

（七）土地增值税的征收管理

1. 纳税申报

土地增值税的纳税人应在转让房地产合同签订后的 7 日内，到房地产所在地主管税务机关办理纳税申报，并向税务机关提交房屋及建筑物产权、土地使用权证书，土地转让、房产买卖合同，房地产评估报告及其他与转让房地产有关的资料。纳税人因经常发生房地产转让而难以在每次转让后申报的，经税务机关审核同意后，可以定期进行纳税申报，具体期限由税务机关根据情况确定。

对纳税人在房地产开发项目全部竣工结算前转让房地产取得的收入，由于涉及成本确定或其他原因而无法据以计算增值额的，可以预征土地增值税，待该项目全部竣工、办理结算后再进行清算，多退少补。

土地增值税纳税人主要有两大类：一类是从事房地产开发（包括专营和兼营）的纳税

人；一类是非从事房地产开发的纳税人。这两类纳税人在办理纳税申报时略有不同。

2. 纳税地点

土地增值税的纳税人应向房地产所在地主管税务机关办理纳税申报，并在税务机关核定的期限内缴纳土地增值税。这里所说的"房地产所在地"，是指房地产的坐落地。纳税人转让的房地产坐落在两个或两个以上地区的，应按房地产所在地分别申报纳税。在实际工作中，纳税地点的确定又可分为以下两种情况：

（1）纳税人是法人的。当转让的房地产坐落地与其机构所在地或经营所在地一致时，则在办理税务登记的原管辖税务机关申报纳税即可；如果转让的房地产坐落地与其机构所在地或经营所在地不一致时，则应按房地产坐落地所管辖的税务机关申报纳税。

（2）纳税人是自然人的。当转让的房地产坐落地与其居住所在地一致时，则在住所所在地税务机关申报纳税；当转让的房地产坐落地与其居住所在地不一致时，在办理过户手续所在地的税务机关申报纳税。

 资源与土地税法实践项目

子项目一　资源税法制度

任务一　资源税改革

【案例讨论】

"绿色税改"①

资源税，是以自然资源为征税对象的税种，其主要目的是调节资源级差收入，体现资源有偿开采，促进资源节约使用。

我国是世界上矿产资源种类齐全、储量丰富的少数国家之一，但矿产资源人均占有量仅为世界的58%，列世界第53位，并且还存在矿产资源禀赋较差，贫矿多、富矿少等问题。面对经济社会发展的巨大需求，我国矿产资源储量显得严重不足。

为促进资源合理开发利用，遏制资源乱挖滥采，1984年起，我国开始采用普遍征收、从量定额计征的方式，对在我国境内从事原油、天然气、煤炭等矿产资源开采的单位和个人征收资源税。

1994年，我国对资源税进行了改革，国务院重新颁布了资源税暂行条例，进一步扩大征收范围，征税对象包括原油、天然气、煤炭、其他非金属矿原矿、黑色金属矿原矿、有色金属矿原矿和盐7大类，并实行从量定额征收办法。但随着我国经济的发展，这种计税方法

---

① 案例主要材料来源：

a. 中国新闻网："绿色税改"将如何改变中国？http://www.mof.gov.cn/zhuantihuigu/nysgg/mtbd/201607/t20160701_2344238.htm.

b. 新华社：开征32年，资源税演变史见证我国经济转型。http://www.mof.gov.cn/zhuantihuigu/nysgg/mtbd/201607/t20160701_2344116.htm.

c. 人民网：7月1日起我国全面推进资源税改革，将释放多重红利。http://www.mof.gov.cn/zhuantihuigu/nysgg/mtbd/201607/t20160701_2343930.htm.

已不适应经济发展和构建资源节约型社会的要求。

为进一步完善资源税制度，2010年6月1日，我国率先在新疆开展原油、天然气资源税从价计征改革，拉开了资源税制度改革的序幕。

我国资源税改革进程：

2010年6月1日，在新疆开展原油、天然气资源税从价计征改革，拉开了资源税制度改革的序幕。

2010年12月1日，油气资源税改革扩大到内蒙古、甘肃、四川、青海、贵州、宁夏等12个西部省区。

2011年11月1日，油气资源税改革推广至全国范围。

2014年12月1日，煤炭资源税从价计征改革全面实施，同时全面清理涉煤收费基金。

2015年5月1日，资源税从价计征改革覆盖稀土、钨、钼三个品目。

2016年7月1日，资源税改革全面推开，绝大多数矿产品资源税由从量定额计征改为从价计征。

中国全面推进资源税改革已进入倒计时。这场"绿色税改"将带来哪些变与不变，备受关注。

第一大变化是资源企业税负将更加合理。财政部税政司司长王建凡30日对记者表示，此次改革的一大原则就是合理确定计税依据和税率水平，"总体上不增加企业税费负担"。根据改革方案，7月1日起中国绝大部分矿产品将由从量定额计征改为从价计征，即将税收与资源的市场价格直接挂钩。这意味着，资源价格上涨时企业要多缴税，价格下跌时少缴税。在眼下资源价格走低的背景下，此举对企业无疑是利好消息。此外，方案还明确要求停止征收价格调节基金，全面清理不合规定、越权出台的收费基金。这相当于从源头上堵住了地方乱收费的"口子"，减轻企业负担。

第二大变化是资源利用将更加高效。根据改革方案，今后要对资源赋存条件好、价格高的多征税，条件差、价格低的少征税。此前按从量定额计征时，不论资源好坏，基本都执行固定的税额标准。这就导致优质资源税收负担率相对较低而劣质资源负担率相对较高的情况，客观上鼓励了"采富弃贫"的开采方式。改革后，这一问题有望得到解决。此外，开采难度大及综合利用的资源还可享受税收优惠。例如，在建筑物、铁路、水体下通过充填开采方式采出的矿产资源，资源税减征50%；实际开采年限15年以上的衰竭期矿山开采的矿产资源，资源税减征30%。这将使企业更有动力充分利用资源。

不变的是企业和居民正常生产生活用水负担。根据官方部署，水、森林、草场、滩涂等自然资源也将逐步开征资源税。这引发民众对水费或将随之"水涨船高"的担忧。对此，国家税务总局财产和行为税司副司长练奇峰接受记者采访时明确表示，水资源税改革后，普通居民正常生活用水、农业生产用水以及企业未超过计划取水量、取水结构合理的正常用水，负担水平均不会改变。值得注意的是，对洗车、洗浴、高尔夫球场、滑雪场等高耗水行业企业，超计划取用水和在高超采地区取用地下水的纳税人，官方将从高设定水资源税率，提高负担水平。目前，水资源改革已在中国水资源严重短缺、地下水超采问题最突出的河北省先行试点。

"随着资源税改革的全面推开，将逐步释放五重改革红利。"税务总局税收科学研究所所长李万甫说，一是逐步理顺政府与企业的分配关系，促进资源行业持续健康发展。二是进一步规范税费关系，减轻企业不合理负担。三是强化税收调节机制，原则上对资源赋存条件好、价格高的资源多征税，对条件差、价格低的资源少征税，并对开采难度大及综合利用的资源给予税收优惠，促进资源节约和高效利用。四是充分调动地方发展经济和组织收入的积极性，做到因地制宜、精准施策。五是统一规范税制，为资源税改革立法工作奠定良好基础。

需要注意的是，"税率水平的合理确定也是改革的一大亮点，可有效避免统一税率造成企业结构性负担增加。"税务总局财产和行为税司有关负责人介绍，鉴于各地区存在资源条件、经济发展水平的差异，此次改革由中央统一规定矿产品的税率幅度，在此范围内，省级人民政府按照改革前后税费平移原则，并根据资源禀赋、企业承受能力等因素，对主要应税产品提出具体适用税率建议，这样就扩大了省级政府的税权。

【问题探究】

（1）我国为什么要全面推进资源税改革？

（2）全面推进资源税改革有什么重要意义？

（3）我国全面推进资源税改革的主要内容是什么？

【相关法律指引】

1. 财政部、国家税务总局《关于全面推进资源税改革的通知》（财税〔2016〕53 号）

2. 财政部、国家税务总局《关于资源税改革具体政策问题的通知》（财税〔2016〕54 号）

任务二 如何缴纳资源税

【案例讨论】

山西某煤矿企业 2014 年 10 月 6 日共开采原煤 4 万吨，销售额为 400 万元，2014 年 12 月 6 日开采原煤 6 万吨，销售额为 600 万元。

【问题探究】

我国 2014 年 12 月 1 日全面实施煤炭资源税从价计征改革，故案例中该煤矿企业应当如何缴纳资源税？

【相关法律指引】

财政部、国税总局《关于实施煤炭资源税改革的通知》

（财税〔2014〕72 号）

一、关于计征方法

煤炭资源税实行从价定率计征。煤炭应税产品（以下简称应税煤炭）包括原煤和以未税原煤加工的洗选煤（以下简称洗选煤）。应纳税额的计算公式如下：

应纳税额＝应税煤炭销售额×适用税率

二、关于应税煤炭销售额

应税煤炭销售额依照《中华人民共和国资源税暂行条例实施细则》第五条和本通知的有关规定确定。

（一）纳税人开采原煤直接对外销售的，以原煤销售额作为应税煤炭销售额计算缴纳资源税。

原煤应纳税额＝原煤销售额×适用税率

原煤销售额不含从坑口到车站、码头等的运输费用。

（二）纳税人将其开采的原煤，自用于连续生产洗选煤的，在原煤移送使用环节不缴纳资源税；自用于其他方面的，视同销售原煤，依照《中华人民共和国资源税暂行条例实施细则》第七条和本通知的有关规定确定销售额，计算缴纳资源税。

（三）纳税人将其开采的原煤加工为洗选煤销售的，以洗选煤销售额乘以折算率作为应税煤炭销售额计算缴纳资源税。

洗选煤应纳税额＝洗选煤销售额×折算率×适用税率

洗选煤销售额包括洗选副产品的销售额，不包括洗选煤从洗选煤厂到车站、码头等的运输费用。

……

（四）纳税人将其开采的原煤加工为洗选煤自用的，视同销售洗选煤，依照《中华人民共和国资源税暂行条例实施细则》第七条和本通知有关规定确定销售额，计算缴纳资源税。

三、关于适用税率

煤炭资源税税率幅度为2%~10%，具体适用税率由省级财税部门在上述幅度内，根据本地区清理收费基金、企业承受能力、煤炭资源条件等因素提出建议，报省级人民政府拟定。结合当前煤炭行业实际情况，现行税费负担较高的地区要适当降低负担水平。省级人民政府需将拟定的适用税率在公布前报财政部、国家税务总局审批。

跨省煤田的适用税率由财政部、国家税务总局确定。

子项目二 土地税法制度

任务一 如何缴纳城镇土地使用税

【案例讨论】

某房地产开发公司作为政府投融资平台，从事成片土地开发、基础设施开发建设等业务。该开发公司于2010年10月购得郊区一地40万平方米的土地，当月全额支付了土地出让金，并取得了有权机关颁发的《国有土地使用证》，土地出让合同约定2010年11月底前将土地交付给企业。

2012年3月，地税部门检查发现该公司2010年受让土地后，未申报也未缴纳城镇土地使用税。

该开发公司认为，企业取得该地块后，该地块尚未开始拆迁，当地政府尚未将地块交付开发公司，公司因此暂未进行实质性开发，并认为土地没有投入使用，也就不需要缴纳城镇土地使用税。

【问题探究】

（1）如何确定城镇土地使用税的征收范围和纳税人？

（2）本案中，该开发公司是否属于城镇土地使用税的纳税义务人？其纳税义务发生时间如何确定？

【相关法律指引】

《中华人民共和国城镇土地使用税暂行条例》

第一条　为了合理利用城镇土地，调节土地级差收入，提高土地使用效益，加强土地管理，制定本条例。

第二条　在城市、县城、建制镇、工矿区范围内使用土地的单位和个人，为城镇土地使用税（以下简称土地使用税）的纳税人，应当依照本条例的规定缴纳土地使用税。

前款所称单位，包括国有企业、集体企业、私营企业、股份制企业、外商投资企业、外国企业以及其他企业和事业单位、社会团体、国家机关、军队以及其他单位；所称个人，包括个体工商户以及其他个人。

第三条　土地使用税以纳税人实际占用的土地面积为计税依据，依照规定税额计算征收。

前款土地占用面积的组织测量工作，由省、自治区、直辖市人民政府根据实际情况确定。

第六条　下列土地免缴土地使用税：

（一）国家机关、人民团体、军队自用的土地；

（二）由国家财政部门拨付事业经费的单位自用的土地；

（三）宗教寺庙、公园、名胜古迹自用的土地；

（四）市政街道、广场、绿化地带等公共用地；

（五）直接用于农、林、牧、渔业的生产用地；

（六）经批准开山填海整治的土地和改造的废弃土地，从使用的月份起免缴土地使用税5年至10年；

（七）由财政部另行规定免税的能源、交通、水利设施用地和其他用地。

国家税务局《关于土地使用税若干具体问题的解释和暂行规定》
（1988）国税地字第15号

四、关于纳税人的确定

土地使用税由拥有土地使用权的单位或个人缴纳。拥有土地使用权的纳税人不在土地所在地的，由代管人或实际使用人纳税；土地使用权未确定或权属纠纷未解决的，由实际使用人纳税；土地使用权共有的，由共有各方分别纳税。

六、关于纳税人实际占用的土地面积的确定

纳税人实际占用的土地面积，是指由省、自治区、直辖市人民政府确定的单位组织测定的土地面积。尚未组织测量，但纳税人持有政府部门核发的土地使用证书的，以证书确认的土地面积为准；尚未核发土地使用证书的，应由纳税人据实申报土地面积。

财政部　国家税务总局《关于房产税、城镇土地使用税有关政策的通知
（财税〔2006〕186号）

二、关于有偿取得土地使用权城镇土地使用税纳税义务发生时间问题

以出让或转让方式有偿取得土地使用权的，应由受让方从合同约定交付土地时间的次月起缴纳城镇土地使用税；合同未约定交付土地时间的，由受让方从合同签订的次月起缴纳城镇土地使用税。

【能力训练】

2012 年某公司与该市烟草局签订了土地使用权租赁合同，租用烟草局 200 平方米的办公用地用于兴建仓库，租金每年 300 元/平方米。2014 年 6 月，当地税务机关在对该公司 2013 年度的纳税情况进行检查时发现，该公司未申报城镇土地使用税。针对该公司实际占用的 200 平方米土地，税务机关内部在"到底谁是城镇土地使用税的纳税人"这一问题上产生了不同的意见，一种意见认为某公司是该地城镇土地使用税的纳税人，另一种意见认为该市烟草局是该地城镇土地使用税的纳税人。

【问题及要求】

(1) 土地的使用权人与实际使用人不一致时，应当由谁作为纳税义务人？

(2) 本案中，该地块城镇土地使用税应当由谁缴纳？

任务二 如何缴纳土地增值税

【案例讨论】

2014 年 8 月，某房地产开发公司转让写字楼一栋，共取得转让收入 8000 万元，公司按税法规定缴纳了有关税金 444 万元（其中包括印花税 4 万元）。已知该公司为取得土地使用权而支付的地价款和按国家统一规定缴纳的有关费用为 800 万元；投入的房地产开发成本为 2200 万元；房地产开发费用中的利息支出为 210 万元（能够按转让房地产项目计算分摊并提供金融机构证明），比按工商银行同类同期贷款利率计算的利息多出 10 万元。已知公司所在地政府规定的其他房地产开发费用的计算扣除比例为 5%。

【问题探究】

(1) 房地产企业如何缴纳土地增值税？

(2) 本案中，某房地产开发公司转让写字楼应缴纳多少土地增值税税额？

【相关法律指引】

《中华人民共和国土地增值税暂行条例》

第三条 土地增值税按照纳税人转让房地产所取得的增值额和本条例第七条规定的税率计算征收。

第四条 纳税人转让房地产所取得的收入减除本条例第六条规定扣除项目金额后的余额，为增值额。

第五条 纳税人转让房地产所取得的收入，包括货币收入、实物收入和其他收入。

第六条 计算增值额的扣除项目：

(一) 取得土地使用权所支付的金额；

(二) 开发土地的成本、费用；

(三) 新建房及配套设施的成本、费用，或者旧房及建筑物的评估价格；

(四) 与转让房地产有关的税金；

(五) 财政部规定的其他扣除项目。

第七条 土地增值税实行四级超率累进税率：

增值额未超过扣除项目金额 50% 的部分，税率为 30%。

增值额超过扣除项目金额 50%、未超过扣除项目金额 100% 的部分，税率为 40%。

增值额超过扣除项目金额100%、未超过扣除项目金额200%的部分，税率为50%。

增值额超过扣除项目金额200%的部分，税率为60%。

《中华人民共和国土地增值税暂行条例实施细则》

第七条 条例第六条所列的计算增值额的扣除项目，具体为：

（一）取得土地使用权所支付的金额，是指纳税人为取得土地使用权所支付的地价款和按国家统一规定交纳的有关费用。

（二）开发土地和新建房及配套设施（以下简称房地产开发）的成本，是指纳税人房地产开发项目实际发生的成本（以下简称房地产开发成本），包括土地征用及拆迁补偿费、前期工程费、建筑安装工程费、基础设施费、公共配套设施费、开发间接费用。

土地征用及拆迁补偿费，包括土地征用费、耕地占用税、劳动力安置费及有关地上、地下附着物拆迁补偿的净支出、安置动迁用房支出等。

前期工程费，包括规划、设计、项目可行性研究和水文、地质、勘察、测绘、"三通一平"等支出。

建筑安装工程费，是指以出包方式支付给承包单位的建筑安装工程费，以自营方式发生的建筑安装工程费。

基础设施费，包括开发小区内道路、供水、供电、供气、排污、排洪、通讯、照明、环卫、绿化等工程发生的支出。

公共配套设施费，包括不能有偿转让的开发小区内公共配套设施发生的支出。

开发间接费用，是指直接组织、管理开发项目发生的费用，包括工资、职工福利费、折旧费、修理费、办公费、水电费、劳动保护费、周转房摊销等。

（三）开发土地和新建房及配套设施的费用（以下简称房地产开发费用），是指与房地产开发项目有关的销售费用、管理费用、财务费用。

财务费用中的利息支出，凡能够按转让房地产项目计算分摊并提供金融机构证明的，允许据实扣除，但最高不能超过按商业银行同类同期贷款利率计算的金额。其他房地产开发费用，按本条（一）、（二）项规定计算的金额之和的百分之五以内计算扣除。

凡不能按转让房地产项目计算分摊利息支出或不能提供金融机构证明的，房地产开发费用按本条（一）、（二）项规定计算的金额之和的百分之十以内计算扣除。

上述计算扣除的具体比例，由各省、自治区、直辖市人民政府规定。

（四）旧房及建筑物的评估价格，是指在转让已使用的房屋及建筑物时，由政府批准设立的房地产评估机构评定的重置成本价乘以成新度折扣率后的价格。评估价格须经当地税务机关确认。

（五）与转让房地产有关的税金，是指在转让房地产时缴纳的营业税、城市维护建设税、印花税。因转让房地产交纳的教育费附加，也可视同税金予以扣除。

（六）根据条例第六条（五）项规定，对从事房地产开发的纳税人可按本条（一）、（二）项规定计算的金额之和，加计百分之二十的扣除。

【能力训练】

A市某事业单位将其位于市区的一栋闲置办公楼转让给某公司，该办公楼账面原值为50万元，累积折旧为25.5万元，原支付的土地出让金为3万元。经评估，该办公楼如果按现行市场价格的材料、人工费计算，其重置成本为100万元，该办公楼为六成新，实际转让价格为90万元，支付相关税费共计5万元。

【问题及要求】

（1）转让旧房应当如何缴纳土地增值税？

（2）本案中，A市某事业单位转让闲置办公楼应当缴纳多少土地增值税税额？

任务三　城镇土地使用税与耕地占用税

【案例讨论】

恒远房地产公司2014年在A市通过招拍挂获取1000亩①土地，在办理土地使用权证时，A市国土局、税务局要求其按照每亩1.5万元缴纳耕地占用税，约计1500万元。

该公司提出疑问，招拍挂建设用地属于"净地"，土地出让金都缴纳了，怎么还要缴纳耕地占用税呢？该公司认为，根据《中华人民共和国耕地占用税暂行条例实施细则》第四条规定，经申请批准占用耕地的，纳税人为农用地转用审批文件中标明的建设用地人；农用地转用审批文件中未标明建设用地人的，纳税人为用地申请人。未经批准占用耕地的，纳税人为实际用地人。恒远房地产公司直接从A市国土局手里拍下的建设用地，不是农用地转用审批文件中标明的建设用地人，也不具备耕地占用税的纳税义务发生时间，为什么还要缴纳耕地占用税呢？退一步说，缴纳了耕地占用税之后是否可以一年之后才开始缴纳城镇土地使用税呢？这个问题不止一家企业提问，可谓众说纷纭，难道这两个税种也要重复征税吗？

【问题探究】

（1）如何确定耕地占用税的纳税义务人和征税范围？本案中，通过招拍挂取得的这块土地应当由谁来缴纳耕地占用税？

（2）如何认识耕地占用税和城镇土地使用税之间的关系？本案中，通过招拍挂取得的这块土地缴纳了耕地占用税以后是否还需缴纳城镇土地使用税？是否可以在缴纳了耕地占用税一年之后才缴纳城镇土地使用税？

【相关法律指引】

《中华人民共和国城镇土地使用税暂行条例》

第九条　新征用的土地，依照下列规定缴纳土地使用税：

（一）征用的耕地，自批准征用之日起满1年时开始缴纳土地使用税；

（二）征用的非耕地，自批准征用次月起缴纳土地使用税。

《中华人民共和国耕地占用税暂行条例》

第二条　本条例所称耕地，是指用于种植农作物的土地。

第三条　占用耕地建房或者从事非农业建设的单位或者个人，为耕地占用税的纳税人，应当依照本条例规定缴纳耕地占用税。

前款所称单位，包括国有企业、集体企业、私营企业、股份制企业、外商投资企业、外国企业以及其他企业和事业单位、社会团体、国家机关、部队以及其他单位；所称个人，包括个体工商户以及其他个人。

---

①　1亩＝666.67平方米。

第四条　耕地占用税以纳税人实际占用的耕地面积为计税依据，按照规定的适用税额一次性征收。

《中华人民共和国耕地占用税暂行条例实施细则》

第二条　条例所称建房，包括建设建筑物和构筑物。

农田水利占用耕地的，不征收耕地占用税。

第三条　占用园地建房或者从事非农业建设的，视同占用耕地征收耕地占用税。

第四条　经申请批准占用耕地的，纳税人为农用地转用审批文件中标明的建设用地人；农用地转用审批文件中未标明建设用地人的，纳税人为用地申请人。

未经批准占用耕地的，纳税人为实际用地人。

第五条　条例第四条所称实际占用的耕地面积，包括经批准占用的耕地面积和未经批准占用的耕地面积。

第三十一条　经批准占用耕地的，耕地占用税纳税义务发生时间为纳税人收到土地管理部门办理占用农用地手续通知的当天。

未经批准占用耕地的，耕地占用税纳税义务发生时间为纳税人实际占用耕地的当天。

国家税务总局关于发布《耕地占用税管理规程（试行）》的公告
（国家税务总局公告 2016 年第 2 号）

第十八条　凡在中华人民共和国境内占用应税土地建房或者从事非农业建设的单位和个人为耕地占用税的纳税人，应当依照《暂行条例》及其实施细则的规定缴纳耕地占用税。

第十九条　经申请批准占用应税土地的，纳税人为农用地转用审批文件中标明的建设用地人；农用地转用审批文件中未标明建设用地人的，纳税人为用地申请人。

未经批准占用应税土地的，纳税人为实际用地人。

城市和村庄、集镇建设用地审批中，按土地利用年度计划分批次批准的农用地转用审批，批准文件中未标明建设用地人且用地申请人为各级人民政府的，由同级土地储备中心履行耕地占用税申报纳税义务；没有设立土地储备中心的，由国土资源管理部门或政府委托的其他部门履行耕地占用税申报纳税义务。

第二十五条　经批准占用应税土地的，耕地占用税纳税义务发生时间为纳税人收到土地管理部门办理占用农用地手续通知的当天；未经批准占用应税土地的，耕地占用税纳税义务发生时间为纳税人实际占地的当天。

已享受减免税的应税土地改变用途，不再属于减免税范围的，耕地占用税纳税义务发生时间为纳税人改变土地用途的当天。

第二十六条　耕地占用税纳税人依照税收法律法规及相关规定，应在获准占用应税土地收到土地管理部门的通知之日起 30 日内向主管地税机关申报缴纳耕地占用税；未经批准占用应税土地的纳税人，应在实际占地之日起 30 日内申报缴纳耕地占用税。

第二十七条　对超过规定期限缴纳耕地占用税的，应按照《税收征管法》的有关规定加收滞纳金。

第三十二条　耕地占用税以纳税人实际占用的应税土地面积（包括经批准占用面积和未经批准占用面积）为计税依据，以平方米为单位，按所占土地当地适用税额计税，实行一次性征收。

耕地占用税计算公式为：

$$应纳税额 = 应税土地面积 × 适用税额。$$

财政部　国家税务总局《关于房产税、城镇土地使用税有关政策的通知》

（财税〔2006〕186号）

二、关于有偿取得土地使用权城镇土地使用税纳税义务发生时间问题

以出让或转让方式有偿取得土地使用权的，应由受让方从合同约定交付土地时间的次月起缴纳城镇土地使用税；合同未约定交付土地时间的，由受让方从合同签订的次月起缴纳城镇土地使用税。

国家税务总局《关于通过招拍挂方式取得土地缴纳城镇土地使用税问题的公告》

（国家税务总局公告2014年第74号）

对以招标、拍卖、挂牌方式取得土地的城镇土地使用税问题公告如下：

通过招标、拍卖、挂牌方式取得的建设用地，不属于新征用的耕地，纳税人应按照《财政部　国家税务总局关于房产税　城镇土地使用税有关政策的通知》（财税〔2006〕186号）第二条规定，从合同约定交付土地时间的次月起缴纳城镇土地使用税；合同未约定交付土地时间的，从合同签订的次月起缴纳城镇土地使用税。

本公告自发布之日起施行。

特此公告。

国家税务总局

2014 年 12 月 31 日

主要参考文献

[1] 最新全国注册会计师考试命题研究中心. 注册会计师全国统一考试专用辅导教材——税法 [M].北京：北京理工大学出版社，2016.

[2] 袁葵芳. 税法教程与案例（第二版）[M].杭州：浙江大学出版社，2016.

[3] 左卫青. 税法（第三版）[M].北京：高等教育出版社，2016.

[4] 范亚东，石泓. 税法 [M].北京：中国人民大学出版社，2016.

[5] 陈红梅. 税法（第三版）[M].北京：哈尔滨工业大学出版社，2016.

[6] 郭兰英，刘捷. 税法学习指导与习题 [M].北京：清华大学出版社，2016.

[7] 王瑶，赵迎春，税法（第三版）[M].北京：立信会计出版社，2016.

[8] 王曙光. 税法（第七版）[M].大连：东北财经大学出版社有限责任公司，2016.

[9] 徐丽，单莹，李艳. 税法 [M].北京：清华大学出版社，2016.

[10] 郝琳琳，刘影. 税收法律实务（第四版）[M].北京：北京大学出版社，2015.

[11] 徐孟洲，徐阳光. 税法（第五版）[M].北京：中国人民大学出版社，2015.

[12] 徐孟洲. 税法练习题集（第三版）[M].北京：中国人民大学出版社，2015.

[13] 高桂林，张秋华. 税法 [M].北京：中国人民大学出版社，2014.

[14] 刘剑文. 税法学（第四版）[M].北京：北京大学出版社，2010.

[15] 张守文. 税法原理（第六版）[M].北京：北京大学出版社，2012.

[16] 张怡. 税法学 [M].北京：法律出版社，2010.

[17] 李晓红. 税法（第三版）[M].北京：交通大学出版社，2013.

[18] 王宏军. 税法教程 [M].北京：对外经济贸易大学出版社，2010.

[19] 王宏军. 税法案例选评 [M].北京：对外经济贸易大学出版社，2011.

[20] 史正保. 税法原理与实务（第三版）[M].北京：经济科学出版社，2011.

[21] 刘天永. 中国税法疑难案件解决实务 [M].北京：法律出版社，2016.

[22] 刘剑文. 财税法专题研究（第三版）[M].北京：北京大学出版社，2015.

[23] 刘剑文. 财税法——原理、案例与材料（第二版）[M].北京：北京大学出版社，2015.

[24] 刘剑文. 财税法论丛（第14卷）[M].北京：法律出版社，2014.

[25] 张怡，邓甲明. 财税法实务教程 [M].北京：中国人民大学出版社，2013.

主要参考法规

[1]《中华人民共和国税收征收管理法》，1992 年颁布

[2]《中华人民共和国税收征收管理法实施细则》，2002 年公布

[3]《中华人民共和国增值税暂行条例》，2008 年修订公布

[4]《中华人民共和国增值税暂行条例实施细则》，2008 年公布

[5]《中华人民共和国消费税暂行条例》，2008 年修订公布

[6]《中华人民共和国消费税暂行条例实施细则》，2008 年公布

[7]《中华人民共和国营业税暂行条例》，2008 年修订公布

[8]《中华人民共和国营业税暂行条例实施细则》，2008 年公布

[9]《中华人民共和国海关法》，1987 年颁布，2013 年修正

[10]《中华人民共和国进出口关税条例》，1985 年发布，2003 年修改公布

[11]《中华人民共和国企业所得税法》，2007 年颁布

[12]《中华人民共和国企业所得税法实施条例》，2007 年公布

[13]《中华人民共和国个人所得税法》，1980 年颁布，2011 年修正公布

[14]《中华人民共和国个人所得税法实施条例》，1994 年发布，2011 年修正公布

[15]《中华人民共和国房产税暂行条例》，1986 年发布

[16]《中华人民共和国契税暂行条例》，1997 年发布

[17]《中华人民共和国契税暂行条例细则》，1997 年发布

[18]《中华人民共和国车船税法》，2011 年颁布

[19]《中华人民共和国车船税法实施条例》，2011 年公布

[20]《中华人民共和国印花税暂行条例》，1988 年发布

[21]《中华人民共和国印花税暂行条例施行细则》，1988 年发布

[22]《中华人民共和国车辆购置税暂行条例》，2000 年公布

[23]《中华人民共和国城市维护建设税暂行条例》，1985 年颁布

[24]《中华人民共和国资源税暂行条例》，2011 年修订公布

[25]《中华人民共和国资源税暂行条例实施细则》，2011 年修订公布

[26]《中华人民共和国耕地占用税暂行条例》，2007 年公布

[27]《中华人民共和国耕地占用税暂行条例实施细则》，2008 年公布

[28]《中华人民共和国城镇土地使用税暂行条例》，1998 年公布，2011 年修订

［29］《中华人民共和国土地增值税暂行条例》，1993 年公布，2011 年修订

［30］《中华人民共和国土地增值税暂行条例实施细则》，1995 年公布

［31］《关于全面推开营业税改征增值税试点的通知》（财税〔2016〕36 号）

［32］《关于全面推进资源税改革的通知》（财税〔2016〕53 号）